税务经理 108 招

梅松讲税 著

图书在版编目(CIP)数据

税务经理108招/梅松讲税著. —上海:立信会计出版社,2023.5
ISBN 978-7-5429-7336-8

Ⅰ.①税… Ⅱ.①梅… Ⅲ.①税收管理—中国—通俗读物 Ⅳ.①F812.423-49

中国国家版本馆 CIP 数据核字(2023)第 072439 号

责任编辑　蔡伟莉
助理编辑　胡蒙娜

税务经理 108 招

出版发行	立信会计出版社
地　　址	上海市中山西路 2230 号　邮政编码　200235
电　　话	(021)64411389　传　真　(021)64411325
网　　址	www.lixinaph.com　电子邮箱　lixinaph2019@126.com
网上书店	http://lixin.jd.com　　http://lxkjcbs.tmall.com
经　　销	各地新华书店
印　　刷	济南巨丰印刷有限公司
开　　本	787 毫米×1092 毫米　1/16
印　　张	29.25
字　　数	641 千字
版　　次	2023 年 5 月第 1 版
印　　次	2023 年 5 月第 1 次
书　　号	ISBN 978-7-5429-7336-8/F
定　　价	138.00 元

如有印订差错,请与本社联系调换

序　言

当谈及企业纳税管理时，很多人可能会困惑，甚至大为头疼。税务法规的繁琐性和复杂性，使得很多企业和相关从业人员都难以掌握其中的规则和技巧。

我从事纳税筹划工作多年，尚未看到一本关于企业税务经理如何系统开展工作相关内容的书籍，所以就想抛砖引玉，补上这一空白，希望此书对从事企业纳税管理工作的人员有所帮助。

本书深入浅出地讲解了企业纳税管理的基本原则和实践方法，从税务战略思维到纳税基础工作管理、风险管理、纳税筹划，再到税务团队建设、税事沟通，将企业纳税管理工作的重要事项融汇于"108招"技巧和经验中，为读者提供了全面、系统的企业纳税管理工作指南。

本书具有较强的知识性、实用性、可读性，可使从事企业纳税管理工作的人员快速掌握相关知识，拥有更好的阅读体验。

1. 知识性

本书涵盖了丰富的企业纳税管理知识点，覆盖了企业纳税管理的方方面面：既有日常基本工作管理，也有特殊事项管理；既有总的管理大纲，也有细分事项的管理原则，能够帮助读者梳理企业纳税管理知识体系。同时，本书内容均基于国家政策法规，能够帮助读者了解税务监管的变化和发展动态。

2. 实用性

企业的纳税管理工作一定是以企业业务为基础的，脱离了业务基础谈纳税管理，就可能有"偷税漏税"的嫌疑了。本书所涵盖的全部知识点，均以企业业务为基础，由面到线，由线到点，把繁杂的企业纳税管理工作归集成体系，详细分类，最终汇于每一招，帮助读者解决实际问题，提高纳税筹划效率。除此之外，本书也提供了大量的实例，旨在帮助读者更好地理解企业纳税管理的相关知识，并进行合理合法的应用。

3. 可读性

本书语言简洁、结构清晰、篇幅适中，尽力避免了对知识点的照抄、罗列，针对性地绘制了109张表格、132个图形（包括矩阵表格、思维导图、流程图等），旨在通过浅显易懂的方式详细诠释企业纳税管理工作，使读者能够轻松愉悦地掌握知识。

无论你是一名税务经理，还是一位企业老板或普通财务从业人员，都可以从本书中学习知识，获得实用的经验，以更好地管理纳税事务，规避涉税风险，提高纳税筹划效率。我相信，这本书可以成为每一位财税工作者的必备工具书，也将为广大读者提供有价值的纳税管理参考。

时间仓促，若书中有不足之处，欢迎广大读者批评指正，以便我们重印或再版时更正。有关本书的使用意见，也欢迎通过邮箱 1036361649@qq.com 反馈。

秦梅松

目 录

第1章 企业税务战略思维 ... 1
第1节 纳税管理的战略规划 ... 2
❶ 高屋建瓴——组织架构与业务模式 ... 2
❷ 长远规划——重要业务预先规划 ... 10
❸ 因地制宜——聚焦行业风险及特色 ... 19
第2节 纳税管理规范化和标准化 ... 23
❹ 习以为常——日常纳税管理流程 ... 23
❺ 方寸不乱——特殊事项管理流程 ... 26
第3节 纳税管理的风险问题 ... 30
❻ 今非昔比——金税四期下的"严征管" ... 30
❼ 防患未然——把握风险底线 ... 34
❽ 恰到好处——多交税、少交税的风险 ... 37
第4节 创造税务价值 ... 40
❾ 变智为利——纳税筹划思维 ... 40
❿ 物尽其用——充分享受优惠 ... 44
⓫ 相辅相成——创造价值体现自身价值 ... 46

第2章 纳税基础工作管理 ... 48
第1节 申报与纳税 ... 49
⓬ 规行矩步——纳税申报管理制度与流程 ... 49
⓭ 丝毫不差——各税种税费核算 ... 51
⓮ 千差万别——税会差异与纳税调整 ... 56
⓯ 投石问路——企业所得税预缴 ... 67
⓰ 分隔两地——异地经营预缴增值税 ... 71
⓱ 如期而至——纳税与申报时间 ... 76
⓲ 逾期不候——跨期发票和收入确认差异 ... 80
⓳ 异乎寻常——特殊企业及事项的申报要点 ... 83
⓴ 秋后算账——企业所得税汇算清缴 ... 87
㉑ 为人代劳——个人所得税代扣代缴 ... 92
㉒ 纾困解难——延期申报缴纳税款 ... 96
㉓ 逾期责任——申报逾期和滞纳金 ... 98
㉔ 有据可查——纳税资料的留存备查 ... 101
第2节 发票管理 ... 104
㉕ 有章可循——发票管理办法与工作流程 ... 104

㉖ 识微见几——发票基本事项 …… 107
㉗ 准确无误——及时高效开具发票 …… 114
㉘ 千姿百态——增值税、进项税抵扣凭证 …… 125
㉙ 五花八门——企业所得税税前扣除凭证 …… 130
㉚ 融为一体——发票管理之“三流一致” …… 136
㉛ 与人为善——发票的虚开与善意取得 …… 139
㉜ 有备无患——发票风险防范 …… 145
第3节 合同管理 …… 149
㉝ 一诺千金——合同主体与履约涉税事项 …… 149
㉞ 锱铢必较——合同定价与发票条款 …… 153
㉟ 违信背约——合同违约金与印花税处理 …… 157
第3章 纳税重要事项管理 …… 163
第1节 融投撤资 …… 164
㊱ 息息相关——关联方借款与“统借统还” …… 164
㊲ 互为表里——资本公积转增资本涉税问题 …… 168
㊳ 等价交换——非货币性资产投资的涉税问题 …… 172
㊴ 知难而退——股权投资退出涉税问题 …… 177
第2节 资产重组 …… 181
㊵ 合二为一——企业合并涉税处理 …… 181
㊶ 一分为二——企业分立的涉税处理 …… 186
㊷ 非此即彼——资产收购和股权收购 …… 192
㊸ 重整旗鼓——债务重组涉税处理 …… 198
第3节 关联方交易 …… 202
㊹ 按股分配——规范股权激励涉税问题 …… 202
㊺ 休戚相关——规范关联方交易涉税问题 …… 210
第4节 工资薪金 …… 213
㊻ 按需分配——年终奖分配涉税处理 …… 213
第5节 资产处理 …… 217
㊼ 审时度势——固定资产涉税处理 …… 217
㊽ 塞翁失马——资产损失涉税处理 …… 223
第4章 涉税风险及指标分析 …… 226
第1节 采购环节涉税风险 …… 227
㊾ 明辨真伪——防范虚假发票风险 …… 227
第2节 生产环节涉税风险 …… 230
㊿ 以小见大——成本核算的涉税风险 …… 230
第3节 销售环节涉税风险 …… 233
(51) 未雨绸缪——收入确认常见风险 …… 233

(52) 截然不同——增值税和企业所得税收入的差异 …… 237
第4节 利润分配环节涉税风险 …… 241
(53) 淮橘为枳——变相分红的涉税风险 …… 241
第5节 风险指标 …… 244
(54) 诚莫若豫——进项税额控制额差异率预警指标 …… 244
(55) 居安思危——其他应收/其他应付款异常预警指标 …… 248
(56) 谨慎小心——所得税税负率预警指标 …… 252
(57) 防微杜渐——汇缴与预缴差异的预警指标 …… 254
(58) 比权量力——营业收入与存货的比对 …… 257
(59) 连类比物——企业所得税收入与增值税收入的比对 …… 260
(60) 大同小异——企业所得税申报工资和个税申报工资的比对 …… 266
(61) 枕戈待旦——不征税收入调整异常的预警 …… 270
(62) 严阵以待——其他费用占期间费用比例的预警指标 …… 273
(63) 居安思危——固定资产综合折旧率的预警指标 …… 277
(64) 藕断丝连——企税申报数据与其他税种比对异常预警 …… 280
第5章 纳税评估与信用评价 …… 284
第1节 纳税评估 …… 285
(65) 来龙去脉——确定评估对象及疑点分析 …… 285
(66) 从容应对——约谈举证 …… 289
(67) 登门造访——实地核查 …… 291
(68) 尘埃落定——纳税评估处理 …… 296
第2节 纳税信用评价 …… 299
(69) 信以为本——纳税信用评价 …… 299
(70) 亡羊补牢——信用补评、复评和修复 …… 303
第6章 自查、检查与稽查 …… 306
第1节 企业自查 …… 307
(71) 反躬自省——企业涉税事项的自查 …… 307
(72) 精细入微——企业自查报告注意事项 …… 311
第2节 税务检查和税务稽查 …… 314
(73) 知己知彼——税务检查和税务稽查概述 …… 314
(74) 动中肯綮——税务稽查重点领域和涉税问题 …… 322
(75) 有条不紊——税务稽查应对管理 …… 324
第7章 税收优惠 …… 326
第1节 税收优惠概述 …… 327
(76) 用足用好——增值税税收优惠 …… 327
(77) 为虎添翼——企业所得税税收优惠 …… 341

⑦⑧ 多多益善——其他税种税收优惠 ······ 356

第2节　企业类税收优惠 ······ 361
⑦⑨ 促进民生——小型微利企业 ······ 361
⑧⓪ 重点扶持——高新技术企业 ······ 365
⑧① 重中之重——集成电路和软件企业 ······ 368

第3节　事项类税收优惠 ······ 375
⑧② 秉轴持钧——技术转让税收优惠 ······ 375
⑧③ 一搭两用——研发费用加计扣除 ······ 378

第4节　地区类税收优惠 ······ 381
⑧④ 涛声犹在——西部大开发 ······ 381
⑧⑤ 别有洞天——海南自贸港 ······ 383

第8章　纳税筹划 ······ 388

第1节　采购环节纳税筹划 ······ 389
⑧⑥ 花落谁家——巧选供应商降低税负 ······ 389
⑧⑦ 改头换面——巧选宣传模式 ······ 393
⑧⑧ 因人而异——融资性租赁方式善选择 ······ 396
⑧⑨ 造福于人——兼用于集体福利全额抵扣进项税 ······ 400

第2节　生产环节纳税筹划 ······ 403
⑨⓪ 异曲同工——来料和进料加工巧选择 ······ 403
⑨① 另请高明——巧选委托加工对象降低税负 ······ 407
⑨② 转弯抹角——巧用间接借款全额扣除利息 ······ 410
⑨③ 通力合作——"公司＋农户"模式享受减免 ······ 413
⑨④ 自力更生——自行加工应税消费品减轻税负 ······ 416

第3节　销售环节纳税筹划 ······ 419
⑨⑤ 田忌赛马——先销后包降低成套销售税负 ······ 419
⑨⑥ 标新立异——租赁变仓储服务降税负 ······ 422
⑨⑦ 改弦更张——优选盈利方式降低税负 ······ 425
⑨⑧ 多此一举——残值资产直接销售 ······ 428
⑨⑨ 与众不同——巧用会员制更节税 ······ 431

第4节　利润分配环节纳税筹划 ······ 434
⑩⓪ 按部就班——先分股息后转让 ······ 434
⑩① 相得益彰——巧用"工资薪金＋股息红利"降税负 ······ 437
⑩② 公私兼顾——实物分配股利省个税 ······ 440
⑩③ 锦上添花——年终奖计税方法要选好 ······ 443

第9章　税务团队与税事沟通 ······ 447

第1节　税务团队建设与内部沟通 ······ 448
⑩④ 实事求是——税务团队建设 ······ 448

| ⑩ | 以事为先——与上级的沟通 ··· | 450 |
| ⑩ | 专业成熟——与其他部门的沟通 ····································· | 452 |

第2节　外部沟通 ··· 454

| ⑩ | 尊重务实——与税务机关的沟通 ····································· | 454 |
| ⑩ | 他山之石——与中介机构的沟通 ····································· | 456 |

第1章

企业税务战略思维

企业纳税管理作为企业管理的重要组成部分,在规范企业涉税行为、规避涉税风险、降低企业税负、提高企业经营效益、提高企业纳税管理水平和效率等方面有着积极的作用。随着当前经济大环境整体的改变,企业的生存需求变得更加迫切,因此,加强企业纳税管理显得尤为重要。

本章围绕企业纳税管理及纳税战略思维展开,共分为四节内容,包括纳税管理的战略规划(第1招至第3招)、纳税管理规范化和标准化(第4招至第5招)、纳税管理的风险问题(第6招至第8招)、创造税务价值(第9招至第11招)。

扫码听课

第1节 纳税管理的战略规划

1 高屋建瓴
——组织架构与业务模式

"上不失天时,下不失地利,中得人和,而百事不废。"对企业管理者来说,纳税管理亦是如此。

企业管理者要在恰当的时机做出恰当的选择,就必须了解企业的生命周期。对绝大多数企业而言,企业会经历投入期、成长期、成熟期和衰退期四个阶段,各阶段发展趋势及特点如图1-1所示。

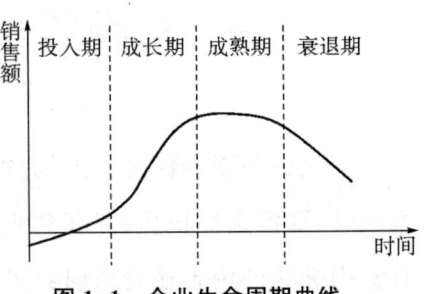

图1-1 企业生命周期曲线

企业管理者需要准确地判断企业所处的生命周期,制定针对性的纳税管理战略规划,降低企业涉税风险。管理者在制定企业的纳税管理战略规划时,需要对以下四项内容进行充分的考虑。

1. 选择合适的企业类型

不同的企业,其主要特点和税负情况是不同的。在我国,企业类型主要包括独资企业、合伙企业和公司制企业三种,具体如图1-2所示。

2. 选择合适的分支机构组织形式

企业管理者在考虑了上述企业类型及特点后,在制定纳税管理战略规划的时候,还需要对公司的分支机构形式进行慎重选择。比如从企业所得税角度分析,需要考虑设立分公司还是子公司;从增值税角度分析,需要考虑选择一般纳税人还是小规模纳税人,具体情况如表1-1所示。

表1-1 企业分支机构选择

税种因素	分公司形式	特点	风险
企业所得税	分公司	与总公司合并纳税①,其亏损可以抵减总公司利润	不具有法人资格,出现风险或法律责任,可能会牵连总公司
	子公司	单独核算,自负盈亏	与母公司之间的关联交易不合规可能受到税务机关处罚,且子公司成立成本远远高于分公司成立成本

(续表)

税种因素	分公司形式	特点	风险
增值税	一般纳税人	适用一般计税方法(特定服务可以选择简易计税),增值税进项税额可以抵扣销项税额	相关开票风险详见图 2-21
	小规模纳税人	适用简易计税方法,增值税进项税不能抵扣销项税额	不能开具专票或按征收率代开专票②可能导致下游客户流失

注①:以总机构名义进行生产经营的非法人分支机构,无法提供汇总纳税企业分支机构所得税分配表,也无法提供相关证据证明其分支机构身份的,应视同独立纳税人计算并就地缴纳企业所得税。

注②:小规模纳税人不可以开增值税专用发票,但是根据业务需要的,可以申请税务局代开增值税专用发票。除出租不动产(非住房)税率为5%外,其他业务税率为3%。

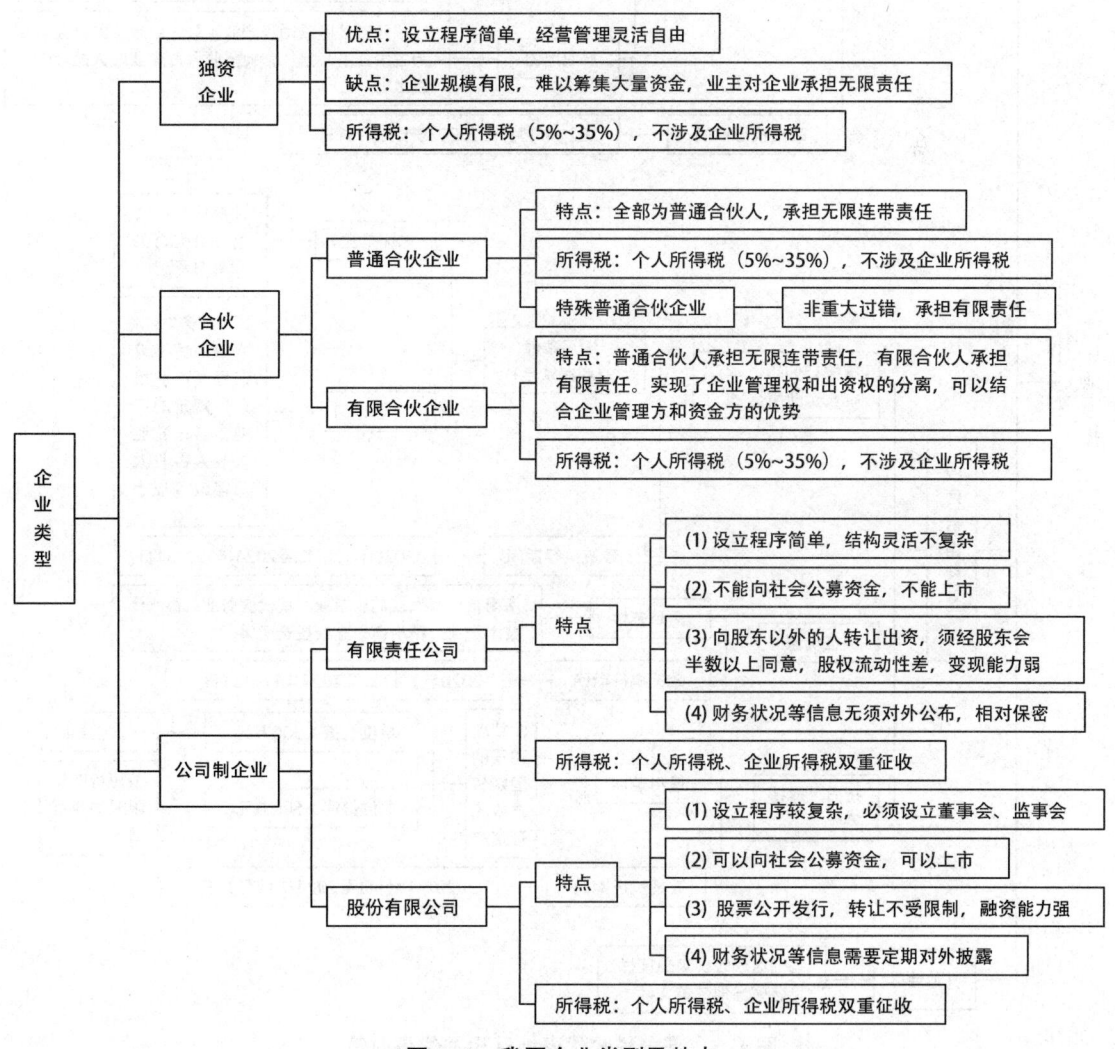

图 1-2 我国企业类型及特点

3. 选择合适的注册地

无论选择哪一种公司类型和分支机构形式，管理者在进行规划时，必须综合考虑注册地对企业税负产生的影响，尤其是部分特殊地区，可以很大程度地降低企业税负。部分税收优惠地区相关优惠政策如图1-3所示。

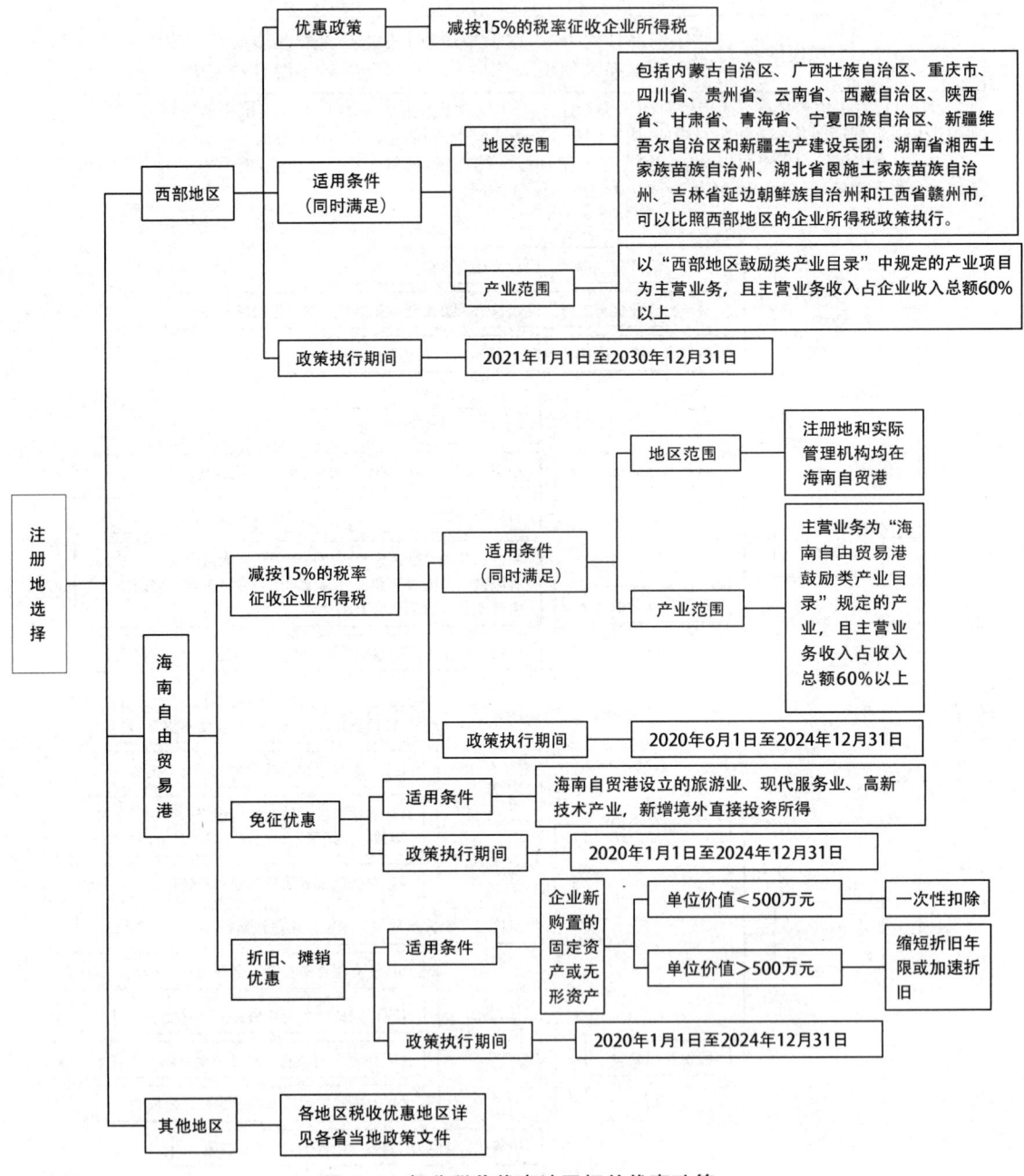

图1-3 部分税收优惠地区相关优惠政策

4. 选择企业的业务模式

最后需要考虑的,就是企业的业务模式。比如企业可以将某些业务单独拆分,成立分公司或子公司,又或者可以将企业的业务模式进行转换等。表1-2列举了几种常见业务转换及其对增值税的影响,仅供参考。

表1-2 几种常见业务转换及其对增值税的影响

具体业务	转换前		操作	转换后	
	适用税目	适用税率		适用税目	适用税率
闲置仓库等不动产出租	不动产租赁	9%	配备相应的设备及保管人员等	仓储服务	6%或3%
干租、光租	有形动产租赁	13%	配备相应的操作人员	交通运输服务	9%
提供场地租赁	不动产租赁	9%	配备相应的场地及服务	会议展览服务	6%

因此,一个企业的建立和持续发展,需要天时(关注企业生命周期,优惠政策执行期间)、地利(关注企业注册地点)和人和(关注企业类型及分支机构形式,业务模式选择)的共同作用。企业管理者对其进行提前规划,不仅能够使企业充分享受税收优惠,而且能够为企业的长远发展打下良好的基础。

实战案例

H公司1994年成立,从一间屋两张桌到今天的1 500多家门店,从最初的几个人到现在的十几万员工,现已成为餐饮业的龙头企业。千亿帝国的背后,是管理者独到的眼光和强大的学习能力,是管理者对企业发展的每一步进行了高屋建瓴的设计和筹划。H公司部分产业布局如图1-4所示。

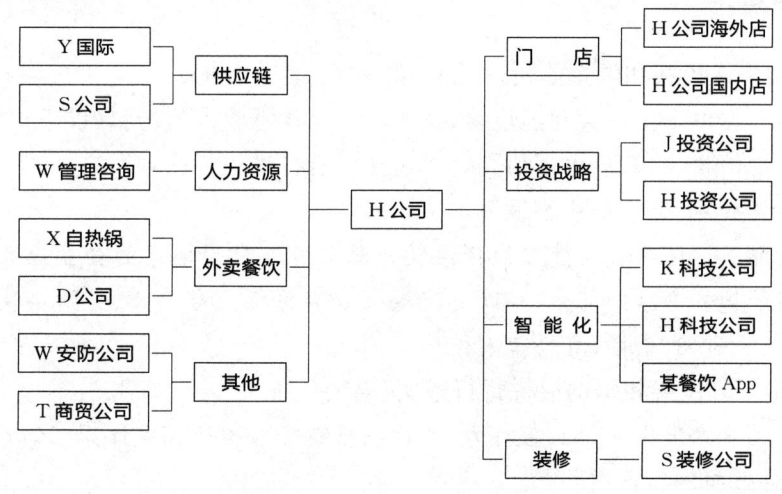

图1-4 H公司部分产业布局

H公司产业布局范围广泛，包括投资、智能化、装修、外卖、人力等，每一方面的布局都是精打细算。就现有产业来说，H科技公司为H公司原信息部，S装修公司为H公司原工程部，S公司为H公司原供应链部门，企业对原有部门进行拆分成立新公司，在纳税上也可以享受一定的优惠政策；将信息研发业务剥离成立，新公司更容易满足高新技术企业的要求，从而利用高新技术企业的优惠政策降低税负；对门店进行位置选择可以事先充分了解当地优惠政策，如税收返还等优惠政策；对供应链业务进行剥离，农产品初加工后再销售，可以充分抵扣进项税。

除了对公司整体的拆分，H公司对旗下各产业链也进行了拆分，比如对供应链进行拆分：拆分之前，S公司供应链（包括10家子公司）为H公司提供全托管服务，其业务关系如图1-5所示。

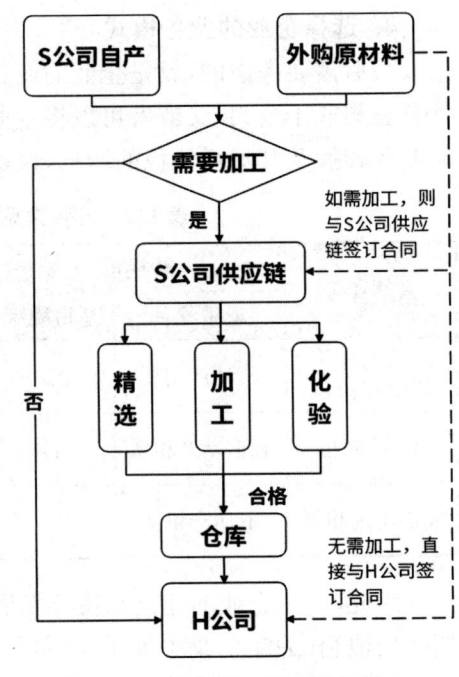

图1-5 拆分前S公司供应链

拆分后，S公司供应链不仅已经拥有遍布全国的现代化冷链物流中心、食品加工中心、底料加工厂和蔬菜种植基地等，还建立了集采购、储存、理货、出货、配送为一体的全信息化管理体系。S公司除了能够给H公司提供高品质、高效率、高稳定性的原材料供应，还通过为近200家知名餐饮及便利店企业提供服务，达成了规模效应，从而提高了货物周转率，也为企业降低了原材料采购、运输成本和仓储成本等。

政策依据

一、《中华人民共和国企业所得税法》第一条、第二十九条

第一条 在中华人民共和国境内，企业和其他取得收入的组织（以下统称企业）为企业所得税的纳税人，依照本法的规定缴纳企业所得税。

个人独资企业、合伙企业不适用本法。

第二十九条 民族自治地方的自治机关对本民族自治地方的企业应缴纳的企业所得税中属于地方分享的部分，可以决定减征或者免征。自治州、自治县决定减征或者免征的，须报省、自治区、直辖市人民政府批准。

二、《中华人民共和国增值税暂行条例》第十一条

小规模纳税人发生应税销售行为，实行按照销售额和征收率计算应纳税额的简易办法，并不得抵扣进项税额。

三、《关于延续西部大开发企业所得税政策的公告》（财政部 税务总局 国家发

展改革委公告2020年第23号)第一条、第四条、第五条

一、自2021年1月1日至2030年12月31日,对设在西部地区的鼓励类产业企业减按15%的税率征收企业所得税。本条所称鼓励类产业企业是指以《西部地区鼓励类产业目录》中规定的产业项目为主营业务,且其主营业务收入占企业收入总额60%以上的企业。

四、本公告所称西部地区包括内蒙古自治区、广西壮族自治区、重庆市、四川省、贵州省、云南省、西藏自治区、陕西省、甘肃省、青海省、宁夏回族自治区、新疆维吾尔自治区和新疆生产建设兵团。湖南省湘西土家族苗族自治州、湖北省恩施土家族苗族自治州、吉林省延边朝鲜族自治州和江西省赣州市,可以比照西部地区的企业所得税政策执行。

五、本公告自2021年1月1日起执行。

四、《财政部　税务总局关于海南自由贸易港企业所得税优惠政策的通知》(财税〔2020〕31号)

一、对注册在海南自由贸易港并实质性运营的鼓励类产业企业,减按15%的税率征收企业所得税。

本条所称鼓励类产业企业,是指以海南自由贸易港鼓励类产业目录中规定的产业项目为主营业务,且其主营业务收入占企业收入总额60%以上的企业。所称实质性运营,是指企业的实际管理机构设在海南自由贸易港,并对企业生产经营、人员、账务、财产等实施实质性全面管理和控制。对不符合实质性运营的企业,不得享受优惠。

……

二、对在海南自由贸易港设立的旅游业、现代服务业、高新技术产业企业新增境外直接投资取得的所得,免征企业所得税。

……

三、对在海南自由贸易港设立的企业,新购置(含自建、自行开发)固定资产或无形资产,单位价值不超过500万元(含)的,允许一次性计入当期成本费用在计算应纳税所得额时扣除,不再分年度计算折旧和摊销;新购置(含自建、自行开发)固定资产或无形资产,单位价值超过500万元的,可以缩短折旧、摊销年限或采取加速折旧、摊销的方法。

本条所称固定资产,是指除房屋、建筑物以外的固定资产。

四、本通知自2020年1月1日起执行至2024年12月31日。

五、《海南自由贸易港建设总体方案》第三条第一款第十二项、第十三项

12. 深化产业对外开放。支持发展总部经济。举办中国国际消费品博览会,国家级展会境外展品在展期内进口和销售享受免税政策,免税政策由有关部门具体制定。

13. 优化税收政策安排。从本方案发布之日起,对注册在海南自由贸易港并实质性运营的鼓励类产业企业,减按15%征收企业所得税。对在海南自由贸易港设立的旅游业、现代服务业、高新技术产业企业,其2025年前新增境外直接投资取得的所得,

免征企业所得税。对企业符合条件的资本性支出,允许在支出发生当期一次性税前扣除或加速折旧和摊销。对在海南自由贸易港工作的高端人才和紧缺人才,其个人所得税实际税负超过15%的部分,予以免征。对享受上述优惠政策的高端人才和紧缺人才实行清单管理,由海南省商财政部、税务总局制定具体管理办法。

六、《国家税务总局关于印发〈跨地区经营汇总纳税企业所得税征收管理办法〉的公告》(国家税务总局公告2012年第57号)第二条、第二十三条、第二十四条

第二条 居民企业在中国境内跨地区(指跨省、自治区、直辖市和计划单列市,下同)设立不具有法人资格分支机构的,该居民企业为跨地区经营汇总纳税企业(以下简称汇总纳税企业),除另有规定外,其企业所得税征收管理适用本办法。

……

第二十三条 以总机构名义进行生产经营的非法人分支机构,无法提供汇总纳税企业分支机构所得税分配表,应在预缴申报期内向其所在地主管税务机关报送非法人营业执照(或登记证书)的复印件、由总机构出具的二级及以下分支机构的有效证明和支持有效证明的相关材料(包括总机构拨款证明、总分机构协议或合同、公司章程、管理制度等),证明其二级及以下分支机构身份。

二级及以下分支机构所在地主管税务机关应对二级及以下分支机构进行审核鉴定,对应按本办法规定就地分摊缴纳企业所得税的二级分支机构,应督促其及时就地缴纳企业所得税。

第二十四条 以总机构名义进行生产经营的非法人分支机构,无法提供汇总纳税企业分支机构所得税分配表,也无法提供本办法第二十三条规定相关证据证明其二级及以下分支机构身份的,应视同独立纳税人计算并就地缴纳企业所得税,不执行本办法的相关规定。

按上款规定视同独立纳税人的分支机构,其独立纳税人身份一个年度内不得变更。

汇总纳税企业以后年度改变组织结构的,该分支机构应按本办法第二十三条规定报送相关证据,分支机构所在地主管税务机关重新进行审核鉴定。

小贴士

1. 企业在进行纳税战略规划时,需要重点关注税收优惠的申报条件及执行期间。比如,企业想申请高新技术企业时,则至少需要提前3年进行规划,包括研发费用单独核算、研发人员占总职工比例达到10%及以上、研发费用总额占销售收入比例符合3%~5%的要求等,同时,如果企业有境外研发项目,还要保证境内研发费用占比占总研发费用比例达到60%及以上的要求等。

2. 企业在进行纳税战略规划时,要能够准确预计未来几年的利润情况,并根据未来利润情况,设计分支机构类型。比如,预计未来几年利润较大,则可以考虑成立子公

司拆分业务链，以降公司整体的税收负担。

3. 新设企业或新设项目，尤其是从事国家重点扶持的公共基础设施项目以及环境保护、污水处理等项目的企业，需要考虑好实现第一笔收入或利润的时间。如果在盈利较大的年度开启新项目并取得该新项目的第一笔经营收入，则可在当年享受免税优惠，若在盈利较小的年度开启新项目并取得第一笔收入，则企业的减免税效果会大打折扣。

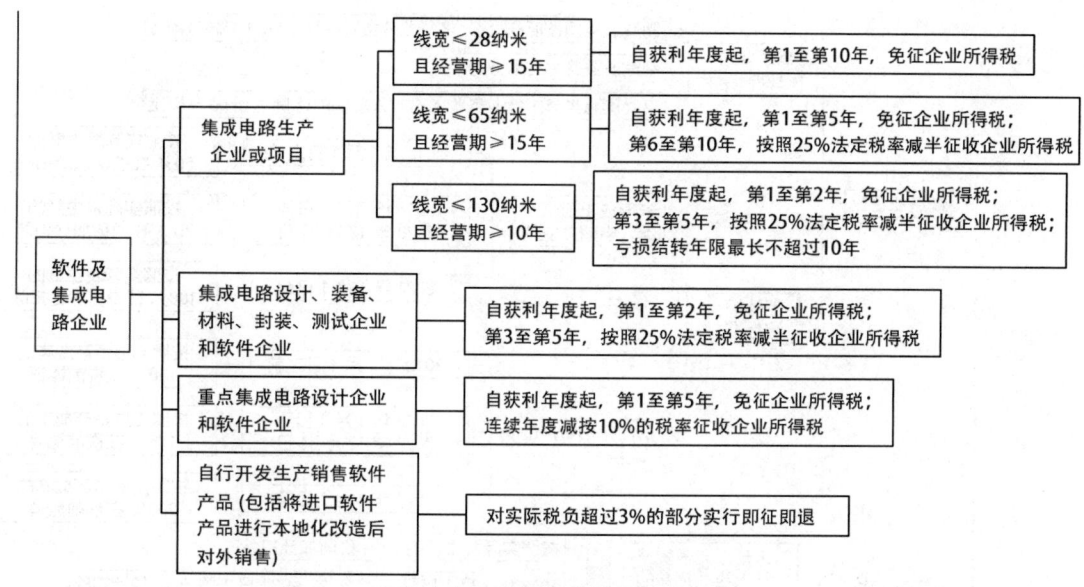

图 1-6 四类特殊企业优惠政策及认定条件

除了图 1-6 所示四大类企业，其他企业在进行长远规划时，可以重点考虑企业或者行业本身所能享受的税收优惠政策。比如，企业存在研发项目，则应尽可能满足研发费用加计扣除优惠政策的条件，享受优惠降低税负。研发费用加计扣除的基本规定如图 1-7 所示。

实战案例

梅松公司是一家施工图设计公司，成立于 2017 年 1 月，公司共有 150 人。成立之初，由于需要投入较大的成本打开当地市场并购置相关基础设施等，管理层预计前 5 年利润不会超过 500 万元，5 年后，企业利润将呈现较大的增长。针对上述预测，管理层进行了预先规划。

2017 年至 2018 年，进行新技术的研发，争取在楼梯设计等方面取得突破性进展，并申请专利，同时建立研发费用的备查账簿。

2019 年至 2021 年，利用专利技术打开市场，并对研发收入和支出单独核算，留存申报高新技术企业的相关资料。

2022 年，申请高新技术企业。

【案例分析】

企业合理预测了未来几年的发展，并针对发展情况进行了相应的预先筹划。前 5 年的研发费用能够享受加计扣除，这在一定程度上可以调节企业利润至 300 万元以下而享受小型微利企业优惠政策；同时，预先准备申报高新技术企业的材料，以便在以后年度利润不能满足小型微利企业要求时，企业依然能够享受高新技术企业较低的企业所得税税率。

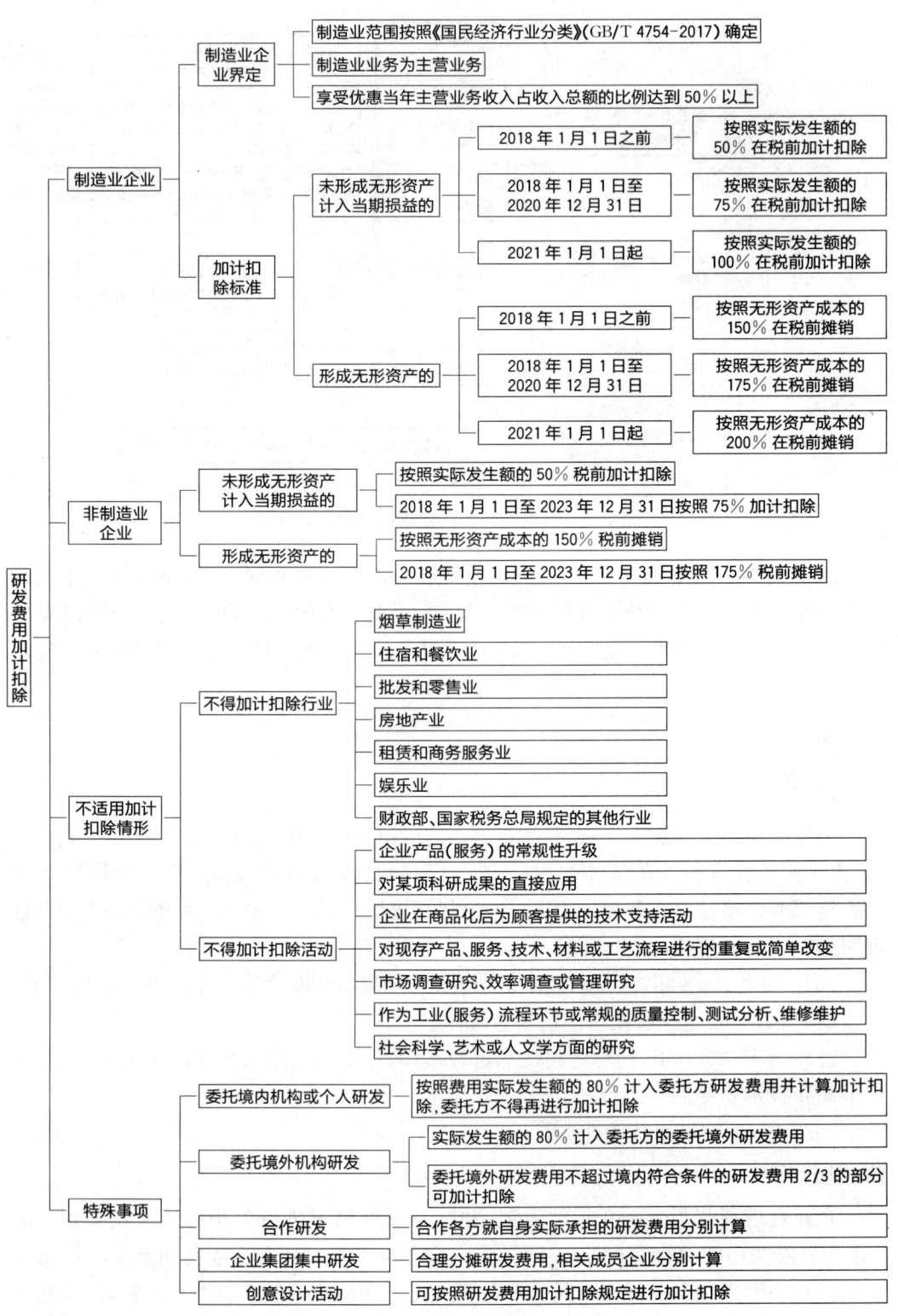

图 1-7 研发费用加计扣除基本规定

假设 2017 年至 2023 年企业利润及加计扣除情况如表 1-3 所示。

表 1-3　梅松公司 2017 年至 2023 年利润情况

单位：万元

年份	2017 年	2018 年	2019 年	2020 年	2021 年	2022 年	2023 年
利润总额	200	300	350	400	450	600	800
研发费用	50	100	120	160	200	200	200

企业提前规划前后纳税情况对比如表 1-4 所示。

表 1-4　提前规划前后纳税情况

单位：万元

年份	应纳税所得额	规划前 应纳税额	规划后 应纳税额
2017 年	200－50×50％＝175	175×25％＝43.75	175×25％＝43.75
2018 年	300－100×75％＝225	225×25％＝56.25	225×25％＝56.25
2019 年	350－120×75％＝260	(100×25％＋160×50％)×20％＝21	(100×25％＋160×50％)×20％＝21
2020 年	400－160×75％＝280	(100×25％＋180×50％)×20％＝23	(100×25％＋180×50％)×20％＝23
2021 年	450－200×75％＝300	(100×12.5％＋200×50％)×20％＝22.5	(100×12.5％＋200×50％)×20％＝22.5
2022 年	600－200×75％＝450	450×25％＝112.5	450×15％＝67.5
2023 年	800－200×100％＝600	600×25％＝150	600×15％＝90
合计	2 290	429	324

注：1. 为方便计算，未考虑 2022 年第四季度研发费用相关优惠。
    2. 此处只考虑了申请高新技术企业给企业带来的税负差异。

通过上述数据可以看出，预先筹划，能够节省企业所得税 105 万元(429－324)。

政策依据

一、《中华人民共和国企业所得税法》第二十八条

符合条件的小型微利企业，减按 20％ 的税率征收企业所得税。

国家需要重点扶持的高新技术企业，减按 15％ 的税率征收企业所得税。

二、《国家税务总局关于延长高新技术企业和科技型中小企业亏损结转弥补年限有关企业所得税处理问题的公告》(国家税务总局公告 2018 年第 45 号)第一条

《通知》第一条所称当年具备高新技术企业或科技型中小企业资格(以下统称"资格")的企业,其具备资格年度之前5个年度发生的尚未弥补完的亏损,是指当年具备资格的企业,其前5个年度无论是否具备资格,所发生的尚未弥补完的亏损。

2018年具备资格的企业,无论2013年至2017年是否具备资格,其2013年至2017年发生的尚未弥补完的亏损,均准予结转以后年度弥补,最长结转年限为10年。2018年以后年度具备资格的企业,依此类推,进行亏损结转弥补税务处理。

三、《科技部 财政部 国家税务总局关于修订印发〈高新技术企业认定管理办法〉的通知》(国科发火〔2016〕32号)第十一条

认定为高新技术企业须同时满足以下条件:

(一)企业申请认定时须注册成立1年以上;

(二)企业通过自主研发、受让、受赠、并购等方式,获得对其主要产品(服务)在技术上发挥核心支持作用的知识产权的所有权;

(三)对企业主要产品(服务)发挥核心支持作用的技术属于《国家重点支持的高新技术领域》规定的范围;

(四)企业从事研发和相关技术创新活动的科技人员占企业当年职工总数的比例不低于10%;

(五)企业近三个会计年度(实际经营期不满三年的按实际经营时间计算,下同)的研究开发费用总额占同期销售收入总额的比例符合如下要求:

1. 最近一年销售收入小于5 000万元(含)的企业,比例不低于5%;

2. 最近一年销售收入在5 000万元至2亿元(含)的企业,比例不低于4%;

3. 最近一年销售收入在2亿元以上的企业,比例不低于3%。

其中,企业在中国境内发生的研究开发费用总额占全部研究开发费用总额的比例不低于60%;

(六)近一年高新技术产品(服务)收入占企业同期总收入的比例不低于60%;

(七)企业创新能力评价应达到相应要求;

(八)企业申请认定前一年内未发生重大安全、重大质量事故或严重环境违法行为。

四、《财政部 税务总局关于进一步实施小微企业所得税优惠政策的公告》(财政部 税务总局公告2022年第13号)第一条、第三条

一、对小型微利企业年应纳税所得额超过100万元但不超过300万元的部分,减按25%计入应纳税所得额,按20%的税率缴纳企业所得税。

三、本公告执行期限为2022年1月1日至2024年12月31日。

五、《关于小微企业和个体工商户所得税优惠政策的公告》(财政部 税务总局公告2023年第6号)第一条、第四条

一、对小型微利企业年应纳税所得额不超过100万元的部分,减按25%计入应纳税所得额,按20%的税率缴纳企业所得税。

四、本公告执行期限为2023年1月1日至2024年12月31日。

六、《关于实施小型微利企业普惠性税收减免政策的通知》(财税〔2019〕13号)第二条

对小型微利企业年应纳税所得额不超过100万元的部分,减按25%计入应纳税所得额,按20%的税率缴纳企业所得税;对年应纳税所得额超过100万元但不超过300万元的部分,减按50%计入应纳税所得额,按20%的税率缴纳企业所得税。

七、《财政部 税务总局 国家发展改革委关于延续西部大开发企业所得税政策的公告》(财政部 税务总局 国家发展改革委公告2020年第23号)第一条、第二条、第四条、第五条

一、自2021年1月1日至2030年12月31日,对设在西部地区的鼓励类产业企业减按15%的税率征收企业所得税。本条所称鼓励类产业企业是指以《西部地区鼓励类产业目录》中规定的产业项目为主营业务,且其主营业务收入占企业收入总额60%以上的企业。

上述所称收入总额,是指《企业所得税法》第六条规定的收入总额。

二、《西部地区鼓励类产业目录》由发展改革委牵头制定。该目录在本公告执行期限内修订的,自修订版实施之日起按新版本执行。

四、本公告所称西部地区包括内蒙古自治区、广西壮族自治区、重庆市、四川省、贵州省、云南省、西藏自治区、陕西省、甘肃省、青海省、宁夏回族自治区、新疆维吾尔自治区和新疆生产建设兵团。湖南省湘西土家族苗族自治州、湖北省恩施土家族苗族自治州、吉林省延边朝鲜族自治州和江西省赣州市,可以比照西部地区的企业所得税政策执行。

五、本公告自2021年1月1日起执行。

八、《关于促进集成电路产业和软件产业高质量发展企业所得税政策的公告》(财政部 税务总局 发展改革委 工业和信息化部公告2020年第45号)第一条至第四条

一、国家鼓励的集成电路线宽小于28纳米(含),且经营期在15年以上的集成电路生产企业或项目,第一年至第十年免征企业所得税;国家鼓励的集成电路线宽小于65纳米(含),且经营期在15年以上的集成电路生产企业或项目,第一年至第五年免征企业所得税,第六年至第十年按照25%的法定税率减半征收企业所得税;国家鼓励的集成电路线宽小于130纳米(含),且经营期在10年以上的集成电路生产企业或项目,第一年至第二年免征企业所得税,第三年至第五年按照25%的法定税率减半征收企业所得税。

对于按照集成电路生产企业享受税收优惠政策的,优惠期自获利年度起计算;对于按照集成电路生产项目享受税收优惠政策的,优惠期自项目取得第一笔生产经营收入所属纳税年度起计算,集成电路生产项目需单独进行会计核算、计算所得,并合理分摊期间费用。

国家鼓励的集成电路生产企业或项目清单由国家发展改革委、工业和信息化部会同财政部、税务总局等相关部门制定。

二、国家鼓励的线宽小于130纳米(含)的集成电路生产企业,属于国家鼓励的集

成电路生产企业清单年度之前5个纳税年度发生的尚未弥补完的亏损,准予向以后年度结转,总结转年限最长不得超过10年。

三、国家鼓励的集成电路设计、装备、材料、封装、测试企业和软件企业,自获利年度起,第一年至第二年免征企业所得税,第三年至第五年按照25%的法定税率减半征收企业所得税。

国家鼓励的集成电路设计、装备、材料、封装、测试企业和软件企业条件,由工业和信息化部会同国家发展改革委、财政部、税务总局等相关部门制定。

四、国家鼓励的重点集成电路设计企业和软件企业,自获利年度起,第一年至第五年免征企业所得税,接续年度减按10%的税率征收企业所得税。

国家鼓励的重点集成电路设计和软件企业清单由国家发展改革委、工业和信息化部会同财政部、税务总局等相关部门制定。

九、《财政部 税务总局关于延长部分税收优惠政策执行期限的公告》(财政部 税务总局公告2021年第6号)第一条

《财政部 税务总局关于设备器具扣除有关企业所得税政策的通知》(财税〔2018〕54号)等16个文件规定的税收优惠政策凡已经到期的,执行期限延长至2023年12月31日。

十、《财政部 税务总局关于进一步完善研发费用税前加计扣除政策的公告》(财政部 税务总局公告2021年第13号)第一条

制造业企业开展研发活动中实际发生的研发费用,未形成无形资产计入当期损益的,在按规定据实扣除的基础上,自2021年1月1日起,再按照实际发生额的100%在税前加计扣除;形成无形资产的,自2021年1月1日起,按照无形资产成本的200%在税前摊销。

本条所称制造业企业,是指以制造业业务为主营业务,享受优惠当年主营业务收入占收入总额的比例达到50%以上的企业。制造业的范围按照《国民经济行业分类》(GB/T 4754—2017)确定,如国家有关部门更新《国民经济行业分类》,从其规定。收入总额按照企业所得税法第六条规定执行。

十一、《关于进一步完善研发费用税前加计扣除政策的公告》(财政部 税务总局公告2023年第7号)第一条

业开展研发活动中实际发生的研发费用,未形成无形资产计入当期损益的,在按规定据实扣除的基础上,自2023年1月1日起,再按照实际发生额的100%在税前加计扣除;形成无形资产的,自2023年1月1日起,按照无形资产成本的200%在税前摊销。

十二、《关于企业委托境外研究开发费用税前加计扣除有关政策问题的通知》(财税〔2018〕64号)第一条

委托境外进行研发活动所发生的费用,按照费用实际发生额的80%计入委托方的委托境外研发费用。委托境外研发费用不超过境内符合条件的研发费用三分之二的部分,可以按规定在企业所得税前加计扣除。

上述费用实际发生额应按照独立交易原则确定。委托方与受托方存在关联关系的,受托方应向委托方提供研发项目费用支出明细情况。

十三、《关于完善研究开发费用税前加计扣除政策的通知》(财税〔2015〕119号)第二条、第四条

二、特别事项的处理

1. 企业委托外部机构或个人进行研发活动所发生的费用,按照费用实际发生额的80%计入委托方研发费用并计算加计扣除,受托方不得再进行加计扣除。委托外部研究开发费用实际发生额应按照独立交易原则确定。

委托方与受托方存在关联关系的,受托方应向委托方提供研发项目费用支出明细情况。

企业委托境外机构或个人进行研发活动所发生的费用,不得加计扣除。

2. 企业共同合作开发的项目,由合作各方就自身实际承担的研发费用分别计算加计扣除。

3. 企业集团根据生产经营和科技开发的实际情况,对技术要求高、投资数额大,需要集中研发的项目,其实际发生的研发费用,可以按照权利和义务相一致、费用支出和收益分享相配比的原则,合理确定研发费用的分摊方法,在受益成员企业间进行分摊,由相关成员企业分别计算加计扣除。

4. 企业为获得创新性、创意性、突破性的产品进行创意设计活动而发生的相关费用,可按照本通知规定进行税前加计扣除。

创意设计活动是指多媒体软件、动漫游戏软件开发,数字动漫、游戏设计制作;房屋建筑工程设计(绿色建筑评价标准为三星)、风景园林工程专项设计;工业设计、多媒体设计、动漫及衍生产品设计、模型设计等。

四、不适用税前加计扣除政策的行业

1. 烟草制造业。
2. 住宿和餐饮业。
3. 批发和零售业。
4. 房地产业。
5. 租赁和商务服务业。
6. 娱乐业。
7. 财政部和国家税务总局规定的其他行业。

上述行业以《国民经济行业分类与代码(GB/4 754—2011)》为准,并随之更新。

> **小贴士**
>
> 1. 企业要享受小型微利企业或者高新技术企业优惠的,应当提前了解该政策的认定条件,提前进行规划以满足两类特殊企业的要求,且必须要基于真实的业务基础。

2. 企业进行长远规划时,如果企业内部没有相关的专业人才,可以借助外部专业机构的力量。但是企业也应当考虑建设自己的专业团队,可参考本书第 9 章内容。

3. 企业长远的规划并不是一成不变的,应当根据当前经济大环境以及国家政策,恰当及时地做出调整,使规划能够更贴合公司的发展。

4. 企业在进行长远规划时,要切实考虑企业的发展需求,实事求是。比如,高新技术企业仅在 2022 年第四季度新购进的机器设备可以一次性扣除,并加计 100% 扣除,尽管该优惠力度极大,但是如果企业没有该方面的需求,则不必因此而增加成本。

3 因地制宜
——聚焦行业风险及特色

各行各业都有自己独特的一面,有属于本行业独有的管理办法及业务模式,也有本行业独有的税收优惠和税收风险点。因此,管理者除了应当了解企业发展共性,还应当关注自己企业发展的特性。不同行业需重点关注的风险点如表1-5所示。

表1-5 不同行业的风险点

行业	风险关注
制造业	1. 材料采购环节: (1) 恶意取得虚开发票,核算不规范。 (2) 进项税不正常抵扣。 (3) 采购成本错误核算,价外费用归集有误 2. 生产销售环节: (1) 虚列成本,虚增收入的风险。 (2) 存货变动水平异常。 (3) 往来账目长时间挂账
房地产开发企业	1. 超额列支预提费用 2. 利息支出违规扣除 3. 税前扣除凭证缺失 4. 支出错误归集分类 5. 违规代征契税 6. 预售未申报预缴 7. 延后收入确认时点
软件和集成电路企业	1. 留抵退税适用主体和范围错误 2. 忽视优惠政策关于技术标准的规定 3. 即征即退税额核算不清,实际税负计算错误
农林牧渔企业	1. 经营范围超过税法列举的所得项目 2. 初级农产品加工范围不符合财税〔2008〕149号和财税〔2011〕26号规定
营利性医美机构	1. 业务不真实 2. 票据不合规 3. 利用空壳公司处理费用
烟草行业	1. 广告宣传费违规扣除 2. 研发费用违规加计扣除
金融企业	1. 误享优惠少缴税款 2. 未按规定开具利息收入发票 3. 资产损失留存备查资料缺失
商贸企业	1. 业务不真实,虚构业务 2. 商业回扣不正常处理 3. 恶意取得虚开发票,虚增成本

实战案例

2020年,全球工业原料价格上涨影响了不少工业企业,而A公司的利润却上升200%。2021年第一季度财务报告显示,2021年1至3月,A公司营业收入为3.43亿元,同比增加1.1亿元,营业利润为1593万元,而上一年同期亏损2689.50万元。扭亏为盈的背后,除了离不开海外订单的不断增加、业务多元化的发展,还离不开各种税收优惠的助力。

2020年,A公司预计享受高新技术产业企业所得税减免418万元,研发费用预计达9556万元,全年出口退税779万元;2月至6月享受阶段性社保费减免190万元。A公司2021年第一季度享受出口退税492万元,同时,自2021年起,制造业研发费用加计扣除比例由75%增加至100%,对企业来说,进一步降低了企业所得税税负,使企业的资金流更加充裕。

【案例分析】

制造业及高新技术企业税收优惠政策如表1-6所示。

表1-6 制造业和高新技术企业税收优惠

行业	相关优惠	对应政策
制造业	先进制造业增值税期末留抵退税	财政部 税务总局公告2021年第15号
	制造业企业开展研发活动中实际发生的研发费用,未形成无形资产计入当期损益的,在按规定据实扣除的基础上,自2021年1月1日起,再按照实际发生额的100%在税前加计扣除;形成无形资产的,自2021年1月1日起,按照无形资产成本的200%在税前摊销	财政部 税务总局公告2021年第13号
	一是制造业企业新购进的固定资产,可缩短折旧年限或采取加速折旧的方法。	财政部 税务总局公告2019年第66号
	二是制造业企业在2018年1月1日至2023年12月31日新购进的设备、器具,单位价值不超过500万元的,允许一次性计入当期成本费用在计算应纳税所得额时扣除,不再分年度计算折旧	财政部 税务总局公告2021年第6号
高新技术企业	企业来源于境内外的所得,减按15%的税率缴纳企业所得税	中华人民共和国企业所得税法
	自具备资格前5个年度尚未弥补完的亏损,准予以后10个纳税年度进行弥补抵扣	国家税务总局公告2018年第45号

对企业管理者来说,应当关注自身企业特色,避免行业常见风险,并利用好行业特有的税收优惠政策,从而给企业带来更多的利益。

政策依据

各行业相关税收优惠及对应的政策依据如表 1-7 所示。

小贴士

不同的企业在利用本行业特有的政策要求时,必须关注税收优惠规定的条件,只有达到优惠享受的条件,才能够适用优惠政策,否则属于偷税漏税行为。

除前部分提及的制造业及高新技术企业,其他行业相关税收优惠及对应的政策依据如表 1-7 所示。

表 1-7 其他行业税收优惠

行业	相关税收优惠	政策依据
房地产开发企业	一般纳税人转让 2016 年 4 月 30 日前取得的不动产可选择简易计税	财税〔2016〕36 号附件 2
	一般纳税人销售自行开发的房地产老项目可简易计税	国家税务总局公告 2016 年第 18 号
	为了配合国家住房制度改革,企业、行政事业单位按房改成本价、标准价出售住房取得的收入免征增值税	财税〔2016〕36 号附件 3
	对按政府规定价格出租的公有住房和廉租住房,暂免征收房产税	财税〔2000〕125 号
	单独建造的地下建筑用地,减半征收城镇土地使用税	财税〔2009〕128 号
	建造普通标准住宅出售,增值额未超过扣除项目金额 20%的,免征土地增值税	《中华人民共和国土地增值税暂行条例》
	纳税人按规定预缴土地增值税后,清算补缴的土地增值税,在主管税务机关规定的期限内补缴的,不加收滞纳金	国税函〔2010〕220 号
	同一投资主体内部所属企业之间土地、房屋权属的划转	财政部 税务总局公告 2021 年第 17 号
软件和集成电路企业	(详见图 1-6)	
农林牧渔企业	符合规定的农林牧渔业项目的所得可以免征、减征企业所得税	《中华人民共和国企业所得税法》
	初级加工免税农产品、减半征收农产品享受相应的免征和减征	国家税务总局 2011 年第 48 号
	农业生产者销售的自产农产品免征增值税	中华人民共和国增值税暂行条例

（续表）

行业	相关税收优惠	政策依据
农林牧渔企业	"公司＋农户"经营模式生产销售农产品免征增值税、减免征企业所得税	国税公告2013年第8号 国家税务总局公告2010年第2号
	直接用于农、林、牧、渔业的生产用地，免征城镇土地使用税	国务院令〔1988〕第17号
	建制镇的农林牧渔业用地，不征收房产税和土地使用税	国税发〔1999〕44号
	经营采摘、观光农业的单位，直接用于采摘、观光的种植、养殖、饲养的土地，免征城镇土地使用税	财税〔2006〕186号
	占用耕地建设农田水利设施的，不缴纳耕地占用税	耕地占用税法
营利性医美机构	取得的收入，直接用于改善医疗卫生条件的，自其取得执业登记之日起，3年内对其自产自用的制剂免征增值税，自用的房产、土地、车船免征房产税、城镇土地使用税和车船使用税	财税〔2000〕42号
化妆品制造或销售、医药制造和饮料制造（不含酒类制造）	广告费和业务宣传费支出，不超过当年销售（营业）收入30％的部分，准予扣除；超过部分，准予在以后纳税年度结转扣除	财政部 税务总局公告2020年第43号
金融企业	银行类金融机构的小微企业及个体工商户小额贷款利息收入免征增值税	财税〔2018〕91号
	农村信用社、中国农业银行、中国邮政储蓄银行涉农贷款利息收入可选择简易计税方法缴纳增值税	财税〔2016〕46号 财税〔2018〕97号
	金融机构与小微企业签订借款合同免征印花税	财税〔2017〕77号
	根据《贷款风险分类指引》（银监发〔2007〕54号），对其涉农贷款和中小企业贷款进行风险分类后，按照规定比例计提的贷款损失准备金，准予在计算应纳税所得额时扣除	财政部 税务总局公告2019年第85号
	金融企业的委托贷款、代理贷款、国债投资、应收股利、应收财政贴息、央行款项等不承担风险和损失的资产及规定的三类风险贷款的贷款损失准备金准予税前扣除	财政部 税务总局公告2019年第86号

第 2 节　纳税管理规范化和标准化

❹ 习以为常
——日常纳税管理流程

纳税管理作为企业管理的重要组成部分，对规范企业行为、规避企业涉税风险、降低企业税收成本、提高企业经营效益等方面有着积极作用。因此，日常纳税管理工作不容忽视，企业应制定合理的日常纳税工作管理流程，如图 1-8 所示。

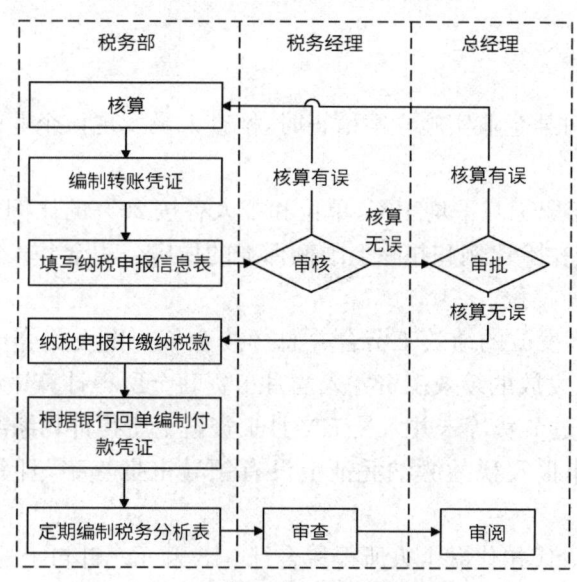

图 1-8　企业日常纳税管理流程

其中，核算一般包括对采购、生产加工、销售、绩效和利润分配等环节的核算。在这些环节中，企业也应当设立相应的管理流程（详见第 4 章内容），而对税务部门来说，一般会重点关注以下各环节的涉税风险，如表 1-8 所示。

表 1-8　企业各环节需要关注的涉税风险

环节	主要涉税风险
采购环节	1. 为降低成本而不开发票的涉税风险 2. 要求供应商多开发票的涉税风险 3. 采购结算方式的涉税风险 4. 购销合同关于定价、运费等内容的涉税风险

(续表)

环节	主要涉税风险
生产加工环节	1. 领料出库核算不完善的涉税风险 2. 集团企业中间材料转移定价不合理的涉税风险
销售环节	1. 销售合同中关于销售定价、发票类型、价外费用、收款方式等内容约定不当的涉税风险 2. 混合销售和兼营行为的涉税风险 3. 收入成本不匹配的涉税风险 4. 收入时点确认不合规的涉税风险
绩效和利润分配环节	1. 绩效奖金违规发放逃避税负的涉税风险 2. 利润分配未代扣代缴个人所得税的涉税风险 3. 企业盈利,长期不分红的涉税风险

实战案例

某地稽查局在对某企业实施立案稽查时,稽查人员发现该企业的纳税情况存在以下四个方面的问题:

(1) 按照上一年职工月平均工资,单位和个人各按20%的比例为员工缴存住房公积金,未将超过法定扣除比例和扣除上限额标准的住房公积金并入员工当月工资薪金所得计算缴纳个人所得税。

(2) 将四个季度发放的绩效工资合并总额按全年一次性奖金申报缴纳个人所得税,而未将其中三次发放的绩效工资并入当月工资薪金所得计算缴纳个人所得税。

(3) 发放补贴、过节费等未并入员工当月工资薪金所得计算缴纳个人所得税。

(4) 企业纳税申报及税款缴纳凭证上没有领导审批签字,且并无税款计算过程单据。

上述问题导致少代扣代缴个人所得税合计118万元。针对上述违法事实,某地稽查局依法做出了处理,依法责令该企业补扣缴了少代扣代缴的个人所得税118万元,并对其处以罚款59万元。

【案例分析】

本案例中,企业未对纳税申报事项进行严格的审批流程,导致税款计算有误,从而致使代扣代缴行为不满足税法相关规定。根据《中华人民共和国税收征收管理法》,未按规定扣缴个人所得税的扣缴义务人,税务机关可以对其处以50%以上,3倍以下的罚款。本例中,该企业除了补缴税款,还被处以59万元的罚款。由此可见,企业未按照规定核算并申报纳税,表面上为企业和个人节省了税款,但实际上属于偷税漏税行为,得不偿失。

因此,对企业来说,应当制定好合法合规的日常税收管理流程,严格审批,依法纳税,避免增加不必要的税收成本。

📄 政策依据

一、《中华人民共和国个人所得税法实施条例》第六条第一款第一项

工资、薪金所得,是指个人因任职或者受雇取得的工资、薪金、奖金、年终加薪、劳动分红、津贴、补贴以及与任职或者受雇有关的其他所得。

二、《中华人民共和国税收征收管理法》第四条、第六十九条

第四条　法律、行政法规规定负有纳税义务的单位和个人为纳税人。

法律、行政法规规定负有代扣代缴、代收代缴税款义务的单位和个人为扣缴义务人。

纳税人、扣缴义务人必须依照法律、行政法规的规定缴纳税款、代扣代缴、代收代缴税款。

第六十九条　扣缴义务人应扣未扣、应收而不收税款的,由税务机关向纳税人追缴税款,对扣缴义务人处应扣未扣、应收未收税款百分之五十以上三倍以下的罚款。

三、《财政部　国家税务总局关于基本养老保险费基本医疗保险费失业保险费住房公积金有关个人所得税政策的通知》(财税〔2006〕10号)第二条

根据《住房公积金管理条例》《建设部　财政部　中国人民银行关于住房公积金管理若干具体问题的指导意见》(建金管〔2005〕5号)等规定精神,单位和个人分别在不超过职工本人上一年度月平均工资12%的幅度内,其实际缴存的住房公积金,允许在个人应纳税所得额中扣除。单位和职工个人缴存住房公积金的月平均工资不得超过职工工作地所在设区城市上一年度职工月平均工资的3倍,具体标准按照各地有关规定执行。

单位和个人超过上述规定比例和标准缴付的住房公积金,应将超过部分并入个人当期的工资、薪金收入,计征个人所得税。

四、《国家税务总局关于调整个人取得全年一次性奖金等计算征收个人所得税方法问题的通知》(国税发〔2005〕9号)第一条

全年一次性奖金是指行政机关、企事业单位等扣缴义务人根据其全年经济效益和对雇员全年工作业绩的综合考核情况,向雇员发放的一次性奖金。

上述一次性奖金也包括年终加薪、实行年薪制和绩效工资办法的单位根据考核情况兑现的年薪和绩效工资。

💬 小贴士

1. 企业的流程应当包括应对突发情况的"应急预案",比如,当税务经理出差时,是由其他领导代替审批,还是可以跳过税务经理审批而直接由总领导审批等,都需要对此做出明确规定。

2. 流程设计需要考虑员工的参与和反馈,建立员工参与机制,以提高流程的可执行性和员工的满意度。

5 方寸不乱
——特殊事项管理流程

企业纳税工作除了日常核算、记账、申报,也可能会面临一些特殊事项,如投融资管理、资产重组等。对于这些事项,企业更需要做好提前筹划。这就要求企业税务部应当充分考虑其中的涉税风险以及可利用的税收优惠,为管理层的最终决策提供意见。企业特殊事项管理流程可参考图1-9。

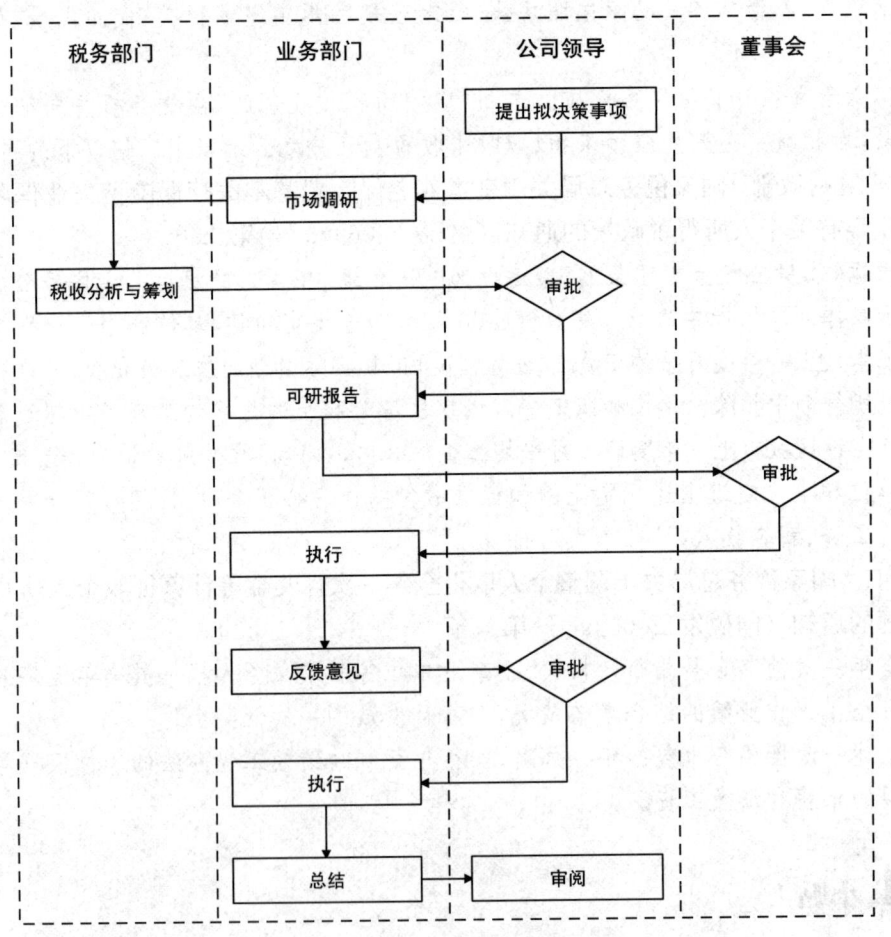

图1-9 企业特殊事项管理流程

实战案例

梅松集团是一家生产型的企业集团。由于近期生产经营效益不错,该集团预测今后几年的市场需求有进一步扩大的趋势,于是经过集团管理层讨论,决定扩展生产能力。

经过业务部门的调查,当地的税台公司的产品正好是梅松集团所需原料之一,但由于经营不善,其已经资不抵债。税台公司经评估确认资产总额3 000万元,负债5 000万元,但其中一条生产线系最近新建,性能良好,原值1 500万元,评估价值2 000万元。

业务部将该情况写成报告,交由税务部门策划具体可行方案。经过讨论,税务部共提出了三种方案:

方案一:直接购买该生产线。

方案二:承债式整体收购税台公司。

方案三:税台公司将该生产线出资设立子公司,梅松集团股权收购该子公司。

税务部进行相应的测算后,认为方案三效果最好。于是税务部协同业务部门写成可行性研究报告并提交董事会。最终,董事会通过了决议,且与税台公司达成了一致意见。最终,梅松公司以最有利的形式取得了该生产线,实现了业务扩张。

【案例分析】

三种方案对双方企业产生的影响如表1-9所示。

表1-9 三种方案对双方企业产生的影响

方案	梅松集团	税台公司
方案一	短期内承担2 000万元的资金压力	财产转让需要缴纳增值税和企业所得税
方案二	购买全部资产,经济上是不划算的,并且会承担不必要的负债,对以后发展运作不利	不需要缴纳增值税和企业所得税
方案三	无须支付大量现金,只取得需要的生产线	不缴纳增值税,缴纳企业所得税

综合来看,方案三的效果最好。梅松集团既购买了自身需要的生产线,又未购买其他无用资产,并且新成立的子公司资产负债基本相同,也无须缴纳企业所得税。

因此,企业针对此类特殊事项,对企业纳税预先筹划,往往也能够发现业务上的可操作性,这在降低税负的同时,也有利于企业的可持续发展。

政策依据

一、《财政部 国家税务总局关于非货币性资产投资企业所得税政策问题的通知》(财税〔2014〕116号)第一条、第二条

一、居民企业(以下简称企业)以非货币性资产对外投资确认的非货币性资产转让所得,可在不超过5年期限内,分期均匀计入相应年度的应纳税所得额,按规定计算缴纳企业所得税。

二、企业以非货币性资产对外投资,应对非货币性资产进行评估并按评估后的公

2 长远规划
——重要业务预先规划

企业无论是在建立之初,还是持续经营发展中,都需要对其中的重要业务及布局进行提前规划。尤其是有四类企业,应在发展中尽量满足税收优惠的认定条件,降低企业整体税负,具体如图 1-6 所示。

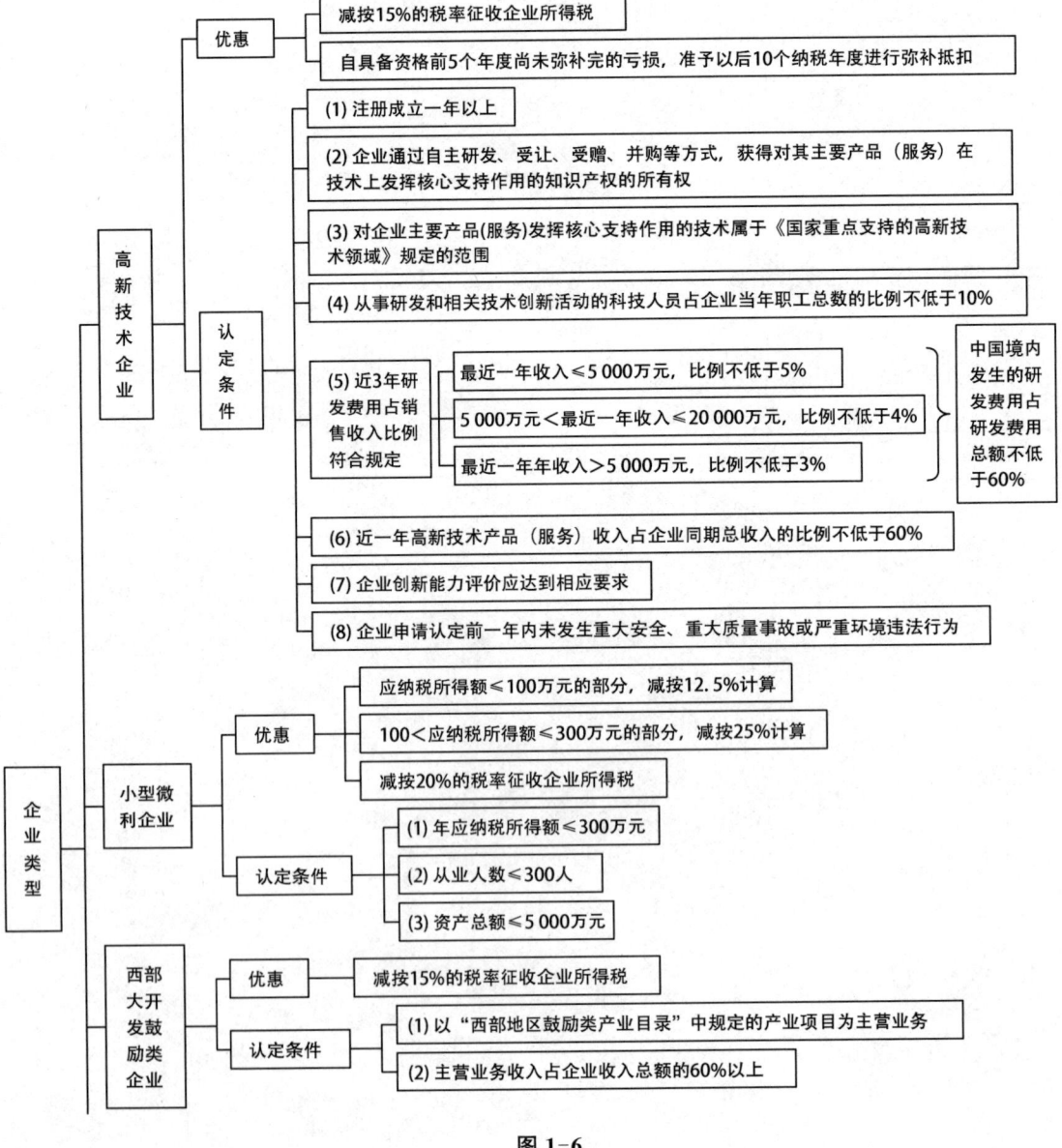

图 1-6

允价值扣除计税基础后的余额,计算确认非货币性资产转让所得。

二、《财政部 国家税务总局关于企业重组业务企业所得税处理若干问题的通知》(财税〔2009〕59号)第四条第五项、第六条

四、企业重组,除符合本通知规定适用特殊性税务处理规定的外,按以下规定进行税务处理：

……

（五）企业分立,当事各方应按下列规定处理：

1. 被分立企业对分立出去资产应按公允价值确认资产转让所得或损失。

2. 分立企业应按公允价值确认接受资产的计税基础。

3. 被分立企业继续存在时,其股东取得的对价应视同被分立企业分配进行处理。

4. 被分立企业不再继续存在时,被分立企业及其股东都应按清算进行所得税处理。

5. 企业分立相关企业的亏损不得相互结转弥补。

六、企业重组符合本通知第五条规定条件的,交易各方对其交易中的股权支付部分,可以按以下规定进行特殊性税务处理：

（一）企业债务重组确认的应纳税所得额占该企业当年应纳税所得额50%以上,可以在5个纳税年度的期间内,均匀计入各年度的应纳税所得额。

企业发生债权转股权业务,对债务清偿和股权投资两项业务暂不确认有关债务清偿所得或损失,股权投资的计税基础以原债权的计税基础确定。企业的其他相关所得税事项保持不变。

（二）股权收购,收购企业购买的股权不低于被收购企业全部股权的75%,且收购企业在该股权收购发生时的股权支付金额不低于其交易支付总额的85%,可以选择按以下规定处理：

1. 被收购企业的股东取得收购企业股权的计税基础,以被收购股权的原有计税基础确定。

2. 收购企业取得被收购企业股权的计税基础,以被收购股权的原有计税基础确定。

3. 收购企业、被收购企业的原有各项资产和负债的计税基础和其他相关所得税事项保持不变。

（三）资产收购,受让企业收购的资产不低于转让企业全部资产的75%,且受让企业在该资产收购发生时的股权支付金额不低于其交易支付总额的85%,可以选择按以下规定处理：

1. 转让企业取得受让企业股权的计税基础,以被转让资产的原有计税基础确定。

2. 受让企业取得转让企业资产的计税基础,以被转让资产的原有计税基础确定。

三、《财政部 国家税务总局关于促进企业重组有关企业所得税处理问题的通知》(财税〔2014〕109号)第一条、第二条、第三条

一、关于股权收购

将《财政部 国家税务总局关于企业重组业务企业所得税处理若干问题的通知》（财税〔2009〕59号）第六条第（二）项中有关"股权收购，收购企业购买的股权不低于被收购企业全部股权的75%"规定调整为"股权收购，收购企业购买的股权不低于被收购企业全部股权的50%"。

二、关于资产收购

将财税〔2009〕59号文件第六条第（三）项中有关"资产收购，受让企业收购的资产不低于转让企业全部资产的75%"规定调整为"资产收购，受让企业收购的资产不低于转让企业全部资产的50%"。

三、关于股权、资产划转

对100%直接控制的居民企业之间，以及受同一或相同多家居民企业100%直接控制的居民企业之间按账面净值划转股权或资产，凡具有合理商业目的、不以减少、免除或者推迟缴纳税款为主要目的，股权或资产划转后连续12个月内不改变被划转股权或资产原来实质性经营活动，且划出方企业和划入方企业均未在会计上确认损益的，可以选择按以下规定进行特殊性税务处理：

1. 划出方企业和划入方企业均不确认所得。
2. 划入方企业取得被划转股权或资产的计税基础，以被划转股权或资产的原账面净值确定。
3. 划入方企业取得的被划转资产，应按其原账面净值计算折旧扣除。

四、《国家税务总局关于纳税人资产重组有关增值税问题的公告》（国家税务总局公告2011年第13号）

纳税人在资产重组过程中，通过合并、分立、出售、置换等方式，将全部或者部分实物资产以及与其相关联的债权、负债和劳动力一并转让给其他单位和个人，不属于增值税的征税范围，其中涉及的货物转让，不征收增值税。

小贴士

1. 企业应关注特殊事项流程的可行性。比如，企业如果没有能够应对该特殊事项的相关专家，则应当在流程中设计对外部专家的评估机制。

2. 企业的特殊事项管理应当考虑该事项涉及的税收负担。比如，企业分立中税收负担最终应由哪方承担，在操作时要考虑税负是否可以通过价格进行转嫁。

第3节　纳税管理的风险问题

6　今非昔比
——金税四期下的"严征管"

金税四期的上线,意味着我国将从"以票治税"的时代走向"以数治税"的时代,并逐步实现对"非税业务"的全面监控。

金税四期和金税三期的主要区别如图1-10所示。

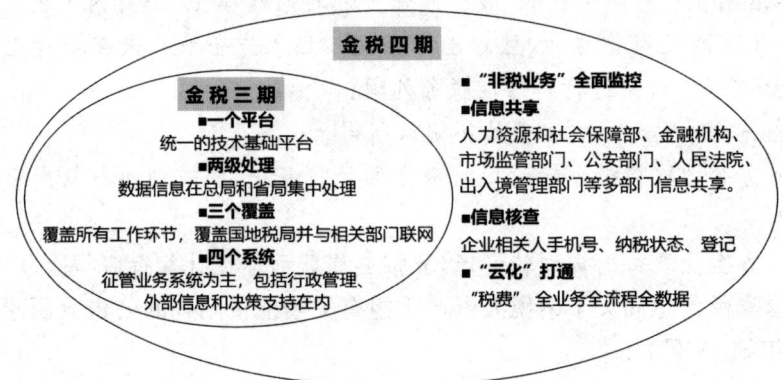

图1-10　金税三期和金税四期的区别

2021年3月,中共中央办公厅、国务院办公厅印发了《关于进一步深化税收征管改革的意见》,提出了未来税收征管制度改革的方向,如图1-11所示。

同时,该文件指出,要加强重点领域风险防控和监管。对逃、避税问题多发的行业、地区和人群,根据税收风险适当提高"双随机、一公开"抽查比例。对隐瞒收入、虚列成本、转移利润以及利用"税收洼地""阴阳合同"和关联交易等逃、避税行为,加强预防性制度建设,加大依法防控和监督检查力度。

实战案例

2021年3月,重庆市某稽查局接到公安机关经侦部门传送的一条涉税违法线索。警方正在开展矿山砂石行业专项违法整治活动。在整治过程中,经侦人员发现,H石油公司营销人员李某个人账户的资金往来异常:近3 000万元资金由多个自然人账户流入李某账户,最终通过直接或间接方式转入一个名为钟某个人的银行账户,而钟某

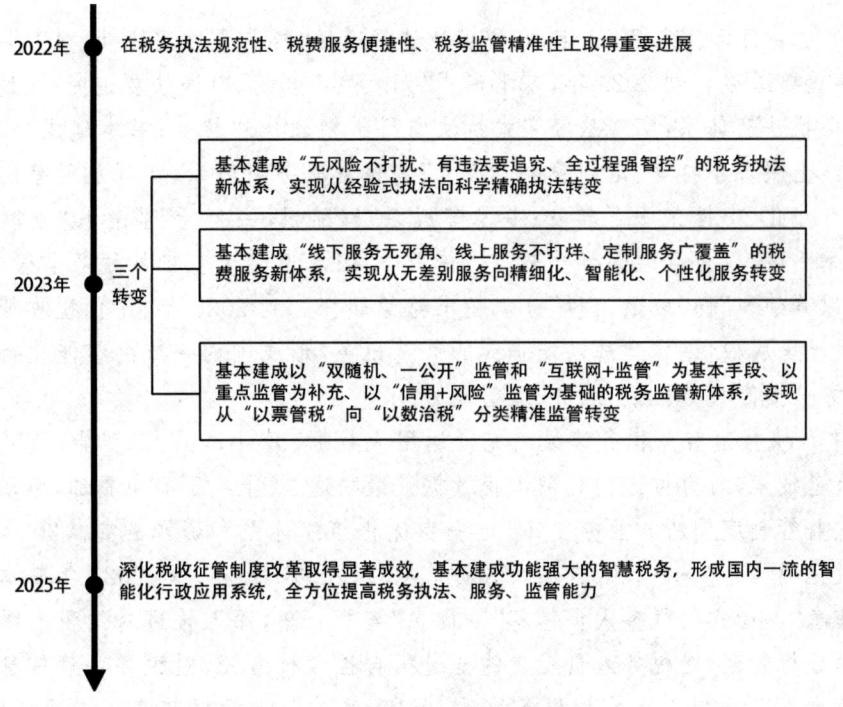

图 1-11 未来税收征管制度改革方向

是一家名为 J 公司的民用爆破企业的法定代表人。公安经侦人员怀疑 J 公司涉嫌虚开增值税发票违法活动。

通过层层调查发现,J 公司法人钟某向 H 石油公司等 3 家石油石化企业购买了加油充值卡(预付卡)。随后,钟某将这些预付卡交给李某,由李某寻找卡贩子将其转手售卖,最终通过其控制的几个自然人银行账户将款项再转付给钟某。

最终,该稽查局针对该企业违法行为,依法对其作出补缴企业所得税 791.64 万元,加收滞纳金的处理决定。案件查结后,因企业偷逃税款金额巨大,涉嫌犯罪,目前公安机关已依法将案件提交司法机关审理。

来源:中国税务报 2021 年 12 月 21 日 B2 版

【案例分析】

金税四期的推行与发展,实现了"非税业务"全面监控。各部门之间信息共享,尤其是银行与税务部门早在 2015 年就开始建立银税合作,所以企业通过各种方式偷、逃税款,必然会留下证据,最后一定会受到税务机关的稽查。因此,在如今数据共享的背景下,随着信息网络共享平台建立,企业只有建立合规的财务体系,才能够防范涉税风险。

📄 **政策依据**

《关于进一步深化税收征管改革的意见》第三条、第四条、第六条、第十八条、第十

九条

（三）主要目标。到2022年，在税务执法规范性、税费服务便捷性、税务监管精准性上取得重要进展。到2023年，基本建成"无风险不打扰、有违法要追究、全过程强智控"的税务执法新体系，实现从经验式执法向科学精确执法转变；基本建成"线下服务无死角、线上服务不打烊、定制服务广覆盖"的税费服务新体系，实现从无差别服务向精细化、智能化、个性化服务转变；基本建成以"双随机、一公开"监管和"互联网＋监管"为基本手段，以重点监管为补充，以"信用＋风险"监管为基础的税务监管新体系，实现从"以票管税"向"以数治税"分类精准监管转变。到2025年，深化税收征管制度改革取得显著成效，基本建成功能强大的智慧税务，形成国内一流的智能化行政应用系统，全方位提高税务执法、服务、监管能力。

（四）加快推进智慧税务建设。充分运用大数据、云计算、人工智能、移动互联网等现代信息技术，着力推进内外部涉税数据汇聚联通、线上线下有机贯通，驱动税务执法、服务、监管制度创新和业务变革，进一步优化组织体系和资源配置。2022年基本实现法人税费信息"一户式"、自然人税费信息"一人式"智能归集，2023年基本实现税务机关信息"一局式"、税务人员信息"一员式"智能归集，深入推进对纳税人缴费人行为的自动分析管理、对税务人员履责的全过程自控考核考评、对税务决策信息和任务的自主分类推送。2025年实现税务执法、服务、监管与大数据智能化应用深度融合、高效联动、全面升级。

（六）深化税收大数据共享应用。探索区块链技术在社会保险费征收、房地产交易和不动产登记等方面的应用，并持续拓展在促进涉税涉费信息共享等领域的应用。不断完善税收大数据云平台，加强数据资源开发利用，持续推进与国家及有关部门信息系统互联互通。2025年建成税务部门与相关部门常态化、制度化数据共享协调机制，依法保障涉税涉费必要信息获取；健全涉税涉费信息对外提供机制，打造规模大、类型多、价值高、颗粒度细的税收大数据，高效发挥数据要素驱动作用。完善税收大数据安全治理体系和管理制度，加强安全态势感知平台建设，常态化开展数据安全风险评估和检查，健全监测预警和应急处置机制，确保数据全生命周期安全。加强智能化税收大数据分析，不断强化税收大数据在经济运行研判和社会管理等领域的深层次应用。

（十八）建立健全以"信用＋风险"为基础的新型监管机制。健全守信激励和失信惩戒制度，充分发挥纳税信用在社会信用体系中的基础性作用。建立健全纳税缴费信用评价制度，对纳税缴费信用高的市场主体给予更多便利。在全面推行实名办税缴费制度基础上，实行纳税人缴费人动态信用等级分类和智能化风险监管，既以最严格的标准防范逃避税，又避免影响企业正常生产经营。健全以"数据集成＋优质服务＋提醒纠错＋依法查处"为主要内容的自然人税费服务与监管体系。依法加强对高收入高净值人员的税费服务与监管。

（十九）加强重点领域风险防控和监管。对逃避税问题多发的行业、地区和人群，根据税收风险适当提高"双随机、一公开"抽查比例。对隐瞒收入、虚列成本、转移利润以及利用"税收洼地""阴阳合同"和关联交易等逃避税行为，加强预防性制度建设，加大依法防控和监督检查力度。

> **小贴士**

1. 企业应该熟悉并遵守国家和地方税收法规，如税率、申报截止日期、税收优惠享受条件等，并确保所有税务文件和记录的准确性和完整性，避免虚假报税和欺诈行为。

2. 企业应该定期检查和审计相关的税务记录，以确保准确性和完整性。

3. 企业对理解不到位的政策，要及时咨询当地主管税务机关，以当地主管税务机关的解读为准。

4. 目前优惠政策实行的是"自行判别，申报享受"的制度，企业应当充分了解与自己相关的税收优惠的享受条件，并留存好相应的资料备查，至少保存15年。

7 防患未然
——把握风险底线

纳税筹划工作对企业来说是一把"双刃剑",可以提升企业的经济效益,但也可能给企业带来涉税风险。纳税筹划能否起到积极作用,主要取决于企业对相关政策的认知程度和落实情况。若企业无视后果,暴力筹划,则属于偷税漏税行为,会增加企业不必要的税负。因此,企业应当明确自身情况,树立正确的风险防范意识,把握底线,积极规避涉税风险。

偷税漏税对企业和个人的影响如表1-10所示。

表1-10 偷税漏税对企业和个人的影响

法律	情形	法律规定
《中华人民共和国税收征收管理法》	未按照规定的期限申报办理税务登记、变更或者注销登记的	责令限期改正,可以处两千元以下的罚款;情节严重的,处两千元以上一万元以下的罚款
	纳税人未按照规定的期限办理纳税申报和报送纳税资料,或扣缴义务人未按照规定的期限报送代扣代缴、代收代缴税款报告表和有关资料	
	不进行纳税申报,不缴或者少缴应纳税款	追缴其不缴或者少缴的税款、滞纳金,并处不缴或者少缴的税款百分之五十以上五倍以下的罚款
	扣缴义务人应扣未扣、应收而不收税款	追缴税款,对扣缴义务人处应扣未扣、应收未收税款百分之五十以上三倍以下的罚款
	偷税	追缴其不缴或者少缴的税款、滞纳金,并处不缴或者少缴的税款百分之五十以上五倍以下的罚款;构成犯罪的,依法追究刑事责任
	骗取出口退税	追缴其骗取的退税款,并处骗取税款一倍以上五倍以下的罚款;构成犯罪的,依法追究刑事责任
	抗税	由税务机关追缴其拒缴的税款、滞纳金,依法追究刑事责任。情节轻微,未构成犯罪的,由税务机关追缴其拒缴的税款、滞纳金,并处拒缴税款一倍以上五倍以下的罚款
	阻挠税务机关检查	责令改正,可以处一万元以下的罚款;情节严重的,处一万元以上五万元以下的罚款
《中华人民共和国刑法》	采取欺骗、隐瞒手段进行虚假纳税申报或不申报,逃避缴纳税款(逃税罪)	数额较大且占应纳税额百分之十以上的,处三年以下有期徒刑或者拘役,并处罚金;数额巨大且占应纳税额百分之三十以上的,处三年以上七年以下有期徒刑,并处罚金

(续表)

法律	情形	法律规定
《中华人民共和国刑法》	以暴力、威胁方法拒不缴纳税款（抗税罪）	三年以下有期徒刑或者拘役，并处拒缴税款一倍以上五倍以下罚金；情节严重的，处三年以上七年以下有期徒刑，并处拒缴税款一倍以上五倍以下罚金
	骗取出口退税罪	数额较大的，处五年以下有期徒刑或者拘役，并处骗取税款一倍以上五倍以下罚金；数额巨大或者有其他严重情节的，处五年以上十年以下有期徒刑，并处骗取税款一倍以上五倍以下罚金；数额特别巨大或者有其他特别严重情节的，处十年以上有期徒刑或者无期徒刑，并处骗取税款一倍以上五倍以下罚金或者没收财产
	虚开增值税专用发票或者虚开用于骗取出口退税、抵扣税款的其他发票	三年以下有期徒刑或者拘役，并处二万元以上二十万元以下罚金；虚开的税款数额较大或者有其他严重情节的，处三年以上十年以下有期徒刑，并处五万元以上五十万元以下罚金；虚开的税款数额巨大或者有其他特别严重情节的，处十年以上有期徒刑或者无期徒刑，并处五万元以上五十万元以下罚金或者没收财产（对单位判处罚金，并对其直接负责的主管人员和其他直接责任人员判刑）

实战案例

张某作为经纪人，负责女演员郑某拍摄某电视剧的合同签订、报酬、支付等事宜。由于国家限定片酬不能超过5 000万元，张某与制片方等共同商讨片酬的拆分及收款方式，最终确定了1.6亿元的片酬的支付方案：即拆分为4 800万元和1.12亿元两个部分，对1.12亿元部分，双方商定由制片方对郑某实际控制公司以"增资"的形式支付。之后，张某与郑某商定了设立收款公司进行操作。

最终，税务机关对郑某追缴税款、加收滞纳金并处罚款共计2.99亿元。张某通过上述违法行为，帮助郑某偷逃税款，被依法处以3 227万元罚款。

【案例分析】

第一，郑某拆分片酬的方案显然不符合法律规定，其所谓的"纳税筹划"其实是偷税漏税行为。因此，对企业来说，进行纳税筹划要先建立在合法合规的基础上，不能曲解法律，以触犯法律的形式降低企业成本，反而会得不偿失。

第二，《中华人民共和国税收征收管理法实施细则》第93条规定，"为纳税人、扣缴义务人非法提供银行账户、发票、证明或者其他方便，导致未缴、少缴税款或者骗取国家出口退税款的，税务机关除没收其违法所得外，可以处未缴、少缴或者骗取的税款1倍以下的罚款"。由此可见，张某"帮助"郑某"筹划"的行为，属于"帮助"别人偷税漏税，也是违法行为，将受到严厉的惩罚。

因此，无论是企业还是个人，都应当在法律规定的范畴内进行纳税筹划，一旦逾越了法律的底线,会给企业或个人带来严重的后果。

政策依据

一、《中华人民共和国税收征收管理法》第五章

二、《中华人民共和国刑法》第二百零一条至第二八零七条

小贴士

1. 了解税务风险的本质和来源,有助于企业更加全面地评估自身的涉税风险。

2. 企业需要建立完善的纳税管理制度,包括纳税申报和缴纳、纳税筹划和风险评估等方面,确保纳税工作的规范和有效。此外,企业还应该建立稽查和应急预案,以便在涉税风险事件发生时及时应对。

3. 企业应该根据自身的业务特点、税收政策变化等因素,制定相应的涉税风险评估方法和相应指标体系,并及时跟踪、调整和更新。

4. 企业在必要时,可以聘请专业税务顾问或律师等专业人士,提供纳税咨询、筹划和风险评估等服务,帮助企业制定合理的税务方案,以降低涉税风险。

❽ 恰到好处
——多交税、少交税的风险

在智慧税务的背景下,随着信息网络共享平台建立,税务机关会通过比对企业的税负率,推断企业是否诚信纳税,因此,无论税负率明显偏低还是明显偏高,都会引起税务机关的注意。关于增值税和企业所得税税负率的相关情况如表 1-11 所示。

表 1-11　增值税和企业所得税税负率

综合税负率＝各项税费总和÷销售收入总额	
增值税税负率	**企业所得税税负率**
本期增值税税负率＝$\dfrac{本期应纳增值税}{本期销售收入}$	本期所得税税负率＝$\dfrac{本期应纳所得税额}{本期销售收入}$
本期应纳增值税额＝当期销项税－实际抵扣进项税	本期应纳所得税＝应纳税所得额×税率－减免税额
影响因素: (1) 销售额、增值税税率等。 (2) 期初留抵税额、本期进项税额、进项税转出额等	影响因素: (1) 应纳税所得额、所得税税率等。 (2) 各项收入、成本及费用都会有所影响

注:1. 实际抵扣进项税＝期初留抵进项税额＋本期进项税额－进项转出－出口退税－期末留抵进项税额。
2. 对实行"免抵退"的生产企业而言,应纳增值税包括出口抵减内销产品应纳税额。
3. 通常情况下,当期应纳增值税＝应纳增值税明细账"转出未交增值税"累计数＋"出口抵减内销产品应纳税额"累计数。

📊 实战案例

2017 年 6 月,某市国税局在对一家经营电器批发的商贸企业进行评估调查时发现:

该公司 2016 年下半年只有销售,而没有进货,全部按照 17% 税负缴纳增值税,没有任何进项税抵扣,相对于同行业的其他企业来说,增值税税负明显偏高,缴纳了过多的税款。

税务部门进一步核查,发现该商贸公司购进电器全部用自制白条入账,没有依法取得合规票据,销售成本严重不实,而且企业没法证实业务发生的真实性。

最终税务部门依法要求企业对 2016 年应纳税所得额进行了纳税调增,补缴企业所得税、罚款与滞纳金。

【案例分析】

通常情况下,税务部门会关注各企业的税负率,通过横向和纵向两个维度分析企业的税负率情况。横向,就是将本企业税负率与本地区同行业的企业税负率进行比较；纵向，就是将本企业税负率与企业的历史数据或者预算数据相比较。

税务部门如果发现某个企业的税负率偏差较大，如超过20%，就可能会对企业进行约谈，情节严重的还会对其展开稽查。

对企业来说，无论是多缴税还是少缴税，不符合企业实际情况的，都可能会引起税务机关的关注。因此，只有合法合规纳税才是零风险。

政策依据

一、《国家税务总局关于印发〈企业所得税汇算清缴管理办法〉的通知》（国税发〔2009〕79号）第十条

纳税人在汇算清缴期内发现当年企业所得税申报有误的，可在汇算清缴期内重新办理企业所得税年度纳税申报。

二、《中华人民共和国税收征收管理法》第五十一条、第五十二条

第五十一条　纳税人超过应纳税额缴纳的税款，税务机关发现后应当立即退还；纳税人自结算缴纳税款之日起三年内发现的，可以向税务机关要求退还多缴的税款并加算银行同期存款利息，税务机关及时查实后应当立即退还；涉及从国库中退库的，依照法律、行政法规有关国库管理的规定退还。

第五十二条　因税务机关的责任，致使纳税人、扣缴义务人未缴或者少缴税款的，税务机关在三年内可以要求纳税人、扣缴义务人补缴税款，但是不得加收滞纳金。

因纳税人、扣缴义务人计算错误等失误，未缴或者少缴税款的，税务机关在三年内可以追征税款、滞纳金；有特殊情况的，追征期可以延长到五年。

对偷税、抗税、骗税的，税务机关追征其未缴或者少缴的税款、滞纳金或者所骗取的税款，不受前款规定期限的限制。

小贴士

1. 企业除了应注意多交税或者少交税的预警指标，还应关注其他预警指标，详见本书第4章内容。

2. 企业多交或少交税款的处理方法如表1-12所示。

表1-12　多交或少交税款处理办法

时间	情形		处理方法
申报期内	—		重新办理纳税申报
申报期外	多交税款	税务机关发现	发现后应当立即退还
		纳税人发现	自结算缴纳税款之日起3年内发现的，可向税务机关要求退还多缴纳的税款并加算银行同期存款利息，税务机关及时查实后应立即退还

(续表)

时间	情形		处理方法
申报期外	少交税款	税务机关责任	税务机关在3年内可要求纳税人、扣缴义务人补缴税款,但是不得加收滞纳金
		纳税人、扣缴义务人计算等失误	税务机关在3年内可以追征税款、滞纳金;有特殊情况的追征期可以延长到5年
		纳税人偷税、抗税、骗税	税务机关无限期追征其未缴或少缴的税款、滞纳金或者骗取的税款

第 4 节　创造税务价值

❾ 变智为利
——纳税筹划思维

纳税筹划是企业税务部为企业创造价值的主要手段。因此,在纳税管理过程中,企业税务部门一定要有纳税筹划意识,从多维度思考问题,为企业创造价值。

目前,我国现行有 18 个税种,对企业来说,主要的筹划内容集中在增值税、企业所得税、土地增值税等税种。图 1-12 列举了常见税种的纳税筹划思路,具体筹划方案及内容见本书第 8 章内容。

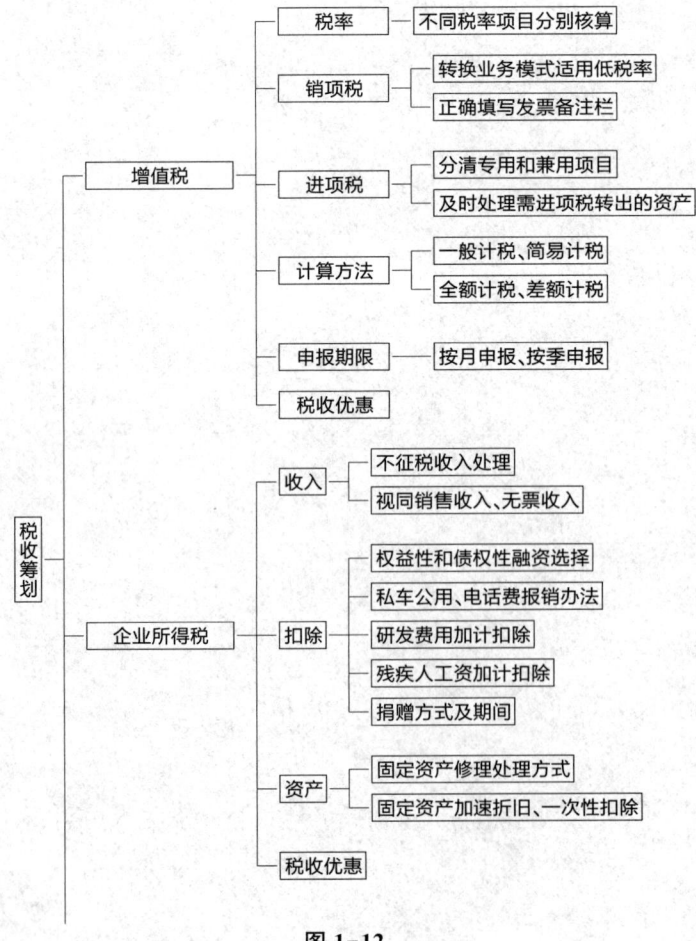

图 1-12

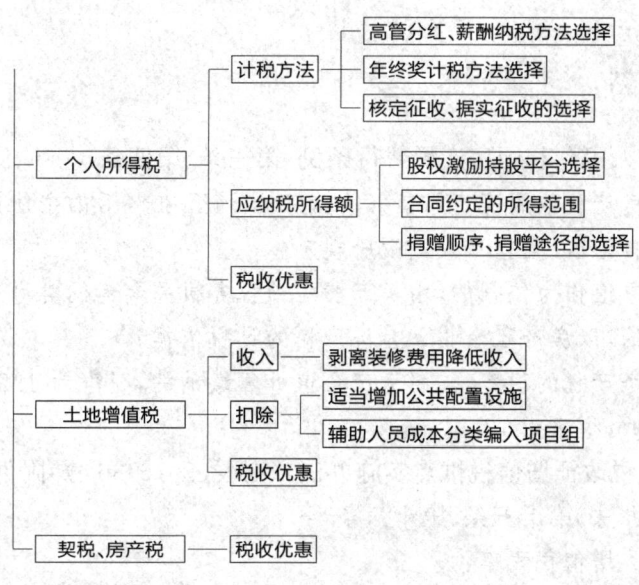

图 1-12 常见税种纳税筹划思路

实战案例

梅松公司地处相对偏僻的郊区,拥有大量车间、厂房及库房,形成了一片工业园,账面价值 2 000 万元。由于园区周围目前配套设施不完善,公司暂时无法引进工业生产企业。于是公司召开了管理层会议,决定利用园区内空置的厂房来增加公司的收益,每年可取取得租赁收入 300 万元。针对该业务,税务经理提出了另一种思路,即将库房改为仓库,配备保管人员,为客户提供仓储服务,收取仓储费。梅松公司年含税仓储收入为 310 万元,支付保管人员工资为 15 万元/年。

【案例分析】

企业直接将闲置厂房出租(方案一),属于不动产租赁服务,适用税率 9%,而配备仓储人员后出租(方案二),属于提供仓储服务,适用税率 6%。假设梅松公司为增值税一般纳税人,当地房产税按照原值的 70% 计征,则两种方案的增值税和房产税的纳税情况如表 1-13 所示。

表 1-13 两种方案税款缴纳情况

单位:万元

方案	增值税	房产税	该业务利润
方案一	$300÷(1+9\%)×9\%=24.77$	$300÷(1+9\%)×12\%=33.03$	$300-24.77-33.03=242.2$
方案二	$310÷(1+6\%)×6\%=17.55$	$2\,000×70\%×1.2\%=16.8$	$310-17.55-16.8-15=260.65$

由表可知,通过改变业务模式,将直接租赁转换为配备保管人员提供仓储服务,可以为企业带来利润 18.46 万元(260.66-242.2)。

📄 政策依据

一、《中华人民共和国房产税暂行条例》第三条、第四条

第三条 房产税依照房产原值一次减除10%至30%后的余值计算缴纳。具体减除幅度，由省、自治区、直辖市人民政府规定。

没有房产原值作为依据的，由房产所在地税务机关参考同类房产核定。

房产出租的，以房产租金收入为房产税的计税依据。

第四条 房产税的税率，依照房产余值计算缴纳的，税率为1.2%；依照房产租金收入计算缴纳的，税率为12%。

二、《营业税改征增值税试点实施办法》（财税〔2016〕36号）附件1《营业税改征增值税试点实施办法》第十五条、第十六条

第十五条 增值税税率：

（一）纳税人发生应税行为，除本条第（二）项、第（三）项、第（四）项规定外，税率为6%。

（二）提供交通运输、邮政、基础电信、建筑、不动产租赁服务，销售不动产，转让土地使用权，税率为11%。

（三）提供有形动产租赁服务，税率为17%。

（四）境内单位和个人发生的跨境应税行为，税率为零。具体范围由财政部和国家税务总局另行规定。

第十六条 增值税征收率为3%，财政部和国家税务总局另有规定的除外。

三、《财政部 税务总局关于调整增值税税率的通知》（财税〔2018〕32号）第一条

纳税人发生增值税应税销售行为或者进口货物，原适用17%和11%税率的，税率分别调整为16%、10%。

四、《财政部 税务总局 海关总署关于深化增值税改革有关政策的公告》（财政部 税务总局 海关总署公告2019年第39号）第一条

增值税一般纳税人（以下称纳税人）发生增值税应税销售行为或者进口货物，原适用16%税率的，税率调整为13%；原适用10%税率的，税率调整为9%。

💬 小贴士

1. 纳税筹划必须遵守税法的规定，如果企业无视税法规定，而采用"阴阳合同""税收洼地"等暴力筹划方式，则必会受到税务机关的处罚。

2. 纳税筹划不能以逃避税收为目的，否则就可能被视为违法违规的避税行为，受到税务机关的查处和处罚。

3. 企业进行纳税筹划时，必须充分了解国家和地方的政策，并及时关注政策的执

行期限。如果政策发生变化,可能会对企业的纳税筹划产生影响,增加不确定性。

4. 如果企业的纳税筹划方案引起社会舆论的关注和质疑,就可能对企业的形象造成负面影响,增加企业的声誉风险。

10 物尽其用
——充分享受优惠

税收优惠政策是国家干预经济的重要手段之一,是国家运用税收政策在税收法律、行政法规中规定对某一部分特定企业和课税对象给予减轻或免除税收负担的一种措施。

根据优惠方式的不同,我国的税收优惠可以分为以下四类,如图 1-13 所示。

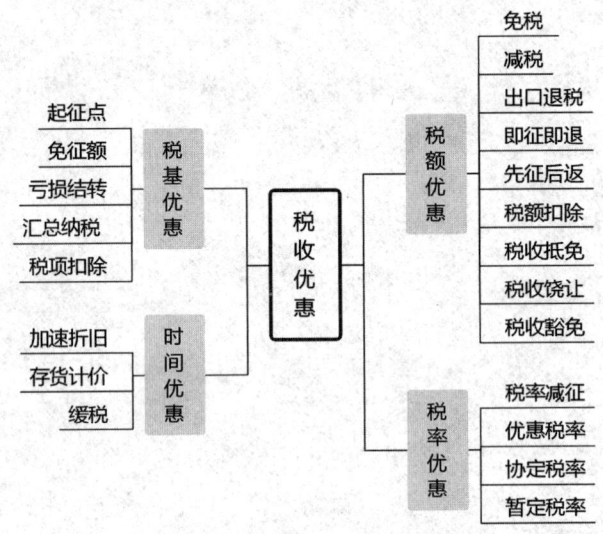

图 1-13 我国税收优惠的类型

纳税人充分享受税收优惠,既是积极响应国家号召的表现,也能给企业带来较多的好处,包括但不限于:

(1) 实现企业合理节税。税收优惠最显著的特点就是降低企业税负。比如,增值税的各种减免税政策可以直接减轻企业税负,企业固定资产加速折旧或一次性扣除政策可以递延纳税,研发费用加计扣除政策可以减少企业的应纳税所得额,小型微利企业优惠政策可以大大降低小微企业的税收负担等。

(2) 提高企业预期收益。企业在进行投资发展时,所面临的市场风险有很大的不确定性,这往往成为牵制企业进行战略决策部署的重要因素。在既定风险下,企业总会追求高的预期收益,而放弃税前扣除,亦或者放弃特殊行业能够申请较大力度的退税,从而在一定程度上降低成本,提高企业的预期收益。

(3) 减少企业违法行为。企业纳税负担比较重,会严重影响企业发展,这导致很多企业为了减轻负担而选择逃税。而税收优惠政策可以帮助企业合理地减轻税收负担,减少纳税支出,因此,税收优惠政策在一定程度上可以减少企业的违法行为。

具体税收优惠政策内容详见第 7 章。

实战案例

某肉鸡有限公司是一家集种鸡饲养、雏鸡孵化、毛鸡加工、出口冻鸡产品于一体的合资企业。自 1980 年 8 月公司正式开业以来,公司的效益一直很好,年均出口创汇达 1 000 万美元以上。

进入 1996 年,情况发生了变化。由于冻鸡出口价格长期低迷,该公司也连续出现了 2 年亏损,经营十分困难。

1996 年,国务院两次大幅度提高部分产品的出口产品退税率。先是从 1 月 1 日起,进一步提高了机电、纺织、化工、轻工等产品的出口退税率。7 月 1 日,又将出口产品的综合退税率平均提高了 2.95%,退税率档次也由现在的 17%、13%、11%、9%、5%五档简并为 17%、15%、13%、5%四档。就在 7 月 1 日这次出口退税率调整中,冻鸡产品的出口退税率也由原来的"征 13%退 5%"提高到"征 13%退 13%"。

1999 年,该肉鸡有限公司年出口加工能力为 8 000 吨,创汇约 1 600 万美元。

【案例分析】

若 1 600 万美元全部属于享受"征 13%退 13%"的冻鸡产品,与以前规定的"征 13%退 5%"相比,该公司一年可少缴 110 多万美元的税款,合人民币高达 930 多万元。即便按该公司只有 20%的产品属于这种"征 13%退 13%"出口产品测算,得到的优惠也高达 200 多万元。

该企业正是由于用足了这次出口退税率提高的政策,生产得以恢复正常,避免了全军覆没的悲剧。

小贴士

1. 目前我国税收优惠政策采用"自行判别,申报享受"的原则,因此,企业在享受税收优惠政策时,一是要充分了解该优惠的享受条件,二是要留存好相应的资料备查。

2. 企业要充分考虑到税收优惠政策之间的相互影响。比如,在不征税收入的选择上,如果该收入对应的成本用于企业研发,则不享受不征税的优惠,转而可以享受研发费用加计扣除的优惠,可能对企业是更有利的。

⑪ 相辅相成
——创造价值体现自身价值

我们总是会将纳税工作与生产销售、技术等工作进行比较,认为后者才能为企业创造价值,其实不然,后者为企业挣钱,前者为企业省钱。因此,纳税工作同样能够给企业创造价值,但前提是税务经理要达到一定的能力和水平。税务经理的能力和水平,主要表现在思维能力和信息储备上,如图1-14所示。

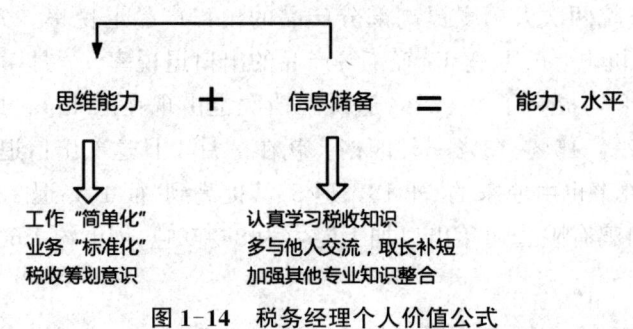

图1-14 税务经理个人价值公式

税务经理为企业创造价值主要体现在以下四个方面:

(1)为企业节约成本费用。

(2)做好纳税筹划。

(3)帮助企业实现高效资源配置。

(4)通过业财一体化分析,发现问题并提出方案。

其中,纳税筹划是税务经理为企业创造价值的直接手段。根据测算,企业一般具有15%~20%的节税空间,这样不仅能够大量节约纳税成本,还能够规避企业潜在或存在的纳税风险。

所以对税务经理来说,其应当具有为企业创造价值的意识,对日常工作能够从税收角度提出自己的方案,如成本方案、贷款方案等,降低税负,提升部门和个人的价值。因此,这也对税务经理提出了更高的要求,要积极学习相关的政策法规,做到心中有数,合法合规。

实战案例

某日化品生产公司系某大型集团下的子公司,拥有员工120人。2023年,公司业绩较上一年有较大的提升,年利润总额350万元。老板深知350万的利润已经不能享受小型微利企业的优惠,往年利润在300万元出头,给公司置办点办公用品就能将年利润总额控制到300万以下,继而让公司享受小型微利企业优惠。今年,看着350万元的利润,公司的老板一点也高兴不起来。

财务部的小张看见老板有点发愁,于是给老板算了一笔账:

年利润总额 350 万需要交企业所得税 87.5 万元(350×25%),年净利润为:350－87.5＝262.5(万元);

给员工发 50 万元的奖金,企业所得税为:300×25%×20%＝15(万元),净利润为:300－15＝285(万元)。

给员工们发完奖金后,还能够增加净利润 22.5 万元(285－262.5)。

老板看完这个方案,既能给大家多发一些福利鼓舞士气,也能够增加企业的净利润,可谓是一箭双雕啊!

小张活跃的筹划思维也受到了老板的赏识,加上平时优秀的工作能力,很快被调到集团税务部,成为集团日化品模块的税务负责人。

【案例分析】

合理的纳税筹划,既为公司降低了税负,对税务经理个人价值的提升也起到了重要作用。因此,对税务人员来说,为企业创造价值,就是为自己创造价值,也只有通过不断地学习,增加自己的能力和水平,厚积薄发,其才能在平凡的岗位上做出不平凡的工作。

小贴士

1. 税务经理为企业创造价值并不是一蹴而就的,非一日之功,需要较长时间的积累。

2. 即使不能为企业直接带来效益,降低企业的涉税风险也是税务经理价值的重要表现形式。

第 2 章

纳税基础工作管理

做好企业纳税管理的第一步,就是要做好企业纳税日常基础工作的管理。无论是企业专门的税务部,还是企业财务部的税务会计,都处理着企业最基本、最日常的纳税工作。尽管这些工作又小又细,但是如果处理不当,就可能引发蝴蝶效应,给企业带来巨大的涉税风险。因此,企业纳税基础工作管理不容小觑。

本章主要介绍了企业涉税问题的注意事项以及解决思路,包括税费申报与缴纳(第 12 招至第 24 招)、发票管理(第 25 招至第 32 招),以及合同管理(第 33 招至第 35 招)。

扫码听课

第1节 申报与纳税

❶❷ 规行矩步
——纳税申报管理制度与流程

纳税申报是企业日常经营管理中的一项重要业务，企业纳税申报管理制度应该成为企业一项重要的管理制度。企业可从适用范围、关键控制要求、程序要求、奖惩措施、相关制度和附加说明六个方面完善企业纳税申报管理制度，如图2-1所示。

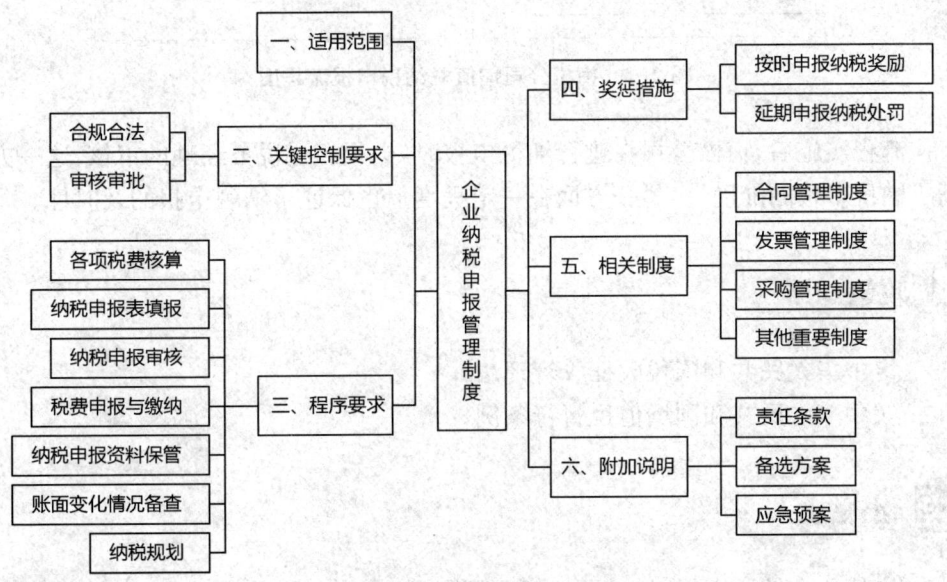

图2-1 企业纳税申报管理制度

实战案例

梅松公司是一家大型制造业企业，每月有大量的原材料、产成品进出库，属于增值税的一般纳税人，每月都涉及大额增值税的缴纳。新入职的税务经理梅经理发现，梅松公司没有完整的增值税纳税申报管理办法和流程，导致个别月份增值税出现申报错误、账实不符，因此，受到税务机关罚款处罚。于是，梅经理发挥自己的专业能力，制订了一份增值税的申报流程提交总经理审批。

梅松公司增值税纳税申报流程如图2-2所示。

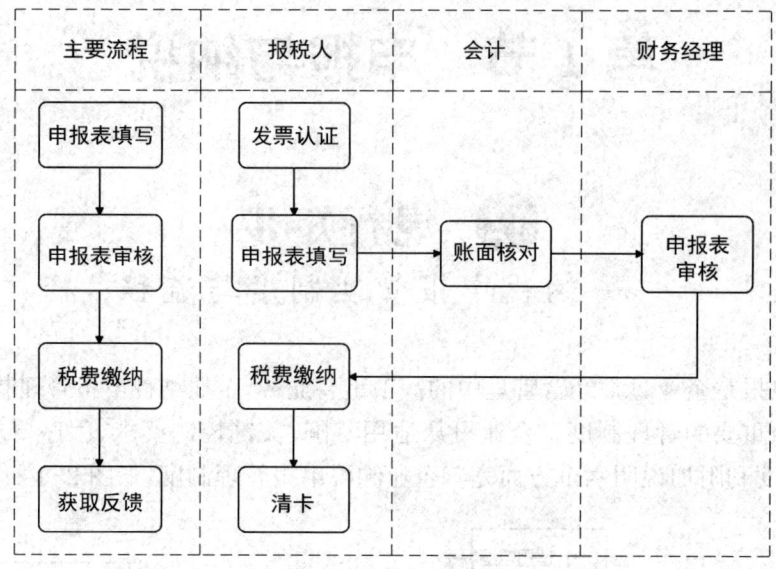

图 2-2 梅松公司增值税纳税申报流程图

该流程实施后,梅松公司在进行纳税申报时,必须经过税务经理的审核,这一方面提高了纳税申报的准确性,另一方面在一定程度上也保证了纳税申报的及时性。

政策依据

一、《中华人民共和国税收征收管理法》
二、《中华人民共和国增值税暂行条例》

小贴士

1. 增值税在纳税申报时,需要注意以下事项:
(1)增值税进项税专票需及时认证。
(2)报税前需用税控盘抄税。
(3)抄报税完成后需将税控盘及时清卡。
(4)每次报税必须在报税期内完成,否则将产生滞纳金。
2. 企业应该根据组织结构、人员配置等情况,设计适合企业的纳税申报管理制度。

13 丝毫不差
——各税种税费核算

企业作为纳税义务人,需要对各项经济业务所涉及的税种进行准确的界定,找准适用政策,并计算出准确的金额。这是财税人员在填写申报表之前必须进行的工作,也是做好纳税申报的前提。

在实务工作中,许多企业的财税人员在进行申报纳税时,单纯依靠账务直接报税,没有对业务的税种、税费等进行初始的核准,可能会造成纳税申报错误而受到税务机关的处罚。因此,核算税费对企业的税务工作者具有重要意义。

企业各税种核算可参考图 2-3。

实战案例

梅松集团是一家大型的商贸集团,旗下有多个子公司分别涉及不同业务领域。2021 年 11 月,有两家公司发生了如下业务:

(1) 子公司梅酒店是一家五星级酒店,属于增值税一般纳税人,主要向客户提供住宿服务。该酒店 11 月的销售额为 100 万元,其中,住宿服务的销售额为 90 万元(含价外费用 10 万元),另外向客户销售生活用品和食品的销售额为 10 万元。梅酒店将两部分收入单独核算。

(2) 子公司松公司是一家玩具生产销售企业,属于增值税的一般纳税人。其在 2021 年"双十一"大促期间推出了"买一赠一"的活动,即消费者购买任意一款大型玩具公仔可获得同款小型公仔一个。整个大促期间松公司对外销售 5 万套该玩具,销售额共计 1 000 万元(不含税)。已知大型公仔每个市价 200 元,小型公仔每个市价 50 元。

问:梅酒店和松公司在 11 月需缴纳什么税费,金额分别是多少?(只进行简单计算,不考虑其他项目及复杂扣除)

【案例分析】

(1) 梅酒店的经营共涉及两项业务:提供住宿和销售物品,属于增值税的征税范围,另外有增值税就需缴纳城建税、教育费及附加;通过提供住宿和销售物品获得收入,属于企业所得税的征税范围。因此,梅酒店需要缴纳增值税和企业所得税。

增值税(属于兼营销售且分别核算,其他价外费用要包括):

住宿服务应交增值税=90÷(1+6%)×6%=5.09(万元)。

销售商品服务应交增值税=10÷(1+13%)×13%=1.15(万元)。

城建税及教育费附加=(5.09+1.15)×(7%+3%)=0.62(万元)。

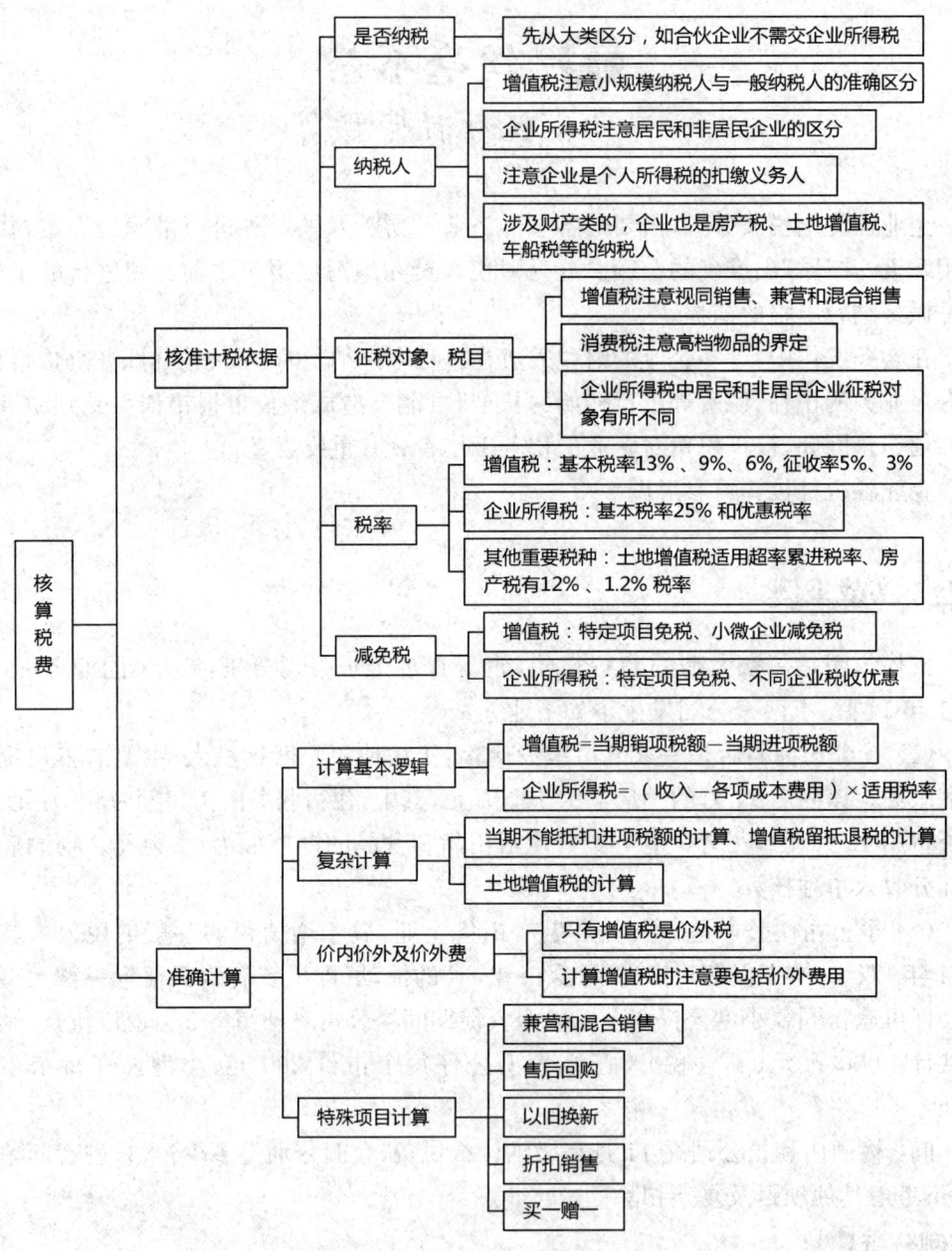

注：以上关于税费的核准与计算仅以个例说明，并未进行穷举，旨在为大家提供思考的角度与方法。

图2-3 企业各税种核算

企业所得税＝[90÷(1＋6%)＋10÷(1＋13%)]×25%＝23.44(万元)。

(2)松公司销售公仔,属于增值税和企业所得税的征税范围,因此需缴纳增值税、城建税及教育费附加和企业所得税。

企业所得税：大型公仔应确认的收入＝1 000×200÷(200＋50)＝800(万元)。

小型公仔应确认的收入＝1 000×50÷(200＋50)＝200(万元)。

企业所得税税额＝(800＋200)×25％＝250(万元)。
增值税(视同销售)＝1 000×13％＋50×5×13％＝162.5(万元)。
城建税及教育费附加＝162.5×(7％＋3％)＝16.25(万元)。

📄 政策依据

一、《中华人民共和国增值税暂行条例》第三条

纳税人兼营不同税率的项目,应当分别核算不同税率项目的销售额;未分别核算销售额的,从高适用税率。

二、《营业税改征增值税试点实施办法》(财税〔2016〕36号)附件一第三十九条、第四十条

第三十九条　纳税人兼营销售货物、劳务、服务、无形资产或者不动产,适用不同税率或者征收率的,应当分别核算适用不同税率或者征收率的销售额;未分别核算的,从高适用税率。

第四十条　一项销售行为如果既涉及服务又涉及货物,为混合销售。从事货物的生产、批发或者零售的单位和个体工商户的混合销售行为,按照销售货物缴纳增值税;其他单位和个体工商户的混合销售行为,按照销售服务缴纳增值税。

本条所称从事货物的生产、批发或者零售的单位和个体工商户,包括以从事货物的生产、批发或者零售为主,并兼营销售服务的单位和个体工商户在内。

三、《国家税务总局公告2017年第11号　国家税务总局关于进一步明确营改增有关征管问题的公告》

纳税人销售活动板房、机器设备、钢结构件等自产货物的同时提供建筑、安装服务,不属于《营业税改征增值税试点实施办法》(财税〔2016〕36号文件印发)第四十条规定的混合销售,应分别核算货物和建筑服务的销售额,分别适用不同的税率或者征收率。

四、《国家税务总局关于确认企业所得税收入若干问题的通知》(国税函〔2008〕875号)第一条第三项

采用售后回购方式销售商品的,销售的商品按售价确认收入,回购的商品作为购进商品处理。有证据表明不符合销售收入确认条件的,如以销售商品方式进行融资,收到的款项应确认为负债,回购价格大于原售价的,差额应在回购期间确认为利息费用。

五、《增值税若干具体问题的规定》第二条第二项、第三项

二、计税依据

(二)纳税人采取折扣方式销售货物,如果销售额和折扣额在同张发票上分别注明的,可按折扣后的销售额征收增值税;如果将折扣额另开发票,不论其在财务上如何处理,均不得从销售额中减除折扣额。

（三）纳税人采取以旧换新方式销售货物，应按新货物的同期销售价格确定销售额。

六、《国家税务总局关于折扣额抵减增值税应税销售额问题通知》（国税函〔2010〕56号）

纳税人采取折扣方式销售货物，销售额和折扣额在同一张发票上分别注明是指销售额和折扣额在同一张发票上的"金额"栏分别注明的，可按折扣后的销售额征收增值税。

未在同一张发票"金额"栏注明折扣额，而仅在发票的"备注"栏注明折扣额的，折扣额不得从销售额中减除。

七、《中华人民共和国增值税暂行条例实施细则》第四条

单位或者个体工商户的下列行为，视同销售货物：

……

（六）将自产、委托加工或者购进的货物作为投资，提供给其他单位或者个体工商户；

……

八、《营业税改征增值税试点实施办法》（财税〔2016〕36号）附件一第十条

销售服务、无形资产或者不动产，是指有偿提供服务、有偿转让无形资产或者不动产。

九、《中华人民共和国土地增值税暂行条例》第二条

转让国有土地使用权、地上的建筑物及其附着物（以下简称转让房地产）并取得收入的单位和个人，为土地增值税的纳税义务人（以下简称纳税人），应当依照本条例缴纳土地增值税。

十、《财政部　国家税务总局关于企业改制重组有关土地增值税政策的通知》（财税〔2015〕5号）第四条、第五条

第四条　单位、个人在改制重组时以国有土地、房屋进行投资，对其将国有土地、房屋权属转移、变更到被投资的企业，暂不征土地增值税。

第五条　上述改制重组有关土地增值税政策不适用于房地产开发企业。

十一、《关于非货币性资产投资企业所得税政策问题的通知》（财税〔2014〕116号）第一条、第二条

一、居民企业（以下简称企业）以非货币性资产对外投资确认的非货币性资产转让所得，可在不超过5年期限内，分期均匀计入相应年度的应纳税所得额，按规定计算缴纳企业所得税。

二、企业以非货币性资产对外投资，应对非货币性资产进行评估并按评估后的公允价值扣除计税基础后的余额，计算确认非货币性资产转让所得。

企业以非货币性资产对外投资，应于投资协议生效并办理股权登记手续时，确认非货币性资产转让收入的实现。

十二、《中华人民共和国印花税暂行条例》第二条

下列凭证为应纳税凭证：

（一）购销、加工承揽、建设工程承包、财产租赁、货物运输、仓储保管、借款、财产保险、技术合同或者具有合同性质的凭证；

（二）产权转移书据；

（三）营业账簿；

（四）权利、许可证照；

（五）经财政部确定征税的其他凭证。

小贴士

1. 特殊项目计算注意事项。关于特殊项目的计算注意事项如表 2-1 所示。

表 2-1　特殊项目的计算注意事项

特殊项目	注意事项
兼营和混合销售	兼营：分别核算得分别适用税率，否则从高适用税率 混合销售：按照主业适用税率
售后回购	企业所得税：一般情况下销售商品按售价确认收入，回购的商品按照购进商品处理 增值税：同企业所得税
以旧换新	企业所得税：销售商品按照销售商品确认收入，回购商品按照购进商品处理 增值税和消费税：一般商品同企业所得税，金银首饰按照差额确认销售额，计算增值税和消费税
折扣销售	企业所得税：按折扣后的金额确认销售收入 增值税：销售额和折扣额在同一发票"金额"栏分别注明，按折扣后的金额计算增值税；仅在"备注"栏注明折扣额，不得扣除折扣额，全额计算增值税
买一赠一	企业所得税：将总销售额按照各项商品公允价值的比例分摊确认收入 增值税：赠送的商品视同销售，按赠品的不含税售价确认销项税额

2. 重视增值税和企业所得税核算。企业每项经济业务所涉及的税种有所不同，其计算也存在较大差异。但总的来说，对于一般的企业，几乎每项经济业务都会涉及增值税和企业所得税，因此，企业要格外重视该两项税种的核算。

3. 准确核算各项税费的意义。对企业来说，按时纳税是一项法定义务，而准确核算是按时纳税的前提。准确核算的精髓在于"准确"二字，这是企业遵守税法制度的体现，同时也有助于企业规避各类税收风险，避免受到税务部门的处罚。

14 千差万别
——税会差异与纳税调整

税法与会计制度作为两个不同的领域,虽然存在密切联系,但由于各自目标不同、服务对象不同,两者之间必然存在一定的差异。企业主要的税会差异概况如图2-4所示。

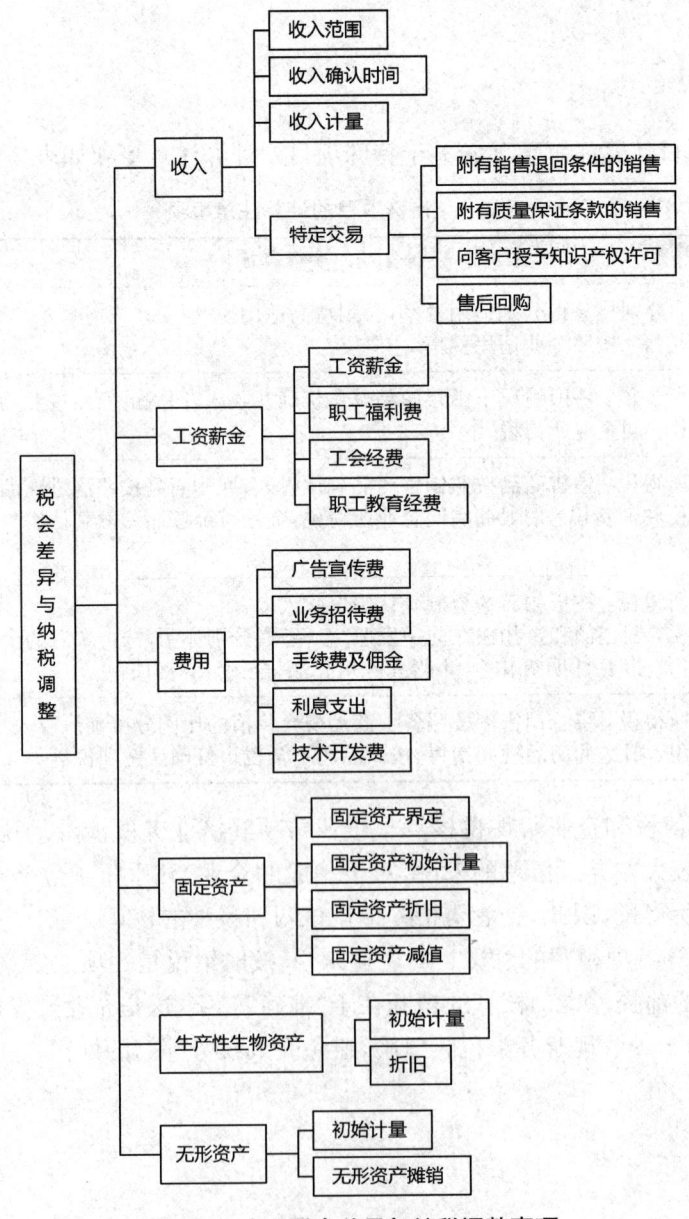

图2-4 企业税会差异与纳税调整事项

与收入相关的税会差异与纳税调整如表 2-2 所示。

表 2-2 收入的税会差异与纳税调整

项目	税法	会计	差异与调整
收入的范围	企业所得税法对收入没有严格的定义,包括以下九项 (一)销售货物收入 (二)提供劳务收入 (三)转让财产收入 (四)股息、红利等权益性投资收益 (五)利息收入 (六)租金收入 (七)特许权使用费收入 (八)接受捐赠收入 (九)其他收入	《企业会计准则第 14 号——收入》规定:收入,是指企业在日常活动中形成的、会导致所有者权益增加的、与所有者投入资本无关的经济利益的总流入	企业所得税法对收入的界定范围更广,包括了日常活动和非日常活动形成,即包括会计上的收入和利得两个部分
收入的确认时间	总体上遵循权责发生制和实质重于形式的原则,对各种类的收入相对明确地规定了确认时点	《企业会计准则第 14 号——收入》规定,在客户取得相关商品控制权时确认收入,按照"五步法"模型确认收入	税法遵循权责发生制和实质重于形式的原则确认收入;会计按照"五步法"原则确认收入
收入的计量	根据《企业所得税法实施条例释义及适用指南》的解释,企业应当按照从购货方已收或应收的合同或协议价款确认销售收入的金额	《企业会计准则第 14 号——收入》规定,按照分摊至各单项履约义务的交易价格计量收入。若收入取决于未来事项发生或不发生的可变对价,按照期望值或最可能发生金额确定最佳估计数计量收入金额 若合同中存在重大融资成分,按照假定客户取得商品控制权时即以现价格确定收入	企业所得税处理时,不考虑可变对价实现的可能性,在实际发生时确认收入。企业所得税处理时,不对具有融资性质的商品收入进行折现处理
附有销售退回条件的销售	已经确认销售收入的售出商品发生销售退回的应当在退回当期冲减销售商品收入	取得相关商品控制权时,按照减除掉销售退回金额部分确认收入	同一年度发生销售退回,会计和税法最终处理结果相同,但跨年度的,则会产生差异,需进行调整
附有质量保证条款的销售	预计负债一般不允许在税前扣除	评估是否在向客户保证所销售商品符合既定标准之外提供了一项单独的服务。若提供单项服务的,应确认收入,否则按照或有事项处理	若未在向客户保证所销售商品符合既定标准之外提供了一项单独的服务,属于或有事项,会计上计入相关费用的,需进行调整
向客户授予知识产权许可	特许权使用费收入按照合同约定的使用人应付特许权使用费的日期确认收入的实现	先判断该知识产权是否构成单项履约义务,若构成,区分按时段还是时点确认收入	若会计上按照属于在某一时段内履行的履约义务,根据履约进度确认收入,则与税法产生差异,需进行调整
售后回购	销售的商品按售价确认收入,回购的商品作为购进商品处理。有证据表明不符合销售收入确认条件的,如以销售商品方式进行融资,收到的款项应确认为负债,回购价格大于原售价的,差额应在回购期间确认为利息费用	以销售方式进行融资的,按照租赁交易和融资交易的相关规定处理,否则作为附有销售退回条款的销售交易进行会计处理	若售后回购不是以销售商品方式进行融资的,则会计处理和税务处理产生差异,需进行调整

与工资薪金相关的税会差异与纳税调整如表2-3所示。

表2-3 工资薪金的税会差异与纳税调整

项目	会计	税法	差异与调整
工资薪金	《企业会计准则第9号——职工薪酬》规定，企业为获得职工提供的服务而给予的各种形式的报酬，并计入当期损益，其他会计准则要求或允许计入资产成本的除外	1.《企业所得税法实施条例》第三十四条规定，企业发生的合理的工资、薪金支出，准予扣除。 2.《国家税务总局关于企业工资薪金及职工福利费扣除问题的通知》（国税函〔2009〕3号）第一条规定，税务机关在对工资薪金进行合理性确认时，可按以下原则掌握： （1）企业制订了较为规范的员工工资薪金制度。 （2）企业所制订的工资薪金制度符合行业及地区水平。 （3）企业在一定时期所发放的工资薪金是相对固定的，工资薪金的调整是有序进行的。 （4）企业对实际发放的工资薪金，已依法履行了代扣代缴个人所得税义务。 （5）有关工资薪金的安排，不以减少或逃避税款为目的	税法上界定的工资薪金的范围比会计窄，不符合税法上规定的合理的工资、薪金，税前扣除需要调整
职工福利费	《企业会计准则第9号——职工薪酬》第九条规定，企业发生的职工福利费，应当在实际发生时根据实际发生额计入当期损益或相关资产成本。职工福利费为非货币性福利的，应当按照公允价值计量	《企业所得税法实施条例》第四十条规定，企业发生的职工福利费支出，不超过工资、薪金总额14%的部分，准予扣除	当企业职工福利费超过税法上规定的工资、薪金总额14%的部分，税前扣除需要纳税调整
工会经费	《企业会计准则第9号——职工薪酬》规定，企业应当在职工为其提供服务的会计期间，将按规定提取的工会经费计入当期损益或相关成本	《企业所得税法实施条例》第四十一条规定，企业拨缴的工会经费，不超过工资、薪金总额2%的部分，准予扣除	当企业提取的工会经费超过税法上规定的工资、薪金总额2%的部分，税前扣除需要纳税调整
职工教育经费	《企业会计准则第9号——职工薪酬》规定，企业应当在职工为其提供服务的会计期间，将实际发生的职工教育经费计入当期损益或相关成本	《企业所得税法实施条例》第四十二条规定，除国务院财政、税务主管部门另有规定外，企业发生的职工教育经费支出，不超过工资、薪金总额8%的部分，准予扣除；超过部分，准予在以后纳税年度结转扣除	超过税法上规定的工资、薪金总额8%的部分，税前扣除需纳税调整，属于暂时性差异，准予结转以后年度扣除

与费用相关的税会差异与纳税调整如表 2-4 所示。

表 2-4 费用的税会差异与纳税调整

项目	会计	税法	差异与调整
广告费、业务宣传费	《企业会计准则应用指南—会计科目和主要账务处理》规定，广告费、业务宣传费计入销售费用科目，属于当期损益	《企业所得税法实施条例》第四十四条规定，企业发生的符合条件的广告费和业务宣传费支出，除国务院财政、税务主管部门另有规定外，不超过当年销售（营业）收入15%的部分，准予扣除；超过部分，准予在以后纳税年度结转扣除	超过税法规定允许扣除的部分，税前扣除需纳税调整，属于暂时性差异，可以结转以后年度扣除
业务招待费	《企业会计准则应用指南—会计科目和主要账务处理》规定，业务招待费应计入管理费用科目，属于当期损益	《企业所得税法实施条例》第四十三条规定，企业发生的与生产经营活动有关的业务招待费支出，按照发生额的60%扣除，但最高不得超过当年销售（营业）收入的5‰	超过税法规定允许扣除的部分，税前扣除需纳税调整
手续费及佣金支出	《企业会计准则应用指南—会计科目和主要账务处理》规定，手续费及佣金支出应计入销售费用科目，属于当期损益	财政部税务总局公告2019年第72号第一条、财税〔2009〕29号第一条规定： (1) 保险企业发生与其经营活动有关的手续费及佣金支出，不超过当年全部保费收入扣除退保金等后余额的18%（含本数）的部分，在计算应纳税所得额时准予扣除；超过部分，允许结转以后年度扣除。 (2) 其他企业：按与具有合法经营资格中介服务机构或个人（不含交易双方及其雇员、代理人和代表人等）所签订服务协议或合同确认的收入金额的5%计算限额	税法对手续费及佣金支出税前扣除有限额，超过限额部分需纳税调整
利息支出	《企业会计准则应用指南—会计科目和主要账务处理》规定，除资本化的利息外，利息支出应计入财务费用科目，属于当期损益	《企业所得税法实施条例》第三十八条规定，企业在生产经营活动中发生的下列利息支出，准予扣除： (1) 非金融企业向金融企业借款的利息支出、金融企业的各项存款利息支出和同业拆借利息支出、企业经批准发行债券的利息支出。 (2) 非金融企业向非金融企业借款的利息支出，不超过按照金融企业同期同类贷款利率计算的数额的部分	税法对非金融企业向非金融企业借款的利息支出税前扣除有限额，超过税法规定的限额不允许扣除
技术开发费用	《企业会计准则应用指南—会计科目和主要账务处理》规定，除技术开发费计入资本化外，应计入管理费用，属于当期损益	财税〔2018〕99号规定，企业开展研发活动中实际发生的研发费用，未形成无形资产计入当期损益的，在按规定据实扣除的基础上，在2018年1月1日至2020年12月31日期间，再按照实际发生额的75%在税前加计扣除；形成无形资产的，在上述期间按照无形资产成本的175%在税前摊销。 注：根据财政部税务总局公告2021年第13号规定，自2021年1月1日起，制造业研发费用税前加计扣除提高至100%。	税法上允许技术开发费用可以全额税前扣除外，另外再可以加计75%或100%扣除；所以，加计的75%就是税会差异

与固定资产相关的税会差异与纳税调整如表2-5所示。

表 2-5 固定资产的税会差异与纳税调整

1. 固定资产界定的差异			
	会计	税法	差异与调整
界定范围	《企业会计准则第4号——固定资产》规定,固定资产是指同时具有下列特征的有形资产:(1) 为生产商品、提供劳务、出租或者经营管理而持有。(2) 使用寿命超过一个会计年度	《企业所得税法实施条例》第五十七条的规定,固定资产,是指企业为生产产品、提供劳务、出租或者经营管理而持有的、使用时间超过12个月的非货币性资产,包括房屋、建筑物、机器、机械、运输工具以及其他与生产经营活动有关的设备、器具、工具等	会计上界定的固定资产,不包括出租的不动产,后者属于《企业会计准则》上的投资性房地产。税法上界定的固定资产包含以经营租赁方式出租的房屋、建筑物,即在会计上被称为投资性房地产的部分。因此,税法上界定的固定资产的范围比会计更广
2. 固定资产初始计量的差异			
	会计	税法	差异
融资租入固定资产	固定资产的成本以购买价款的现值为基础确定,实际支付的价款与购买价款的现值之间的差额,除应予资本化的部分外,应当在信用期内计入当期损益	融资购入的固定资产,以租赁合同约定的付款总额和承租人在签订租赁合同过程中发生的相关费用为计税基础,租赁合同未约定付款总额的,以该资产的公允价值和承租人在签订租赁合同过程中发生的相关费用为计税基础	税法上固定资产的计价应该包括初始计入未确认融资费用科目的金额,但会计上不包括。未确认融资费用是两者的差异,税前扣除的折旧金额需进行调整
非货币性资产交换	会计上对换入资产采用两种计量方式,有商业实质时,按公允价入账,没有商业实质时,以换出资产的账面价值和支付相关税费作为入账价格	无论是否有商业实质,全部按照公允价入账	交换不具有商业实质时,会计和税法产生差异,差异是账面价值和公允价值的差额,税前扣除的折旧金额需进行调整
推倒重置的房屋、建筑物	按照重置价格入账	国家税务总局公告2011年第34号规定,资产原值减除提取折旧后的净值,应并入重置后的固定资产计税成本,并在该固定资产投入使用后的次月起,按照税法规定的折旧年限,一并计提折旧	若房屋、建筑物推倒重置前还有净值,则税法规定的初始计量价格高于会计规定价格,税前扣除的折旧金额需进行调整
3. 固定资产折旧的差异			
	会计	税法	差异与调整
折旧计提范围	除以下情况外,企业应对所有固定资产计提折旧:(1) 已提足折旧继续使用的固定资产。(2) 按规定单独估价作为固定资产入账的土地	下列固定资产不得计算折旧扣除:(1) 房屋、建筑物以外未投入使用的固定资产。(2) 以经营租赁方式租入的固定资产。(3) 以融资租赁方式租出的固定资产。(4) 已足额提取折旧仍继续使用的固定资产。(5) 与经营活动无关的固定资产。(6) 单独估价作为固定资产入账的土地。(7) 其他不得计算折旧扣除的固定资产	税法规定的折旧范围小,产生差异的项目,税前扣除的折旧金额需进行调整

(续表)

	会计	税法	差异与调整
折旧年限	除以下情况外,企业应对所有固定资产计提折旧: (1) 已提足折旧继续使用的固定资产。 (2) 按规定单独估价作为固定资产入账的土地	《中华人民共和国企业所得税法》规定了最低折旧年限: (1) 房屋、建筑物,为20年。 (2) 飞机、火车、轮船、机器、机械和其他生产设备,为10年。 (3) 与生产经营活动有关的器具、工具、家具等,为5年。 (4) 飞机、火车、轮船以外的运输工具,为4年。 (5) 电子设备,为3年。 除规定可享受缩短折旧年限的情形为,按照以上一年限计提折旧	当会计上确认的折旧年限低于税法规定的折旧年限,税前扣除的折旧金额需进行调整
折旧方法	可根据与固定资产有关的经济利益的预期实现方式,合理选择年限平均法、工作量法、双倍余额递减法和年数总和法等	一般按照直线法计算的折旧准予扣除。满足条件的,可以享受双倍余额递减法、年数总和法的加速折旧和一次性税前扣除的税收优惠	会计上和税法上采用两种不同的折旧方法会导致税前扣除的折旧金额调整

4. 固定资产减值的差异

	会计	税法	差异与调整
减值计提	按照规定计提资产减值	减值不允许税前扣除	会计上计提减值的,需调整固定资产的账面价值,同时调整影响当期税前扣除的折旧金额

与生产性生物资产相关的税会差异与纳税调整如表2-6所示。

表2-6 生物性资产的税会差异与纳税调整

1. 生产性生物资产初始计量的差异			
	会计	税法	差异与调整
界定范围	《企业会计准则第5号—生物资产》规定,生产性生物资产是指,为产出农产品、提供劳务或出租等目的而持有的生物资产,包括经济林、薪炭林、产畜和役畜等	《企业所得税法实施条例》规定,生产性生物资产,是指企业为生产农产品、提供劳务或者出租等而持有的生物资产,包括经济林、薪炭林、产畜和役畜等	两者界定的范围一致
计量方法	同时满足下列条件的,应采用公允价值计量: (1) 生物资产有活跃的交易市场。 (2) 能够从交易市场上取得同类或类似生物资产的市场价格及其他相关信息,从而对生物资产的公允价值做出合理估计	采用历史成本模式计量	若会计上采用了公允价值计量,税前扣除折旧金额需进行调整

(续表)

2. 生产性生物资产折旧的差异

	会计	税法	差异与调整
折旧年限	根据资产的性质和使用情况和有关经济利益的预期实现方式,合理确定使用寿命和预计净残值	规定了最低折旧年限: (1)林木类生产性生物资产,为10年。 (2)畜类生产性生物资产,为3年	当企业会计上采用的折旧年限低于税法规定的折旧年限,税前扣除的折旧金额需进行调整
折旧方法	可根据与资产有关的经济利益的预期实现方式,合理选择年限平均法、工作量法、双倍余额递减法和年数总和法等	一般按照直线法计算的折旧准予扣除	会计和税法上采用两种不同的折旧方法会导致税前扣除的折旧金额调整

与无形资产相关的税会差异与纳税调整如表 2-7 所示。

表 2-7 无形资产的税会差异与纳税调整

1. 无形资产初始计量的差异

	会计	税法	差异与调整
融资租入无形资产	无形资产的成本以购买价款的现值为基础确定,实际支付的价款与购买价款的现值之间的差额,除应予资本化的部分外,应当在信用期内计入当期损益	融资购入的无形资产,以购买的价款和支付相关税费以及直接归属于使该资产达到预定用途发生的其他支出为计税基础	税法上无形资产初始计量不需要折现,大于会计上的账面价值,需调增账面价值,同时调整税前扣除的摊销

2. 无形资产摊销的差异

	会计	税法	差异与调整
摊销范围	寿命有限的,在寿命内合理摊销,寿命不确定或无法判断的,不摊销	下列无形资产不得计算摊销费用扣除: (1)自行开发的支出已在计算应纳税所得额时扣除的无形资产。 (2)自创商誉。 (3)与经营活动无关的无形资产。 (4)其他不得计算摊销费用扣除的无形资产	会计上进行摊销的,可能税法规定不允许摊销,税法上摊销的,会计上未进行摊销,需对税前扣除的摊销额调整

实战案例

案例一:收入的税会差异

梅松公司 2021 年 12 月 31 日以分期收款的方式向税台公司销售了一批商品,合同约定销售价格为 120 万元(不含增值税),约定收款期为 3 年,梅松公司 2022 年至 2024 年每年年末收取 40 万元。梅松公司于 2021 年 12 月 31 日向税台公司交付了商品,相关控制权已转移,梅松公司于当日确认了120万元的收入并结转了相应成本。

问:梅松公司2021年12月的收入是否存在税会差异?

【案例分析】

梅松公司会计上确认收入120万元,而根据税法规定,采用分期收款方式销售商品的,收入的确认时间为合同约定的收款日期,因合同约定的收款时间为2022年至2024年年末,因此,在税法上2021年12月不确认收入,出现了税会差异。

案例二:工资薪金的税会差异

梅松公司2021年全年的工资薪金总额为200万元,发生了职工福利费30万元,梅松公司的会计人员在进行2021年度的汇算清缴时将该职工福利费进行了全额扣除。

问:梅松公司的会计人员该做法是否正确?

【案例分析】

根据税法规定,企业发生的职工福利费,属于工资薪金总额14%的部分可以税前扣除,梅松公司可扣除的限额为:200×14%=28(万元),小于30万元,因此,梅松公司在汇算清缴时应当纳税调增2万元。

案例三:费用的税会差异

梅松公司是一家家电制造业企业,2021年进行了一系列广告和业务宣传活动,共发生广告费和业务宣传费7 800万元。梅松公司2021年全年的营业收入为50 000万元。

问:梅松公司的广告宣传费是否存在税会差异?如何调整?

【案例分析】

根据税法规定,企业发生的广告宣传费不超过当年销售收入15%的部分可以扣除,超过部分不允许扣除。梅松公司可扣除的限额为:50 000×15%=7 500(万元),产生了税会差异300万元(7 800-7 500),应调增当年应纳税所得额300万元。

案例四:资产类的税会差异(以固定资产为例)

梅松公司是一家家电制造业企业,2020年12月新购进一台设备,价值2 000万元,预计使用年限10年(与税法规定一致),无残值。管理层决定对其采用双倍余额递减法计提折旧。

问:梅松公司2021年度关于此项设备的折旧是否存在税会差异?若存在税会差异,应如何调整?

【案例分析】

2021年度梅松公司会计上计提折旧为:2 000×2÷10=400(万元)。

根据税法,此不满足加速折旧的条件,应按直线法计提折旧200万元(2 000÷10),则产生税会差异200万元,应调增2021年应纳税所得额200万元。

📄 政策依据

一、《中华人民共和国企业所得税法实施条例》(国务院令第512号)第二十三条第一款、第三十四条、第四十条至第四十四条、第五十八条至第六十六条

第二十三条　企业的下列生产经营业务可以分期确认收入的实现：

（一）以分期收款方式销售货物的，按照合同约定的收款日期确认收入的实现；

第三十四条　企业发生的合理的工资薪金支出，准予扣除。

前款所称工资薪金，是指企业每一纳税年度支付给在本企业任职或者受雇的员工的所有现金形式或者非现金形式的劳动报酬，包括基本工资、奖金、津贴、补贴、年终加薪、加班工资，以及与员工任职或者受雇有关的其他支出。

……

第四十条　企业发生的职工福利费支出，不超过工资薪金总额14%的部分，准予扣除。

第四十一条　企业拨缴的工会经费，不超过工资薪金总额2%的部分，准予扣除。

第四十二条　除国务院财政、税务主管部门另有规定外，企业发生的职工教育经费支出，不超过工资薪金总额2.5%的部分，准予扣除；超过部分，准予在以后纳税年度结转扣除。

第四十三条　企业发生的与生产经营活动有关的业务招待费支出，按照发生额的60%扣除，但最高不得超过当年销售（营业）收入的5‰。

第四十四条　企业发生的符合条件的广告费和业务宣传费支出，除国务院财政、税务主管部门另有规定外，不超过当年销售（营业）收入15%的部分，准予扣除；超过部分，准予在以后纳税年度结转扣除。

第五十八条　固定资产按照以下方法确定计税基础：

（一）外购的固定资产，以购买价款和支付的相关税费以及直接归属于使该资产达到预定用途发生的其他支出为计税基础；

（二）自行建造的固定资产，以竣工结算前发生的支出为计税基础；

（三）融资租入的固定资产，以租赁合同约定的付款总额和承租人在签订租赁合同过程中发生的相关费用为计税基础，租赁合同未约定付款总额的，以该资产的公允价值和承租人在签订租赁合同过程中发生的相关费用为计税基础；

（四）盘盈的固定资产，以同类固定资产的重置完全价值为计税基础；

（五）通过捐赠、投资、非货币性资产交换、债务重组等方式取得的固定资产，以该资产的公允价值和支付的相关税费为计税基础；

（六）改建的固定资产，除企业所得税法第十三条第（一）项和第（二）项规定的支出外，以改建过程中发生的改建支出增加计税基础。

第五十九条　固定资产按照直线法计算的折旧，准予扣除。

企业应当自固定资产投入使用月份的次月起计算折旧；停止使用的固定资产，应当自停止使用月份的次月起停止计算折旧。

企业应当根据固定资产的性质和使用情况，合理确定固定资产的预计净残值。固定资产的预计净残值一经确定，不得变更。

第六十条　除国务院财政、税务主管部门另有规定外，固定资产计算折旧的最低年限如下：

（一）房屋、建筑物，为20年；

（二）飞机、火车、轮船、机器、机械和其他生产设备，为10年；

（三）与生产经营活动有关的器具、工具、家具等，为5年；

（四）飞机、火车、轮船以外的运输工具，为4年；

（五）电子设备，为3年。

第六十一条　从事开采石油、天然气等矿产资源的企业，在开始商业性生产前发生的费用和有关固定资产的折耗、折旧方法，由国务院财政、税务主管部门另行规定。

第六十二条　生产性生物资产按照以下方法确定计税基础：

（一）外购的生产性生物资产，以购买价款和支付的相关税费为计税基础；

（二）通过捐赠、投资、非货币性资产交换、债务重组等方式取得的生产性生物资产，以该资产的公允价值和支付的相关税费为计税基础。

前款所称生产性生物资产，是指企业为生产农产品（爱股,行情,资讯）、提供劳务或者出租等而持有的生物资产，包括经济林、薪炭林、产畜和役畜等。

第六十三条　生产性生物资产按照直线法计算的折旧，准予扣除。

企业应当自生产性生物资产投入使用月份的次月起计算折旧；停止使用的生产性生物资产，应当自停止使用月份的次月起停止计算折旧。

企业应当根据生产性生物资产的性质和使用情况，合理确定生产性生物资产的预计净残值。生产性生物资产的预计净残值一经确定，不得变更。

第六十四条　生产性生物资产计算折旧的最低年限如下：

（一）林木类生产性生物资产，为10年；

（二）畜类生产性生物资产，为3年。

第六十五条　企业所得税法第十二条所称无形资产，是指企业为生产产品、提供劳务、出租或者经营管理而持有的、没有实物形态的非货币性长期资产，包括专利权、商标权、著作权、土地使用权、非专利技术、商誉等。

第六十六条　无形资产按照以下方法确定计税基础：

（一）外购的无形资产，以购买价款和支付的相关税费以及直接归属于使该资产达到预定用途发生的其他支出为计税基础；

（二）自行开发的无形资产，以开发过程中该资产符合资本化条件后至达到预定用途前发生的支出为计税基础；

（三）通过捐赠、投资、非货币性资产交换、债务重组等方式取得的无形资产，以该资产的公允价值和支付的相关税费为计税基础。

第六十七条　无形资产按照直线法计算的摊销费用，准予扣除。

无形资产的摊销年限不得低于10年。

作为投资或者受让的无形资产，有关法律规定或者合同约定了使用年限的，可以按照规定或者约定的使用年限分期摊销。

外购商誉的支出，在企业整体转让或者清算时，准予扣除。

二、《国家税务总局关于确认企业所得税收入若干问题的通知》（国税函〔2008〕875号）第一条第一款

除企业所得税法及实施条例另有规定外，企业销售收入的确认，必须遵循权责发生制原则和实质重于形式原则。

（一）企业销售商品同时满足下列条件的，应确认收入的实现：

1. 商品销售合同已经签订，企业已将商品所有权相关的主要风险和报酬转移给购货方；

2. 企业对已售出的商品既没有保留通常与所有权相联系的继续管理权，也没有实施有效控制；

3. 收入的金额能够可靠地计量；

4. 已发生或将发生的销售方的成本能够可靠地核算。

……

小贴士

企业所得税的汇算清缴是一项重要的工作。企业每年在进行汇算清缴工作时，应着重注意以下税会差异与纳税调整事项：

（1）收入确认调整

（2）成本费用税金扣除调整

（3）资产损失扣除调整

（4）营业外支出调整

（5）各项准备金调整

（6）资产调整、包括但不限于固定资产、无形资产、存货等

⓯ 投石问路
——企业所得税预缴

企业应当自月份或者季度终了之日起十五日内,向税务机关报送预缴企业所得税纳税申报表,预缴税款。企业预缴企业所得税(以居民企业为例)的基本方法及注意事项等如图 2-5 所示。

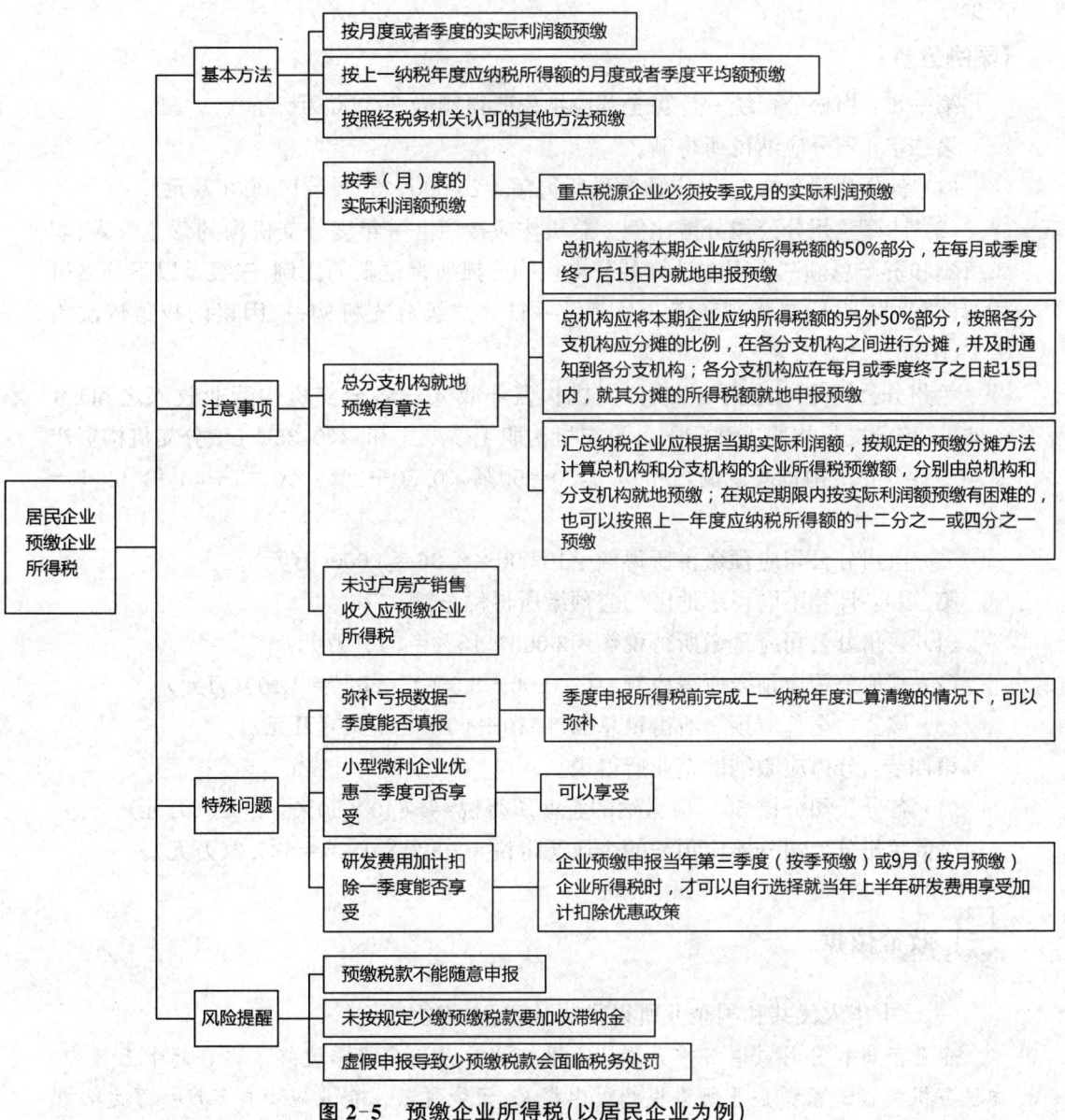

图 2-5 预缴企业所得税(以居民企业为例)

实战案例

梅松公司总部设在北京市,在南京、上海和兰州分别设有三个分公司,适用总分公司汇总纳税政策。第三季度,兰州分公司的资产总额、营业收入、职工薪酬占三个分公司资产总额、营业收入、职工薪酬的比例分别为 50%、20%、40%。兰州分公司适用西部大开发 15% 的税率优惠政策,总机构和其他分支机构税率均为 25%。假如第三季度梅松公司应纳税所得额为 2 亿元,兰州分公司应分摊预缴的企业所得税款是多少?

【案例分析】

第一步:梅松公司统一计算全部应纳税所得额为 20 000 万元。

第二步:划分应纳税所得额。

(1) 各分公司分摊 50% 应预缴税所得额 = 20 000×50% = 10 000(万元)。

(2) 计算兰州分公司分摊比例。总机构应按照上一年度分支机构的营业收入、职工薪酬和资产总额三个因素计算各分支机构分摊所得税款的比例;三级及以下分支机构,其营业收入、职工薪酬和资产总额统一计入二级分支机构;三因素的权重依次为 0.35、0.35、0.3。

兰州分公司分摊比例 = (该分支机构营业收入÷各分支机构营业收入之和)×0.35 + (该分支机构职工薪酬÷各分支机构职工薪酬之和)×0.35 + (该分支机构资产总额÷各分支机构资产总额之和)×0.30 = 50%×0.30 + 20%×0.35 + 40%×0.35 = 0.36。

(3) 兰州分公司应预缴税所得额 = 10 000×0.36 = 3 600(万元)。

第三步:计算不同税率地区的应预缴所得税总额。

(1) 兰州分公司应预缴所得税额 = 3 600×15% = 540(万元)。

(2) 其他公司应预缴所得税额 = (20 000 - 3 600)×25% = 4 100(万元)。

(3) 该公司全部应预缴所得税总额 = 540 + 4 100 = 4 640(万元)。

第四步:分摊应缴纳的企业所得税。

(1) 各分公司分摊 50% 应缴纳的企业所得税 = 4 640×50% = 2 320(万元)。

(2) 兰州分公司分摊应预缴的企业所得税 = 2 320×0.36 = 835.2(万元)。

政策依据

一、《中华人民共和国企业所得税法》第五十四条

企业所得税分月或者分季预缴。企业应当自月份或者季度终了之日起十五日内,向税务机关报送预缴企业所得税纳税申报表,预缴税款。企业应当自年度终了之日起五个月内,向税务机关报送年度企业所得税纳税申报表,并汇算清缴,结清应缴应退税

款。企业在报送企业所得税纳税申报表时,应当按照规定附送财务会计报告和其他有关资料。

二、《中华人民共和国企业所得税法实施条例》第一百二十七条

企业所得税分月或者分季预缴,由税务机关具体核定。企业根据中华人民共和国企业所得税法第五十四条规定分月或者分季预缴企业所得税时,应当按照月度或者季度的实际利润额预缴;按照月度或者季度的实际利润额预缴有困难的,可以按照上一纳税年度应纳税所得额的月度或者季度平均额预缴,或者按照经税务机关认可的其他方法预缴。预缴方法一经确定,该纳税年度内不得随意变更。

三、《国家税务总局关于印发跨地区经营汇总纳税企业所得税征收管理办法的公告》(国家税务总局公告2012年第57号)第六条、第七条、第八条

第六条 汇总纳税企业按照《企业所得税法》规定汇总计算的企业所得税,包括预缴税款和汇算清缴应缴应退税款,50%在各分支机构间分摊,各分支机构根据分摊税款就地办理缴库或退库;50%由总机构分摊缴纳,其中25%就地办理缴库或退库,25%就地全额缴入中央国库或退库。具体的税款缴库或退库程序按照财预〔2012〕40号文件第五条等相关规定执行。

第七条 企业所得税分月或者分季预缴,由总机构所在地主管税务机关具体核定。

汇总纳税企业应根据当期实际利润额,按照本办法规定的预缴分摊方法计算总机构和分支机构的企业所得税预缴额,分别由总机构和分支机构就地预缴;在规定期限内按实际利润额预缴有困难的,也可以按照上一年度应纳税所得额的1/12或1/4,按照本办法规定的预缴分摊方法计算总机构和分支机构的企业所得税预缴额,分别由总机构和分支机构就地预缴。预缴方法一经确定,当年度不得变更。

第八条 总机构应将本期企业应纳所得税额的50%部分,在每月或季度终了后15日内就地申报预缴。总机构应将本期企业应纳所得税额的另外50%部分,按照各分支机构应分摊的比例,在各分支机构之间进行分摊,并及时通知到各分支机构;各分支机构应在每月或季度终了之日起15日内,就其分摊的所得税额就地申报预缴。

分支机构未按税款分配数额预缴所得税造成少缴税款的,主管税务机关应按照《征收管理法》的有关规定对其处罚,并将处罚结果通知总机构所在地主管税务机关。

四、《中华人民共和国税收征收管理法》第三十二条

纳税人未按照规定期限缴纳税款的,扣缴义务人未按照规定期限解缴税款的,税务机关除责令限期缴纳外,从滞纳税款之日起,按日加收滞纳税款万分之五的滞纳金的规定,由于纳税人预缴企业所得税的纳税金额、缴纳期限都是法定的,因此如果纳税人未按规定计算缴纳企业所得税预缴税款,导致少预缴,须按规定加收滞纳金。

💬 小贴士

1. 预缴企业所得税有困难的,可以向税务机关提出申请,按照上一年度应纳税所

得额的 1/12 或 1/4 预缴,或者按照税务机关认可的其他方法预缴。

2. 预缴的企业所得税低于年终汇算清缴企业所得税应纳税额的 70% 的,可能会触及税务机关的风险预警。

16 分隔两地
——异地经营预缴增值税

根据《财政部 国家税务总局关于全面推开营业税改征增值税试点的通知》等的规定，自 2016 年 5 月 1 日起，纳税人跨地区提供建筑服务、销售和出租不动产的，应向建筑服务发生地、销售和出租不动产所在地主管国税机关预缴增值税，向机构所在地主管国税机关申报纳税，具体如图 2-6 所示。

实战案例

梅松公司是一家建筑业企业，总部设在北京海淀区，属于增值税一般纳税人。2021 年 8 月，该公司发生了如下业务：在天津河西区提供建筑物服务，合同注明的开工日期为 2021 年 7 月 20 日，合同总金额 1 090 000 元（含税），梅松公司给对方开具了增值税专用发票。梅松公司将部分业务分包给建筑企业税台公司，支付分包款 444 000 元，取得合法有效凭证。

梅松公司 8 月待抵扣进项税为 20 000 元。除了上述业务，梅松公司当月无其他业务，梅松公司选择一般计税方法。

问：梅松公司此项建筑服务应如何缴纳增值税？

【案例分析】

（1）梅松公司跨区提供建筑服务，应在建筑服务发生地天津河西区税务机关预缴增值税、城建税及教育费附加。

（2）该项目梅松公司选择了一般计税方法，应以取得的全部价款和价外费用扣除支付的分包款后的余额 690 000 元（1 090 000－400 000），按照 2% 的预征率计算应预缴税款，则：

在天津市应预缴税款＝（1 090 000－400 000）÷（1＋9%）×2%＝12 660.55（元）

在天津市缴纳城建税＝12 660.55×7%＝886.24（元）

教育费附加＝12 660.55×3%＝379.82（元）

地方教育费附加＝12 660.55×2%＝253.21（元）

（3）在海淀区不扣除分包款，以不含税销售额 1 000 000 元全额按 9% 税率申报纳税。

在海淀区区申报销项税额＝1 090 000÷（1＋9%）×9%＝90 000（元）

应纳税额＝销项税额－进项税额＝90 000－20 000＝70 000（元）

本期在海淀区还应缴纳税额＝70 000－12 660.55＝57 339.45（元）

在海淀区缴纳城建税＝57 339.45×7%＝4 013.76（元）

教育费附加＝57 339.45×3%＝1 720.18（元）

地方教育费附加＝57 339.45×2%＝1 146.79（元）

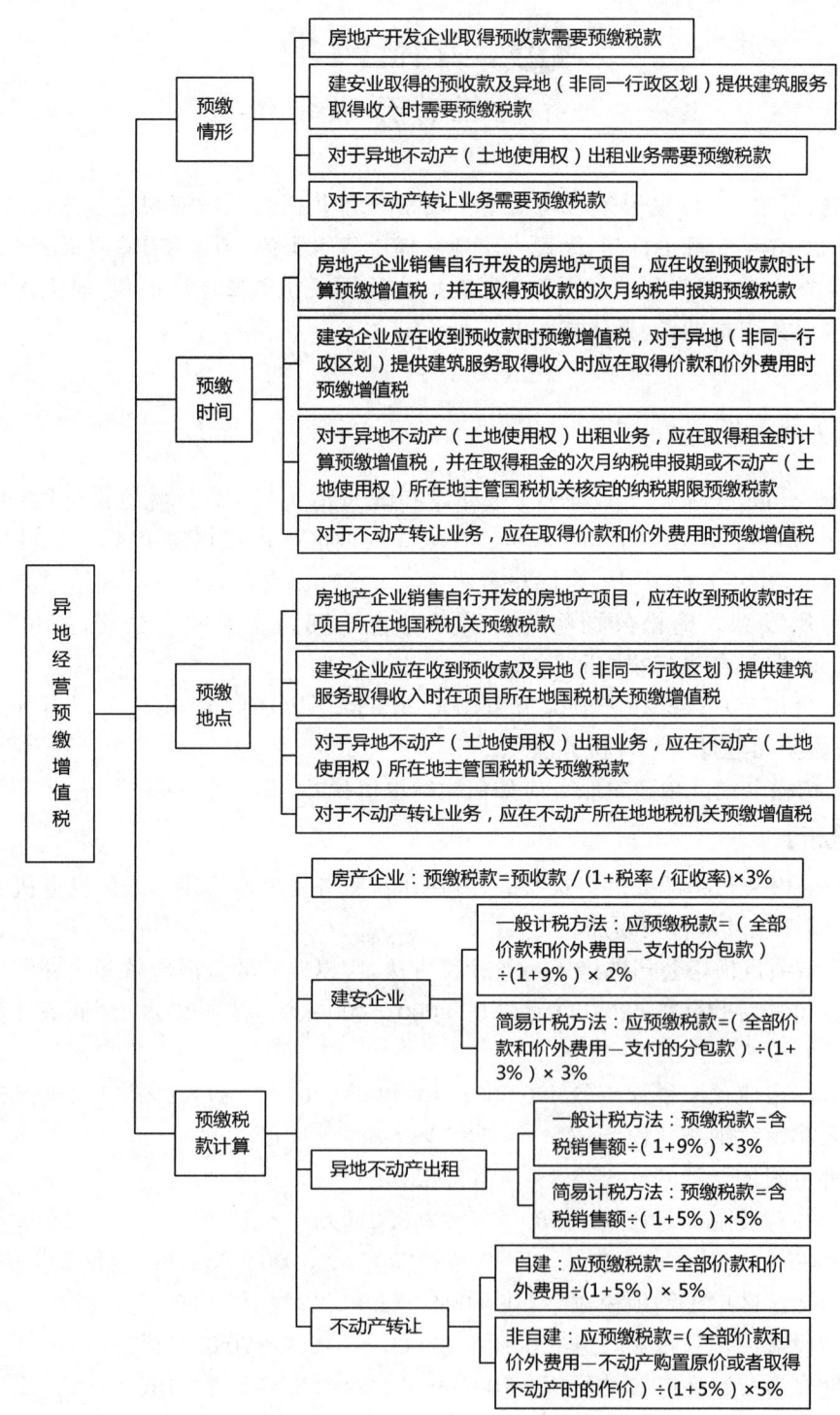

图 2-6 异地经营预缴增值税

📄 政策依据

1. 《财政部 国家税务总局关于全面推开营业税改征增值税试点的通知》(财税〔2016〕36号)附件2《营业税改征增值税试点有关事项的规定》第一条第八款、第九款、第十款

（八）销售不动产

……

9. 房地产开发企业采取预收款方式销售所开发的房地产项目，在收到预收款时按照3%的预征率预缴增值税。

……

（九）不动产经营租赁服务。

1. 一般纳税人出租其2016年4月30日前取得的不动产，可以选择适用简易计税方法，按照5%的征收率计算应纳税额。纳税人出租其2016年4月30日前取得的与机构所在地不在同一县(市)的不动产，应按照上述计税方法在不动产所在地预缴税款后，向机构所在地主管税务机关进行纳税申报。

3. 一般纳税人出租其2016年5月1日后取得的、与机构所在地不在同一县(市)的不动产，应按照3%的预征率在不动产所在地预缴税款后，向机构所在地主管税务机关进行纳税申报。

（十）一般纳税人销售其2016年4月30日前取得的不动产(不含自建)，适用一般计税方法计税的，以取得的全部价款和价外费用为销售额计算应纳税额。上述纳税人应以取得的全部价款和价外费用减去该项不动产购置原价或者取得不动产时的作价后的余额，按照5%的预征率在不动产所在地预缴税款后，向机构所在地主管税务机关进行纳税申报。

一般纳税人销售其2016年4月30日前自建的不动产，适用一般计税方法计税的，应以取得的全部价款和价外费用为销售额计算应纳税额。纳税人应以取得的全部价款和价外费用，按照5%的预征率在不动产所在地预缴税款后，向机构所在地主管税务机关进行纳税申报。

二、《财政部 税务总局关于建筑服务等营改增试点政策的通知》(财税〔2017〕58号)第三条

纳税人提供建筑服务取得预收款，应在收到预收款时，以取得的预收款扣除支付的分包款后的余额，按照本条第三款规定的预征率预缴增值税。

适用一般计税方法计税的项目预征率为2%，适用简易计税方法计税的项目预征率为3%。

三、《房地产开发企业销售自行开发的房地产项目增值税征收管理暂行办法》(国家税务总局公告2016年第18号)第十条、第十二条、第十九条、第二十一条

第十条 一般纳税人采取预收款方式销售自行开发的房地产项目,应在收到预收款时按照3%的预征率预缴增值税。

第十二条 一般纳税人应在取得预收款的次月纳税申报期向主管国税机关预缴税款。

第十九条 房地产开发企业中的小规模纳税人(以下简称小规模纳税人)采取预收款方式销售自行开发的房地产项目,应在收到预收款时按照3%的预征率预缴增值税。

第二十一条 小规模纳税人应在取得预收款的次月纳税申报期或主管国税机关核定的纳税期限向主管国税机关预缴税款。

四、《纳税人跨县(市、区)提供建筑服务增值税征收管理暂行办法》(国家税务总局公告2016年第17号)第四条、第五条、第六条

第四条 纳税人跨县(市、区)提供建筑服务,按照以下规定预缴税款:

(一) 一般纳税人跨县(市、区)提供建筑服务,适用一般计税方法计税的,以取得的全部价款和价外费用扣除支付的分包款后的余额,按照2%的预征率计算应预缴税款。

(二) 一般纳税人跨县(市、区)提供建筑服务,选择适用简易计税方法计税的,以取得的全部价款和价外费用扣除支付的分包款后的余额,按照3%的征收率计算应预缴税款。

(三) 小规模纳税人跨县(市、区)提供建筑服务,以取得的全部价款和价外费用扣除支付的分包款后的余额,按照3%的征收率计算应预缴税款。

第五条 纳税人跨县(市、区)提供建筑服务,按照以下公式计算应预缴税款:

(一) 适用一般计税方法计税的,应预缴税款=(全部价款和价外费用-支付的分包款)$\div(1+11\%)\times 2\%$

(二) 适用简易计税方法计税的,应预缴税款=(全部价款和价外费用-支付的分包款)$\div(1+3\%)\times 3\%$

纳税人取得的全部价款和价外费用扣除支付的分包款后的余额为负数的,可结转下次预缴税款时继续扣除。

纳税人应按照工程项目分别计算应预缴税款,分别预缴。

第六条 纳税人按照上述规定从取得的全部价款和价外费用中扣除支付的分包款,应当取得符合法律、行政法规和国家税务总局规定的合法有效凭证,否则不得扣除。

……

小贴士

国家税务总局关于预缴税款的系列公告中,无一例外地都规定,纳税人应预缴税款;自应当预缴之月起超过 6 个月没有预缴税款的,或者未按照规定预缴税款的,由机构所在地主管税务机关按照《中华人民共和国税收征收管理法》及相关规定进行处理。也就是说,纳税人如果不及时预缴税款,会受到税务机关的处罚。

⑰ 如期而至
——纳税与申报时间

纳税义务发生时间指的是纳税人依照税法规定负有纳税义务的时间,申报纳税时间指的是纳税人依法将税费缴入国库的时间,两个时间点的具体规定如图 2-7 所示。

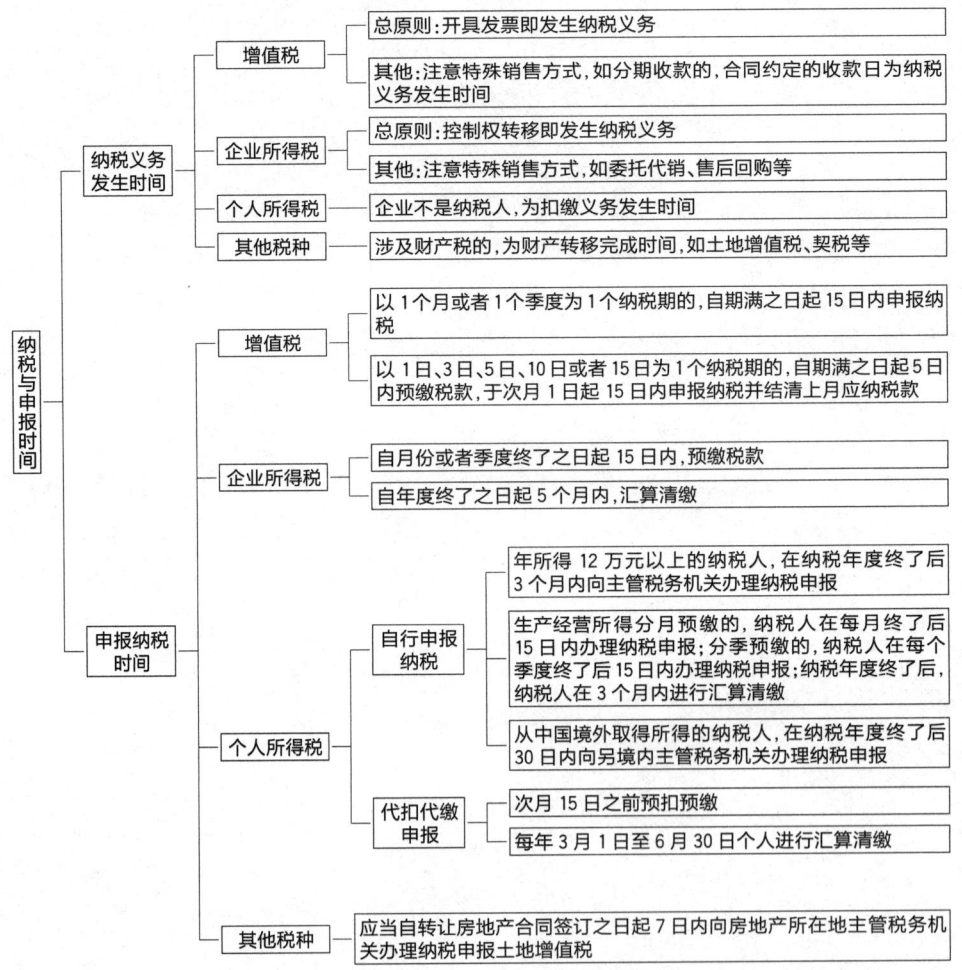

注:以上关于纳税与申报时间仅以个例说明,并未进行穷举,旨在为大家提供思路。
图 2-7 纳税义务发生时间和申报纳税时间

实战案例

甲公司系上海一家以提供教育培训服务为主的企业。该公司业务模式为:甲公司主要为个人学员提供教育培训服务,与个人学员签订合同后,一次性收取培训费并开具全额发票。甲公司在收讫学费后,会为学员提供一段时间的教育培训服务,教育培训服务期间通常为半年到一年,还存在跨年度的可能性。

2018年度企业所得税汇算清缴后,甲公司接到了主管税务机关有关税务核查异常情况的通知。该通知要求甲公司说明企业所得税纳税申报表填报的收入(企业所得税年度纳税申报表中"营业收入"记载为1亿元)与增值税纳税申报表填报的收入(所属期间增值税年度申报的销售收入为1.5亿元)存在差异的原因。

【案例分析】

此案例属于典型的增值税和企业所得税的纳税义务发生时间不同的情形,差异的根本原因在于收入的确认时间不同。

对增值税来说,甲公司已经对培训费全额开具了发票,此时,增值税的纳税义务已经发生,而企业所得税却并非如此,甲公司提供的服务有跨期的可能。因此,企业所得税的收入也会跨期确认。收入确认的基础不一致导致纳税义务发生时间不同,于是增值税与企业所得税的纳税申报表出现了差异。

政策依据

一、《中华人民共和国增值税暂行条例》第十九条、第二十三条

第十九条 增值税纳税义务发生时间:

(一)销售货物或者应税劳务,为收讫销售款项或者取得索取销售款项凭据的当天;先开具发票的,为开具发票的当天。

(二)进口货物,为报关进口的当天。

增值税扣缴义务发生时间为纳税人增值税纳税义务发生的当天。

第二十三条 增值税的纳税期限分别为1日、3日、5日、10日、15日、1个月或者1个季度。纳税人的具体纳税期限,由主管税务机关根据纳税人应纳税额的大小分别核定;不能按照固定期限纳税的,可以按次纳税。

纳税人以1个月或者1个季度为1个纳税期的,自期满之日起15日内申报纳税;以1日、3日、5日、10日或者15日为1个纳税期的,自期满之日起5日内预缴税款,于次月1日起15日内申报纳税并结清上月应纳税款。

二、《中华人民共和国企业所得税法》第五十四条

企业所得税分月或者分季预缴。

企业应当自月份或者季度终了之日起十五日内,向税务机关报送预缴企业所得税纳税申报表,预缴税款。

企业应当自年度终了之日起五个月内,向税务机关报送年度企业所得税纳税申报表,并汇算清缴,结清应缴应退税款。

企业在报送企业所得税纳税申报表时,应当按照规定附送财务会计报告和其他有关资料。

三、《中华人民共和国企业所得税法实施条例》第十七条至第二十三条

第十七条 企业所得税法第六条第（四）项所称股息、红利等权益性投资收益，是指企业因权益性投资从被投资方取得的收入。

股息、红利等权益性投资收益，除国务院财政、税务主管部门另有规定外，按照被投资方作出利润分配决定的日期确认收入的实现。

……

第二十三条 企业的下列生产经营业务可以分期确认收入的实现：

（一）以分期收款方式销售货物的，按照合同约定的收款日期确认收入的实现；

（二）企业受托加工制造大型机械设备、船舶、飞机，以及从事建筑、安装、装配工程业务或者提供其他劳务等，持续时间超过12个月的，按照纳税年度内完工进度或者完成的工作量确认收入的实现。

四、《中华人民共和国个人所得税法》第十一条至第十四条

第十一条 居民个人取得综合所得，按年计算个人所得税；有扣缴义务人的，由扣缴义务人按月或者按次预扣预缴税款；需要办理汇算清缴的，应当在取得所得的次年三月一日至六月三十日内办理汇算清缴。预扣预缴办法由国务院税务主管部门制定。

居民个人向扣缴义务人提供专项附加扣除信息的，扣缴义务人按月预扣预缴税款时应当按照规定予以扣除，不得拒绝。

非居民个人取得工资、薪金所得，劳务报酬所得，稿酬所得和特许权使用费所得，有扣缴义务人的，由扣缴义务人按月或者按次代扣代缴税款，不办理汇算清缴。

第十二条 纳税人取得经营所得，按年计算个人所得税，由纳税人在月度或者季度终了后十五日内向税务机关报送纳税申报表，并预缴税款；在取得所得的次年三月三十一日前办理汇算清缴。

纳税人取得利息、股息、红利所得，财产租赁所得，财产转让所得和偶然所得，按月或者按次计算个人所得税，有扣缴义务人的，由扣缴义务人按月或者按次代扣代缴税款。

第十三条 纳税人取得应税所得没有扣缴义务人的，应当在取得所得的次月十五日内向税务机关报送纳税申报表，并缴纳税款。

纳税人取得应税所得，扣缴义务人未扣缴税款的，纳税人应当在取得所得的次年六月三十日前，缴纳税款；税务机关通知限期缴纳的，纳税人应当按照期限缴纳税款。

居民个人从中国境外取得所得的，应当在取得所得的次年三月一日至六月三十日内申报纳税。

非居民个人在中国境内从两处以上取得工资、薪金所得的，应当在取得所得的次月十五日内申报纳税。

纳税人因移居境外注销中国户籍的，应当在注销中国户籍前办理税款清算。

第十四条 扣缴义务人每月或者每次预扣、代扣的税款，应当在次月十五日内缴入国库，并向税务机关报送扣缴个人所得税申报表。

纳税人办理汇算清缴退税或者扣缴义务人为纳税人办理汇算清缴退税的,税务机关审核后,按照国库管理的有关规定办理退税。

💬 小贴士

1. 一般来说,每月申报期限为当月 15 日(遇节假日顺延),但在某些特殊情况下,当月纳税申报期限会适当延长,企业应密切关注当月纳税申报时间变化。
2. 企业无法在规定时间内完成申报或缴纳税款的,可以向当地主管税务机关提起申请,申请通过的,可以延期申报或延期缴纳税款。若未申报又没有征得税务机关延期申报的同意,则可能受到税务机关的处罚。

18 逾期不候
——跨期发票和收入确认差异

企业的各项经济活动中,出于某些原因可能会涉及跨期发票的问题,增值税的纳税义务发生时间和收入确认时间也会存在差异。跨期发票和收入确认差异的处理办法如图 2-8 所示。

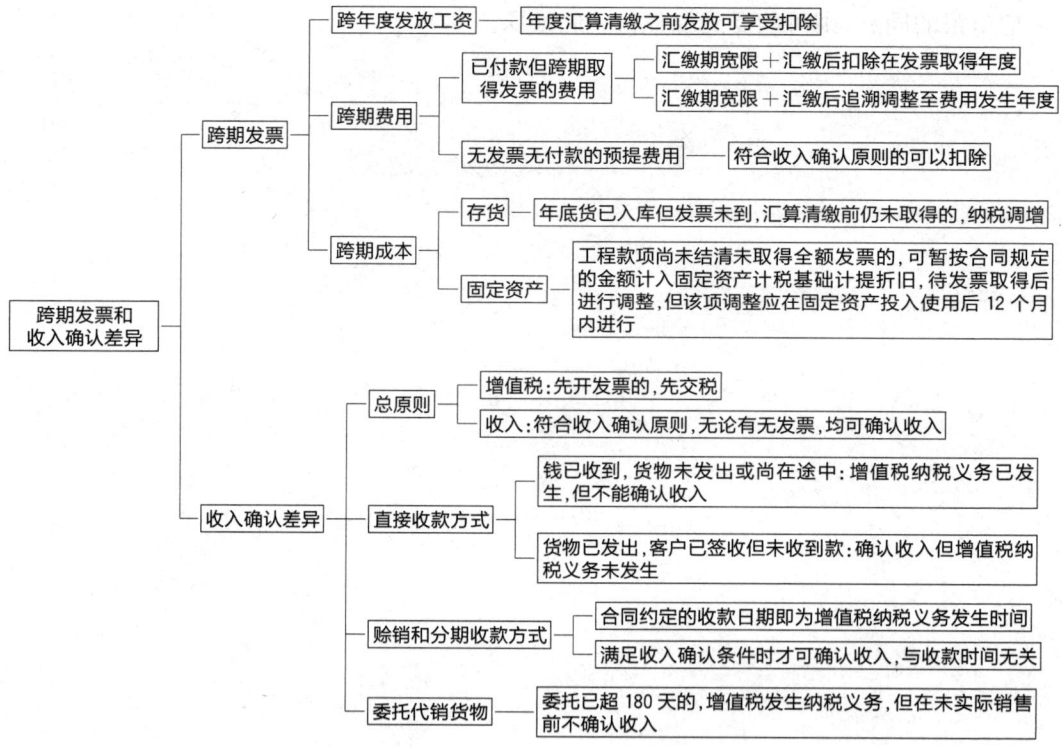

注:以上关于跨期发票和收入确认差异仅以个例说明,并未进行穷举,旨在为大家提供思考的角度与方法。

图 2-8 跨期发票和收入确认差异的处理办法

实战案例

税台公司为梅松公司提供勘探设计服务,双方于 2021 年 2 月签订了一份金额为 10 万元的勘察设计服务合同,该合同约定税台公司公司必须在 2021 年结束前完成合同约定的工作内容。

首期预付款于 2021 年 4 月由梅松公司支付给税台公司合同总价款的 30%,余下的款项梅松公司分别于 2021 年 12 月和 2022 年的 3 月支付合同价款的 40% 和 30%。

2021 年 12 月末,税台公司完成合同约定的工作内容。但是由于双方个别工作人员的疏忽,税台公司在 2021 年 4 月收到的预付款开具的增值税发票直到 2022 年 2 月末才流转到梅松公司财务人员手中。为此梅松公司财务人员以发票跨期无法入账不能税前扣除为由拒收,且预付款发票不解决后期双方约定的合同尾款时间也会因此延迟。

问:梅松公司的财务人员怎样做才能实现跨期发票的税前扣除?

【案例分析】

第一,账务处理要按照权责发生制,在未收到发票时候对费用进行预估,计入当期费用或成本。对于预付 30%的合同款,梅松公司虽然没有收到发票,但是依照合同其成本是可以明确可靠地计量的,需要将预付款暂估至本期的成本或者费用之中。另外,对于未支付的 30%的合同尾款也应当先做成本费用暂估的结转,后期再做支付处理。

第二,等到 2022 年 2 月底经办人员拿着发票来冲抵预付款时,只需要将该张 2021 年 4 月开具的发票增加到上述凭证附件之中即可。

如果梅松公司强行退回发票,重新让税台公司开具 2022 年的发票并且在 2022 年确认了该笔费用,那么需要在 2022 年汇算清缴时做纳税调增,梅松公司要想扣除就只有同时进行专项申报及说明,待税务局同意后,可重新申报 2021 年企业所得税,调减 2021 年应纳税所得额,并申请退税。

政策依据

一、《国家税务总局关于企业工资薪金和职工福利费等支出税前扣除问题的公告》(国家税务总局公告 2015 年第 34 号)第二条

企业年度汇算清缴结束前支付汇缴年度工资薪金税前扣除问题

企业在年度汇算清缴结束前向员工实际支付的已预提汇缴年度工资薪金,准予在汇缴年度按规定扣除。

二、《中华人民共和国增值税暂行条例》第十九条第一项、第三十八条

第十九条 增值税纳税义务发生时间:

(一)销售货物或者应税劳务,为收讫销售款项或者取得索取销售款项凭据的当天;先开具发票的,为开具发票的当天。

……

第三十八条 条例第十九条第一款第(一)项规定的收讫销售款项或者取得索取销售款项凭据的当天,按销售结算方式的不同,具体为:

(一)采取直接收款方式销售货物,不论货物是否发出,均为收到销售款或者取得索取销售款凭据的当天;

(二)采取托收承付和委托银行收款方式销售货物,为发出货物并办妥托收手续的当天;

(三)采取赊销和分期收款方式销售货物,为书面合同约定的收款日期的当天,无

书面合同的或者书面合同没有约定收款日期的,为货物发出的当天;

(四)采取预收货款方式销售货物,为货物发出的当天,但生产销售生产工期超过12个月的大型机械设备、船舶、飞机等货物,为收到预收款或者书面合同约定的收款日期的当天;

(五)委托其他纳税人代销货物,为收到代销单位的代销清单或者收到全部或者部分货款的当天。未收到代销清单及货款的,为发出代销货物满180天的当天;

(六)销售应税劳务,为提供劳务同时收讫销售款或者取得索取销售款的凭据的当天;

(七)纳税人发生本细则第四条第(三)项至第(八)项所列视同销售货物行为,为货物移送的当天。

三、《中华人民共和国企业所得税法实施条例》第九条

企业应纳税所得额的计算,以权责发生制为原则,属于当期的收入和费用,不论款项是否收付,均作为当期的收入和费用;不属于当期的收入和费用,即使款项已经在当期收付,均不作为当期的收入和费用。本条例和国务院财政、税务主管部门另有规定的除外。

四、《国家税务总局关于企业所得税若干问题的公告》(国家税务总局公告 2011 年第 34 号)第六款

企业当年度实际发生的相关成本、费用,由于各种原因未能及时取得该成本、费用的有效凭证,企业在预缴季度所得税时,可暂按账面发生金额进行核算;但在汇算清缴时,应补充提供该成本、费用的有效凭证。

五、《国家税务总局关于企业所得税应纳税所得额若干税务处理问题的公告》(国家税务总局公告 2012 年第 15 号)第六款

关于以前年度发生应扣未扣支出的税务处理问题

根据《中华人民共和国税收征收管理法》的有关规定,对企业发现以前年度实际发生的、按照税收规定应在企业所得税前扣除而未扣除或者少扣除的支出,企业做出专项申报及说明后,准予追补至该项目发生年度计算扣除,但追补确认期限不得超过 5 年。

企业由于上述原因多缴的企业所得税税款,可以在追补确认年度企业所得税应纳税款中抵扣,不足抵扣的,可以向以后年度递延抵扣或申请退税。

小贴士

1. 企业应当严格审核上游供应商的相关信息,避免遇到一些不靠谱的供应商,并且定期对全部供应商进行排查从根源上解决跨期发票的问题。

2. 若发票未取得,则企业可以凭借相关证明在企业所得税税前扣除,如货物运输的证明材料、非现金方式付款的凭证、相关业务的合同等,但是未取得发票的,不得抵扣进项税。

19 异乎寻常
——特殊企业及事项的申报要点

特殊企业及事项指的是高新技术企业、小型微利企业等特殊企业和研发费用加计扣除等特殊事项。相关的纳税申报处理如图 2-9 所示。

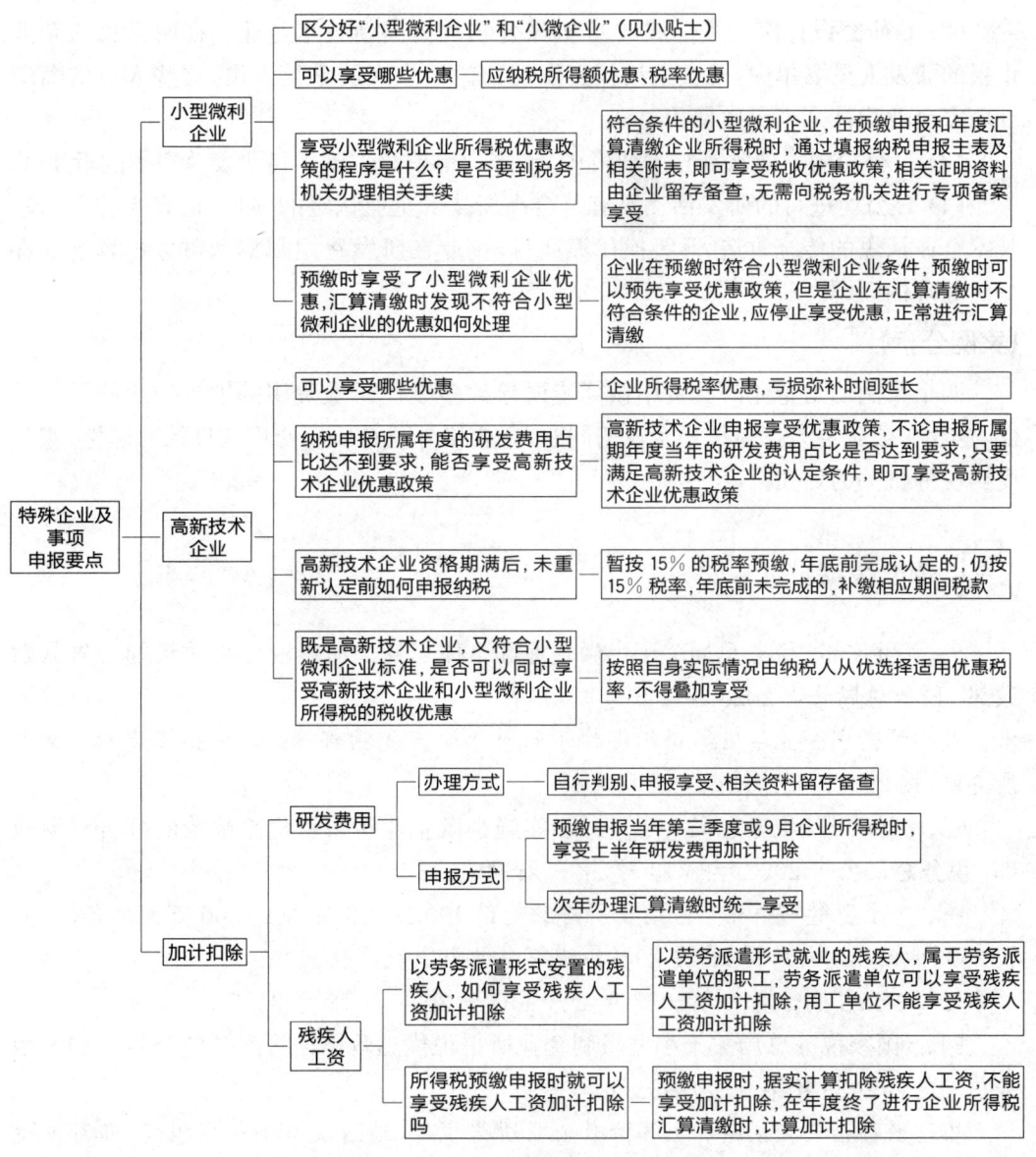

图 2-9　特殊企业及事项申报要点

实战案例

郑州市国税局在2015年的一次税收检查中发现了高新技术企业滥用税收优惠的问题：

（1）A科技公司的一项新产品研发项目，竟由公司办公室等一些行政部门的负责人兼任研发人员，部分研发人员的年均工资比生产工人工资高出近10倍，这些高额薪酬都归入了研发费用。

（2）B研究设计院与其下属的C机械公司均为高新技术企业。在两家关联企业申报的研发人员名单中，检查人员核实发现，有20余人属重复人员，这些人员的薪酬在两家企业均被列入研发费用。

（3）D公司的一项水利技术研发中，专家评审费竟占到项目研发总费用的近1/4。

（4）E公司进行的研发活动既有符合高新技术企业认定的项目，也有不符合高新技术企业认定的传统改造、升级换代等项目，企业在研发费用归集和财务核算上存在混淆处理的问题。

【案例分析】

四个案例均是企业研发费用核算错误导致多享受研发费用的加计扣除问题。因此，企业在被认定为高新技术企业的同时，更要格外注意研发费用核算的准确性，避免受到税务机关的处罚。

政策依据

一、《财政部 税务总局关于小微企业和个体工商户所得税优惠政策的公告》（财政部 税务总局公告2023年第6号）第一条

对小型微利企业年应纳税所得额不超过100万元的部分，减按25%计入应纳税所得额，按20%的税率缴纳企业所得税。

三、《财政部 税务总局关于进一步实施小微企业所得税优惠政策的公告》（财政部 税务总局公告2022年第13号）第一条、第三条

一、对小型微利企业年应纳税所得额超过100万元但不超过300万元的部分，减按25%计入应纳税所得额，按20%的税率缴纳企业所得税。

三、本公告执行期限为2022年1月1日至2024年12月31日。

四、《国家税务总局关于小型微利企业所得税优惠政策征管问题的公告》（国家税务总局公告2023年第6号）第三条

小型微利企业在预缴和汇算清缴企业所得税时，通过填写纳税申报表，即可享受小型微利企业所得税优惠政策。

五、《国家税务总局关于小型微利企业所得税优惠政策征管问题的公告》（国家税

务总局公告 2023 年第 6 号)第三条、第四条、第六条、第七条

三、小型微利企业在预缴和汇算清缴企业所得税时,通过填写纳税申报表,即可享受小型微利企业所得税优惠政策。

四、小型微利企业预缴企业所得税时,资产总额、从业人数、年度应纳税所得额指标,暂按当年度截至本期预缴申报所属期末的情况进行判断。

六、企业预缴企业所得税时享受了小型微利企业所得税优惠政策,但在汇算清缴时发现不符合相关政策标准的,应当按照规定补缴企业所得税税款。

七、小型微利企业所得税统一实行按季度预缴。

按月度预缴企业所得税的企业,在当年度 4 月、7 月、10 月预缴申报时,若按相关政策标准判断符合小型微利企业条件的,下一个预缴申报期起调整为按季度预缴申报,一经调整,当年度内不再变更。

六、《财政部 国家税务总局科学技术部关于修订印发〈高新技术企业认定管理办法〉的通知》(国税发〔2016〕32 号)第十条

企业获得高新技术企业资格后,自高新技术企业证书颁发之日所在年度起享受税收优惠,可依照本办法第四条的规定到主管税务机关办理税收优惠手续。

七、《关于实施高新技术企业所得税优惠政策有关问题的公告》(国家税务总局公告 2017 年第 24 号)第一条

企业获得高新技术企业资格后,自高新技术企业证书注明的发证时间所在年度起申报享受税收优惠,并按规定向主管税务机关办理备案手续。

企业的高新技术企业资格期满当年,在通过重新认定前,其企业所得税暂按 15% 的税率预缴,在年底前仍未取得高新技术企业资格的,应按规定补缴相应期间的税款。

八、《国务院关于实施企业所得税过渡优惠政策的通知》(国发〔2007〕39 号)第三条

企业所得税过渡优惠政策与新税法及实施条例规定的优惠政策存在交叉的,由企业选择最优惠的政策执行,不得叠加享受,且一经选择,不得改变。

九、《国家税务总局关于促进残疾人就业税收优惠政策相关问题的公告》(国家税务总局公告 2015 年第 55 号)第一条

以劳务派遣形式就业的残疾人,属于劳务派遣单位的职工。劳务派遣单位可按照《财政部 国家税务总局关于促进残疾人就业税收优惠政策的通知》(财税〔2007〕92 号,以下简称《通知》)规定,享受相关税收优惠政策。(注:财税〔2007〕92 号全文废止,具体参照财税〔2009〕70 号规定执行加计扣除税收优惠)

十、《财政部 国家税务总局关于安置残疾人员就业有关企业所得税优惠政策问题的通知》(财税〔2009〕70 号)第一条

企业安置残疾人员的,在按照支付给残疾职工工资据实扣除的基础上,可以在计算应纳税所得额时按照支付给残疾职工工资的 100% 加计扣除。

企业就支付给残疾职工的工资,在进行企业所得税预缴申报时,允许据实计算扣

除;在年度终了进行企业所得税年度申报和汇算清缴时,再依照本条第一款的规定计算加计扣除。

> **小贴士**

1. 小型微利企业与小微企业的区别如表2-8所示。

表2-8 小型微利企业与小微企业的区别

项目	小型微利企业	小微企业
具体释义	指从事国家非限制和禁止行业,且同时符合年度应纳税所得额不超过300万元、从业人数不超过300人、资产总额不超过5 000万元的企业	指小型企业和微型企业
出处	出处是企业所得税法及其实施条例,指的是符合税法规定条件的特定企业,其特点不只体现在"小型"上,还要求"微利",主要用于企业所得税优惠政策方面	根据工业和信息化部、国家统计局、发展改革委、财政部发布的《中小企业划型标准规定》的规定,根据企业从业人员、营业收入、资产总额等指标,结合行业特点,将中小企业划分为中型、小型、微型三种类型,小微企业可以理解为其中的小型企业和微型企业

2. 高新技术企业申报风险提示:

(1) 按照相关规定及时进行企业更名、及时填写高新年报。

(2) 就知识产权申报数量、相关性、对产品的核心支持作用自查。

(3) 关注从事研发和技术创新活动的科技人员占比是否符合比例要求。企业应梳理劳动合同、社保缴纳、个税申报明细等材料,自查研发人员真实性。科技人员的真实性直接关系相应人员能够归入研发费用,从而影响研发费用占比。

❷⓿ 秋后算账
——企业所得税汇算清缴

企业所得税汇算清缴是指纳税人在纳税年度终了后规定时期内,依照税收法律、法规、规章及其他有关企业所得税的规定,自行计算全年应纳税所得额和应纳所得税额,根据月度或季度预缴的所得税数额,确定该年度应补或者应退税额,并填写年度企业所得税纳税申报表,向主管税务机关办理年度企业所得税纳税申报、提供税务机关要求提供的有关资料、结清全年企业所得税税款的行为。企业所得税汇算清缴(以居民企业为例)基本事项及常见要点、难点如图 2-10 所示。

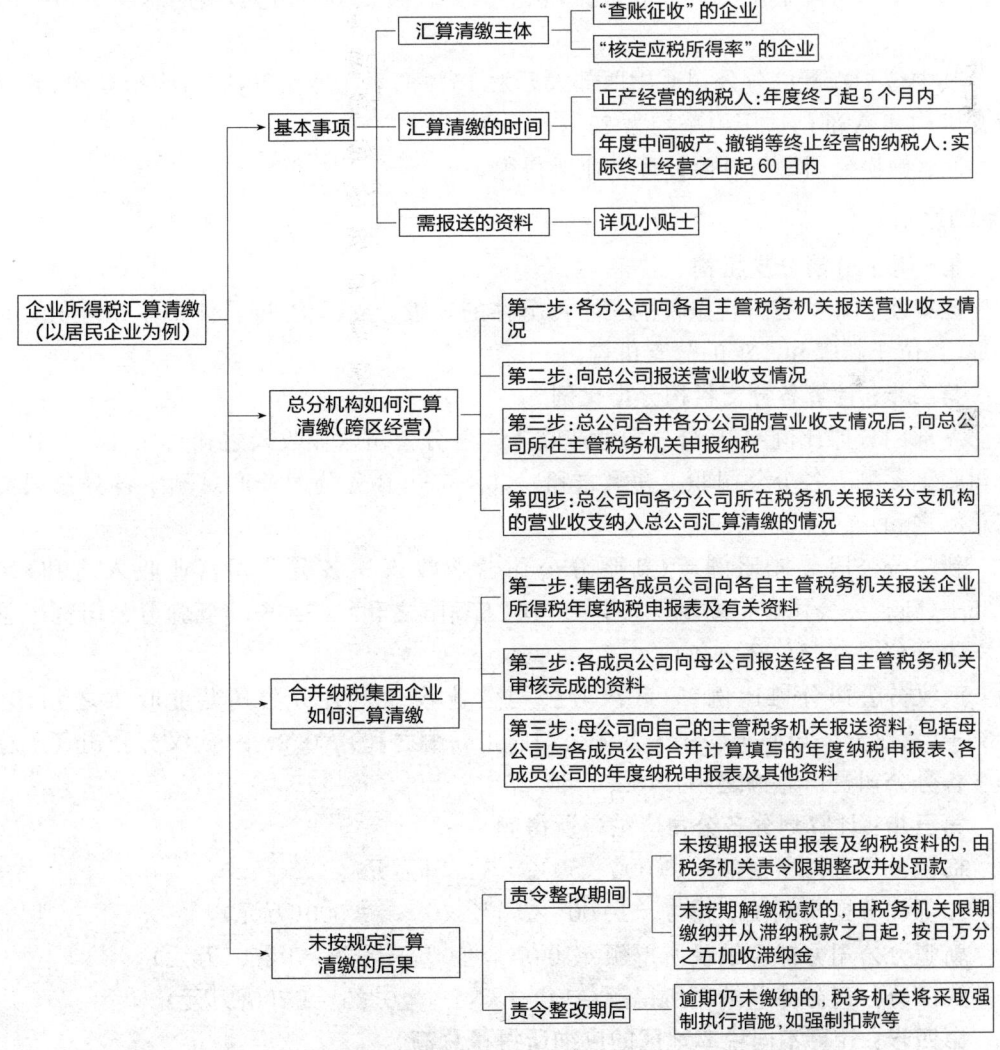

图 2-10 企业所得税汇算清缴(以居民企业为例)基本事项及常见要点、难点

实战案例

梅松公司是一家跨地区经营汇总纳税的企业。该企业2021年度应纳税所得额为10 000万元，总部位于北京市，在新疆、武汉有两家二级分支机构。北京市有一个具有主体生产经营职能的部门A。梅松公司两家外地分支机构和A部门2021年度的财务状况如下：

（1）新疆分支机构营业收入20 000万元，职工工资总额10 000万元，资产总额5 000万元。

（2）武汉分支机构营业收入20 000万元，职工工资总额10 000万元，资产总额5 000万元。

（3）A部门营业收入40 000万元，职工工资总额20 000万元，资产总额10 000万元。

其中位于新疆的分公司适用西部大开发15%税率优惠政策，同时梅松公司、武汉分支机构和A部门适用税率均为25%。

问：梅松公司如何分摊计算企业所得税。

【案例分析】

第一步：分清分支机构。

该集团企业共有符合条件的三个可分摊的二级分支机构，即具体主体经营职能的A部门、位于新疆和武汉的分支机构。

第二步：计算各分支机构分摊比例。

A部门分摊比例=（B分公司营业收入÷各分公司营业收入之和）×0.35＋（B分公司职工薪酬÷各分公司职工薪酬之和）×0.35＋（B分公司资产总额÷各分公司资产总额之和）×0.30＝0.5

新疆分公司分摊比例=（新疆分公司营业收入÷各分公司营业收入之和）×0.35＋（新疆分公司职工薪酬÷各分公司职工薪酬之和）×0.35＋（新疆分公司资产总额÷各分公司资产总额之和）×0.30＝0.25

武汉分公司分摊比例=（武汉分公司营业收入÷各分公司营业收入之和）×0.35＋（武汉分公司职工薪酬÷各分公司职工薪酬之和）×0.35＋（武汉分公司资产总额÷各分公司资产总额之和）×0.30＝0.25

第三步：计算划分各公司应纳税所得额。

梅松公司分摊所得额=10 000×50%＝5 000（万元）

A部门分摊应纳税所得额=10 000×50%×0.5＝2 500（万元）

新疆分公司分摊应纳税所得额=10 000×50%×0.25＝1 250（万元）

武汉分公司分摊应纳税所得额=1 000×50%×0.25＝1 250（万元）

第四步：计算不同税率地区的应纳所得税总额。

梅松公司应纳所得税额=5 000×25%＝1 250（万元）

A部门应纳所得税额＝2 500×25％＝625(万元)
新疆分公司应纳所得税额＝1 250×15％＝187.5(万元)
武汉分公司应纳所得税额＝1 250×25％＝312.5(万元)
梅松公司2021年度应纳所得税总额＝1 250＋625＋187.5＋312.5＝2 375(万元)

第五步：向总公司和分公司分摊就地缴纳的企业所得税款。
梅松公司分摊就地缴纳的企业所得税款＝2 375×50％＝1 187.5(万元)
A部门分摊就地缴纳的企业所得税款＝2 375×50％×50％＝593.75(万元)
新疆分公司分摊就地缴纳的企业所得税款＝2 375×50％×25％＝296.875(万元)
武汉分公司分摊就地缴纳的企业所得税款＝2 375×50％×25％＝296.875(万元)

根据上述总机构和分支机构分摊计算的年度企业应纳所得税额，扣除总机构和各分支机构已预缴的税款，计算出应缴应退税款，分别由总机构和分支机构就地办理税款缴库或退库。

政策依据

一、《国家税务总局关于印发〈企业所得税汇算清缴管理办法〉的通知》(国税发〔2009〕79号)第四条、第十四条、第十五条

第四条 纳税人在年度中间发生解散、破产、撤销等终止生产经营情形，需进行企业所得税清算的，应在清算前报告主管税务机关，并自实际经营终止之日起60日内进行汇算清缴，结清应缴应退企业所得税款；纳税人有其他情形依法终止纳税义务的，应当自停止生产、经营之日起60日内，向主管税务机关办理当期企业所得税汇算清缴。

第十四条 经批准实行合并缴纳企业所得税的企业集团，由集团母公司(以下简称汇缴企业)在汇算清缴期内，向汇缴企业所在地主管税务机关报送汇缴企业及各个成员企业合并计算填写的企业所得税年度纳税申报表，以及本办法第八条规定的有关资料及各个成员企业的企业所得税年度纳税申报表，统一办理汇缴企业及其成员企业的企业所得税汇算清缴。

汇缴企业应根据汇算清缴的期限要求，自行确定其成员企业向汇缴企业报送本办法第八条规定的有关资料的期限。成员企业向汇缴企业报送的上述资料，应经成员企业所在地的主管税务机关审核。

第十五条 实行跨地区经营汇总缴纳企业所得税的纳税人，由统一计算应纳税所得额和应纳所得税额的总机构，按照上述规定，在汇算清缴期内向所在地主管税务机关办理企业所得税年度纳税申报，进行汇算清缴。分支机构不进行汇算清缴，但应将分支机构的营业收支等情况在报总机构统一汇算清缴前报送分支机构所在地主管税务机关。总机构应将分支机构及其所属机构的营业收支纳入总机构汇算清缴等情况报送各分支机构所在地主管税务机关。

纳税人未按规定期限进行汇算清缴，或者未报送本办法第八条所列资料的，按照

税收征管法及其实施细则的有关规定处理。

二、《国家税务总局关于印发〈非居民企业所得税汇算清缴管理办法〉的通知》(国税发〔2009〕6号)第二条第二款

企业在年度中间终止经营活动的,应当自实际经营终止之日起60日内,向税务机关办理当期企业所得税汇算清缴。

三、《中华人民共和国税收征收管理法》第三十二条、第四十条、第六十二条

第三十二条 纳税人未按照规定期限缴纳税款的,扣缴义务人未按照规定期限解缴税款的,税务机关除责令限期缴纳外,从滞纳税款之日起,按日加收滞纳税款万分之五的滞纳金。

第四十条 从事生产、经营的纳税人、扣缴义务人未按照规定的期限缴纳或者解缴税款,纳税担保人未按照规定的期限缴纳所担保的税款,由税务机关责令限期缴纳,逾期仍未缴纳的,经县以上税务局(分局)局长批准,税务机关可以采取下列强制执行措施:

(一)书面通知其开户银行或者其他金融机构从其存款中扣缴税款;

(二)扣押、查封、依法拍卖或者变卖其价值相当于应纳税款的商品、货物或者其他财产,以拍卖或者变卖所得抵缴税款。

税务机关采取强制执行措施时,对前款所列纳税人、扣缴义务人、纳税担保人未缴纳的滞纳金同时强制执行。

个人及其所扶养家属维持生活必需的住房和用品,不在强制执行措施的范围之内。

第六十二条 纳税人未按照规定的期限办理纳税申报和报送纳税资料的,或者扣缴义务人未按照规定的期限向税务机关报送代扣代缴、代收代缴税款报告表和有关资料的,由税务机关责令限期改正,可以处二千元以下的罚款;情节严重的,可以处二千元以上一万元以下的罚款。

小贴士

纳税人办理企业所得税年度纳税申报应填写报送的材料如表2-9所示。

表2-9 企业所得税年度纳税申报应填写报送的材料

企业类型	应报送的材料
居民企业	(1) 企业所得税年度纳税申报表及其附表 (2) 财务报表 (3) 备案事项相关资料 (4) 总机构及分支机构基本情况、分支机构征税方式、分支机构的预缴税情况 (5) 委托中介机构代理纳税申报的,应出具双方签订的代理合同,并附送中介机构出具的包括纳税调整的项目、原因、依据、计算过程、调整金额等内容的报告 (6) 涉及关联方业务往来的,同时报送中华人民共和国企业年度关联业务往来报告表 (7) 主管税务机关要求报送的其他有关资料

(续表)

企业类型	应报送的材料
非居民企业	(1) 年度企业所得税纳税申报表及其附表 (2) 年度财务会计报告 (3) 税务机关规定应当报送的其他有关资料

注：纳税人采用电子方式办理企业所得税年度纳税申报的，应按照有关规定保存有关资料或附报纸质纳税申报资料。

21 为人代劳
——个人所得税代扣代缴

代扣代缴个人所得税是指按照税法规定负有扣缴义务的单位或个人,在向个人支付应纳税所得时,应计算应纳税额,从其所得中扣除并缴入国库,同时向税务机关报送扣缴个人所得税报告表。

企业代扣代缴个人所得税的相关基本事项如图2-11所示。

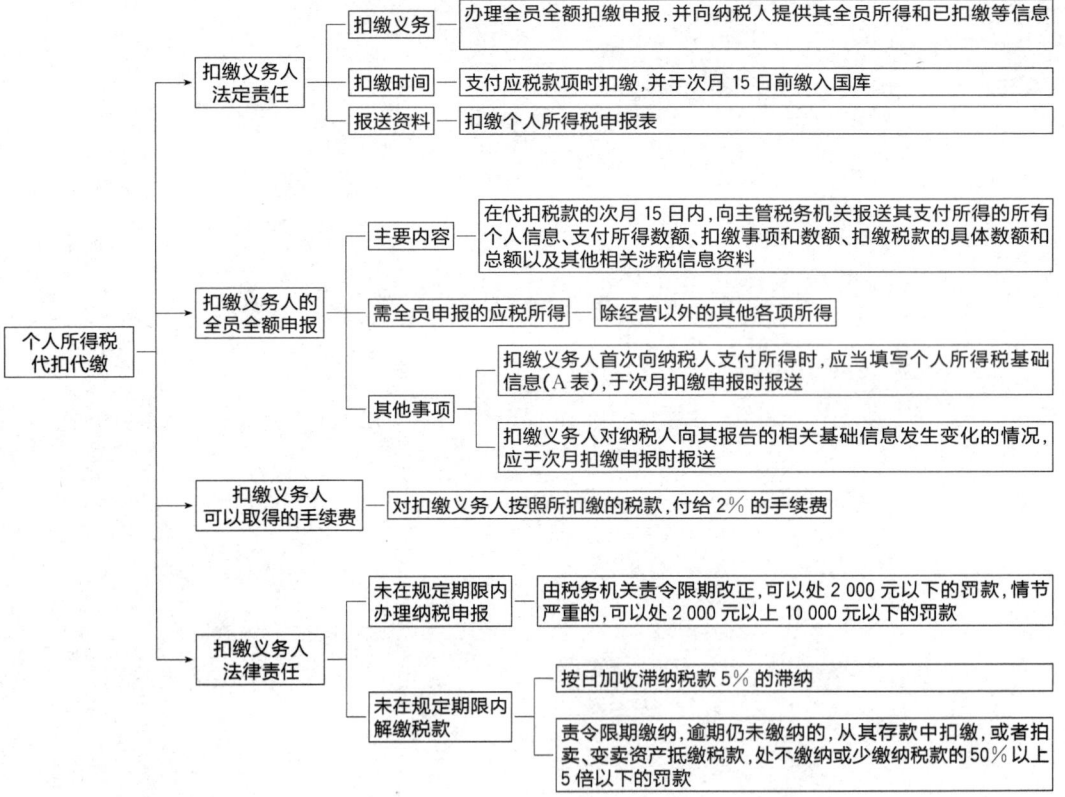

图2-11 企业代扣代缴个人所得税的基本事项

实战案例

2021年,深圳××文化传播公司未代扣代缴个人所得税被税务机关处罚,处罚条款如下:

对你公司的税收违法行为拟于2020年12月10日之前作出行政处罚决定,根据《中华人民共和国税收征收管理法》第八条、《中华人民共和国行政处罚法》第三十一条的规定,现将有关事项告知如下:

个人所得税方面经检查,你公司 2017 年 1 月至 2019 年 9 月,未足额代扣代缴个人所得税:

(1) 你公司 2017 年发放工资薪金时未足额代扣代缴个人所得税,少代扣代缴个人所得税 3 513.35 元。

(2) 2018 年 1 月至 9 月发放工资薪金时未足额代扣代缴个人所得税,少代扣代缴个人所得税 18 590.25 元。你公司的上述行为违反了《中华人民共和国个人所得税法》(中华人民共和国主席令第 48 号)第一条、第二条第一款、第八条及第九条第二款的规定。

处罚规定:

根据《中华人民共和国税收征收管理法》第六十九条的规定,对你公司未按照规定代扣代缴个人所得税的行为处以应扣未扣税款百分之一百五十的罚款 33 155.40 元。

(处罚书文号:深税三稽罚告〔2021〕99 号)

政策依据

一、《中华人民共和国个人所得税法》第九条、第十条第二款、第十四条、第十七条、第十九条

第九条 个人所得税以所得人为纳税人,以支付所得的单位或者个人为扣缴义务人。

第十条 ……扣缴义务人应当按照国家规定办理全员全额扣缴申报,并向纳税人提供其个人所得和已扣缴税款等信息。

第十四条 扣缴义务人每月或者每次预扣、代扣的税款,应当在次月十五日内缴入国库,并向税务机关报送扣缴个人所得税申报表。

第十七条 对扣缴义务人按照所扣缴的税款,付给百分之二的手续费。

第十九条 纳税人、扣缴义务人和税务机关及其工作人员违反《个人所得税法》规定的,依照《中华人民共和国税收征收管理法》和有关法律法规的规定追究法律责任。

二、《中华人民共和国个人所得税法实施条例》第二十四条、第二十六条、第三十三条

第二十四条 扣缴义务人向个人支付应税款项时,应当依照个人所得税法规定预扣或者代扣税款,按时缴库,并专项记载备查。

前款所称支付,包括现金支付、汇拨支付、转账支付和以有价证券、实物以及其他形式的支付。

第二十六条 个人所得税法第十条第二款所称全员全额扣缴申报,是指扣缴义务人在代扣税款的次月十五日内,向主管税务机关报送其支付所得的所有个人的有关信息、支付所得数额、扣除事项和数额、扣缴税款的具体数额和总额以及其他相关涉税信息资料。

第三十三条 税务机关按照个人所得税法第十七条的规定付给扣缴义务人手续费,应当填开退还书;扣缴义务人凭退还书,按照国库管理有关规定办理退库手续。

三、《国家税务总局关于发布〈个人所得税扣缴申报管理办法(试行)〉的公告》(国家税务总局公告2018年第61号)第四条、第五条、第十七条第一款

第四条 实行个人所得税全员全额扣缴申报的应税所得包括:

(一)工资、薪金所得;

(二)劳务报酬所得;

(三)稿酬所得;

(四)特许权使用费所得;

(五)利息、股息、红利所得;

(六)财产租赁所得;

(七)财产转让所得;

(八)偶然所得。

第五条 扣缴义务人首次向纳税人支付所得时,应当按照纳税人提供的纳税人识别号等基础信息,填写《个人所得税基础信息表(A表)》,并于次月扣缴申报时向税务机关报送。

扣缴义务人对纳税人向其报告的相关基础信息变化情况,应当于次月扣缴申报时向税务机关报送。

第十七条 对扣缴义务人按照规定扣缴的税款,按年付给百分之二的手续费。不包括税务机关、司法机关等查补或者责令补扣的税款。

......

四、《中华人民共和国税收征收管理法》第六十二条、第三十二条、第四十条、第六十八条

第六十二条 纳税人未按照规定的期限办理纳税申报和报送纳税资料的,或者扣缴义务人未按照规定的期限向税务机关报送代扣代缴、代收代缴税款报告表和有关资料的,由税务机关责令限期改正,可以处二千元以下的罚款;情节严重的,可以处二千元以上一万元以下的罚款。

第三十二条 纳税人未按照规定期限缴纳税款的,扣缴义务人未按照规定期限解缴税款的,税务机关除责令限期缴纳外,从滞纳税款之日起,按日加收滞纳税款万分之五的滞纳金。

第四十条 从事生产、经营的纳税人、扣缴义务人未按照规定的期限缴纳或者解缴税款,纳税担保人未按照规定的期限缴纳所担保的税款,由税务机关责令限期缴纳,逾期仍未缴纳的,经县以上税务局(分局)局长批准,税务机关可以采取下列强制执行措施:

(一)书面通知其开户银行或者其他金融机构从其存款中扣缴税款;

(二)扣押、查封、依法拍卖或者变卖其价值相当于应纳税款的商品、货物或者其

他财产,以拍卖或者变卖所得抵缴税款。

税务机关采取强制执行措施时,对前款所列纳税人、扣缴义务人、纳税担保人未缴纳的滞纳金同时强制执行。

第六十八条　纳税人、扣缴义务人在规定期限内不缴或者少缴应纳或者应解缴的税款,经税务机关责令限期缴纳,逾期仍未缴纳的,税务机关除依照本法第四十条的规定采取强制执行措施追缴其不缴或者少缴的税款外,可以处不缴或者少缴的税款百分之五十以上五倍以下的罚款。

五、《中华人民共和国税收征收管理法及实施细则》第七十三条

从事生产、经营的纳税人、扣缴义务人未按照规定的期限缴纳或者解缴税款的,纳税担保人未按照规定的期限缴纳所担保的税款的,由税务机关发出限期缴纳税款通知书,责令缴纳或者解缴税款的最长期限不得超过15日。

小贴士

个人所得税应区分一般情况和特殊情况两种情形来确定扣缴义务人,如表2-10所示。

表2-10　个人所得税扣缴义务人的确定方式

项目	扣缴义务人
一般情况	支付所得的单位或者个人
特殊情况	涉及多重支付,税务机关认定的对所得的支付对象和支付数额有决定权的单位和个人

22 纾困解难
——延期申报缴纳税款

延期申报是税收征管法赋予纳税人的一项权利。企业在出现特定情况时,可以向税务机关申请延期申报缴纳税款,如图 2-12 所示。

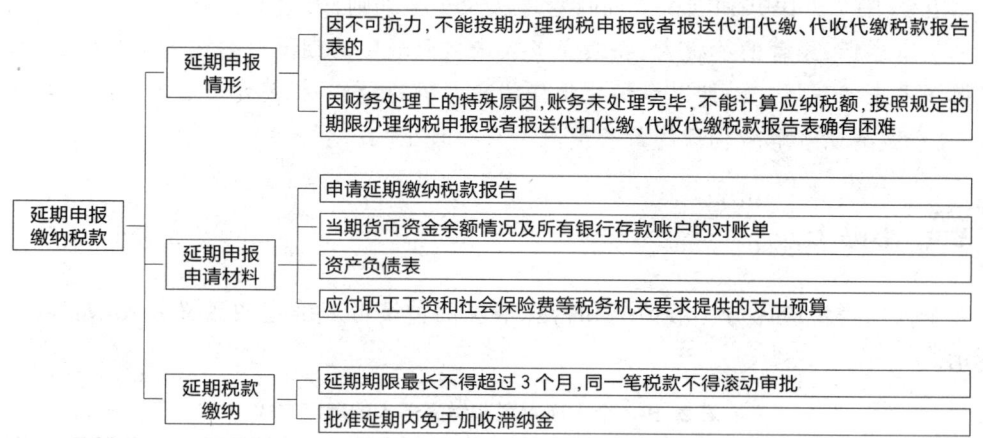

注:不可抗力是指人们无法预见、无法避免、无法克服的自然灾害,如水灾、火灾、风灾、地震等。

图 2-12　企业延期申报缴纳税款

实战案例

梅松公司 2021 年 11 月 13 日申报上月增值税税款 13 万元,至 11 月 15 日未将税款缴入国库。11 月 18 日,梅松公司以上月货款未收到、资金周转困难为由向税务机关申请延期缴纳税款并提供相应书面材料。

税务机关经审查后认为,依据《税收征管法实施细则》第四十二条的规定,纳税人需要延期缴纳税款的,应该在税款缴纳期限届满前提出申请,并报送有关资料。该公司提出申请已超过税务机关规定的税款限缴日期,所以税务机关不予批准,并从税款限缴期限届满次日起,按日加收万分之五的滞纳金。

政策依据

一、《中华人民共和国税收征收管理法》第二十七条、第三十一条

第二十七条　纳税人、扣缴义务人不能按期办理纳税申报或者报送代扣代缴、代收代缴税款报告表的,经税务机关核准,可以延期申报。

经核准延期办理前款规定的申报、报送事项的,应当在纳税期内按照上期实际缴

纳的税额或者税务机关核定的税额预缴税款,并在核准的延期内办理税款结算。

第三十一条 纳税人、扣缴义务人按照法律、行政法规规定或者税务机关依照法律、行政法规的规定确定的期限,缴纳或者解缴税款。

纳税人因有特殊困难,不能按期缴纳税款的,经省、自治区、直辖市国家税务局、地方税务局批准,可以延期缴纳税款,但是最长不得超过三个月。

二、《中华人民共和国税收征收管理法实施细则》第三十七条、第四十一条、第四十二条

第三十七条 纳税人、扣缴义务人按照规定的期限办理纳税申报或者报送代扣代缴、代收代缴税款报告表确有困难,需要延期的,应当在规定的期限内向税务机关提出书面延期申请,经税务机关核准,在核准的期限内办理。

纳税人、扣缴义务人因不可抗力,不能按期办理纳税申报或者报送代扣代缴、代收代缴税款报告表的,可以延期办理;但是,应当在不可抗力情形消除后立即向税务机关报告。税务机关应当查明事实,予以核准。

第四十一条 纳税人有下列情形之一的,属于税收征管法第三十一条所称特殊困难:

(一)因不可抗力,导致纳税人发生较大损失,正常生产经营活动受到较大影响的;

(二)当期货币资金在扣除应付职工工资、社会保险费后,不足以缴纳税款的。

计划单列市国家税务局、地方税务局可以参照税收征管法第三十一条第二款的批准权限,审批纳税人延期缴纳税款。

第四十二条 纳税人需要延期缴纳税款的,应当在缴纳税款期限届满前提出申请,并报送下列材料:申请延期缴纳税款报告,当期货币资金余额情况及所有银行存款账户的对账单,资产负债表,应付职工工资和社会保险费等税务机关要求提供的支出预算。

税务机关应当自收到申请延期缴纳税款报告之日起20日内作出批准或者不予批准的决定;不予批准的,从缴纳税款期限届满之日起加收滞纳金。

小贴士

因不可抗力申请延期申报缴纳税款的,待不可抗力消除后应立即向税务机关报告,税务机关应当查明事实,予以核准。

23 逾期责任
——申报逾期和滞纳金

按时纳税是企业的一项法定义务,但在日常实务工作中,企业可能会出于某些主观或非主观的原因造成纳税申报的逾期,而面临补缴税款及滞纳金的处罚,如图 2-13 所示。

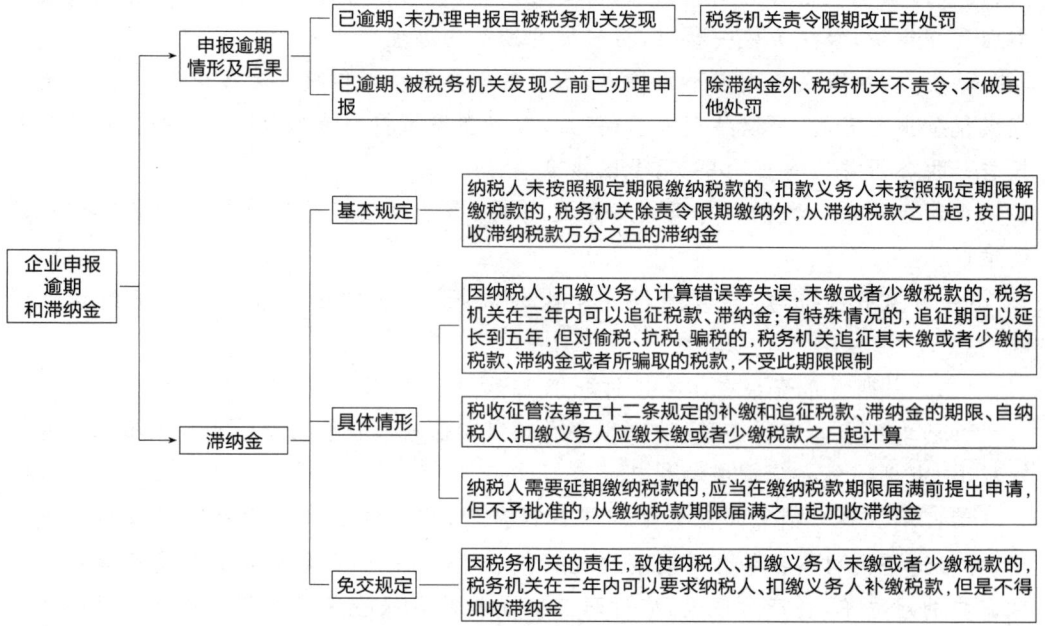

注:2020 年 8 月 1 日起,各省市逐步推广"首违不罚"制度,即纳税人一个年度内第一次逾期申报的不作处罚,超过一次开始处罚。

图 2-13 企业申报逾期和滞纳金

实战案例

A 有限公司系增值税一般纳税人,按月纳税申报。2021 年 3 月纳税申报截止日期为 3 月 15 日,A 有限公司在 3 月 19 日办理纳税申报;6 月纳税申报截止日期为 6 月 18 日,A 有限公司在 6 月 20 日办理纳税申报。

B 个体工商户系小规模纳税人,实行定期定额纳税,按季度缴税。2021 年主管税务机核定其每月应缴纳增值税等税费合计 2 360 元。第一季度纳税申报截止日期为 4 月 20 日,B 个体工商户第一季度应缴纳的税款在 4 月 20 日缴纳;第二季度纳税申报截止日期为 7 月 15 日,B 个体工商户第二季度应缴纳的税款在 7 月 23 日缴纳。

C 税务局为了迎接上级税务机关的征管考核,于 2021 年 10 月组织对所管辖区域内的纳税人前 9 个月的纳税申报情况进行了网上检查,其中,发现 A 有限公司和 B 个体工商户存在纳税申报问题。按照相关规定,纳税人一年中有一次不按纳税申报不予处罚,超过一次的,将给予处罚。因此,C 税务局对 A 有限公司和 B 个体工商户第二次未按规定期限办理纳税申报行为各进行罚款一次,处罚的理由均是"未按照规定期限办理纳税申报"。其中对 B 个体工商户处罚的进一步解释为:定期定额户是"以缴代报",即缴纳税款时即为纳税申报时,逾期缴纳税款,就是逾期纳税申报,即属于"未按照规定期限办理纳税申报"行为。

【案例分析】

C 税务局对 A、B 公司的处罚都是不成立的。

(1) A 有限公司已在 6 月 20 日办理了纳税申报,C 税务局在 10 月才发现 A 有限公司 6 月存在未按规定的期限办理纳税申报的情况,但此时 A 有限公司的违法行为已经改正,C 税务局就不能再下达责令限期改正和处罚了。显然,C 税务局对 A 有限公司"未按照规定期限办理纳税申报"进行处罚的行为,是违反《中华人民共和国税收征收管理法》第六十二条规定的。

(2) B 个体工商户被处罚的理由也是"未按照规定期限办理纳税申报",其实这种理由也是不成立的。《个体工商户税收定期定额征收管理办法》(国家税务总局令第 16 号)第九条规定,实行简易申报的定期定额户,应当在税务机关规定的期限内按照法律、行政法规规定缴清应纳税款,当期(指纳税期,下同)可以不办理申报手续。该条规定表明了定期定额户,在纳税期内自己无需进行纳税申报。因此,"未按照规定期限办理纳税申报"这种理由不成立。其实,对于定期定额户在税务机关的征管软件系统中会按纳税申报期系统自动纳税申报,无须人为再作纳税申报。

政策依据

一、《中华人民共和国税收征收管理法》第三十二条、第五十二条、第六十二条

第三十二条 纳税人未按照规定期限缴纳税款的、扣缴义务人未按照规定期限解缴税款的,税务机关除责令限期缴纳外,从滞纳税款之日起,按日加收滞纳税款万分之五的滞纳金。

第五十二条 因纳税人、扣缴义务人计算错误等失误,未缴或者少缴税款的,税务机关在三年内可以追征税款、滞纳金;有特殊情况的,追征期可以延长到五年,但对偷税、抗税、骗税的,税务机关追征其未缴或者少缴的税款、滞纳金或者所骗取的税款,不受此期限限制。

第六十二条 纳税人未按照规定的期限办理纳税申报和报送纳税资料的,或者扣缴义务人未按照规定的期限向税务机关报送代扣代缴、代收代缴税款报告表和有关资料的,由税务机关责令限期改正,可以处二千元以下的罚款;情节严重的,可以处二千元以上一万元以下的罚款。

二、《中华人民共和国税收征收管理法实施细则》第四十二条、第八十三条

第四十二条　纳税人需要延期缴纳税款的，应当在缴纳税款期限届满前提出申请，但不予批准的，从缴纳税款期限届满之日起加收滞纳金

第八十三条　税收征管法第五十二条规定的补缴和追征税款、滞纳金的期限，自纳税人、扣缴义务人应缴未缴或者少缴税款之日起计算。

小贴士

1. 企业代扣代缴个人所得税，如果出现虚列人员、拆分工资、长期零申报等情况，建议自查。

2. 尽管劳务报酬并入综合所得，但是企业在代扣代缴个人所得税时，务必区分劳务报酬和工资薪金所得，以免给企业带来涉税风险。

3. 企业应当及时代扣代缴个人所得税，若申报不及时，可能存在被税务机关认为编制虚假计税依据的风险。不仅被追缴税款，还有可能被罚款。

4. 企业应当关注个税申报表工资与企业所得税税前扣除的工资薪金的比对。若两者差异较大，则说明企业可能存在偷税漏税的嫌疑。

24 有据可查
——纳税资料的留存备查

企业在完成纳税申报工作的同时,保存纳税资料也是一项重要的工作。纳税资料的备查主要分为重要资料的留存备查和其他资料的留存备查。重要的留存备查资料主要涉及税收优惠等事宜。其中,增值税、个人所得税、企业所得税等税收优惠需要留存备查的资料如表 2-11 所示。

表 2-11 增值税、个人所得税、企业所得税优惠需留存备查的资料

税种	留存备查适用情形及资料
增值税	纳税人适用增值税减征、免征政策的,在增值税纳税申报时按规定填写申报表相应减免税栏次即可享受,相关政策规定的证明材料留存备查
	纳税人适用增值税即征即退政策的,应当在首次申请增值税退税时,按规定向主管税务机关提供退税申请材料和相关政策规定的证明材料。适用即征即退政策发生变化的,应当在发生变化后首次纳税申报时向主管税务机关书面报告
企业所得税	企业享受优惠事项的,应当在完成年度汇算清缴后,将留存备查资料归集齐全并整理完成,以备税务机关核查
	企业同时享受多项优惠事项或者享受的优惠事项按照规定分项目进行核算的,应当按照优惠事项或者项目分别归集留存备查资料
	设有非法人分支机构的居民企业以及实行汇总纳税的非居民企业机构、场所享受优惠事项的,由居民企业的总机构以及汇总纳税的主要机构、场所负责统一归集并留存备查资料
	企业向税务机关申报扣除资产损失,仅需填报企业所得税年度纳税申报表资产损失税前扣除及纳税调整明细表,不再报送资产损失相关资料。相关资料由企业留存备查
个人所得税	子女教育,境外接受教育的:境外学校录取通知书、留学签证等境外教育佐证资料
	继续教育纳税人接受技能人员职业资格继续教育、专业技术人员职业资格继续教育的,应当留存职业资格相关证书等资料
	住房贷款利息留存备查:住房贷款合同、贷款还款支出凭证等资料
	住房租金留存备查:住房租赁合同或协议等
	赡养老人约定分摊、指定分摊的:约定或指定分摊的书面分摊协议等资料
	大病医疗留存备查:大病患者医药服务收费及医保报销相关票据原件或复印件,或者医疗保障部门出具的纳税年度医药费用清单等资料
	3 岁以下婴幼儿照护:子女的出生医学证明等资料

注:企业所得税优惠各项目详细留存资料参见《企业所得税优惠管理事项目录(2017 版)》。

实战案例

某企业2017年完工某生产用厂房,原值2 200万元,根据《企业所得税优惠管理事项目录(2017年版)》"固定资产加速折旧或一次性扣除"的规定,企业应当留存以下四项材料备查:

(1) 企业属于重点行业、领域企业的说明材料(以某重点行业业务为主营业务),固定资产投入使用当年主营业务收入占企业收入总额50%(不含)以上。

(2) 购进固定资产的发票、记账凭证(购入已使用过的固定资产,应提供已使用年限的相关说明)。

(3) 核算有关资产税法与会计差异的台账。

(4) 其他由省税务机关规定的资料。

这些材料的保存期限,应当从优惠事项有效期结束后开始计算。

《企业所得税法实施条例》第六十条规定,除国务院财政、税务主管部门规定外,房屋、建筑物计算折旧的最低年限为20年。由于加速折旧最低折旧年限不得低于规定折旧年限的60%。因此,该厂房最低折旧年限为12年,加速折旧优惠事项有效期为2017年至2029年。在这12年中,该项资产税法折旧额大于会计折旧额,企业依法享受所得税优惠,并每年填写固定资产加速折旧(扣除)明细表。优惠事项有效期结束后的10年,即2030年至2039年,企业都要留存保管备查资料。这样,企业留存备查材料最长达22年。如果未按要求期限留存备查材料将受到处罚。

政策依据

一、《企业所得税优惠政策事项办理办法》第六条、第七条、第八条

第六条 企业享受优惠事项的,应当在完成年度汇算清缴后,将留存备查资料归集齐全并整理完成,以备税务机关核查。

第七条 企业同时享受多项优惠事项或者享受的优惠事项按照规定分项目进行核算的,应当按照优惠事项或者项目分别归集留存备查资料。

第八条 设有非法人分支机构的居民企业以及实行汇总纳税的非居民企业机构、场所享受优惠事项的,由居民企业的总机构以及汇总纳税的主要机构、场所负责统一归集并留存备查资料。分支机构以及被汇总纳税的非居民企业机构、场所按照规定可独立享受优惠事项的,由分支机构以及被汇总纳税的非居民企业机构、场所负责归集并留存备查资料,同时分支机构以及被汇总纳税的非居民企业机构、场所应在当完成年度汇算清缴后将留存的备查资料清单送总机构以及汇总纳税的主要机构、场所汇总。

二、《国家税务总局关于修订发布〈个人所得税专项附加扣除操作办法(试行)〉的

公告》(国家税务总局公告2022年第7号)第二十四条

纳税人应当将《扣除信息表》及相关留存备查资料,自法定汇算清缴期结束后保存五年。纳税人报送给扣缴义务人的《扣除信息表》,扣缴义务人应当自预扣预缴年度的次年起留存五年。纳税人享受子女教育、继续教育、大病医疗、住房贷款利息或者住房租金、赡养老人、3岁以下婴幼儿照护等七项专项附加扣除的,应当按照规定留存备查相关资料。

三、《国家税务总局关于进一步优化增值税优惠政策办理程序及服务有关事项的公告》(国家税务总局公告2021年第4号)第一条、第二条

一、单位和个体工商户(以下统称纳税人)适用增值税减征、免征政策的,在增值税纳税申报时按规定填写申报表相应减免税栏次即可享受,相关政策规定的证明材料留存备查。

二、纳税人适用增值税即征即退政策的,应当在首次申请增值税退税时,按规定向主管税务机关提供退税申请材料和相关政策规定的证明材料。

纳税人后续申请增值税退税时,相关证明材料未发生变化的,无需重复提供,仅需提供退税申请材料并在退税申请中说明有关情况。纳税人享受增值税即征即退条件发生变化的,应当在发生变化后首次纳税申报时向主管税务机关书面报告。

> **小贴士**

1. 企业对报送的备案资料、留存备查资料的真实性、合法性承担法律责任。

2. 企业留存备查资料与实际生产经营情况、财务核算、相关技术领域、产业、目录、资格证书等不符,不能证明企业符合税收优惠政策条件的,税务机关追缴其已享受的减免税,并按照税收征管法规定处理。

3. 纳税人提供虚假资料,不如实反映情况,或者拒绝提供有关资料的,由税务机关责令改正,可以处一万元以下的罚款;情节严重的,处一万元以上五万元以下的罚款。

4. 企业留存备查资料的保存期限为享受优惠事项后10年。税法规定与会计处理存在差异的优惠事项,保存期限为该优惠事项有效期结束后10年。

第 2 节　发票管理

25　有章可循
——发票管理办法与工作流程

发票作为记录经济活动内容的载体，是最基本的会计原始凭证，也是纳税管理的重要工具。为规范发票管理、降低涉税风险、减少税负，企业应根据《中华人民共和国发票管理办法》《增值税专用发票使用规定》等，结合公司业务实际，制订本公司发票管理制度及流程。

企业可从总则、发票的领购、开具、取得、认证、保管、风险自查等方面制定本公司的发票管理制度及实施流程。发票管理制度示意可参考图 2-14，具体到某环节（如采购环节）的管理流程示意可参考案例分析图 2-15。

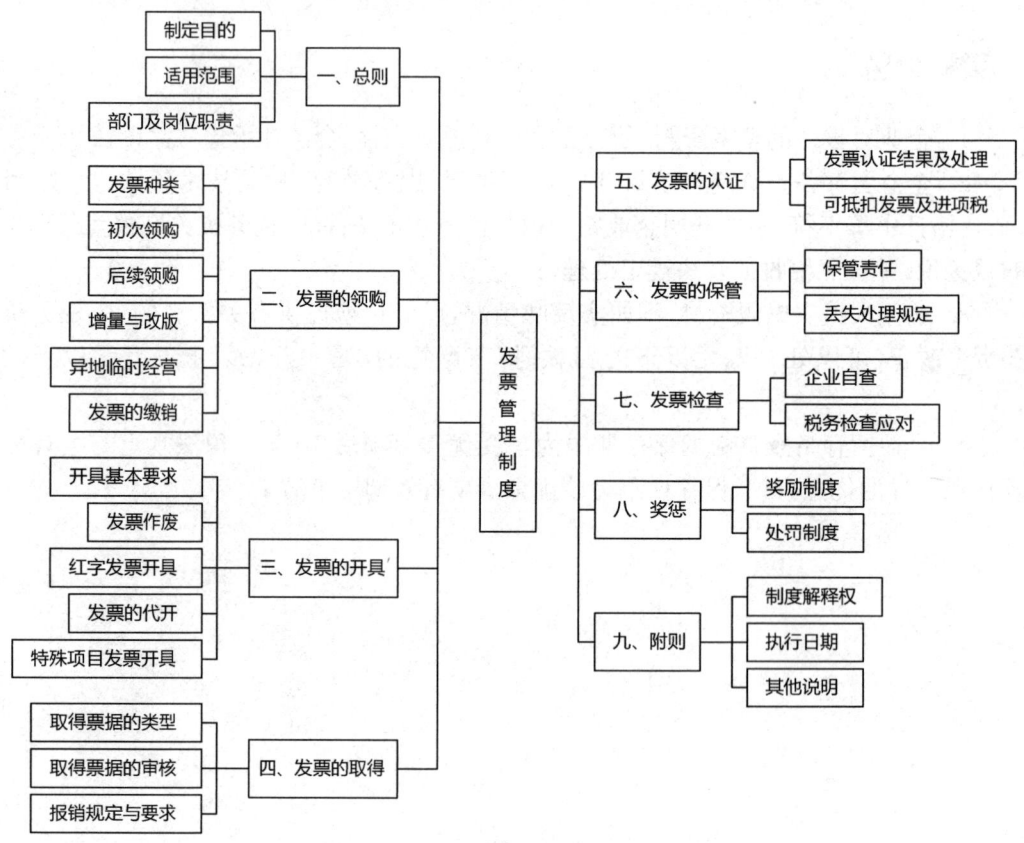

图 2-14　企业发票管理制度

实战案例

梅松公司是一家食品制造企业,生产经营中需要大量采购原材料,涉及的发票数量和金额比较大。新入职的税务经理梅经理发现,采购部门提交的发票经常存在一些问题,如发票类型不符合公司要求、发票的内容填写及盖章不规范或者发票不能及时提交财务部入账,甚至有时因为疏忽导致发票的丢失。在最近的一次税务检查中,该公司因被查出了不少不合规甚至虚假发票,被税务局补缴税款并处以罚款。这不仅影响了公司正常的会计核算与税费申报工作,更给企业带来了一定的税收风险。

为了规范公司采购环节的发票管理,保证财务工作有序开展,同时降低企业的涉税风险,梅经理制定了详细的发票管理制度及流程,并对相关人员进行了培训。

梅松公司采购环节发票管理主要流程包括发票的取得、验收、审核及后续财税处理,如图 2-15 所示。

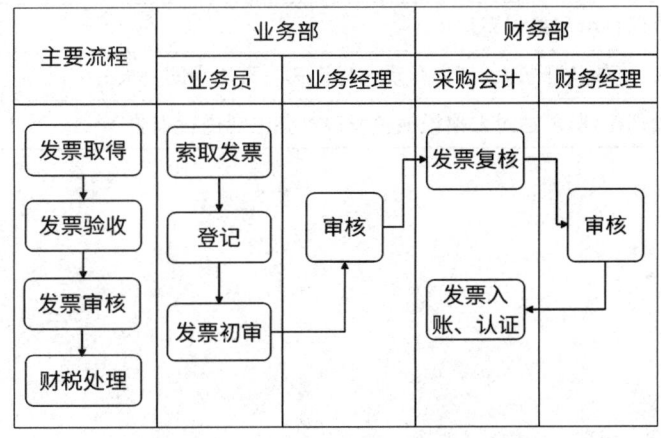

图 2-15 梅松公司采购环节发票管理流程

通过实施标准化、规范化的流程管理,梅松公司的发票管理工作水平大为改善,出错率大大降低,在提高工作效率的同时也避免了税收风险。因此,纳税人在日常的生产经营中,应做好发票管理,要做到标准化、规范化,建立完善的制度流程以明确责任。

政策依据

一、《中华人民共和国发票管理办法》

二、《中华人民共和国发票管理办法实施细则》

三、《国家税务总局关于修订〈增值税专用发票使用规定〉的通知》(国税发〔2006〕156 号)

> **小贴士**

企业需要加强发票审核事项,具体审核事项如表 2-12 所示。

表 2-12 发票审核事项

序号	审核事项
1	发票字迹是否清晰,是否压线错格
2	发票代码、发票号码及开票日期,如打印发票代码、号码是否与发票本身代码、号码一致、是否跨年度
3	盖章是否为发票专用章,是否与销货方信息一致
4	购买方信息填写是否填写完整,是否与单位一致
5	票面内容:分类编码、品名、数量、金额、税率是否正确
6	备注栏是否根据需要准确备注
7	销货方信息填写是否完整
8	收款人、复核及开票人,其中开票人与复核人不能为同一人
9	发票真伪辨别,可通过发票增值税发票查验平台进行查验

26 识微见几
——发票基本事项

目前我国存在多种发票类型,不同发票的联次、内容、功能以及使用范围存在一定差异。企业应根据生产经营需要领取适用的发票。发票种类与适用及领购的基本事项如图2-16所示。

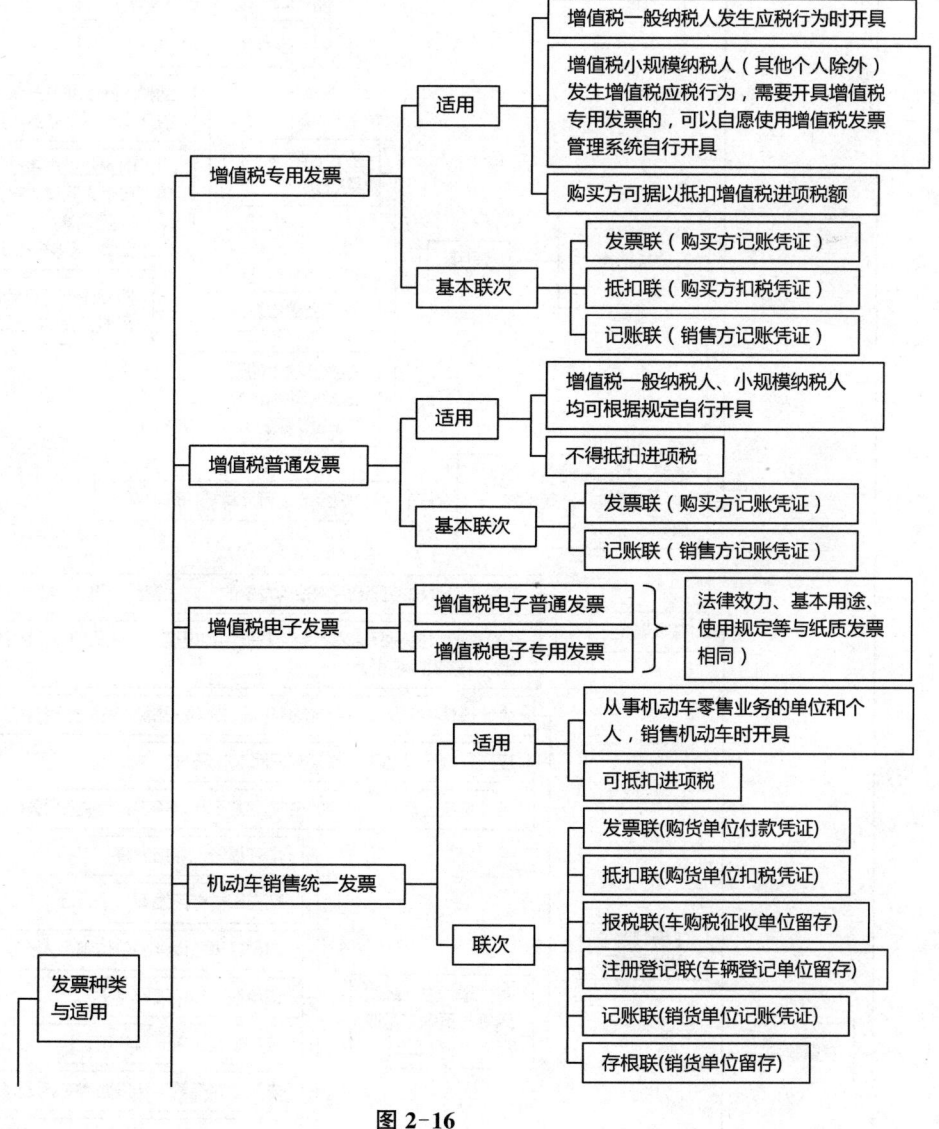

图 2-16

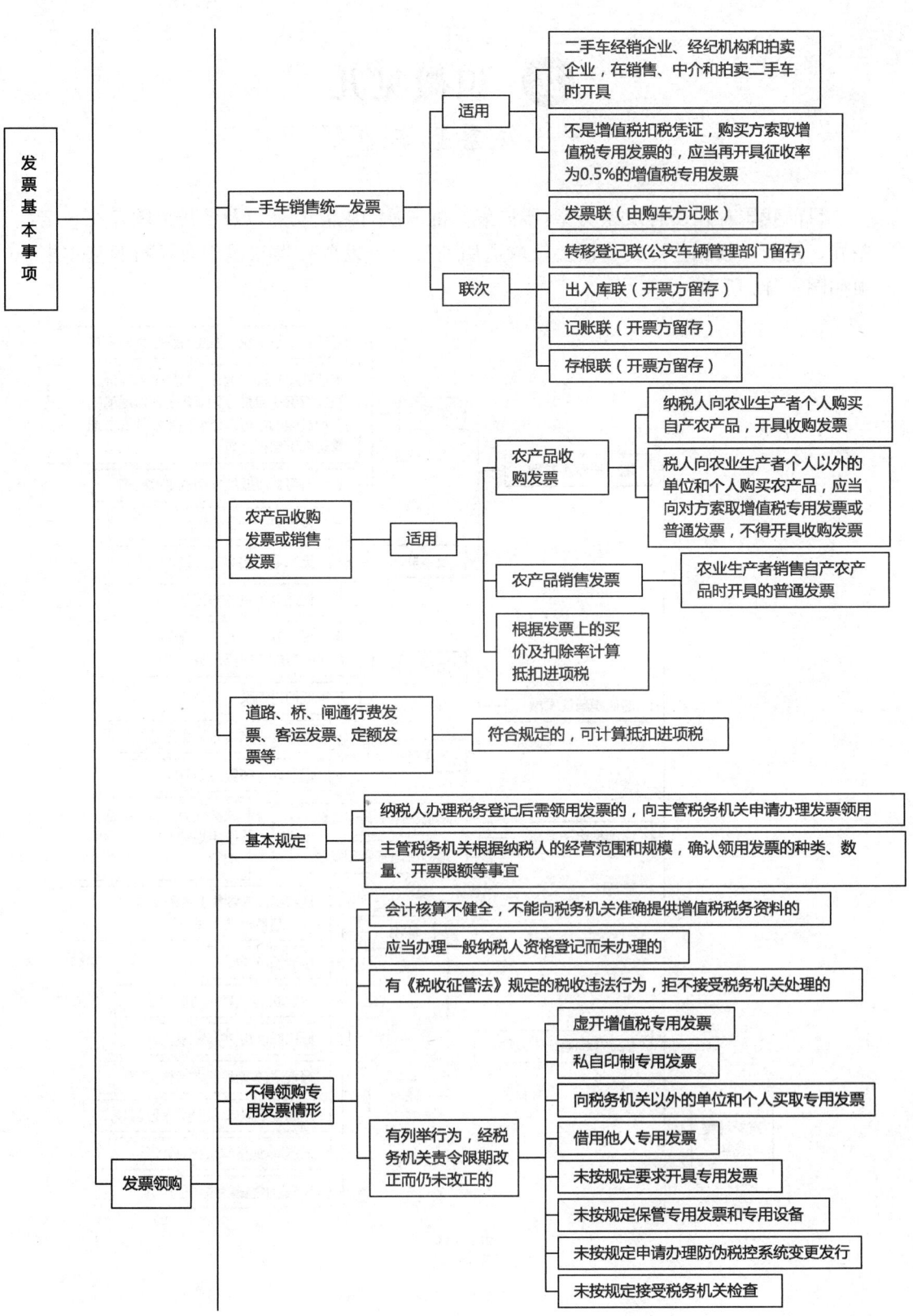

图 2-16

第 2 章 纳税基础工作管理

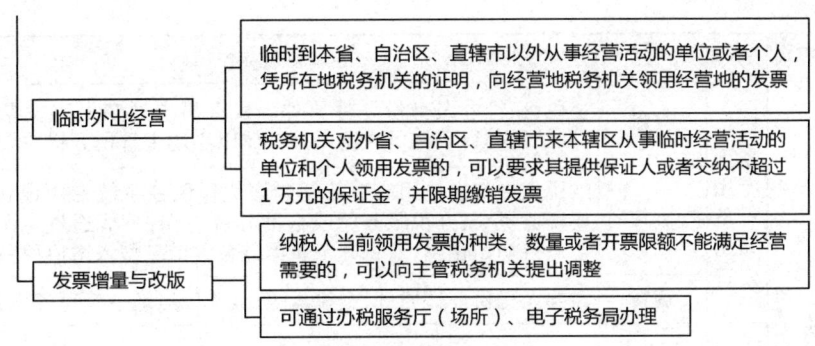

图 2-16 发票基本事项

实战案例

梅松公司是一家新设立的奶制品生产加工企业，注册资本金为 1 000 万元，为增值税一般纳税人，主营乳制品的生产、加工、销售，畜牧饲养，婴幼儿配方乳粉、食品的生产、销售，饮料的生产和销售等。

根据生产经营需要，梅松公司在办理完税务登记后，需进行发票领购。请问梅松公司该如何操作？

梅松公司发票领购相关事项如表 2-13 所示。

表 2-13 梅松公司发票领购相关事项

事项			具体规定
办理地点			办税服务厅（场所）或电子税务局
办理事项	初次申领		首次申领增值税发票主要包括发票票种核定、增值税专用发票（增值税税控系统）最高开票限额审批、增值税税控系统专用设备初始发行、发票领用等事项
	后续领用		纳税人可在发票票种核定的范围（发票的种类、领用数量、开票限额）内领用发票
办理流程及资料	票种核定	资料	纳税人领用发票票种核定表、营业执照原件、经办人身份证原件、发票专用章等（具体以当地主管税务机关要求为准）
		流程（以山东省电子税务局为例，下同）	1. 登录山东省电子税务局平台，点击【我要办税】—【发票使用】。 2. 点击左侧【发票票种核定】—【发票票种核定办理】，填写发票票种核定申请信息。 3. 数据暂存并上传附列资料，提交税务机关审核
	最高开票限额审批	资料	税务行政许可申请表、增值税专用发票最高开票限额申请单、经办人身份证件原件、代理委托书、代理人身份证原件等（具体以当地主管税务机关要求为准）
		流程	1. 登录山东省电子税务局平台，点击【我要办税】—【发票使用】。 2. 点击左侧【增值税专用发票最高开票限额申请】—【增值税专用发票最高开票限额申请办理】填写税务行政许可申请表。 3. 按照要求上传附送资料，并进行签章，提交审核

109

(续表)

事项			具体规定
办理流程及资料	税控系统专用设备初始发行	资料	金税盘、经办人身份证件原件、《税务事项通知书》(发票票种核定通知)或《准予税务行政许可决定书》(具体以当地主管税务机关要求为准)
		流程	纳税人在初次使用或重新领购增值税税控系统专用设备开具发票之前,需要税务机关(办税服务厅或自助办税终端,不能通过电子税务局办理)对设备进行初始化发行,将开票所需的各种信息载入增值税税控系统专用设备
	发票领用	资料	经办人身份证件原件、金税盘等(具体以当地主管税务机关要求为准)
		流程	1. 登录山东省电子税务局平台,点击【我要办税】—【发票使用】。 2. 点击左侧【发票领用】模板,如果是新办企业或者首次使用网上申领,需要通过【网上申领开通申请】进行预申请登记,提交审核,税局端审批通过后,进行下一步。 3. 点击【网上申领申请】,可看到办税人员的个人信息,需通过微信进行实名认证,认证通过后进购票操作。 4. 进入发票申领页面,非新办企业,需先进行发票验旧,然后填写申请单(发票票种、领购数量、取票方式),申请完成。 5. 税务局审批通过后,企业办税人员可以选择到税务大厅取票,也可以选择邮寄的方式

注:纳税信用 A 级的纳税人可一次领取不超过 3 个月的增值税发票用量,纳税信用 B 级的纳税人可一次领取不超过 2 个月的增值税发票用量。

政策依据

一、《中华人民共和国发票管理办法》第十五条、第十七条、第十八条

第十五条　需要领购发票的单位和个人,应当持税务登记证件、经办人身份证明、按照国务院税务主管部门规定式样制作的发票专用章的印模,向主管税务机关办理发票领购手续。主管税务机关根据领购单位和个人的经营范围和规模,确认领购发票的种类、数量以及领购方式,在 5 个工作日内发给发票领购簿。

单位和个人领购发票时,应当按照税务机关的规定报告发票使用情况,税务机关应当按照规定进行查验。

第十七条　临时到本省、自治区、直辖市以外从事经营活动的单位或者个人,应当凭所在地税务机关的证明,向经营地税务机关领购经营地的发票。

临时在本省、自治区、直辖市以内跨市、县从事经营活动领购发票的办法,由省、自治区、直辖市税务机关规定。

第十八条　税务机关对外省、自治区、直辖市来本辖区从事临时经营活动的单位和个人领购发票的,可以要求其提供保证人或者根据所领购发票的票面限额以及数量交纳不超过 1 万元的保证金,并限期缴销发票。

按期缴销发票的,解除保证人的担保义务或者退还保证金;未按期缴销发票的,由保证人或者以保证金承担法律责任。

税务机关收取保证金应当开具资金往来结算票据。

二、《国家税务总局关于二手车经销企业发票使用有关问题的公告》(国家税务总局公告2013年第60号)第一条、第二条

一、二手车经销企业从事二手车交易业务,由二手车经销企业开具《二手车销售统一发票》。

二、二手车经销企业从事二手车代购代销的经纪业务,由二手车交易市场统一开具《二手车销售统一发票》。

三、《国家税务总局关于明确二手车经销等若干增值税征管问题的公告》(国家税务总局公告2020年第9号)第一条第二项

纳税人应当开具二手车销售统一发票。购买方索取增值税专用发票的,应当再开具征收率为0.5%的增值税专用发票。

四、《财政部 国家税务总局关于简并增值税税率有关政策的通知》(财税〔2017〕37号)第二条第六项

《中华人民共和国增值税暂行条例》第八条第二款第(三)项和本通知所称销售发票,是指农业生产者销售自产农产品适用免征增值税政策而开具的普通发票。

五、《国家税务总局关于按照纳税信用等级对增值税发票使用实行分类管理有关事项的公告》(国家税务总局公告2016年第71号)第一条

简并发票领用次数

纳税信用A级的纳税人可一次领取不超过3个月的增值税发票用量,纳税信用B级的纳税人可一次领取不超过2个月的增值税发票用量。以上两类纳税人生产经营情况发生变化,需要调整增值税发票用量,手续齐全的,按照规定即时办理。

六、《国家税务总局关于新办纳税人首次申领增值税发票有关事项的公告》(国家税务总局公告2018年第29号)第二条、第三条

二、新办纳税人首次申领增值税发票主要包括发票票种核定、增值税专用发票(增值税税控系统)最高开票限额审批、增值税税控系统专用设备初始发行、发票领用等涉税事项。

三、税务机关为符合本公告第一条规定的首次申领增值税发票的新办纳税人办理发票票种核定,增值税专用发票最高开票限额不超过10万元,每月最高领用数量不超过25份;增值税普通发票最高开票限额不超过10万元,每月最高领用数量不超过50份。各省税务机关可以在此范围内结合纳税人税收风险程度,自行确定新办纳税人首次申领增值税发票票种核定标准。

七、《国家税务总局关于修订〈增值税专用发票使用规定〉的通知》(国税发〔2006〕156号)第二条、第四条

第二条 专用发票,是增值税一般纳税人(以下简称一般纳税人)销售货物或者提供应税劳务开具的发票,是购买方支付增值税额并可按照增值税有关规定据以抵扣增值税进项税额的凭证。

第四条 专用发票由基本联次或者基本联次附加其他联次构成,基本联次为三联:发票联、抵扣联和记账联。发票联,作为购买方核算采购成本和增值税进项税额的记账凭证;抵扣联,作为购买方报送主管税务机关认证和留存备查的凭证;记账联,作为销售方核算销售收入和增值税销项税额的记账凭证。其他联次用途,由一般纳税人自行确定。

八、《国家税务总局关于使用新版机动车销售统一发票有关问题的通知》(国税函〔2006〕479号)第一条、第二条

一、凡从事机动车零售业务的单位和个人,从2006年8月1日起,在销售机动车(不包括销售旧机动车)收取款项时,必须开具税务机关统一印制的新版《机动车销售统一发票》(以下简称《机动车发票》),并在发票联加盖财务专用章或发票专用章,抵扣联和报税联不得加盖印章。

二、《机动车发票》为电脑六联式发票。即第一联发票联(购货单位付款凭证),第二联抵扣联(购货单位扣税凭证),第三联报税联(车购税征收单位留存),第四联注册登记联(车辆登记单位留存),第五联记账联(销货单位记账凭证),第六联存根联(销货单位留存)。第一联印色为棕色,第二联印色为绿色,第三联印色为紫色,第四联印色为蓝色,第五联印色为红色,第六联印色为黑色。发票代码、发票号码印色为黑色。《机动车发票》规格为241 mm×177 mm(票样附后)。当购货单位不是增值税一般纳税人时,第二联抵扣联由销货单位留存。

九、《国家税务总局关于统一二手车销售发票式样问题的通知》(国税函〔2005〕693号)第一条、第二条、第四条、第五条

一、二手车经销企业、经纪机构和拍卖企业,在销售、中介和拍卖二手车收取款项时,必须开具《二手车销售统一发票》(以下简称《二手车发票》)。

二、《二手车发票》由以下用票人开具:

(一)从事二手车交易的市场,包括二手车经纪机构和消费者个人之间二手车交易需要开具发票的,由二手车交易市场统一开具。

(二)从事二手车交易活动的经销企业,包括从事二手车交易的汽车生产和销售企业。

(三)从事二手车拍卖活动的拍卖公司。

四、《二手车发票》为一式五联计算机票。计算机票第一联为发票联,印色为棕色;第二联为转移登记联(公安车辆管理部门留存),印色为蓝色;第三联为出入库联,印色为紫色;第四联为记账联,印色为红色;第五联为存根联,印色为黑色。规格为241 mm×178 mm(票样附后)。

五、《二手车发票》由二手车交易市场、经销企业和拍卖企业开具的,存根联、记账联、入库联由开票方留存;发票联、转移登记联由购车方记账和交公安交管部门办理过户手续。

小贴士

发票增量与改版的相关事项如表2-14所示。

表 2-14 发票增量与改版相关事项

事项	具体规定
办理条件	当前领用发票的种类、数量或者开票限额不能满足经营需要的,可以向主管税务机关提出调整
办理地点	办税服务厅(场所)或电子税务局
办理流程	电子税务局发票领购流程(以山东省为例) 1. 登录山东省电子税务局平台,点击【我要办税】—【发票使用】。 2. 点击【发票票种核定】—【发票票种核定办理】,进入纳税人领用发票票种核定表。 3. 点击变更,填写票种核定申请明细(申请扩版在最高开票限额处选择,申请增量,根据企业实际填写每月/每次领票最高数量,和持票最高数量) 4. 上传附列资料,提交税务局审批 (纳税人可点击【我要办税】—【办税进度及结果信息查】—【办税事项查询】,可查询申请事项的办理进度)
办理资料	纳税人领用发票票种核定表、增值税专用发票(每月)限购数量申请表、营业执照原件、经办人身份证原件、发票专用章、相关合同等(具体以当地主管税务机关要求为准)

27 准确无误
——及时高效开具发票

准确、高效地开具发票是做好发票管理的基础和关键。《中华人民共和国发票管理办法》及实施细则等文件对发票的开具作出了严格的要求和规定,任何单位和个人都应当按规定开具和使用发票,否则,不仅会面临税务机关的罚款,增加企业的税负成本和财产损失,情节严重的,还会被依法追究刑事责任。

关于发票开具的有关事项总结如图 2-17 所示。

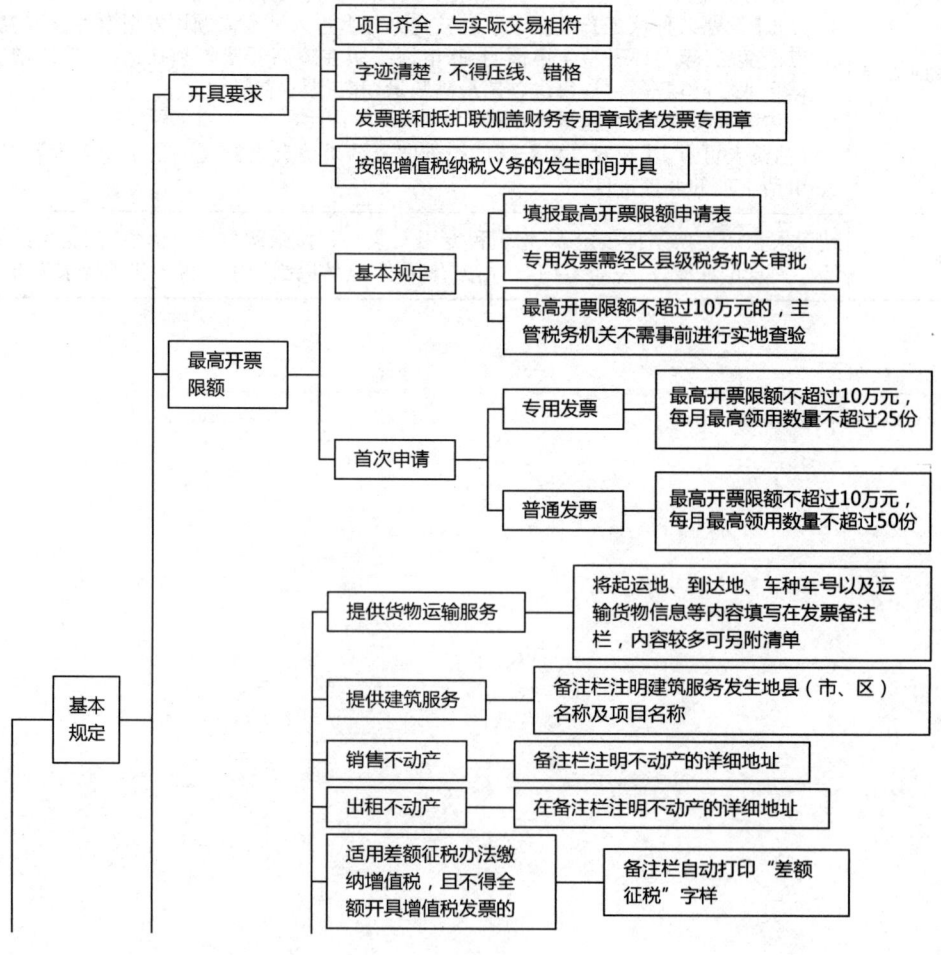

图 2-17

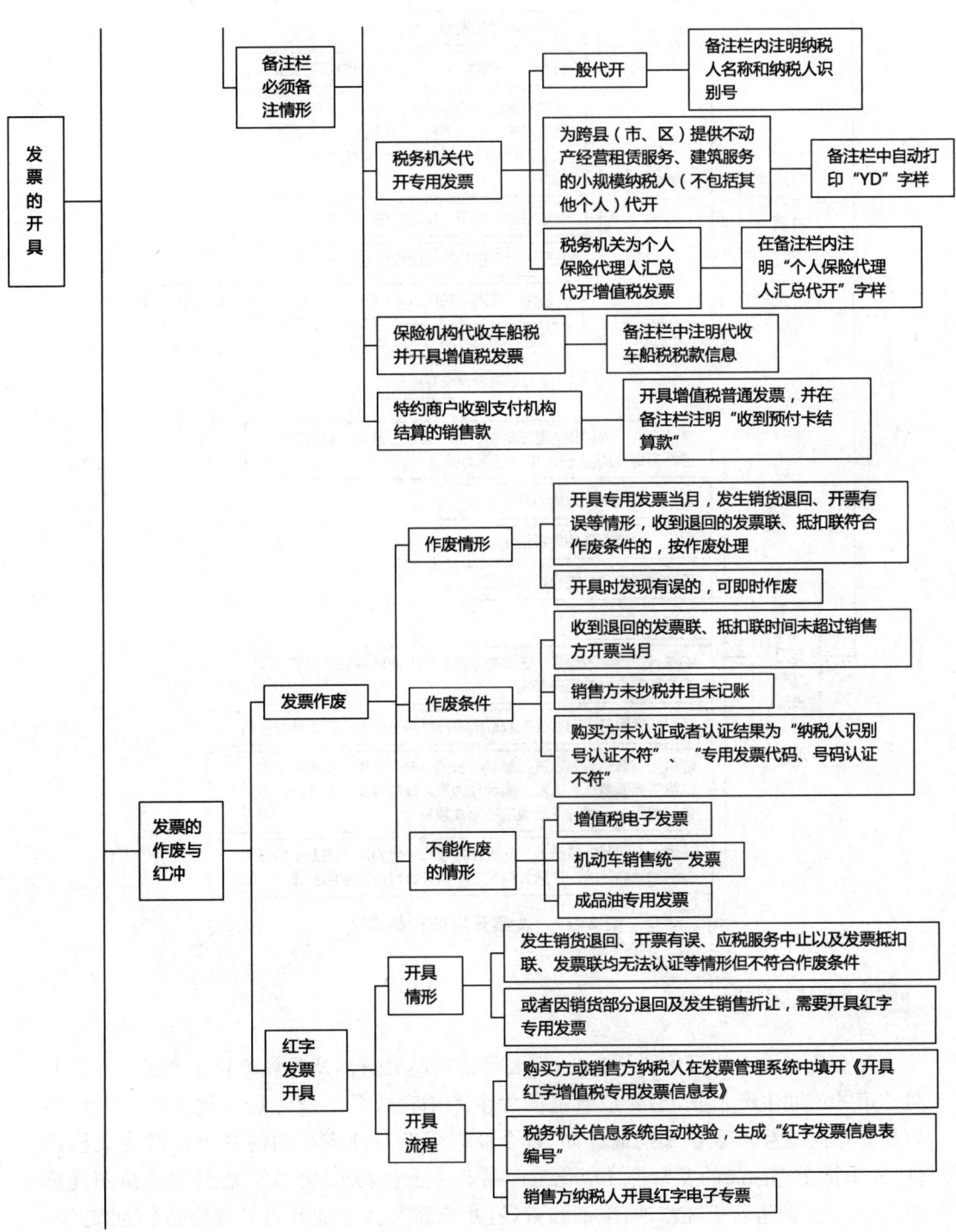

图 2-17

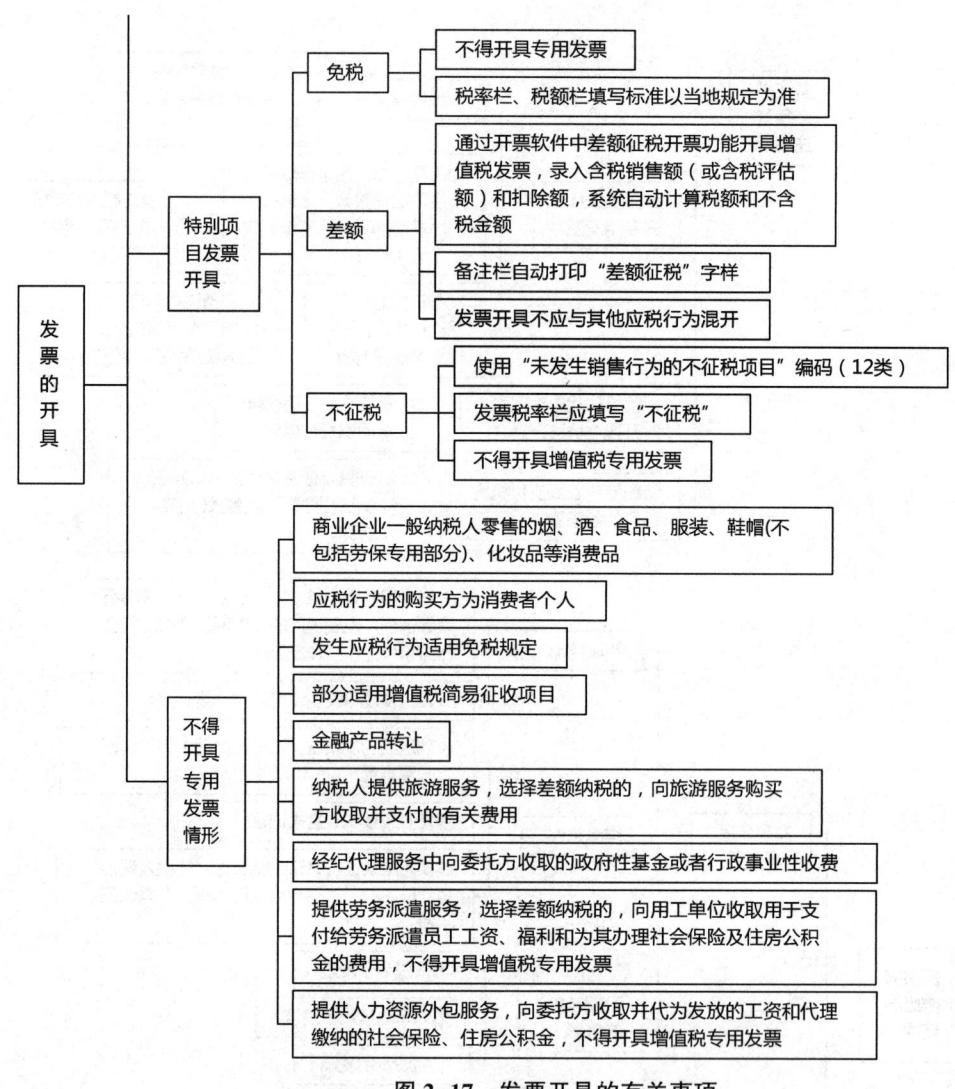

图 2-17 发票开具的有关事项

实战案例

A企业是甲市的石化贸易企业，主要经销成品燃料油及芳烃类化工产品。B企业是乙市的炼油生产企业，主要经营范围为生产销售成品油及芳烃类化工产品。在A贸易企业向B生产企业采购商品时，B企业以降低每吨成品油的销售价格为交换条件，提出把全部油品的发票都开成化工产品。A企业表示同意，于是B企业按照优惠价向A企业销售若干吨汽油、柴油和芳烃，并全部为A企业开具了货物品名为"芳烃"的增值税专用发票。当地税务机关对上述行为实施了税务稽查并作出了相应处罚。

【案例分析】

根据税法规定，开具发票应当按照规定的时限、顺序、栏目，全部联次一次性如实开具,并加盖发票专用章,任何单位和个人不得虚开与实际经营业务情况不符的发票。

本例中,炼油生产企业将应税油品,以化工产品的名义销售给成品油经销企业,通过变换产品名称虚开发票,以逃避缴纳消费税。类似行为还存在于其他行业,如某大型百货商店,在对外销售商品时,根据顾客的要求任意变更商品名目开具发票,将顾客购买的服饰、珠宝等高档消费品开具为办公用品发票;某酒店将顾客在酒店的住宿费和餐饮费,按顾客要求将全部消费开具为住宿费发票。企业和顾客均属于虚开发票行为。

目前金税四期背景下,税务机关利用税收大数据精准发现、重拳打击虚开发票骗取税款行为已成为常态。在生产经营活动中,企业应严格按照实际交易开具发票,不得采用随意变更名称等方式虚开发票,并应定期进行自查,以确保发票的合规使用,以避免涉税风险。

政策依据

一、《中华人民共和国发票管理办法》第二十二条

开具发票应当按照规定的时限、顺序、栏目,全部联次一次性如实开具,并加盖发票专用章。

任何单位和个人不得有下列虚开发票行为:

(一)为他人、为自己开具与实际经营业务情况不符的发票;

(二)让他人为自己开具与实际经营业务情况不符的发票;

(三)介绍他人开具与实际经营业务情况不符的发票。

二、《中华人民共和国增值税暂行条例》第十九条

增值税纳税义务发生时间:

(一)销售货物或者应税劳务,为收讫销售款项或者取得索取销售款项凭据的当天;先开具发票的,为开具发票的当天。

(二)进口货物,为报关进口的当天。

增值税扣缴义务发生时间为纳税人增值税纳税义务发生的当天。

三、《中华人民共和国增值税暂行条例实施细则》第三十八条

条例第十九条第一款第(一)项规定的收讫销售款项或者取得索取销售款项凭据的当天,按销售结算方式的不同,具体为:

(一)采取直接收款方式销售货物,不论货物是否发出,均为收到销售款或者取得索取销售款凭据的当天;

(二)采取托收承付和委托银行收款方式销售货物,为发出货物并办妥托收手续的当天;

(三)采取赊销和分期收款方式销售货物,为书面合同约定的收款日期的当天,无书面合同的或者书面合同没有约定收款日期的,为货物发出的当天;

（四）采取预收货款方式销售货物，为货物发出的当天，但生产销售生产工期超过12个月的大型机械设备、船舶、飞机等货物，为收到预收款或者书面合同约定的收款日期的当天；

（五）委托其他纳税人代销货物，为收到代销单位的代销清单或者收到全部或者部分货款的当天。未收到代销清单及货款的，为发出代销货物满180天的当天；

（六）销售应税劳务，为提供劳务同时收讫销售款或者取得索取销售款的凭据的当天；

（七）纳税人发生本细则第四条第（三）项至第（八）项所列视同销售货物行为，为货物移送的当天。

四、《财政部 国家税务总局关于全面推开营业税改征增值税试点的通知》（财税〔2016〕36号）附件1《营业税改征增值税试点实施办法》第四十五条

增值税纳税义务、扣缴义务发生时间为：

（一）纳税人发生应税行为并收讫销售款项或者取得索取销售款项凭据的当天；先开具发票的，为开具发票的当天。

收讫销售款项，是指纳税人销售服务、无形资产、不动产过程中或者完成后收到款项。

取得索取销售款项凭据的当天，是指书面合同确定的付款日期；未签订书面合同或者书面合同未确定付款日期的，为服务、无形资产转让完成的当天或者不动产权属变更的当天。

（二）纳税人提供建筑服务、租赁服务采取预收款方式的，其纳税义务发生时间为收到预收款的当天。

（三）纳税人从事金融商品转让的，为金融商品所有权转移的当天。

（四）纳税人发生本办法第十四条规定情形的，其纳税义务发生时间为服务、无形资产转让完成的当天或者不动产权属变更的当天。

（五）增值税扣缴义务发生时间为纳税人增值税纳税义务发生的当天。

五、《财政部 税务总局关于建筑服务等营改增试点政策的通知》（财税〔2017〕58号）第二条

《营业税改征增值税试点实施办法》（财税〔2016〕36号印发）第四十五条第（二）项修改为"纳税人提供租赁服务采取预收款方式的，其纳税义务发生时间为收到预收款的当天"。

六、《财政部 国家税务总局关于全面推开营业税改征增值税试点的通知》（财税〔2016〕36号）附件2《营业税改征增值税试点有关事项的规定》第三十三条、第五十三条

第三十三条 有下列情形之一者，应当按照销售额和增值税税率计算应纳税额，不得抵扣进项税额，也不得使用增值税专用发票：

（一）一般纳税人会计核算不健全，或者不能够提供准确税务资料的。

（二）应当办理一般纳税人资格登记而未办理的

第五十三条 纳税人发生应税行为,应当向索取增值税专用发票的购买方开具增值税专用发票,并在增值税专用发票上分别注明销售额和销项税额。

属于下列情形之一的,不得开具增值税专用发票：

（一）向消费者个人销售服务、无形资产或者不动产。

（二）适用免征增值税规定的应税行为

七、《财政部 国家税务总局关于全面推开营业税改征增值税试点的通知》（财税〔2016〕36号）附件2《营业税改征增值税试点有关事项的规定》第一条第三项第三点至第五点、第八点

3. 金融商品转让,按照卖出价扣除买入价后的余额为销售额

金融商品转让,不得开具增值税专用发票。

4. 经纪代理服务,以取得的全部价款和价外费用,扣除向委托方收取并代为支付的政府性基金或者行政事业性收费后的余额为销售额。向委托方收取的政府性基金或者行政事业性收费,不得开具增值税专用发票

5. 融资租赁和融资性售后回租业务。

试点纳税人提供有形动产融资性售后回租服务,向承租方收取的有形动产价款本金,不得开具增值税专用发票,可以开具普通发票。

……

8. 试点纳税人提供旅游服务,可以选择以取得的全部价款和价外费用,扣除向旅游服务购买方收取并支付给其他单位或者个人的住宿费、餐饮费、交通费、签证费、门票费和支付给其他接团旅游企业的旅游费用后的余额为销售额。

选择上述办法计算销售额的试点纳税人,向旅游服务购买方收取并支付的上述费用,不得开具增值税专用发票,可以开具普通发票。

八、《财政部 国家税务总局关于进一步明确全面推开营改增试点有关劳务派遣服务、收费公路通行费抵扣等政策的通知》（财税〔2016〕47号）第一条、第三条第一项

一、劳务派遣服务政策

选择差额纳税的纳税人,向用工单位收取用于支付给劳务派遣员工工资、福利和为其办理社会保险及住房公积金的费用,不得开具增值税专用发票,可以开具普通发票。

三、其他政策

纳税人提供人力资源外包服务,按照经纪代理服务缴纳增值税,其销售额不包括受客户单位委托代为向客户单位员工发放的工资和代理缴纳的社会保险、住房公积金。向委托方收取并代为发放的工资和代理缴纳的社会保险、住房公积金,不得开具增值税专用发票,可以开具普通发票。

……

九、《国家税务总局关于在全国开展营业税改征增值税试点有关征收管理问题的

公告》(国家税务总局公告 2013 年第 39 号)第三条

关于增值税专用发票(增值税税控系统)最高开票限额审批问题

增值税专用发票(增值税税控系统)实行最高开票限额管理。最高开票限额,是指单份专用发票或货运专票开具的销售额合计数不得达到的上限额度。

最高开票限额由一般纳税人申请,区县税务机关依法审批。一般纳税人申请最高开票限额时,需填报《增值税专用发票最高开票限额申请单》(附件 2)。主管税务机关受理纳税人申请以后,根据需要进行实地查验。实地查验的范围和方法由各省国税机关确定。

税务机关应根据纳税人实际生产经营和销售情况进行审批,保证纳税人生产经营的正常需要。

十、《国家税务总局关于简化增值税发票领用和使用程序有关问题的公告》(国家税务总局公告 2014 年第 19 号)第二条

简化专用发票审批手续

一般纳税人申请专用发票(包括增值税专用发票和货物运输业增值税专用发票,下同)最高开票限额不超过十万元的,主管税务机关不需事前进行实地查验。各省国税机关可在此基础上适当扩大不需事前实地查验的范围,实地查验的范围和方法由各省国税机关确定。

十一、《国家税务总局关于新办纳税人首次申领增值税发票有关事项的公告》(国家税务总局公告 2018 年第 29 号)第三条

税务机关为符合本公告第一条规定的首次申领增值税发票的新办纳税人办理发票票种核定,增值税专用发票最高开票限额不超过 10 万元,每月最高领用数量不超过 25 份;增值税普通发票最高开票限额不超过 10 万元,每月最高领用数量不超过 50 份。各省税务机关可以在此范围内结合纳税人税收风险程度,自行确定新办纳税人首次申领增值税发票票种核定标准。

十二、《国家税务总局关于红字增值税发票开具有关问题的公告》(国家税务总局公告 2016 年第 47 号)第一条、第三条

一、增值税一般纳税人开具增值税专用发票(以下简称"专用发票")后,发生销货退回、开票有误、应税服务中止等情形但不符合发票作废条件,或者因销货部分退回及发生销售折让,需要开具红字专用发票的,按以下方法处理:

(一)购买方取得专用发票已用于申报抵扣的,购买方可在增值税发票管理新系统(以下简称"新系统")中填开并上传《开具红字增值税专用发票信息表》(以下简称《信息表》,详见附件),在填开《信息表》时不填写相对应的蓝字专用发票信息,应暂依《信息表》所列增值税税额从当期进项税额中转出,待取得销售方开具的红字专用发票后,与《信息表》一并作为记账凭证。

购买方取得专用发票未用于申报抵扣、但发票联或抵扣联无法退回的,购买方填

开《信息表》时应填写相对应的蓝字专用发票信息。

销售方开具专用发票尚未交付购买方,以及购买方未用于申报抵扣并将发票联及抵扣联退回的,销售方可在新系统中填开并上传《信息表》。销售方填开《信息表》时应填写相对应的蓝字专用发票信息。

(二)主管税务机关通过网络接收纳税人上传的《信息表》,系统自动校验通过后,生成带有"红字发票信息表编号"的《信息表》,并将信息同步至纳税人端系统中。

(三)销售方凭税务机关系统校验通过的《信息表》开具红字专用发票,在新系统中以销项负数开具。红字专用发票应与《信息表》一一对应。

三、纳税人需要开具红字增值税普通发票的,可以在所对应的蓝字发票金额范围内开具多份红字发票。红字机动车销售统一发票需与原蓝字机动车销售统一发票一一对应。

十三、《国家税务总局关于营改增试点若干征管问题的公告》(国家税务总局公告2016年第53号)第三条第四项、第四条第二项至第五项、第八项

三、单用途商业预付卡(以下简称"单用途卡")业务按照以下规定执行:

(四)销售方与售卡方不是同一个纳税人的,销售方在收到售卡方结算的销售款时,应向售卡方开具增值税普通发票,并在备注栏注明"收到预付卡结算款",不得开具增值税专用发票。

四、增值税发票开具

……

(二)按照现行政策规定适用差额征税办法缴纳增值税,且不得全额开具增值税发票的(财政部、税务总局另有规定的除外),纳税人自行开具或者税务机关代开增值税发票时,通过新系统中差额征税开票功能,录入含税销售额(或含税评估额)和扣除额,系统自动计算税额和不含税金额,备注栏自动打印"差额征税"字样,发票开具不应与其他应税行为混开。

(三)提供建筑服务,纳税人自行开具或者税务机关代开增值税发票时,应在发票的备注栏注明建筑服务发生地县(市、区)名称及项目名称。

(四)销售不动产,纳税人自行开具或者税务机关代开增值税发票时,应在发票"货物或应税劳务、服务名称"栏填写不动产名称及房屋产权证书号码(无房屋产权证书的可不填写),"单位"栏填写面积单位,备注栏注明不动产的详细地址。

(五)出租不动产,纳税人自行开具或者税务机关代开增值税发票时,应在备注栏注明不动产的详细地址。

……

(八)国税机关为跨县(市、区)提供不动产经营租赁服务、建筑服务的小规模纳税人(不包括其他个人),代开增值税发票时,在发票备注栏中自动打印"YD"字样。

十四、《国家税务总局关于保险机构代收车船税开具增值税发票问题的公告》(国

家税务总局公告2016年第51号)

自2016年5月1日起,保险机构作为车船税扣缴义务人在开具增值税发票时,应在增值税发票备注栏中注明代收车船税税款信息。具体包括:保险单号、税款所属期(详细至月)、代收车船税、滞纳金、合计等。该增值税发票可作为缴纳车船税及滞纳金的会计核算原始凭证。

十五、《国家税务总局关于停止使用货物运输业增值税专用发票有关问题的公告》(国家税务总局公告2015年第99号)第一条

增值税一般纳税人提供货物运输服务,使用增值税专用发票和增值税普通发票,开具发票时应将起运地、到达地、车种车号以及运输货物信息等内容填写在发票备注栏中,如内容较多可另附清单。

十六、《国家税务总局关于简并增值税征收率有关问题的公告》(国家税务总局公告2014年第36号)第三条

将《国家税务总局关于增值税简易征收政策有关管理问题的通知》(国税函〔2009〕90号)第一条第(一)项中"按简易办法依4%征收率减半征收增值税政策",修改为"按简易办法依3%征收率减按2%征收增值税政策"。

十七、《国家税务总局关于修订〈增值税专用发票使用规定〉的通知》(国税发〔2006〕156号)第十条至十三条、第二十条

第十条 一般纳税人销售货物或者提供应税劳务,应向购买方开具专用发票。

商业企业一般纳税人零售的烟、酒、食品、服装、鞋帽(不包括劳保专用部分)、化妆品等消费品不得开具专用发票。

销售免税货物不得开具专用发票,法律、法规及国家税务总局另有规定的除外。

第十一条 专用发票应按下列要求开具:

(一)项目齐全,与实际交易相符;

(二)字迹清楚,不得压线、错格;

(三)发票联和抵扣联加盖财务专用章或者发票专用章;

(四)按照增值税纳税义务的发生时间开具。

对不符合上列要求的专用发票,购买方有权拒收。

第十二条 一般纳税人销售货物或者提供应税劳务可汇总开具专用发票。汇总开具专用发票的,同时使用防伪税控系统开具《销售货物或者提供应税劳务清单》(附件2),并加盖财务专用章或者发票专用章。

第十三条 一般纳税人在开具专用发票当月,发生销货退回、开票有误等情形,收到退回的发票联、抵扣联符合作废条件的,按作废处理;开具时发现有误的,可即时作废。

作废专用发票须在防伪税控系统中将相应的数据电文按"作废"处理,在纸质专用发票(含未打印的专用发票)各联次上注明"作废"字样,全联次留存。

第二十条 同时具有下列情形的,为本规定所称作废条件:

（一）收到退回的发票联、抵扣联时间未超过销售方开票当月；

（二）销售方未抄税并且未记账；

（三）购买方未认证或者认证结果为"纳税人识别号认证不符""专用发票代码、号码认证不符"。

本规定所称抄税，是报税前用 IC 卡或者 IC 卡和软盘抄取开票数据电文。

十八、《国家税务总局关于增值税简易征收政策有关管理问题的通知》（国税函〔2009〕90 号）第一条至第三条

一、关于纳税人销售自己使用过的固定资产

（一）一般纳税人销售自己使用过的固定资产，凡根据《财政部 国家税务总局关于全国实施增值税转型改革若干问题的通知》（财税〔2008〕170 号）和财税〔2009〕9 号文件等规定，适用按简易办法依 4% 征收率减半征收增值税政策的，应开具普通发票，不得开具增值税专用发票。

（二）小规模纳税人销售自己使用过的固定资产，应开具普通发票，不得由税务机关代开增值税专用发票。

二、纳税人销售旧货，应开具普通发票，不得自行开具或者由税务机关代开增值税专用发票。

三、一般纳税人销售货物适用财税〔2009〕9 号文件第二条第（三）项、第（四）项和第三条规定的，可自行开具增值税专用发票。

> 💬 **小贴士**

1. 增值税纳税义务发生时间

根据税法规定，企业应按照增值税纳税义务的发生时间开具发票。按照结算方式不同，有关纳税义务发生时间的确定如表 2-15 所示。

表 2-15 增值税纳税义务发生时间的确定

结算方式	纳税义务发生时间的确定	
直接收款	不论货物是否发出，均为收到销售款或取得索取销售款凭据的当天	
托收承付和委托收款	发出货物并办妥托收手续	
赊销和分期收款	书面合同约定的收款日期的当天	
	无合同或有合同无约定，为货物发出的当天	
预收款	销售货物	货物发出的当天
		生产工期超过 12 个月的，为收到预收款或书面合同约定的收款日期的当天
	提供租赁服务	收到预收款的当天

(续表)

结算方式	纳税义务发生时间的确定	
委托他人代销货物	收到代销清单或全部、部分货款的当天	
	未收到代销清单及货款,为发出货物满180天的当天	
金融商品转让	金融产品所有权转移的当天	
视同销售行为	视同销售货物	货物移送的当天
	视同劳务、服务、无形资产、不动产	劳务、服务、无形资产转让完成或不动产权属变更的当天
进口货物	报关进口的当天	

2. 发票开具的常见风险如表2-16所示。

表2-16 发票开具的常见风险

序号	常见风险
1	应按照实际交易如实开具,不得根据购买方要求变名开具发票,更不能在没有真实的商品交易下虚开发票
2	企业开具发票,应按规定加盖发票专用章
3	要按照实际业务准确选择商品和服务编码规范开票
4	汇总开具发票的,应同时使用防伪税控系统开具《销售货物或者提供应税劳务清单》,清单所列项目也需按照商品编码选择
5	发票开具时不要错误适用税率或者征税率
6	特殊业务不要漏填发票备注栏
7	折扣销售的,应在同一张发票的金额栏分别注明销售额和折扣额
8	发票开具时应选择好发票类型,特定情形不得开具专用发票
9	开具增值税普通发票时,应按规定填写购买方的纳税人识别号或统一社会信用代码

28 千姿百态
——增值税、进项税抵扣凭证

企业抵扣进项税额,应取得合法有效的扣税凭证,相关扣除凭证及准予抵扣的进项税额的确定如表 2-17 所示。

表 2-17 增值税扣税凭证及进项税额确定

增值税抵扣凭证		准予抵扣的进项税额	
增值税专用发票		发票上注明的增值税额	
海关进口增值税专用缴款书		海关进口增值税专用缴款书上注明的增值税额	
农产品收购发票、销售发票	用于生产或者委托加工13%税率货物	按照买价和10%的扣除率计算进项税额	
	用于其他货物服务	按照买价和9%的扣除率计算进项税额	
	既用于生产或委托加工13%税率货物又用于其他,未分别核算	按照买价和9%的扣除率计算进项税额	
完税凭证		完税凭证上注明的增值税额	
购进国内旅客运输服务取得的票据	增值税电子普通发票	发票上注明的增值税额	
	注明旅客身份信息的航空运输电子客票行程单	计算抵扣: 航空旅客运输进项税额=(票价+燃油附加费)÷(1+9%)×9%	
	注明旅客身份信息的铁路车票	计算抵扣: 铁路旅客运输进项税额=票面金额÷(1+9%)×9%	
	注明旅客身份信息的公路、水路等其他客票	计算抵扣: 公路、水路等其他旅客运输进项税额=票面金额÷(1+3%)×3%	
道路、桥、闸通行费		收费公路通行费增值税电子普通发票	发票上注明的增值税额
		桥、闸通行费发票	计算抵扣 桥、闸通行费可抵扣进项税额=桥、闸通行费发票上注明的金额÷(1+5%)×5%

注:购进农产品取得增值税专用发票、海关进口增值税专用缴款书的,生产或者委托加工13%税率货物,准予抵扣的进项税=票面金额×10%;用于其他用途时,准予抵扣的进项税=票面金额×9%;既用于生产或委托加工13%税率货物又用于其他,未分别核算的,以增值税专用发票或海关进口增值税专用缴款书上注明的增值税额为进项税额。

实战案例

梅松公司是一家大型商贸企业,为增值税一般纳税人。2021年5月该公司发生如下业务:

(1) 购进一批家电电器,取得增值税专用发票,票面上注明的税额为20万元。

(2) 进口一批商品100万元,取得进口增值税专用缴款书上注明的增值税额为13万元;发生运输费用,取得增值税普通发票上注明的价税合计金额为3 000元。

(3) 向农业生产者购入一批农产品销售,农产品收购发票注明买价为10万元。

(4) 销售部员工出差:乘坐飞机取得航空运输电子客票行程单上注明票价1 500元,燃油附加费50元;乘坐高铁取得铁路车票上注明的票价共计1 000元,乘坐网约车,取得国内旅客运输服务的增值税电子普通发票注明的金额为1 000元,税额为30元。

请问梅松公司本月准予抵扣的进项税额为多少?

【案例分析】

梅松公司2021年5月准予抵扣的进项税额如表2-18所示。

表2-18 梅松公司2021年5月准予抵扣的进项税额

单位:元

序号	业务	准予抵扣的进项税额	
		抵扣规定	金额
1	采购家电	增值税专用发票上注明的增值税额	200 000
2	进口商品	增值税专用缴款书上注明的税额,运输费用取得普通发票不得抵扣	130 000
3	收购农产品	直接用于销售,按照9%扣除率计算扣除	9 000
4	购进国内旅客运输服务	航空旅客运输进项税额=(票价+燃油附加费)÷(1+9%)×9%	127.98
		铁路旅客运输进项税额=票面金额(1+9%)×9%	82.57
		增值税电子普通发票上注明的增值税额	30

由表可知,梅松公司2021年5月准予抵扣的进项税额合计339 240.55元。

政策依据

一、《财政部 国家税务总局关于全面推开营业税改征增值税试点的通知》(财税〔2016〕36号)附件1《营业税改征增值税试点实施办法》第二十五条

下列进项税额准予从销项税额中抵扣:

(一) 从销售方取得的增值税专用发票(含税控机动车销售统一发票,下同)上注

明的增值税额。

（二）从海关取得的海关进口增值税专用缴款书上注明的增值税额。

（三）购进农产品，除取得增值税专用发票或者海关进口增值税专用缴款书外，按照农产品收购发票或者销售发票上注明的农产品买价和13%的扣除率计算的进项税额。计算公式为：

$$进项税额＝买价×扣除率$$

买价，是指纳税人购进农产品在农产品收购发票或者销售发票上注明的价款和按照规定缴纳的烟叶税。

购进农产品，按照《农产品增值税进项税额核定扣除试点实施办法》抵扣进项税额的除外。

（四）从境外单位或者个人购进服务、无形资产或者不动产，自税务机关或者扣缴义务人取得的解缴税款的完税凭证上注明的增值税额。

二、《财政部 税务总局关于简并增值税税率有关政策的通知》（财税〔2017〕37号）第二条第一项

纳税人购进农产品，按下列规定抵扣进项税额：

（1）除本条第（二）项规定外，纳税人购进农产品，取得一般纳税人开具的增值税专用发票或海关进口增值税专用缴款书的，以增值税专用发票或海关进口增值税专用缴款书上注明的增值税额为进项税额；从按照简易计税方法依照3%征收率计算缴纳增值税的小规模纳税人取得增值税专用发票的，以增值税专用发票上注明的金额和11%的扣除率计算进项税额；取得（开具）农产品销售发票或收购发票的，以农产品销售发票或收购发票上注明的农产品买价和11%的扣除率计算进项税额。

......

三、《财政部 国家税务总局关于简并增值税税率有关政策的通知》（财税〔2017〕37号）第二条第五项

纳税人购进农产品既用于生产销售或委托受托加工17%税率货物又用于生产销售其他货物服务的，应当分别核算用于生产销售或委托受托加工17%税率货物和其他货物服务的农产品进项税额。未分别核算的，统一以增值税专用发票或海关进口增值税专用缴款书上注明的增值税额为进项税额，或以农产品收购发票或销售发票上注明的农产品买价和11%的扣除率计算进项税额。

四、《财政部 税务总局关于调整增值税税率的通知》（财税〔2018〕32号）第二条

纳税人购进农产品，原适用11%扣除率的，扣除率调整为10%。

五、《财政部 税务总局 海关总署关于深化增值税改革有关政策的公告》（财政部 税务总局 海关总署公告2019年第39号）第二条、第六条第一项

二、纳税人购进农产品，原适用10%扣除率的，扣除率调整为9%。纳税人购进用于生产或者委托加工13%税率货物的农产品，按照10%的扣除率计算进项税额。

六、纳税人购进国内旅客运输服务，其进项税额允许从销项税额中抵扣。

（一）纳税人未取得增值税专用发票的，暂按照以下规定确定进项税额：

1. 取得增值税电子普通发票的，为发票上注明的税额；

2. 取得注明旅客身份信息的航空运输电子客票行程单的，为按照下列公式计算进项税额：

航空旅客运输进项税额＝（票价＋燃油附加费）÷（1＋9％）×9％

3. 取得注明旅客身份信息的铁路车票的，为按照下列公式计算的进项税额：

铁路旅客运输进项税额＝票面金额÷（1＋9％）×9％

4. 取得注明旅客身份信息的公路、水路等其他客票的，按照下列公式计算进项税额：

公路、水路等其他旅客运输进项税额＝票面金额÷（1＋3％）×3％

六、《国家税务总局关于国内旅客运输服务进项税抵扣等增值税征管问题的公告》（国家税务总局公告2019年第31号）第一条

关于国内旅客运输服务进项税抵扣

（一）《财政部　税务总局　海关总署关于深化增值税改革有关政策的公告》（财政部　税务总局　海关总署公告2019年第39号）第六条所称"国内旅客运输服务"，限于与本单位签订了劳动合同的员工，以及本单位作为用工单位接受的劳务派遣员工发生的国内旅客运输服务。

（二）纳税人购进国内旅客运输服务，以取得的增值税电子普通发票上注明的税额为进项税额的，增值税电子普通发票上注明的购买方"名称""纳税人识别号"等信息，应当与实际抵扣税款的纳税人一致，否则不予抵扣。

（三）纳税人允许抵扣的国内旅客运输服务进项税额，是指纳税人2019年4月1日及以后实际发生，并取得合法有效增值税扣税凭证注明的或依据其计算的增值税税额。以增值税专用发票或增值税电子普通发票为增值税扣税凭证的，为2019年4月1日及以后开具的增值税专用发票或增值税电子普通发票。

七、《财政部　税务总局关于租入固定资产进项税额抵扣等增值税政策的通知》（财税〔2017〕90号）第七条

自2018年1月1日起，纳税人支付的道路、桥、闸通行费，按照以下规定抵扣进项税额：

（一）纳税人支付的道路通行费，按照收费公路通行费增值税电子普通发票上注明的增值税额抵扣进项税额。

2018年1月1日至6月30日，纳税人支付的高速公路通行费，如暂未能取得收费公路通行费增值税电子普通发票，可凭取得的通行费发票（不含财政票据，下同）上注明的收费金额按照下列公式计算可抵扣的进项税额：

高速公路通行费可抵扣进项税额＝高速公路通行费发票上注明的金额÷（1＋3％）×3％

2018年1月1日至12月31日，纳税人支付的一级、二级公路通行费，如暂未能

取得收费公路通行费增值税电子普通发票,可凭取得的通行费发票上注明的收费金额按照下列公式计算可抵扣进项税额:

一级、二级公路通行费可抵扣进项税额＝一级、二级公路通行费发票上注明的金额÷(1＋5%)×5%

(二)纳税人支付的桥、闸通行费,暂凭取得的通行费发票上注明的收费金额按照下列公式计算可抵扣的进项税额:

桥、闸通行费可抵扣进项税额＝桥、闸通行费发票上注明的金额÷(1＋5%)×5%

(三)本通知所称通行费,是指有关单位依法或者依规设立并收取的过路、过桥和过闸费用。

《财政部　国家税务总局关于收费公路通行费增值税抵扣有关问题的通知》(财税〔2016〕86号)自2018年1月1日起停止执行。

💬 小贴士

企业除了需要关注增值税进项税抵扣凭证的真实性,还应当重点关注异常扣除凭证。异常扣除凭证的范围及税务处理如表2-19所示。

表2-19　异常扣除凭证的范围及税务处理

事项	具体规定
异常扣除凭证范围	1. 纳税人丢失、被盗税控专用设备中未开具或已开具未上传的增值税专用发票 2. 非正常户纳税人未向税务机关申报或未按规定缴纳税款的增值税专用发票 3. 增值税发票管理系统稽核比对发现"比对不符""缺联""作废"的增值税专用发票 4. 经税务总局、省税务局大数据分析发现,纳税人开具的增值税专用发票存在涉嫌虚开、未按规定缴纳消费税等情形 5. 属于《国家税务总局关于走逃(失联)企业开具增值税专用发票认定处理有关问题的公告》(国家税务总局公告2016年第76号)第二条第一项规定情形的增值税专用发票
取得异常扣税凭证税务处理	尚未申报抵扣增值税进项税额的,暂不允许抵扣。已经申报抵扣增值税进项税额的,除另有规定外,一律作进项税额转出处理 尚未申报出口退税或者已申报但尚未办理出口退税的,除另有规定外,暂不允许办理出口退税。适用免抵退税办法已经办理出口退税的,应根据列入异常凭证范围的增值税专用发票上注明的税额作进项税额转出处理;适用增值税免退税办法已经办理出口退税的,税务机关应按照规定追回已退税款 消费税纳税人以外购或委托加工收回的已税消费品为原料连续生产应税消费品,尚未申报扣除原料已纳消费税税款的,暂不允许抵扣;已经申报抵扣的,冲减当期允许抵扣的消费税税款,当期不足冲减的应当补缴税款

29 五花八门
——企业所得税税前扣除凭证

企业发生支出,应取得税前扣除凭证,作为计算企业所得税应纳税所得额时扣除相关支出的依据。税前扣除凭证包括证明与取得收入有关的、合理的支出实际发生的各类凭证,如表2-20所示。

表2-20 企业所得税税前扣除凭证

分类标准			扣除凭证
凭证来源	内部凭证		企业自制用于成本、费用、损失和其他支出核算的会计原始凭证
	外部凭证		从其他单位、个人取得的用于证明其支出发生的凭证:包括但不限于发票(纸质发票和电子发票)、财政票据、完税凭证、收款凭证、分割单等
支出发生地域及是否属于增值税应税项目	境内发生的支出	属于增值税应税项目	对方为已办理税务登记的增值税纳税人	以发票(包括按照规定由税务机关代开的发票)作为税前扣除凭证
			对方为依法无需办理税务登记的单位或者从事小额零星经营业务的个人	以税务机关代开的发票或者收款凭证及内部凭证作为税前扣除凭证
			税务总局对应税项目开具发票另有规定	以规定的发票或者票据作为税前扣除凭证
		不属于增值税应税项目	对方为单位	以对方开具的发票以外的其他外部凭证作为税前扣除凭证
			对方为个人	以内部凭证作为税前扣除凭证
			税务总局规定可以开具发票的	以发票作为税前扣除凭证
	境外购进货物或者劳务		以对方开具的发票或者具有发票性质的收款凭证、相关税费缴纳凭证作为税前扣除凭证

注:1. 企业所得税税前扣除,不一定需要取得发票;无须取得发票即可税前扣除的项目列举见小贴士。
2. 税前扣除凭证应遵循真实性、合法性、关联性原则。(详见国家税务总局公告2018年第28号第四条)

实战案例

某省税务局稽查局在检查A公司账簿凭证时发现,该公司从B公司购进的原材料及发生的费用未取得发票,并在申报当年度企业所得税时进行了税前扣除,对此应调增应纳税所得额。A公司则认为,公司的生产成本费用是客观存在的,应当在应纳税所得额中予以扣减。

一审法院认为该省税务局稽查局认定A公司购买货物未按规定取得发票,不得税前扣除是正确的,对其未取得发票部分不允许税前扣除的处理是适当的,故驳回A

公司的诉讼请求。

二审法院认为,未取得发票的支出不得作税前扣除的主张于法无据,为此调增应纳税所得额的处理决定不当,撤销该项税务处理决定。

该省高级人民法院认为,从现行税收法律法规来看,发票并不是唯一合法有效的凭证,但本例中购买原材料支付的对象是境内单位,且原材料生产销售属于增值税征税范围,应当以发票作为唯一合法有效的凭证。本案再审,维持一审判决。

【案例分析】

该案件的大致情形如图 2-18 所示。

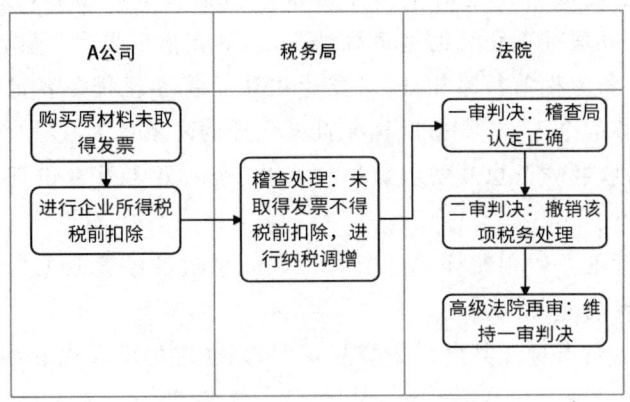

图 2-18 案件大致情形

根据规定,发票并不是唯一合法有效的税前扣除凭证,但本例中,A 企业购买原材料的行为属于境内发生的支出,并且为增值税应税项目,支付的对象同样为办理税务登记的增值税纳税人,应当以发票作为税前扣除凭证。故 A 公司应进行纳税调增,补缴企业所得税。

企业在日常生产经营中,应遵循真实性、合法性、关联性原则,做好税前扣除凭证的管理,确保税前扣除有理有据。

政策依据

一、《国家税务总局关于发布〈企业所得税税前扣除凭证管理办法〉的公告》(国家税务总局公告 2018 年第 28 号)第二条、第四条、第五条、第八条至第十一条

第二条 本办法所称税前扣除凭证,是指企业在计算企业所得税应纳税所得额时,证明与取得收入有关的、合理的支出实际发生,并据以税前扣除的各类凭证。

第四条 税前扣除凭证在管理中遵循真实性、合法性、关联性原则。真实性是指税前扣除凭证反映的经济业务真实,且支出已经实际发生;合法性是指税前扣除凭证的形式、来源符合国家法律、法规等相关规定;关联性是指税前扣除凭证与其反映的支出相关联且有证明力。

第五条　企业发生支出,应取得税前扣除凭证,作为计算企业所得税应纳税所得额时扣除相关支出的依据。

第八条　税前扣除凭证按照来源分为内部凭证和外部凭证。

内部凭证是指企业自制用于成本、费用、损失和其他支出核算的会计原始凭证。内部凭证的填制和使用应当符合国家会计法律、法规等相关规定。

外部凭证是指企业发生经营活动和其他事项时,从其他单位、个人取得的用于证明其支出发生的凭证,包括但不限于发票(包括纸质发票和电子发票)、财政票据、完税凭证、收款凭证、分割单等。

第九条　企业在境内发生的支出项目属于增值税应税项目(以下简称"应税项目")的,对方为已办理税务登记的增值税纳税人,其支出以发票(包括按照规定由税务机关代开的发票)作为税前扣除凭证;对方为依法无需办理税务登记的单位或者从事小额零星经营业务的个人,其支出以税务机关代开的发票或者收款凭证及内部凭证作为税前扣除凭证,收款凭证应载明收款单位名称、个人姓名及身份证号、支出项目、收款金额等相关信息。

小额零星经营业务的判断标准是个人从事应税项目经营业务的销售额不超过增值税相关政策规定的起征点。

税务总局对应税项目开具发票另有规定的,以规定的发票或者票据作为税前扣除凭证。

第十条　企业在境内发生的支出项目不属于应税项目的,对方为单位的,以对方开具的发票以外的其他外部凭证作为税前扣除凭证;对方为个人的,以内部凭证作为税前扣除凭证。

企业在境内发生的支出项目虽不属于应税项目,但按税务总局规定可以开具发票的,可以发票作为税前扣除凭证。

第十一条　企业从境外购进货物或者劳务发生的支出,以对方开具的发票或者具有发票性质的收款凭证、相关税费缴纳凭证作为税前扣除凭证。

二、《国家财政部　税务总局　民政部关于公益性捐赠税前扣除有关事项的公告》(财政部　税务总局　民政部公告2020年第27号)第十一条

公益性社会组织、县级以上人民政府及其部门等国家机关在接受捐赠时,应当按照行政管理级次分别使用由财政部或省、自治区、直辖市财政部门监(印)制的公益事业捐赠票据,并加盖本单位的印章。

企业或个人将符合条件的公益性捐赠支出进行税前扣除,应当留存相关票据备查。

三、《国家税务总局关于企业工资薪金和职工福利费等支出税前扣除问题的公告》(国家税务总局公告2015年第34号)第三条

企业接受外部劳务派遣用工支出税前扣除问题

企业接受外部劳务派遣用工所实际发生的费用,应分两种情况按规定在税前扣

除：按照协议（合同）约定直接支付给劳务派遣公司的费用，应作为劳务费支出；直接支付给员工个人的费用，应作为工资薪金支出和职工福利费支出。其中属于工资薪金支出的费用，准予计入企业工资薪金总额的基数，作为计算其他各项相关费用扣除的依据。

四、《国家税务总局关于铁路运输和邮政业营业税改征增值税发票及税控系统使用问题的公告》（国家税务总局公告 2013 年第 76 号）第一条第二项

中国铁路总公司及其所属运输企业（含分支机构）可暂延用其自行印制的铁路票据，其他提供铁路运输服务的纳税人以及提供邮政服务的纳税人，其普通发票的使用由各省国税局确定。

五、《国家税务总局关于发布〈企业资产损失所得税税前扣除管理办法〉的公告》（国家税务总局公告 2011 年第 25 号）第十六条至十八条

第十六条　企业资产损失相关的证据包括具有法律效力的外部证据和特定事项的企业内部证据。

第十七条　具有法律效力的外部证据，是指司法机关、行政机关、专业技术鉴定部门等依法出具的与本企业资产损失相关的具有法律效力的书面文件，主要包括：

（一）司法机关的判决或者裁定；

（二）公安机关的立案结案证明、回复；

（三）工商部门出具的注销、吊销及停业证明；

（四）企业的破产清算公告或清偿文件；

（五）行政机关的公文；

（六）专业技术部门的鉴定报告；

（七）具有法定资质的中介机构的经济鉴定证明；

（八）仲裁机构的仲裁文书；

（九）保险公司对投保资产出具的出险调查单、理赔计算单等保险单据；

（十）符合法律规定的其他证据。

第十八条　特定事项的企业内部证据，是指会计核算制度健全、内部控制制度完善的企业，对各项资产发生毁损、报废、盘亏、死亡、变质等内部证明或承担责任的声明，主要包括：

（一）有关会计核算资料和原始凭证；

（二）资产盘点表；

（三）相关经济行为的业务合同；

（四）企业内部技术鉴定部门的鉴定文件或资料；

（五）企业内部核批文件及有关情况说明；

（六）对责任人由于经营管理责任造成损失的责任认定及赔偿情况说明；

（七）法定代表人、企业负责人和企业财务负责人对特定事项真实性承担法律责任的声明。

六、《国家税务总局关于税务机关代收工会经费企业所得税税前扣除凭据问题的公告》(国家税务总局公告2011年第30号)

自2010年1月1日起,在委托税务机关代收工会经费的地区,企业拨缴的工会经费,也可凭合法、有效的工会经费代收凭据依法在税前扣除。

七、《国家税务总局关于工会经费企业所得税税前扣除凭据问题的公告》(国家税务总局公告2010年第24号)第一条

自2010年7月1日起,企业拨缴的职工工会经费,不超过工资薪金总额2%的部分,凭工会组织开具的《工会经费收入专用收据》在企业所得税税前扣除。

八、《关于〈国家税务总局关于发布《企业所得税税前扣除凭证管理办法》的公告〉的解读》第三条第四项

企业在经营活动、经济往来中常常伴生有合同协议、付款凭证等相关资料,在某些情形下,则为支出依据,如法院判决企业支付违约金而出具的裁判文书。

九、《国家税务总局关于企业工资薪金及职工福利费扣除问题的通知》(国税函〔2009〕3号)第一条

关于合理工资薪金问题

《实施条例》第三十四条所称的"合理工资薪金",是指企业按照股东大会、董事会、薪酬委员会或相关管理机构制订的工资薪金制度规定实际发放给员工的工资薪金。税务机关在对工资薪金进行合理性确认时,可按以下原则掌握:

(一)企业制订了较为规范的员工工资薪金制度;

(二)企业所制订的工资薪金制度符合行业及地区水平;

(三)企业在一定时期所发放的工资薪金是相对固定的,工资薪金的调整是有序进行的;

(四)企业对实际发放的工资薪金,已依法履行了代扣代缴个人所得税义务;

(五)有关工资薪金的安排,不以减少或逃避税款为目的。

小贴士

无须取得发票即可税前扣除的项目如表2-21所示。

表2-21 无须发票即可税前扣除的项目

扣除项目	扣除凭证及资料	
工资薪金	员工工资薪金制度;工资单;个税缴款明细;劳动合同或劳务派遣协议(合同)	
社保费用	社保缴费凭证	
工会经费	税务机关代收工会经费	工会经费代收凭据
	工会组织直接征收的	工会组织开具的《工会经费收入专用收据》
违约金	法院判决企业支付违约金而出具的裁判文书	

(续表)

扣除项目		扣除凭证及资料
铁路运输		中国铁路总公司及其所属运输企业(含分支机构)自行印制的铁路票据
捐赠支出		财政部或省、自治区、直辖市财政部门监(印)制的加盖接受捐赠单位印章的公益事业捐赠票据
资产损失	外部	司法机关、行政机关、专业技术鉴定部门等依法出具的与本企业资产损失相关的具有法律效力的书面文件
	内部	各项资产发生毁损、报废、盘亏、死亡、变质等内部证明或承担责任的声明

30 融为一体
——发票管理之"三流一致"

"三流一致",就是企业在经营业务中,要保证货物流、发票流、资金流的统一。而伴随着社会的发展,合同的重要性也日益凸显,因此,在"三流一致"的基础上,往往加上合同流,称为"四流一致",如图 2-19 所示。

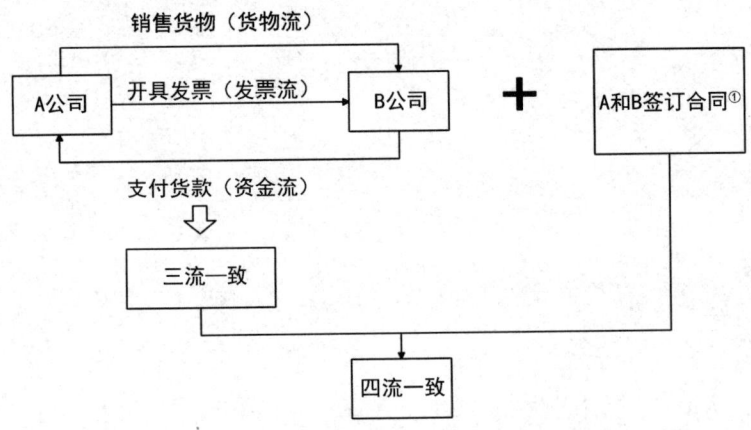

注①：不仅限于合同,也可以是类似合同的证明,如订单、邮件等。
图 2-19 "三流一致"和"四流一致"

经济交易过程中,不能保证资金流、发票流和货物流相互统一,则可能涉嫌虚开发票,一旦被税务机关认定为虚列发票,不仅不能抵扣增值税进项税,不能在所得税税前扣除,还会面临补缴税款、滞纳金、罚款,甚至可能需要承担刑事责任。

但是,并非所有不符合"三流一致"或"四流一致"的情况是不合规的,也有税务机关认可的特殊情况,具体如表 2-22 所示。

表 2-22 不符合"三流一致"或"四流一致"可抵扣特殊情形

情形	具体规定
不符合"三流一致"	分公司或子公司采购货物、服务等,由总公司统一结算或母公司资金池统一支付而造成资金流与发票流不一致,可以进行抵扣
	个人支付在公司报销的住宿费、差旅费等以个人账户支付造成的资金流与发票流不一致,可以抵扣进项税
不符合"四流一致"	建筑企业与发包方签订建筑合同授权"第三方"提供建筑服务,并由第三方直接与发包方结算工程款,发包方可凭实际收到的专用发票进行抵扣

注:企业应将与发票等税前扣除凭证相关的资料,如合同协议、支出依据、付款凭证等留存备查,以证实税前扣除凭证的真实性。

实战案例

2017年,北京市通州区国家税务局稽查局在对北京某公司的税务稽查中发现:公司实际控制人、法定代表人李某在A银行和B银行开立的个人账户均是用于收取客户汇入的购货款。

稽查局随即出具了《税务行政处罚决定书》,对A公司做出了处罚决定:对公司少缴增值税377 286.46元、企业所得税101 515.75元分别处以0.5倍的罚款,金额合计239 401.11元。

【案例分析】

本例中,A公司明显违反了"三流一致"原则。公司法人个人代替企业收款,使得销售货物、开具发票与支付货款的主体相分离,遭到了税务机关的处罚。因此,在经济交易过程中,企业应当格外重视"三流一致"。

政策依据

一、《国家税务总局关于加强增值税征收管理若干问题的通知》(国税发〔1995〕192号)第一条第三款

购进货物或应税劳务支付货款、劳务费用的对象。纳税人购进货物或应税劳务,支付运输费用,所支付款项的单位,必须与开具抵扣凭证的销货单位、提供劳务的单位一致,才能够申报抵扣进项税额,否则不予抵扣。

二、《国家税务总局关于诺基亚公司实行统一结算方式增值税进项税额抵扣问题的批复》(国税函〔2006〕1 211号)

对诺基亚各分公司购买货物从供应商取得的增值税专用发票,由总公司统一支付货款,造成购进货物的实际付款单位与发票上注明的购货单位名称不一致的,不属于《国家税务总局关于加强增值税征收管理若干问题的通知》(国税发〔1995〕192号)第一条第(三)款有关规定的情形,允许其抵扣增值税进项税额。

三、国家税务总局在2016年5月26日总局视频会政策问题解答(政策组发言材料)

问:纳税人取得服务品名为住宿费的增值税专用发票,但住宿费是以个人账户支付的,这种情况能否允许抵扣进项税?是不是需要以单位对公账户转账付款才允许抵扣?

答:其实现行政策在住宿费的进项税抵扣方面,从未作出过类似的限制性规定,纳税人无论通过私人账户还是对公账户支付住宿费,只要其购买的住宿服务符合现行规定,都可以抵扣进项税。而且,需要补充说明的是,不仅是住宿费,对纳税人购进的其他任何货物、服务,都没有因付款账户不同而对进项税抵扣作出限制性规定。

四、《国家税务总局关于进一步明确营改增有关征管问题的公告》(国家税务总局公告2017年第11号)第二条

建筑企业与发包方签订建筑合同后,以内部授权或者三方协议等方式,授权集团内其他纳税人(以下称"第三方")为发包方提供建筑服务,并由第三方直接与发包方结算工程款的,由第三方缴纳增值税并向发包方开具增值税发票,与发包方签订建筑合同的建筑企业不缴纳增值税。发包方可凭实际提供建筑服务的纳税人开具的增值税专用发票抵扣进项税额。

小贴士

1. 在实际业务中,如果出现资金流与发票流不一致的情况,只要业务是真实发生的,那么向实际接受业务的一方开具发票是没有问题的。

2. 实行汇总缴纳增值税的总分支机构,合同流、资金流、发票流和货物流在特定情形下,可以不一致。

31 与人为善
——发票的虚开与善意取得

虚开发票一直是税务机关检查的重点,而在实务中,纳税人可能会因为某些原因善意取得虚开发票。有关发票虚开的认定与善意取得虚开发票的涉税处理,如表2-22和表2-23所示。

表2-22 发票虚开的认定

事项		具体规定
虚开行为界定	发票管理办法界定	1. 为他人、为自己开具与实际经营业务情况不符的发票
		2. 让他人为自己开具与实际经营业务情况不符的发票
		3. 介绍他人开具与实际经营业务情况不符的发票
	最高法院司法解释	1. 没有货物购销或者没有提供或接受应税劳务而为他人、为自己、让他人为自己、介绍他人开具增值税专用发票
		2. 有货物购销或者提供或接受了应税劳务,但为他人、为自己、让他人为自己、介绍他人开具数量或者金额不实的增值税专用发票
		3. 进行了实际经营活动,但让他人为自己代开增值税专用发票
虚开认定注意事项	不属于对外虚开增值税专用发票情形	纳税人通过虚增增值税进项税额偷逃税款,但对外开具增值税专用发票同时符合以下情形的,不属于对外虚开增值税专用发票: (1) 纳税人向受票方纳税人销售了货物、不动产、无形资产,或者提供应税劳务、应税服务。 (2) 纳税人向受票方纳税人收取了所销售货物、不动产、无形资产、所提供应税劳务或者应税服务的款项,或者取得了索取销售款项的凭据。 (3) 纳税人按规定向受票方纳税人开具的增值税专用发票相关内容,与所销售货物、不动产、无形资产、所提供应税劳务或者应税服务相符,且该增值税专用发票是纳税人合法取得、并以自己名义开具的
	挂靠经营	挂靠方以挂靠形式向受票方实际销售货物,被挂靠方向受票方开具增值税专用发票的,不属于刑法第二百零五条规定的"虚开增值税专用发票"

表2-23 善意取得虚开发票的涉税处理

事项	具体规定
善意取得的构成要件[①]	1. 购货方与销售方存在真实的交易
	2. 销售方使用的是其所在省(自治区、直辖市和计划单列市)的专用发票
	3. 发票注明的销售方名称、印章、货物数量、金额及税额等全部内容与实际相符
	4. 没有证据表明购货方知道销售方提供的发票是以非法手段获得的

(续表)

事项		具体规定
善意取得虚开发票的税务处理	增值税	1. 不予抵扣进项税款或者不予出口退税,已经抵扣的进项税款或取得的出口退税,税务机关可依法追缴,且不予加收滞纳金
		2. 能重新取得合法、有效的专用发票,准予抵扣进项税款或者出口退税
	企业所得税	1. 取得虚开的发票不得作为税前扣除凭证
		2. 补开、换开后的发票符合规定的,可以作为税前扣除凭证
		3. 应当取得发票,因特殊原因[2]无法补开、换开发票的,可凭证实其支出真实性的相关资料[3],进行税前扣除

注①:企业发生善意取得虚假发票的情形时,应根据构成要件,及时向税务机关提供全面的证据资料。

注②:特殊原因包括对方注销、撤销、依法被吊销营业执照、被税务机关认定为非正常户等。

注③:证实支出真实性的相关资料(前三项为必备资料)包括:无法补开、换开发票的证明资料(包括工商注销、机构撤销、列入非正常经营户、破产公告等证明资料);相关业务活动的合同或者协议;采用非现金方式支付的付款凭证;货物运输的证明资料;货物入库、出库内部凭证;企业会计核算记录以及其他资料。

注④:企业的税前扣除凭证包括但不限于发票(详见国家税务总局公告 2018 年第 28 号),企业应结合具体情形进行处理。

实战案例

淮安市 A 商贸有限公司于 2×11 年善意取得 23 份已证实虚开的增值税专用发票。上述 23 份增值税专用发票,已于当年向国税机关认证通过,并申报抵扣了税款,所购货物已经售出,并在 2×11 年结转成本。

淮安市国税局稽查局于 2×14 年 5 月 6 日作出按善意取得虚开增值税专用发票的税务处理决定,追缴增值税款,同时根据不符合规定的发票不得作为税前扣除凭证的规定,要求 A 商贸有限公司补缴 2×11 年度企业所得税。

一审法院认为,税法对违规取得发票或凭据不得在税前扣除作了规定,但没有排除用其他合法有效的凭证来作为税前扣除凭证。因此,撤销了被告淮安市国税局稽查局税务决定书中的要求补缴企业所得税的处理决定。二审法院维持了一审法院的判决。

来源:江苏省淮安市中级人民法院行政判决书(2015)淮中行终字第 00 034 号

【案例分析】

该案件的大致情况及判定结果如图 2-20 所示。

本例中 A 企业经税务机关认定确属于善意取得虚开增值税专用发票,纳税人取得的虚开的增值税专用发票,不得作为增值税扣税凭证抵扣其进项税额,对于已经抵扣的进项税款,税务机关可依法追缴;同时,A 企业取得的虚开发票也不得作为税前扣除凭证,但对于无法补开、换开发票的,也可根据税法规定,凭证实其支出真实性的相关资料,进行税前扣除。

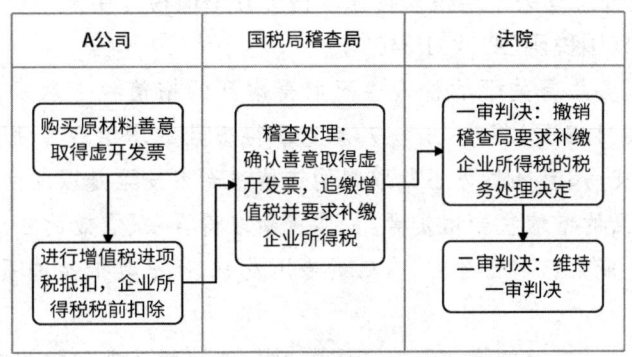

图 2-20　案件过程图

📄 政策依据

一、《中华人民共和国发票管理办法》第二十二条

开具发票应当按照规定的时限、顺序、栏目,全部联次一次性如实开具,并加盖发票专用章。

任何单位和个人不得有下列虚开发票行为:

(一)为他人、为自己开具与实际经营业务情况不符的发票;

(二)让他人为自己开具与实际经营业务情况不符的发票;

(三)介绍他人开具与实际经营业务情况不符的发票。

二、《国家税务总局关于纳税人虚开增值税专用发票征补税款问题的公告》(国家税务总局公告 2012 年第 33 号)第二条

纳税人取得虚开的增值税专用发票,不得作为增值税合法有效的扣税凭证抵扣其进项税额。

三、《国家税务总局关于纳税人善意取得虚开的增值税专用发票处理问题的通知》(国税发〔2000〕187 号)第一条、第二条

购货方与销售方存在真实的交易,销售方使用的是其所在省(自治区、直辖市和计划单列市)的专用发票,专用发票注明的销售方名称、印章、货物数量、金额及税额等全部内容与实际相符,且没有证据表明购货方知道销售方提供的专用发票是以非法手段获得的,对购货方不以偷税或者骗取出口退税论处。但应按有关法规不予抵扣进项税款或者不予出口、退税;购货方已经抵扣的进项税款或者取得的出口退税,应依法追缴。

购货方能够重新从销售方取得防伪税控系统开出的合法、有效专用发票的,或者取得手工开出的合法、有效专用发票且取得了销售方所在地税务机关或者正在依法对销售方虚开专用发票行为进行查处证明的,购货方所在地税务机关应依法准予抵扣进项税款或者出口退税。

四、《国家税务总局关于纳税人善意取得虚开增值税专用发票已抵扣税款加收滞纳金问题的批复》（国税函〔2007〕1240号）

根据《国家税务总局关于纳税人善意取得虚开的增值税专用发票处理问题的通知》（国税发〔2000〕187号）规定，纳税人善意取得虚开的增值税专用发票指购货方与销售方存在真实交易，且购货方不知取得的增值税专用发票是以非法手段获得的。纳税人善意取得虚开的增值税专用发票，如能重新取得合法、有效的专用发票，准许其抵扣进项税款；如不能重新取得合法、有效的专用发票，不准其抵扣进项税款或追缴其已抵扣的进项税款。

纳税人善意取得虚开的增值税专用发票被依法追缴已抵扣税款的，不属于税收征收管理法第三十二条"纳税人未按照规定期限缴纳税款"的情形，不适用该条"税务机关除责令限期缴纳外，从滞纳税款之日起，按日加收滞纳税款万分之五的滞纳金"的规定。

五、《国家税务总局关于发布〈企业所得税税前扣除凭证管理办法〉的公告》（国家税务总局公告2018年第28号）第十二条至第十五条

第十二条 企业取得私自印制、伪造、变造、作废、开票方非法取得、虚开、填写不规范等不符合规定的发票（以下简称"不合规发票"），以及取得不符合国家法律、法规等相关规定的其他外部凭证（以下简称"不合规其他外部凭证"），不得作为税前扣除凭证。

第十三条 企业应当取得而未取得发票、其他外部凭证或者取得不合规发票、不合规其他外部凭证的，若支出真实且已实际发生，应当在当年度汇算清缴期结束前，要求对方补开、换开发票、其他外部凭证。补开、换开后的发票、其他外部凭证符合规定的，可以作为税前扣除凭证。

十四条 企业在补开、换开发票、其他外部凭证过程中，因对方注销、撤销、依法被吊销营业执照、被税务机关认定为非正常户等特殊原因无法补开、换开发票、其他外部凭证的，可凭以下资料证实支出真实性后，其支出允许税前扣除：

（一）无法补开、换开发票、其他外部凭证原因的证明资料（包括工商注销、机构撤销、列入非正常经营户、破产公告等证明资料）；

（二）相关业务活动的合同或者协议；

（三）采用非现金方式支付的付款凭证；

（四）货物运输的证明资料；

（五）货物入库、出库内部凭证；

（六）企业会计核算记录以及其他资料。

前款第一项至第三项为必备资料。

第十五条 汇算清缴期结束后，税务机关发现企业应当取得而未取得发票、其他外部凭证或者取得不合规发票、不合规其他外部凭证并且告知企业的，企业应当自被告知之日起60日内补开、换开符合规定的发票、其他外部凭证。其中，因对方特殊原

因无法补开、换开发票、其他外部凭证的,企业应当按照本办法第十四条的规定,自被告知之日起60日内提供可以证实其支出真实性的相关资料。

六、《国家税务总局关于纳税人对外开具增值税专用发票有关问题的公告》(国家税务总局公告2014年第39号)

纳税人通过虚增增值税进项税额偷逃税款,但对外开具增值税专用发票同时符合以下情形的,不属于对外虚开增值税专用发票:

一、纳税人向受票方纳税人销售了货物,或者提供了增值税应税劳务、应税服务;

二、纳税人向受票方纳税人收取了所销售货物、所提供应税劳务或者应税服务的款项,或者取得了索取销售款项的凭据;

三、纳税人按规定向受票方纳税人开具的增值税专用发票相关内容,与所销售货物、所提供应税劳务或者应税服务相符,且该增值税专用发票是纳税人合法取得、并以自己名义开具的。

七、《国家税务总局转发〈最高人民法院关于适用〈全国人民代表大会常务委员会关于惩治虚开、伪造和非法出售增值税专用发票犯罪的决定〉的若干问题的解释〉的通知》(国税发〔1996〕210号)第一条

具有下列行为之一的,属于"虚开增值税专用发票":

(1) 没有货物购销或者没有提供或接受应税劳务而为他人、为自己、让他人为自己、介绍他人开具增值税专用发票;

(2) 有货物购销或者提供或接受了应税劳务但为他人、为自己、让他人为自己、介绍他人开具数量或者金额不实的增值税专用发票;

(3) 进行了实际经营活动,但让他人为自己代开增值税专用发票。

八、《国家税务总局关于〈国家税务总局关于纳税人取得虚开的增值税专用发票处理问题的通知〉的补充通知》(国税发〔2000〕182号)

有下列情形之一的,无论购货方(受票方)与销售方是否进行了实际的交易,增值税专用发票所注明的数量、金额与实际交易是否相符,购货方向税务机关申请抵扣进项税款或者出口退税的,对其均应按偷税或者骗取出口退税处理。

一、购货方取得的增值税专用发票所注明的销售方名称、印章与其进行实际交易的销售方不符的,即134号文件第二条法规的"购货方从销售方取得第三方开具的专用发票"的情况。

二、购货方取得的增值税专用发票为销售方所在省(自治区、直辖市和计划单列市)以外地区的,即134号文件第二条法规的"从销货地以外的地区取得专用发票"的情况。

三、其他有证据表明购货方明知取得的增值税专用发票系销售方以非法手段获得的,即134号文件第一条法规的"受票方利用他人虚开的专用发票,向税务机关申报抵扣税款进行偷税"的情况。

九、《国家税务总局关于纳税人取得虚开的增值税专用发票处理问题的通知》(国

税发〔1997〕134号）

一、受票方利用他人虚开的专用发票，向税务机关申报抵扣税款进行偷税的，应当依照《中华人民共和国税收征收管理法》及有关法规追缴税款，处以偷税数额五倍以下的罚款；进项税金大于销项税金的，还应当调减其留抵的进项税额。利用虚开的专用发票进行骗取出口退税的，应当依法追缴税款，处以骗税数额五倍以下的罚款。

二、在货物交易中，购货方从销售方取得第三方开具的专用发票，或者从销货地以外的地区取得专用发票，向税务机关申报抵扣税款或者申请出口退税的，应当按偷税、骗取出口退税处理，依照《中华人民共和国税收征收管理法》及有关法规追缴税款，处以偷税、骗税数额五倍以下的罚款。

三、纳税人以上述第一条、第二条所列的方式取得专用发票未申报抵扣税款，或者未申请出口退税的，应当依照《中华人民共和国发票管理办法》及有关法规，按所取得专用发票的份数，分别处以一万元以下的罚款；但知道或者应当知道取得的是虚开的专用发票，或者让他人为自己提供虚开的专用发票的，应当从重处罚。

四、利用虚开的专用发票进行偷税、骗税，构成犯罪的，税务机关依法进行追缴税款等行政处理，并移送司法机关追究刑事责任。

小贴士

税务机关除了对虚开发票的一方进行严厉的处罚，恶意接受虚开发票的一方，同样会受到的严厉处罚。恶意取得虚开发票的认定情形及处罚条款如表2-24所示。

表2-24 恶意取得虚开发票的认定情形及处罚条款

事项	具体规定	
认定情形	购货方取得的增值税专用发票所注明的销售方名称、印章与其进行实际交易的销售方不符	
	购货方取得的增值税专用发票为销售方所在省（自治区、直辖市和计划单列市）以外地区的	
	其他有证据表明购货方明知取得的增值税专用发票系销售方以非法手段获得的	
处罚	有上述情形之一的（无论购货方与销售方是否进行了实际的交易，发票所注明的数量、金额与实际交易是否相符）	未申报抵扣税款，或者未申请出口退税的，按所取得专用发票的份数，分别处以一万元以下的罚款；但知道或者应当知道取得的是虚开的专用发票，或者让他人为自己提供虚开的专用发票的，从重处罚
		利用他人虚开的专用发票向税务机关申请抵扣进项税款或者出口退税的，按偷税或者骗取出口退税处理，追缴税款并处以偷税、骗税数额五倍以下的罚款
		构成犯罪的，移送司法机关追究刑事责任

㉜ 有备无患
——发票风险防范

纳税人从事生产经营活动,应按照国家、企业制定的相关制度办法使用发票,否则,不但会引发涉税风险,如补缴税费、滞纳金、罚款等,严重的还会被追究刑事责任。常见的发票违规行为及相应的处罚措施如图2-21所示。

实战案例

近日,甲省M市税务局在风险数据分析时发现,辖区内的A公司2020年开具发票226份,其中有140份的开票IP地址为M市,其余86份的开票IP地址为乙省N市。M市税务局将A公司的异地开票数据确认为高风险等级,并推送至稽查部门。

稽查部门调查发现,A公司所在的L县紧邻乙省N市,公司股东分别在L县与N市设立了公司。2020年7月,A公司办公室装修改造,临时搬迁至N市的关联公司,并在N市开具在M市主管税务机关领取的发票86份。2020年年底,办公室装修改造完成,A公司又搬回L县办公。

M市税务局经过分析讨论,认为T公司虽然违反了发票管理办法有关规定,但其并不存在主观故意,也不存在虚开发票的违法行为,所开具有关发票涉及的税费均已正常申报缴纳。该公司属于初次违法,且没有造成危害后果并已及时改正,按照《中华人民共和国行政处罚法》第三十三条"初次违法且危害后果轻微并及时改正的,可以不予行政处罚"的规定,主管税务机关对A公司作出了不予行政处罚的决定,并对其进行了税法宣传教育。

【案例分析】

根据税法规定,纳税人不得跨规定区域开具发票,临时到本省、自治区、直辖市以外从事经营活动的单位或者个人,应当凭所在地税务机关的证明,向经营地税务机关领购经营地的发票。本例中A公司虽然事出有因,但跨省开具发票,违反了《发票管理办法》的有关规定,导致了税务机关的税收稽查。因此,纳税人在生产经营中应注意合规使用发票并定期自查,以防范风险。

政策依据

一、《中华人民共和国发票管理办法》第三十五条至第三十九条

第三十五条 违反本办法的规定,有下列情形之一的,由税务机关责令改正,可以处1万元以下的罚款;有违法所得的予以没收:

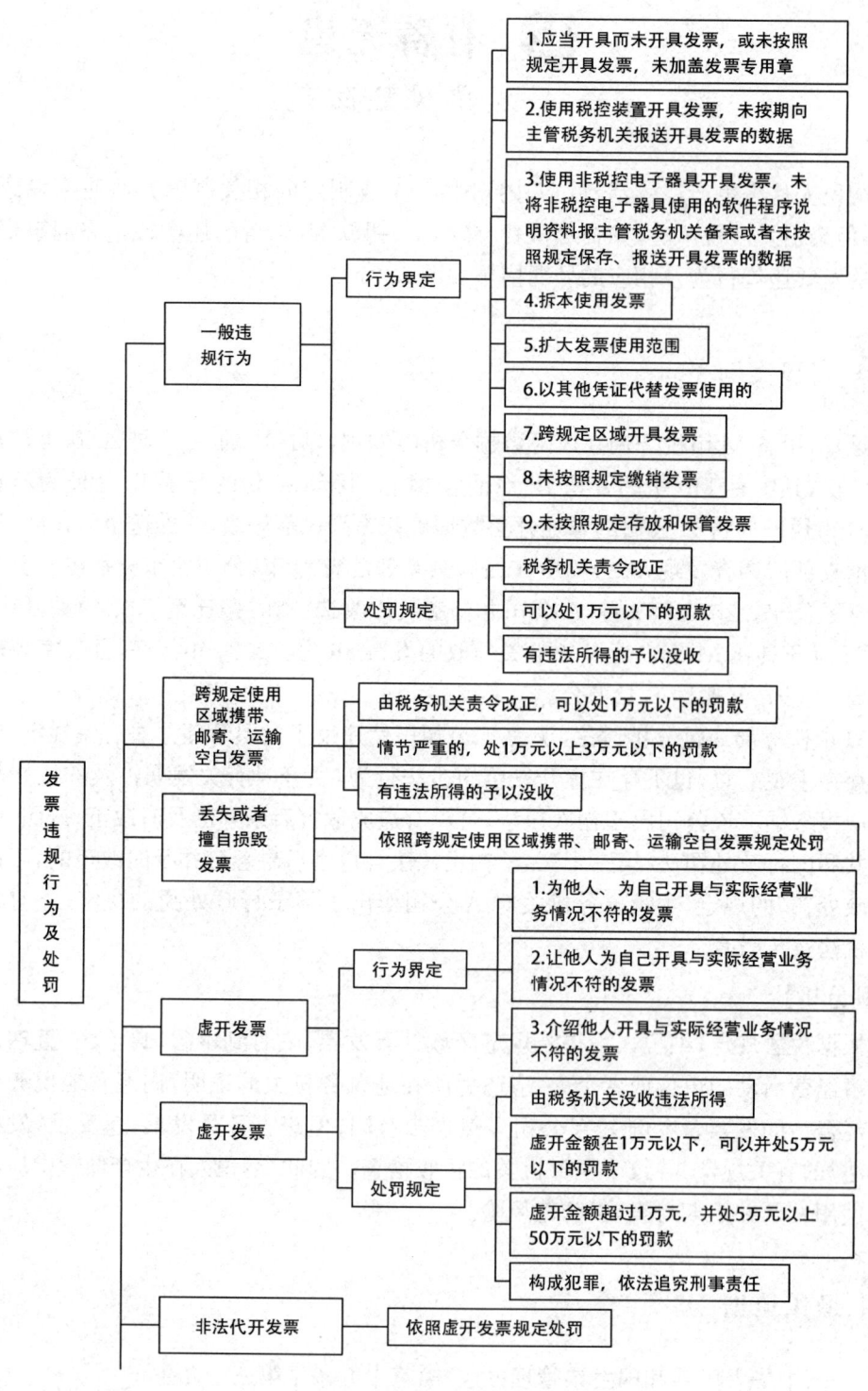

图 2-21

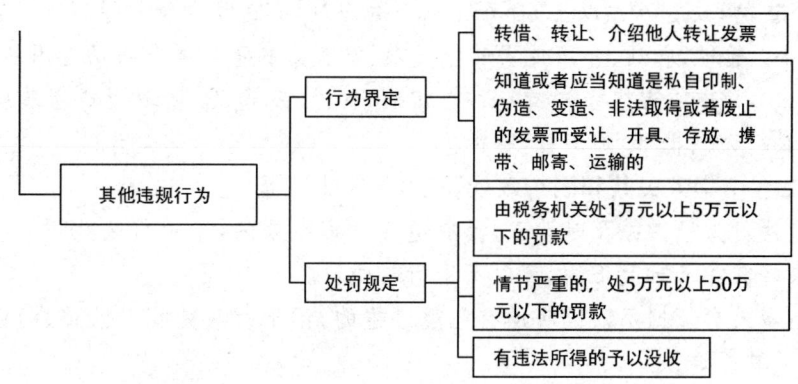

图 2-21 常见的发票违规行为及相应的处罚措施

（一）应当开具而未开具发票，或者未按照规定的时限、顺序、栏目，全部联次一次性开具发票，或者未加盖发票专用章的；

（二）使用税控装置开具发票，未按期向主管税务机关报送开具发票的数据的；

（三）使用非税控电子器具开具发票，未将非税控电子器具使用的软件程序说明资料报主管税务机关备案，或者未按照规定保存、报送开具发票的数据的；

（四）拆本使用发票的；

（五）扩大发票使用范围的；

（六）以其他凭证代替发票使用的；

（七）跨规定区域开具发票的；

（八）未按照规定缴销发票的；

（九）未按照规定存放和保管发票的。

第三十六条　跨规定的使用区域携带、邮寄、运输空白发票，以及携带、邮寄或者运输空白发票出入境的，由税务机关责令改正，可以处 1 万元以下的罚款；情节严重的，处 1 万元以上 3 万元以下的罚款；有违法所得的予以没收。

丢失发票或者擅自损毁发票的，依照前款规定处罚。

第三十七条　违反本办法第二十二条第二款的规定虚开发票的，由税务机关没收违法所得；虚开金额在 1 万元以下的，可以并处 5 万元以下的罚款；虚开金额超过 1 万元的，并处 5 万元以上 50 万元以下的罚款；构成犯罪的，依法追究刑事责任。

非法代开发票的，依照前款规定处罚。

第三十八条　私自印制、伪造、变造发票，非法制造发票防伪专用品，伪造发票监制章的，由税务机关没收违法所得，没收、销毁作案工具和非法物品，并处 1 万元以上 5 万元以下的罚款；情节严重的，并处 5 万元以上 50 万元以下的罚款；对印制发票的企业，可以并处吊销发票准印证；构成犯罪的，依法追究刑事责任。

前款规定的处罚，《中华人民共和国税收征收管理法》有规定的，依照其规定执行。

第三十九条　有下列情形之一的，由税务机关处 1 万元以上 5 万元以下的罚款；

情节严重的,处 5 万元以上 50 万元以下的罚款;有违法所得的予以没收:

(一)转借、转让、介绍他人转让发票、发票监制章和发票防伪专用品的;

(二)知道或者应当知道是私自印制、伪造、变造、非法取得或者废止的发票而受让、开具、存放、携带、邮寄、运输的。

二、《中华人民共和国行政处罚法》第三十三条

违法行为轻微并及时改正,没有造成危害后果的,不予行政处罚。初次违法且危害后果轻微并及时改正的,可以不予行政处罚。

当事人有证据足以证明没有主观过错的,不予行政处罚。法律、行政法规另有规定的,从其规定。

对当事人的违法行为依法不予行政处罚的,行政机关应当对当事人进行教育。

小贴士

对于企业来说,发票保管同样至关重要。如果企业丢失发票,一定要严格按照税法的相关规定进行相应的处理。发票丢失的涉税处理如表 2-25 所示。

表 2-25 发票丢失的涉税处理

情形			税务处理
丢失增值税专用发票	丢失发票联		可将专用发票抵扣联作为税前扣除凭证
	丢失抵扣联		可凭相应发票的发票联复印件,作为增值税进项税额的抵扣凭证或退税凭证
	同时丢失发票联与抵扣联		可凭销售方提供的相应发票记账联复印件,作为税前扣除凭证
丢失增值税普通发票①	丢失发票联	天津	可凭加盖销售方发票专用章的相应发票记账联复印件,作为税前扣除凭证
		福建	可凭原发票记账联复印件、合同、付款凭证、书面报告回执等原始单证据实列支
		山东	未经税务机关审核同意,发票取得方用开具方提供的复印件、证明等材料不能作为税前扣除凭据

注①:关于增值税普通发票丢失后的税前扣除,国家税务总局未作统一规定,各地政策也不完全一致,具体以当地税务机关有关规定为准。

注②:发生发票丢失情形时,纳税人应当于发现丢失当日书面报告税务机关,填报发票挂失/损毁报告表。

第3节 合同管理

㉝ 一诺千金
——合同主体与履约涉税事项

纳税人订立经济合同,应当对合同主体、标的物、定价、履行时间、地点、方式等涉税条款进行明确规范的约定。这不仅有利于双方交易的顺利完成,也有利于降低企业的涉税风险。合同的基本事项如图2-22所示。

实战案例

梅松公司是一家房地产开发有限公司。当地的税台房地方开发公司,因资金流出现问题,拟向梅松公司转让其持有的一块土地,该土地符合转让条件。

2021年2月20日,在进行合同签订的时候,两家公司对于要不要在合同上约定土地交付时间的问题上无法达成一致。面对双方的争执,梅经理提出,是否约定土地交付时间会影响城镇土地使用税的税额并作了具体分析。

【案例分析】

方案一:合同中不约定交付土地时间。

方案二:合同中约定交付土地的时间。假设双方约定税台公司于2021年5月31日向梅松公司交付土地。

拟转让的土地面积为10 000平方米,当地城镇土地使用税的年适用税额为每平方米12元。则两种方案梅松公司2021年度城镇土地使用税的缴纳情况如表2-26所示。

表2-26 两种方案梅松公司2021年度城镇土地使用税的缴纳情况

单位:元

方案	纳税义务发生时间	2021年度纳税期限	应纳税额
方案一	合同签订的次月起	3月至12月	10 000×12×10÷12=100 000
方案二	合同约定交付土地时间之次月起	6月至12月	10 000×12×7÷12=70 000

由表可知,采用方案二(合同约定土地交付时间),梅松公司2021年度比方案一少缴纳3个月城镇土地使用税,即少缴纳30 000元(100 000－70 000),更节税。

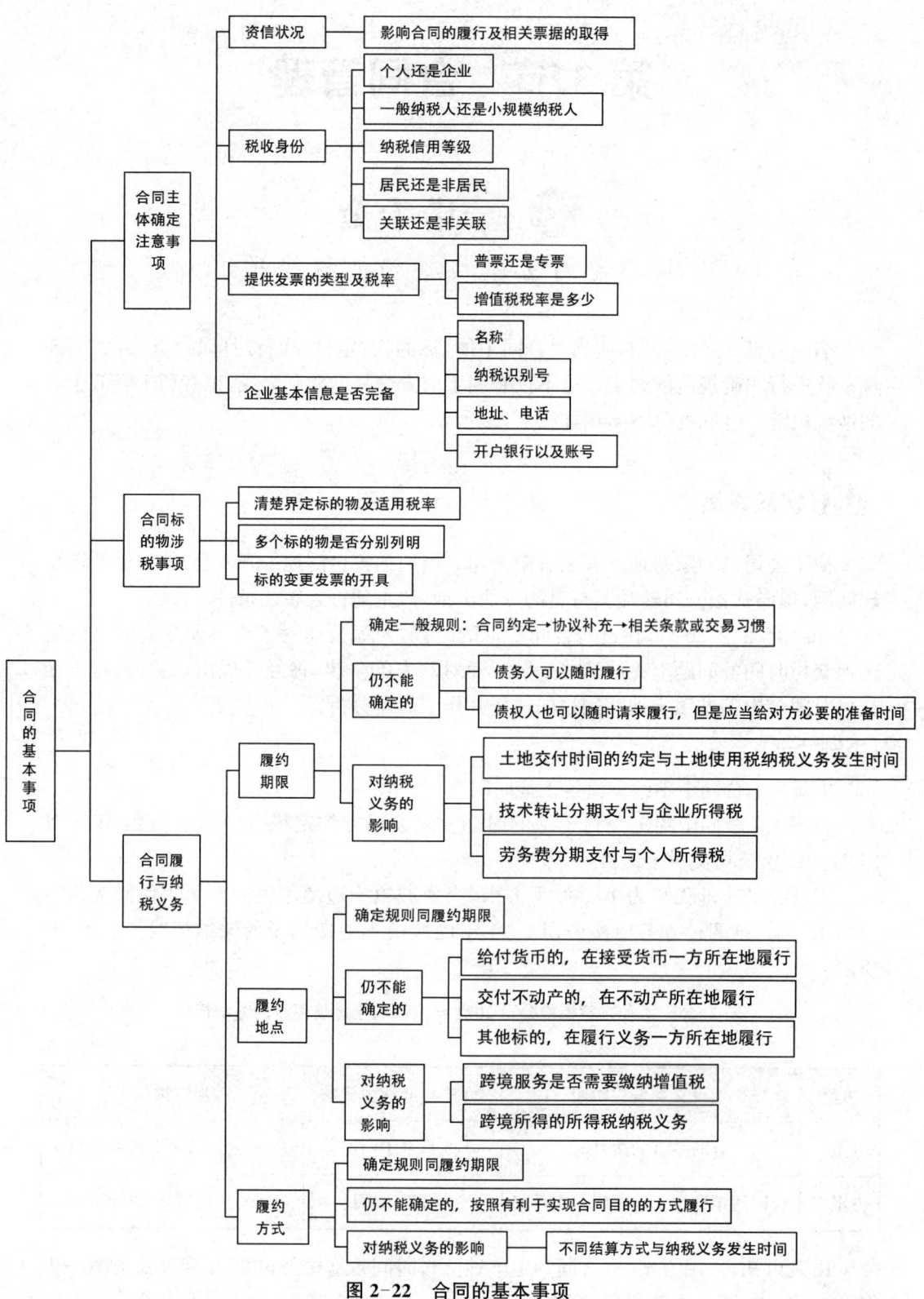

图 2-22 合同的基本事项

政策依据

一、《中华人民共和国民法典》第五百一十条、第五百一十一条

第五百一十条 合同生效后,当事人就质量、价款或者报酬、履行地点等内容没有约定或者约定不明确的,可以协议补充;不能达成补充协议的,按照合同相关条款或者交易习惯确定。

第五百一十一条 当事人就有关合同内容约定不明确,依据前条规定仍不能确定的,适用下列规定:

(一)质量要求不明确的,按照强制性国家标准履行;没有强制性国家标准的,按照推荐性国家标准履行;没有推荐性国家标准的,按照行业标准履行;没有国家标准、行业标准的,按照通常标准或者符合合同目的的特定标准履行。

(二)价款或者报酬不明确的,按照订立合同时履行地的市场价格履行;依法应当执行政府定价或者政府指导价的,依照规定履行。

(三)履行地点不明确,给付货币的,在接受货币一方所在地履行;交付不动产的,在不动产所在地履行;其他标的,在履行义务一方所在地履行。

(四)履行期限不明确的,债务人可以随时履行,债权人也可以随时请求履行,但是应当给对方必要的准备时间。

(五)履行方式不明确的,按照有利于实现合同目的的方式履行。

(六)履行费用的负担不明确的,由履行义务一方负担;因债权人原因增加的履行费用,由债权人负担。

二、《中华人民共和国增值税暂行条例》第八条、第十一条

第八条 纳税人购进货物、劳务、服务、无形资产、不动产支付或者负担的增值税额,为进项税额。

下列进项税额准予从销项税额中抵扣:

(一)从销售方取得的增值税专用发票上注明的增值税额。

(二)从海关取得的海关进口增值税专用缴款书上注明的增值税额。

(三)购进农产品,除取得增值税专用发票或者海关进口增值税专用缴款书外,按照农产品收购发票或者销售发票上注明的农产品买价和11%的扣除率计算的进项税额,国务院另有规定的除外。进项税额计算公式:

$$进项税额 = 买价 \times 扣除率$$

(四)自境外单位或者个人购进劳务、服务、无形资产或者境内的不动产,从税务机关或者扣缴义务人取得的代扣代缴税款的完税凭证上注明的增值税额。

准予抵扣的项目和扣除率的调整,由国务院决定。

第十一条 小规模纳税人发生应税销售行为,实行按照销售额和征收率计算应纳税额的简易办法,并不得抵扣进项税额。应纳税额计算公式:

应纳税额＝销售额×征收率

小规模纳税人的标准由国务院财政、税务主管部门规定。

三、《中华人民共和国企业所得税法》第三条

居民企业应当就其来源于中国境内、境外的所得缴纳企业所得税。

非居民企业在中国境内设立机构、场所的,应当就其所设机构、场所取得的来源于中国境内的所得,以及发生在中国境外但与其所设机构、场所有实际联系的所得,缴纳企业所得税。

非居民企业在中国境内未设立机构、场所的,或者虽设立机构、场所但取得的所得与其所设机构、场所没有实际联系的,应当就其来源于中国境内的所得缴纳企业所得税。

四、《财政部 国家税务总局关于全面推开营业税改征增值税试点的通知》(财税〔2016〕36号)附件1《营业税改征增值税试点实施办法》第十三条

下列情形不属于在境内销售服务或者无形资产:

(一)境外单位或者个人向境内单位或者个人销售完全在境外发生的服务。

(二)境外单位或者个人向境内单位或者个人销售完全在境外使用的无形资产。

(三)境外单位或者个人向境内单位或者个人出租完全在境外使用的有形动产。

(四)财政部和国家税务总局规定的其他情形。

五、《财政部 国家税务总局关于房产税、城镇土地使用税有关政策的通知》(财税〔2006〕186号)第二条

以出让或转让方式有偿取得土地使用权的,应由受让方从合同约定交付土地时间的次月起缴纳城镇土地使用税;合同未约定交付土地时间的,由受让方从合同签订的次月起缴纳城镇土地使用税。

六、《国家税务总局关于通过招拍挂方式取得土地缴纳城镇土地使用税问题的公告》(国家税务总局公告2014年第74号)

通过招标、拍卖、挂牌方式取得的建设用地,不属于新征用的耕地,纳税人应按照《财政部 国家税务总局关于房产税城镇土地使用税有关政策的通知》(财税〔2006〕186号)第二条规定,从合同约定交付土地时间的次月起缴纳城镇土地使用税;合同未约定交付土地时间的,从合同签订的次月起缴纳城镇土地使用税。

34 锱铢必较
——合同定价与发票条款

合同定价和发票条款在合同缔结中至关重要。它们不仅关系企业相关税费的缴纳，也会影响企业的收入和费用。关于合同定价与发票条款相关的涉税事项如图2-23所示。

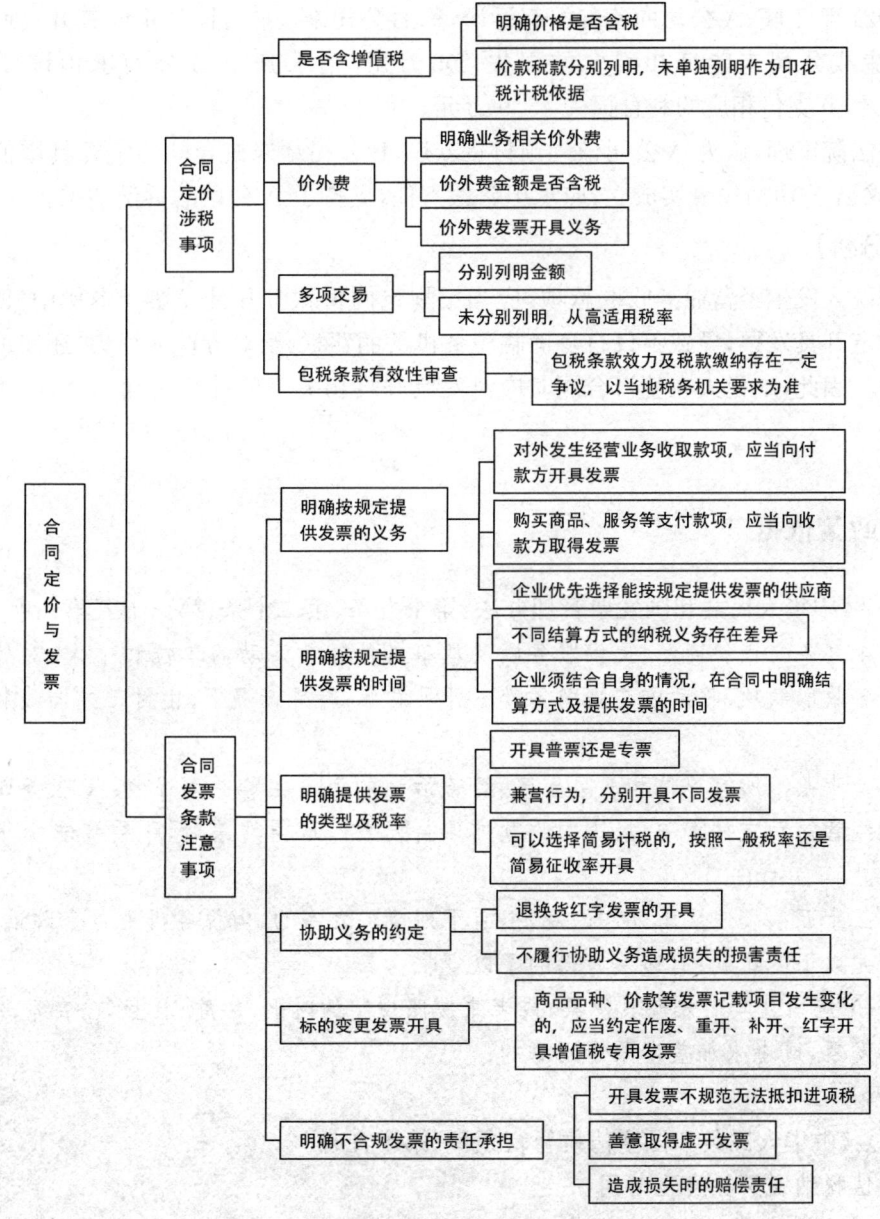

图 2-23 关于合同定价与发票相关的涉税事项

实战案例

2020年10月,A公司与B公司签订购销合同,合同约定A公司向B公司采购铁矿2万吨,A公司于合同签订后预付货款,B公司收到货款后开具增值税专用发票,最终根据相关的品质证书和过磅单结算货款。

合同签订后,A公司向B公司预付货款共计2 030万元,B公司收到预付款后向A公司交付货物2万吨。但却迟迟未向A公司开具增值税专用发票。

2021年年底,A公司向法院提起诉讼,称B公司未按照合同约定向其开具增值税发票,造成公司未能抵扣税费的损失295万元,请求判令B公司承担该项损失295万元,并支付相应的利息损失45.9万元。

经法院审理,认为A公司依约预付货款后,B公司却未按合同约定开具增值税发票,造成A公司损失事实成立,应承担赔偿责任,支持了A公司的诉讼请求。

【案例分析】

纳税人发生经营业务收取款项,应当按规定向付款方开具发票。本例中,B公司未按约定开具发票,导致不仅自身面临税务机关的罚款,给对方造成损失,还需承担赔偿责任。因此,纳税人在签订合同时应对发票开具相关事项进行明确约定,以防范违约风险。

政策依据

一、《中华人民共和国发票管理办法》第十九条、第二十条、第三十五第一项

第十九条 销售商品、提供服务以及从事其他经营活动的单位和个人,对外发生经营业务收取款项,收款方应当向付款方开具发票;特殊情况下,由付款方向收款方开具发票。

第二十条 所有单位和从事生产、经营活动的个人在购买商品、接受服务以及从事其他经营活动支付款项,应当向收款方取得发票。取得发票时,不得要求变更品名和金额。

第三十五条 违反本办法的规定,有下列情形之一的,由税务机关责令改正,可以处1万元以下的罚款;有违法所得的予以没收:

(一)应当开具而未开具发票,或者未按照规定的时限、顺序、栏目,全部联次一次性开具发票,或者未加盖发票专用章的;

……

二、《中华人民共和国增值税暂行条例》第十九条

增值税纳税义务发生时间:

(一)销售货物或者应税劳务,为收讫销售款项或者取得索取销售款项凭据的当

天;先开具发票的,为开具发票的当天。

(二)进口货物,为报关进口的当天。

增值税扣缴义务发生时间为纳税人增值税纳税义务发生的当天。

三、《中华人民共和国增值税暂行条例实施细则》第三十八条

条例第十九条第一款第(一)项规定的收讫销售款项或者取得索取销售款项凭据的当天,按销售结算方式的不同,具体为:

(一)采取直接收款方式销售货物,不论货物是否发出,均为收到销售款或者取得索取销售款凭据的当天;

(二)采取托收承付和委托银行收款方式销售货物,为发出货物并办妥托收手续的当天;

(三)采取赊销和分期收款方式销售货物,为书面合同约定的收款日期的当天,无书面合同的或者书面合同没有约定收款日期的,为货物发出的当天;

(四)采取预收货款方式销售货物,为货物发出的当天,但生产销售生产工期超过12个月的大型机械设备、船舶、飞机等货物,为收到预收款或者书面合同约定的收款日期的当天;

(五)委托其他纳税人代销货物,为收到代销单位的代销清单或者收到全部或者部分货款的当天。未收到代销清单及货款的,为发出代销货物满180天的当天;

(六)销售应税劳务,为提供劳务同时收讫销售款或者取得索取销售款的凭据的当天;

(七)纳税人发生本细则第四条第(三)项至第(八)项所列视同销售货物行为,为货物移送的当天。

四、《财政部 国家税务总局关于全面推开营业税改征增值税试点的通知》(财税〔2016〕36号)附件1《营业税改征增值税试点实施办法》第二十五条

下列进项税额准予从销项税额中抵扣:

(一)从销售方取得的增值税专用发票(含税控机动车销售统一发票,下同)上注明的增值税额。

(二)从海关取得的海关进口增值税专用缴款书上注明的增值税额。

(三)购进农产品,除取得增值税专用发票或者海关进口增值税专用缴款书外,按照农产品收购发票或者销售发票上注明的农产品买价和13%的扣除率计算的进项税额。计算公式为:

$$进项税额 = 买价 \times 扣除率$$

买价,是指纳税人购进农产品在农产品收购发票或者销售发票上注明的价款和按照规定缴纳的烟叶税。

购进农产品,按照《农产品增值税进项税额核定扣除试点实施办法》抵扣进项税额的除外。

(四)从境外单位或者个人购进服务、无形资产或者不动产,自税务机关或者扣缴

义务人取得的解缴税款的完税凭证上注明的增值税额。

五、《国家税务总局关于红字增值税发票开具有关问题的公告》(国家税务总局公告 2016 年第 47 号)第一条、第三条

一、增值税一般纳税人开具增值税专用发票(以下简称"专用发票")后,发生销货退回、开票有误、应税服务中止等情形但不符合发票作废条件,或者因销货部分退回及发生销售折让,需要开具红字专用发票的,按以下方法处理:

(一)购买方取得专用发票已用于申报抵扣的,购买方可在增值税发票管理新系统(以下简称"新系统")中填开并上传《开具红字增值税专用发票信息表》(以下简称《信息表》,详见附件),在填开《信息表》时不填写相对应的蓝字专用发票信息,应暂依《信息表》所列增值税税额从当期进项税额中转出,待取得销售方开具的红字专用发票后,与《信息表》一并作为记账凭证。

购买方取得专用发票未用于申报抵扣、但发票联或抵扣联无法退回的,购买方填开《信息表》时应填写相对应的蓝字专用发票信息。

销售方开具专用发票尚未交付购买方,以及购买方未用于申报抵扣并将发票联及抵扣联退回的,销售方可在新系统中填开并上传《信息表》。销售方填开《信息表》时应填写相对应的蓝字专用发票信息。

(二)主管税务机关通过网络接收纳税人上传的《信息表》,系统自动校验通过后,生成带有"红字发票信息表编号"的《信息表》,并将信息同步至纳税人端系统中。

(三)销售方凭税务机关系统校验通过的《信息表》开具红字专用发票,在新系统中以销项负数开具。红字专用发票应与《信息表》一一对应。

三、纳税人需要开具红字增值税普通发票的,可以在所对应的蓝字发票金额范围内开具多份红字发票。红字机动车销售统一发票需与原蓝字机动车销售统一发票一一对应。

小贴士

1. 除了合同的税务、财务风险,企业还应关注其他风险,如合规风险、管理风险等。

2. 合同条款在法律层面上保护合同双方的权益,在一定程度上降低了违约风险,但是却不能杜绝违约等现象的发生。

3. 一旦发生违约现象,尤其是企业不能按照约定取得发票的情况,实务中往往需要先进行合规的税务处理,如需要先完成纳税义务,再追究违约责任。

35 违信背约
——合同违约金与印花税处理

企业在拟定合同时,需要关注违约金条款的约定和印花税。企业可以根据不同的情形,制订相应的违约条款。关于合同违约金以及印花税的涉税处理如图 2-24 所示。

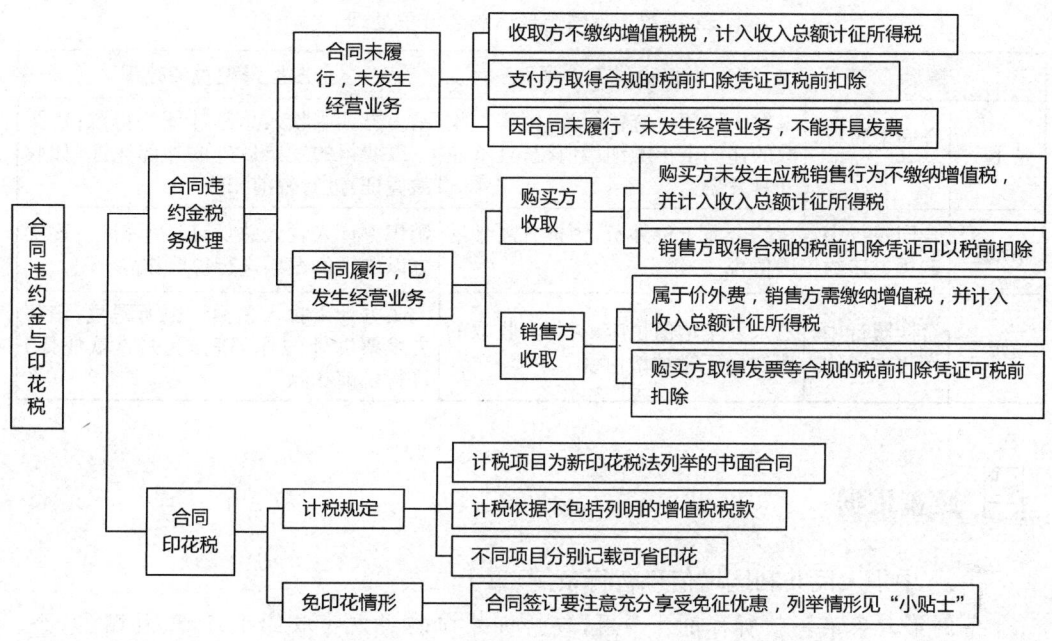

图 2-24 合同违约金及印花税涉税事项

实战案例

(1) 情形一:

2020 年 5 月 1 日,甲公司与乙公司签订销售合同,合同约定甲公司应于 2020 年 5 月 10 日之前向乙公司交付合同标的物,若双方任一方出现违约情形,需要按照合同金额的 10% 向对方支付违约金。合同签订之后,乙公司对外销售订单取消,并于 5 月 5 日告知甲公司该笔合同取消。因此,根据合同规定乙公司向甲公司支付违约金 3 万元。

(2) 情形二:

甲公司与乙公司签订房屋租赁合同,合同约定甲公司将房屋出租给乙公司,租期为 3 年,租赁 1 年后乙公司提出终止租赁,并支付给甲企业 3 万元违约金。

（3）情形三：

甲公司与丙公司订立销售合同，合同约定甲公司于 2020 年 7 月 1 日向丙公司发货。由于甲公司生产安排不当，导致 2020 年 8 月 2 日才发货。由于销售方延迟发货，给丙公司造成了一定损失，根据合同规定，甲公司需支付给丙公司违约金 12 万元。

上述不同情形的违约金应如何进行税务处理？

【案例分析】

上述不同情形的违约金涉税处理如表 2-27 所示。

表 2-27　不同情形违约金涉税处理

情形		增值税税务处理	企业所得税税务处理
情形一	合同未履行，购买方违约	未发生增值税应税行为，销售方收取的违约金不缴纳增值税，且不能开具发票	销售方计入收入总额征所得税；购买方以取得的发票以外的外部凭证（如收款凭证）进行税前扣除
情形二	合同履行中，购买方违约	违约金属于价外费，销售方需缴纳增值税	销售方计入收入总额征所得税；购买方以取得的发票进行税前扣除
情形三	合同履行中，销售方违约	乙未发生增值税应税行为，收取的违约金不缴纳增值税	购买方计入收入总额征所得税；销售方发票以外的外部凭证（如收款凭证）进行税前扣除

📄 政策依据

一、《中华人民共和国增值税暂行条例》第十二条

条例第六条第一款所称价外费用，包括价外向购买方收取的手续费、补贴、基金、集资费、返还利润、奖励费、违约金、滞纳金、延期付款利息、赔偿金、代收款项、代垫款项、包装费、包装物租金、储备费、优质费、运输装卸费以及其他各种性质的价外收费。但下列项目不包括在内：

（一）受托加工应征消费税的消费品所代收代缴的消费税；

（二）同时符合以下条件的代垫运输费用：

1. 承运部门的运输费用发票开具给购买方的；

2. 纳税人将该项发票转交给购买方的。

（三）同时符合以下条件代为收取的政府性基金或者行政事业性收费：

1. 由国务院或者财政部批准设立的政府性基金，由国务院或者省级人民政府及其财政、价格主管部门批准设立的行政事业性收费；

2. 收取时开具省级以上财政部门印制的财政票据；

3. 所收款项全额上缴财政。

（四）销售货物的同时代办保险等而向购买方收取的保险费，以及向购买方收取的代购买方缴纳的车辆购置税、车辆牌照费。

二、《中华人民共和国企业所得税法》第六条

企业以货币形式和非货币形式从各种来源取得的收入,为收入总额。包括:

(一)销售货物收入;

(二)提供劳务收入;

(三)转让财产收入;

(四)股息、红利等权益性投资收益;

(五)利息收入;

(六)租金收入;

(七)特许权使用费收入;

(八)接受捐赠收入;

(九)其他收入。

三、《中华人民共和国企业所得税法实施条例》第二十二条

企业所得税法第六条第(九)项所称其他收入,是指企业取得的除企业所得税法第六条第(一)项至第(八)项规定的收入外的其他收入,包括企业资产溢余收入、逾期未退包装物押金收入、确实无法偿付的应付款项、已作坏账损失处理后又收回的应收款项、债务重组收入、补贴收入、违约金收入、汇兑收益等。

四、《中华人民共和国发票管理办法实施细则》第二十六条

填开发票的单位和个人必须在发生经营业务确认营业收入时开具发票。未发生经营业务一律不准开具发票。

五、《国家税务总局关于发布〈企业所得税税前扣除凭证管理办法〉的公告》(国家税务总局公告2018年第28号)第八条至第十一条

第八条 税前扣除凭证按照来源分为内部凭证和外部凭证。

内部凭证是指企业自制用于成本、费用、损失和其他支出核算的会计原始凭证。内部凭证的填制和使用应当符合国家会计法律、法规等相关规定。

外部凭证是指企业发生经营活动和其他事项时,从其他单位、个人取得的用于证明其支出发生的凭证,包括但不限于发票(包括纸质发票和电子发票)、财政票据、完税凭证、收款凭证、分割单等。

第九条 企业在境内发生的支出项目属于增值税应税项目(以下简称"应税项目")的,对方为已办理税务登记的增值税纳税人,其支出以发票(包括按照规定由税务机关代开的发票)作为税前扣除凭证;对方为依法无需办理税务登记的单位或者从事小额零星经营业务的个人,其支出以税务机关代开的发票或者收款凭证及内部凭证作为税前扣除凭证,收款凭证应载明收款单位名称、个人姓名及身份证号、支出项目、收款金额等相关信息。

小额零星经营业务的判断标准是个人从事应税项目经营业务的销售额不超过增值税相关政策规定的起征点。

税务总局对应税项目开具发票另有规定的,以规定的发票或者票据作为税前扣除凭证。

第十条 企业在境内发生的支出项目不属于应税项目的,对方为单位的,以对方开具的发票以外的其他外部凭证作为税前扣除凭证;对方为个人的,以内部凭证作为税前扣除凭证。

企业在境内发生的支出项目虽不属于应税项目,但按税务总局规定可以开具发票的,可以发票作为税前扣除凭证。

第十一条 企业从境外购进货物或者劳务发生的支出,以对方开具的发票或者具有发票性质的收款凭证、相关税费缴纳凭证作为税前扣除凭证。

💬 小贴士

1. 当事人可以约定一方违约时根据违约情况向对方支付一定数额的违约金,也可以约定因违约产生的损失赔偿额的计算方法。

2. 约定的违约金低于造成的损失的,人民法院或者仲裁机构可以根据当事人的请求予以增加;约定的违约金过分高于造成的损失的,人民法院或者仲裁机构可以根据当事人的请求予以适当减少。

3. 合同印花税免征列举情形如表2-28所示。

表2-28 免征印花税情形列示

序号	情形	政策依据
1	农民、农民专业合作社、农村集体经济组织、村民委员会购买农业生产资料或者销售自产农产品订立的买卖合同和农业保险合同	《中华人民共和国印花税法》
2	无息、贴息借款合同、国际金融组织向我国提供优惠贷款订立借款合同、金融机构与小型微型企业订立的借款合同	
3	融资性售后回租业务,对承租人、出租人因出售租赁资产及购回租赁资产所签订的合同,不征收印花税	财税〔2015〕144号
4	电网与用户之间签订的供用电合同,不属于印花税列举征税的凭证,不征收印花税	财税〔2006〕162号
5	借款展期业务使用借款展期合同或其他凭证,按信贷制度规定,仅载明延期还款事项的,可暂不贴花	国税发〔1991〕155号
6	同业拆借合同不属于列举征税的凭证,不贴印花	
7	代理业务中,代理单位与委托单位之间签订的委托代理合同,凡仅明确代理事项、权限和责任的,不属于应税凭证,不贴印花	
8	出版合同不属于印花税列举征税的凭证,不贴印花	
9	各类发行单位之间,以及发行单位与订阅单位或个人之间书立的征订凭证,暂免征印花税	国税地字〔1989〕第142号
10	各种职业培训、文化学习、职工业余教育等订立的合同,不属于技术培训合同,不贴印花	国税地字〔1989〕第34号
11	一般的法律、法规、会计、审计等咨询不属于技术咨询,其所立合同不贴印花	

(续表)

序号	情形	政策依据
12	对房地产管理部门与个人订立的租房合同,凡用于生活居住的,暂免贴花	国税地字〔1988〕25号
13	对铁路、公路、航运、水路承运快件行李、包裹开具的托运单据,暂免贴印花	
14	企业与主管部门等签订的租赁承包经营合同,不属于财产租赁合同,不应贴花	

4. 不征收印花税的列举情形如表2-29所示。

表2-29 不征印花税的情形

序号	非应税凭证	政策依据(以新法为主)
1	同业拆借合同	《印花税税目税率表》备注,同业拆借合同的范围按照中国人民银行有关规定执行
2	保户质押贷款合同	《印花税税目税率表》备注,不符合借款合同的定义
3	个人书立的动产买卖合同	《印花税税目税率表》备注,只要有买卖合同的一方当事人为个人即不征收印花税
4	管道运输合同	《印花税税目税率表》备注
5	客运合同(旅客运输合同)	《印花税税目税率表》备注,暂行条例只针对货物运输合同征税
6	再保险合同	《印花税税目税率表》备注
7	人寿保险合同	《印花税税目税率表》只包含财产保险合同
8	土地承包经营权转移合同	《印花税税目税率表》产权转移书据明确剔除
9	土地经营权转移合同	《印花税税目税率表》产权转移书据明确剔除
10	权利、许可证照	新印花税法取消对其征收印花税
11	供用电、水、气、热力合同	新旧印花税均未列举的典型合同
12	电网与用户之间签订的供用电合同	财税〔2006〕162号
13	保理合同	新旧印花税均未列举的典型合同
14	物业服务合同	新旧印花税均未列举的典型合同
15	抵押合同、质押合同	新旧印花税均未列举
16	保证合同	新旧印花税均未列举的典型合同
17	监理合同、委托监理合同	新旧印花税均未列举,实际上是委托合同,不是建设工程合同

(续表)

序号	非应税凭证	政策依据(以新法为主)
18	审计业务约定书	新旧印花税均未列举,实际上是委托合同
19	资产评估业务约定书	新旧印花税均未列举,实际上是委托合同
20	在融资性售后回租业务中,承租人、出租人因出售租赁资产及购回租赁资产所签订的合同	财税〔2015〕144号第二条(税务总局认为是属于优惠政策)
21	人民法院的生效法律文书,仲裁机构的仲裁文书,监察机关的监察文书	财政部 税务总局公告2022年第22号
22	县级以上人民政府及其所属部门按照行政管理权限征收、收回或者补偿安置房地产书立的合同、协议或者行政类文书	财政部 税务总局公告2022年第22号,实际上是行政合同,不视为产权人将房地产转让给县级以上人民政府及其所属部门
23	总公司与分公司、分公司与分公司之间书立的作为执行计划使用的凭证	财政部 税务总局公告2022年第22号,不是合同
24	企业承包经营合同	新旧印花税均未列举
25	企业租赁经营合同、企业承租经营合同	新旧印花税均未列举
26	合伙合同	新旧印花税均未列举的典型合同
27	委托合同、行纪合同、中介合同(居间合同)	新旧印花税均未列举的典型合同
28	劳动合同	新旧印花税均未列举

第 3 章

纳税重要事项管理

企业在做好纳税日常基础事项管理的基础上,也必须要学习其他一些纳税重要事项的管理,以应对在企业不断发展过程中出现的"突发事件"。而这些纳税重要事项的税务处理往往烦琐复杂,且涉及的税费金额较大,对这些纳税重要事项如果处理不当,不仅会给企业带来巨大的涉税风险,也可能导致企业多缴税费。

本章主要列举了 5 类具体的特殊事项,包括融资撤资涉税处理(第 36 招至第 39 招)、资产重组涉税处理(第 40 招至 43 招)、关联方交易涉税处理(第 44 招至第 45 招)、工资薪金涉税处理(第 46 招)、资产处理涉税处理(第 47 招至 48 招)。

扫码听课

第1节 融投撤资

❸❻ 息息相关
——关联方借款与"统借统还"

关联方借款异常,若能够掌握正确的处理方式,不仅能避免税收风险,还能够通过纳税筹划为企业带来切实的利益。关联方借款的涉税处理方法如图3-1所示。

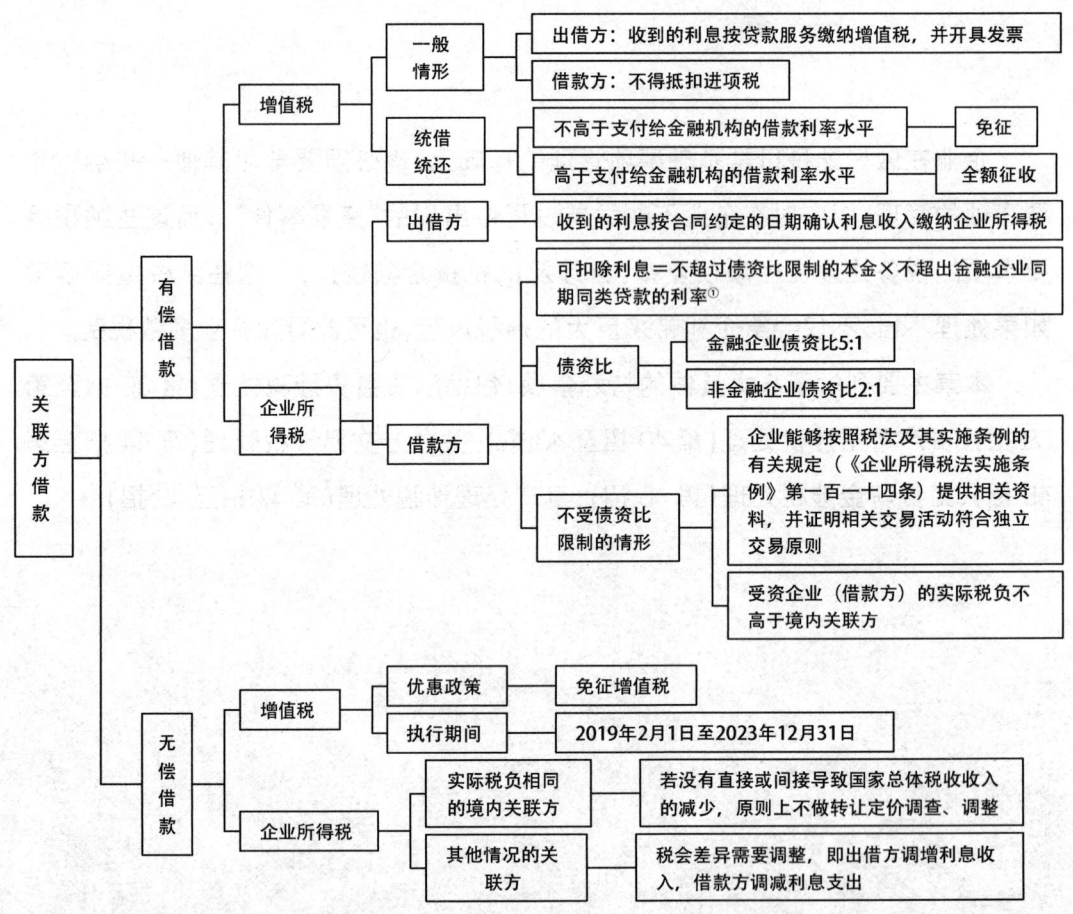

注①：金融企业是指经政府有关部门批准成立的可以从事贷款业务的企业,包括银行、财务公司、信托公司等金融机构。同期同类贷款利率是指在贷款期限、贷款金额、贷款担保以及企业信誉等条件基本相同下,金融企业提供贷款的利率;可以是金融企业公布的同期同类平均利率,也可以是对某些企业提供的实际贷款利率。

图3-1 关联方借款涉税处理

实战案例

深圳市地税局第五稽查局对某公司进行检查时发现,该公司无偿借款给关联企业,少缴税款,该局依法对其进行了查处。

据了解,该公司是一家年利润较高的制造业企业,应收账款少,资金充裕。但稽查人员通过检查该公司账簿凭证发现该公司向银行贷款2亿多元,每年支付利息近2 000万元。

稽查人员通过深入调查后发现,该公司借入的资金除了用于自身用途,还有一部分是为解决集团资金需求,将一部分贷款资金划拨给集团其他子公司无偿使用。

根据《中华人民共和国税收征收管理法》第三十六条的规定,企业在中国境内设立的从事生产经营的机构场所与其关联企业的业务往来,应按独立企业之间的业务往来收取或支付价款费用。该公司在支付银行贷款利息时,全额列入本公司的财务费用,而没有在关联企业之间合理分摊,最终造成少缴企业所得税80余万元,最终受到法律惩处。

【案例分析】

根据财税〔2008〕121号的相关规定,企业如果能够按照税法及其实施条例的有关规定提供相关资料,并证明相关交易活动符合独立交易原则的;或者该企业的实际税负不高于境内关联方的,其实际支付给境内关联方的利息支出,在计算应纳税所得额时准予扣除。也就是说,企业之间无偿借贷,只有在没有直接或间接导致国家总体税收减少的情况下,才不需要进行调整该税会差异。而本例中,无偿借贷的最终结果导致了国家税收减少了80万元,所以是不满足此条规定的。

因此,对关联方借款来说,除了要关注该交易是否满足独立交易原则,是否受到债资比及同期同类银行贷款利率的限制,采用无偿借贷的,还应当关注不同企业之间的实际税负情况,应准确测算,以免受到税务机关的处罚。

政策依据

一、《中华人民共和国企业所得税法实施条例》(中华人民共和国国务院令第512号)第三十八条

企业在生产经营活动中发生的下列利息支出,准予扣除:

(一)非金融企业向金融企业借款的利息支出、金融企业的各项存款利息支出和同业拆借利息支出、企业经批准发行债券的利息支出;

(二)非金融企业向非金融企业借款的利息支出,不超过按照金融企业同期同类贷款利率计算的数额的部分。

二、《财政部 国家税务总局关于全面推开营业税改征增值税试点的通知》(财税

〔2016〕36号)附件3《营业税改征增值税试点过渡政策的规定》第一条第十九项第七点

统借统还业务中,企业集团或企业集团中的核心企业以及集团所属财务公司按不高于支付给金融机构的借款利率水平或者支付的债券票面利率水平,向企业集团或者集团内下属单位收取的利息。

统借方向资金使用单位收取的利息,高于支付给金融机构借款利率水平或者支付的债券票面利率水平的,应全额缴纳增值税。

统借统还业务,是指:

(1)企业集团或者企业集团中的核心企业向金融机构借款或对外发行债券取得资金后,将所借资金分拨给下属单位(包括独立核算单位和非独立核算单位,下同),并向下属单位收取用于归还金融机构或债券购买方本息的业务。

(2)企业集团向金融机构借款或对外发行债券取得资金后,由集团所属财务公司与企业集团或者集团内下属单位签订统借统还贷款合同并分拨资金,并向企业集团或者集团内下属单位收取本息,再转付企业集团,由企业集团统一归还金融机构或债券购买方的业务。

三、《财政部 税务总局关于延长部分税收优惠政策执行期限的公告》(财政部 税务总局公告2021年第6号)第一条

《财政部 税务总局关于设备器具扣除有关企业所得税政策的通知》(财税〔2018〕54号)等16个文件规定的税收优惠政策凡已经到期的,执行期限延长至2023年12月31日,详见附件1。

四、《财政部 税务总局关于明确养老机构免征增值税等政策的通知》(财税〔2019〕20号)第三条

自2019年2月1日至2021年12月31日,对企业集团内单位(含企业集团)之间的资金无偿借贷行为,免征增值税。

五、《财政部 国家税务总局关于企业关联方利息支出税前扣除标准有关税收政策问题的通知》(财税〔2008〕121号)第一条、第二条

一、在计算应纳税所得额时,企业实际支付给关联方的利息支出,不超过以下规定比例和税法及其实施条例有关规定计算的部分,准予扣除,超过的部分不得在发生当期和以后年度扣除。

企业实际支付给关联方的利息支出,除符合本通知第二条规定外,其接受关联方债权性投资与其权益性投资比例为:

(一)金融企业,为5∶1;

(二)其他企业,为2∶1;

二、企业如果能够按照税法及其实施条例的有关规定提供相关资料,并证明相关交易活动符合独立交易原则的;或者该企业的实际税负不高于境内关联方的,其实际支付给境内关联方的利息支出,在计算应纳税所得额时准予扣除。

六、《国家税务总局关于发布〈企业所得税税前扣除凭证管理办法〉的公告》(国家

税务总局公告 2018 年第 28 号）第五条

企业发生支出，应取得税前扣除凭证，作为计算企业所得税应纳税所得额时扣除相关支出的依据。

七、《国家税务总局关于企业向自然人借款的利息支出企业所得税税前扣除问题的通知》（国税函〔2009〕777 号）

一、企业向股东或其他与企业有关联关系的自然人借款的利息支出，应根据《中华人民共和国企业所得税法》（以下简称税法）第四十六条及《财政部 国家税务总局关于企业关联方利息支出税前扣除标准有关税收政策问题的通知》（财税〔2008〕121 号）规定的条件，计算企业所得税扣除额。

二、企业向除第一条规定以外的内部职工或其他人员借款的利息支出，其借款情况同时符合以下条件的，其利息支出在不超过按照金融企业同期同类贷款利率计算的数额的部分，根据税法第八条和税法实施条例第二十七条规定，准予扣除。

（一）企业与个人之间的借贷是真实、合法、有效的，并且不具有非法集资目的或其他违反法律、法规的行为；

（二）企业与个人之间签订了借款合同。

💬 小贴士

1. 关联企业之间的借款，应当具有合理的商业目的，不能以转移利润、逃避税收等违规情形为目的。

2. 关联企业之间的有偿借款，支付利息的一方，应当取得收取利息方开具的发票。

3. 关联企业借款利率明显偏低或无息借款，若无正当理由，可能面临税务机关的调整。

37 互为表里
——资本公积转增资本涉税问题

资本公积转增资本(股本)是一种常见的公司增资形式,通常为公司以资本公积金向全体股东按其实际出资比例同比例转增资本,但实务中也存在公司以资本公积金向特定股东转增资本的特殊情形。企业资本公积转增资本主要的涉税事项如图3-2所示。

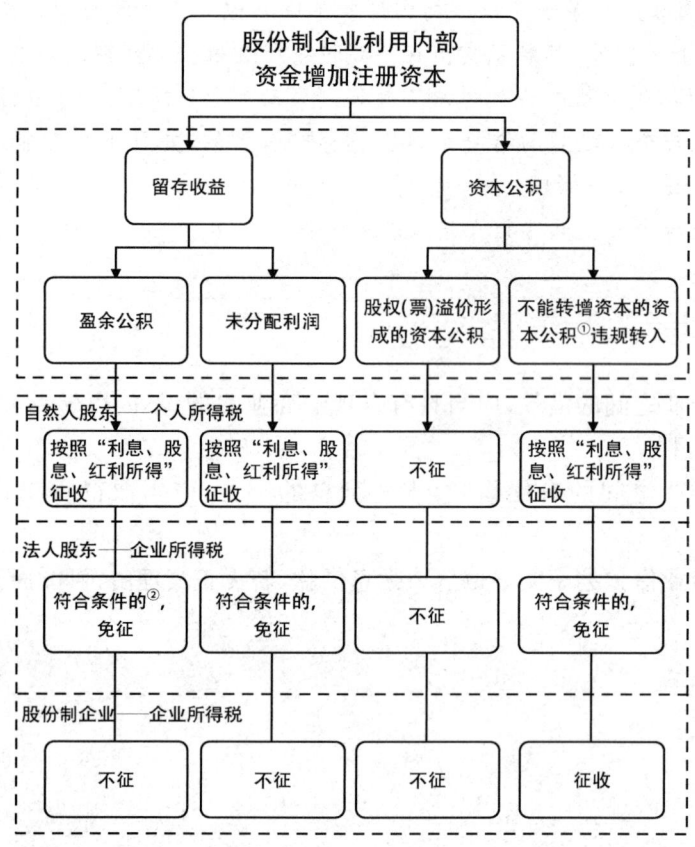

注①：不能转增注册资本(股本)的资本公积：
  a. 采用权益法核算的长期股权投资因被投资方除净损益以外所有者权益的其他变动产生的资本公积。
  b. 可供出售金融资产在资产负债表日的公允价值大于其账面价值的差额产生的资本公积。
  c. 自用房地产或存货转换为采用公允价值模式计量的投资性房地产,转换日的公允价值大于其账面价值的差额产生的资本公积。
  d. 金融资产重分类时的差额产生的资本公积。
注②：直接投资于其他居民企业取得的投资收益,但不包括连续持有居民企业公开发行并上市流通的股票不足12个月取得的投资收益,免征企业所得税。

图 3-2 资本公积转增资本涉税处理

实战案例

某企业近两年利润率保持在 20% 左右,企业正计划上市。该企业股本由 875 万元增加至 7 000 万元,其中,有 6 125 万元为资本公积转增股本;有 7 名自然人股东的股本,由 540 万元增加到 4 320 万元,但并没有缴纳相关个人所得税的记录。

2015 年,第六稽查局对该企业开展约谈。税务机关对企业上报的财务报表进行审阅,发现企业所有者权益中,股本科目金额变动较大,由 875 万元增加至 7 000 万元,其中,有 6 125 万元为资本公积转增股本;有 7 名自然人股东的股本,由 540 万元增加到 4 320 万元,但并没有缴纳相关个人所得税的记录。税务机关通过调取投资协议等资料,发现该企业资本公积形成于 2013 年,是一家医药公司直接股权投资形成的,没有股票发行过程。

【案例分析】

该企业转增注册资本的资本公积,属于投资者投入形成的资本公积增加,而非股票溢价发行形成,不符合国税发〔1997〕198 号文件规定的"股份制企业用资本公积金转增股本,不属于股息、红利性质的分配,对个人取得的转增股本数额,不作为个人所得,不征收个人所得税",以及 289 号文件关于"'资本公积金'是指股份制企业股票溢价发行收入所形成的资本公积金。"

因此,该企业需要补缴个人所得税 756 万元[(4 320－540)×20%],同时会面临税务机关相应的罚款。

政策依据

一、《中华人民共和国企业所得税法》第五十六条

企业的各项资产,包括固定资产、生物资产、无形资产、长期待摊费用、投资资产、存货等,以历史成本为计税基础。

前款所称历史成本,是指企业取得该项资产时实际发生的支出。

企业持有各项资产期间资产增值或者减值,除国务院财政、税务主管部门规定可以确认损益外,不得调整该资产的计税基础。

二、《关于股份制企业转增股本和派发红股征免个人所得税的通知》(国税发〔1997〕198 号)第一条、第二条

一、股份制企业用资本公积金转增股本不属于股息、红利性质的分配,对个人取得的转增股本数额,不作为个人所得,不征收个人所得税。

二、股份制企业用盈余公积金派发红股属于股息、红利性质的分配,对个人取得的红股数额,应作为个人所得征税。

三、《国家税务总局关于进一步加强高收入者个人所得税征收管理的通知》(国税

发〔2010〕54号)第二条第二款第一项

切实加强高收入者主要所得项目的征收管理

……

（二）加强利息、股息、红利所得征收管理

1. 加强股息、红利所得征收管理。重点加强股份有限公司分配股息、红利时的扣缴税款管理，对在境外上市公司分配股息红利，要严格执行现行有关征免个人所得税的规定。加强企业转增注册资本和股本管理，对以未分配利润、盈余公积和除股票溢价发行外的其他资本公积转增注册资本和股本的，要按照"利息、股息、红利所得"项目，依据现行政策规定计征个人所得税。

……

四、《国家税务总局关于原城市信用社在转制为城市合作银行过程中个人股增值所得应纳个人所得税的批复》（国税函〔1998〕289号）第二条

《国家税务总局关于股份制企业转增股本和派发红股征免个人所得税的通知》（国税发〔1997〕198号）中所表述的"资本公积金"是指股份制企业股票溢价发行收入所形成的资本公积金。将此转增股本由个人取得的数额，不作为应税所得征收个人所得税。而与此不相符合的其他资本公积金分配个人所得部分，应当依法征收个人所得税。

五、《国家税务总局关于贯彻落实企业所得税法若干税收问题的通知》（国税函〔2010〕79号）第四条

关于股息、红利等权益性投资收益收入确认问题

企业权益性投资取得股息、红利等收入，应以被投资企业股东会或股东大会作出利润分配或转股决定的日期，确定收入的实现。

被投资企业将股权（票）溢价所形成的资本公积转为股本的，不作为投资方企业的股息、红利收入，投资方企业也不得增加该项长期投资的计税基础。

六、《关于盈余公积金转增注册资本征收个人所得税问题的批复》（国税函〔1998〕333号）

青岛路邦石油化工有限公司将从税后利润中提取的法定公积金和任意公积金转增注册资本，实际上是该公司将盈余公积金向股东分配了股息、红利，股东再以分得的股息、红利增加注册资本。

因此，依据《国家税务总局关于股份制企业转增股本和派发红股征免个人所得税的通知》（国税发〔1997〕198号）精神，对属于个人股东分得并再投入公司（转增注册资本）的部分应按照"利息、股息、红利所得"项目征收个人所得税，税款由股份有限公司在有关部门批准增资、公司股东会决议通过后代扣代缴。

七、《中国证券监督管理委员会对〈会计问题征询函〉的复函》（会计部函〔2008〕50号）

可供出售金融资产公允价值变动形成的利得或损失，除减值损失和外币货币性金

融资产形成的汇兑差额外,应当直接计入所有者权益(其他资本公积)。在相关法律法规有明确规定前,上述计入其他资本公积的公允价值变动部分,暂不得用于转增股份;以公允价值计量的相关资产,其公允价值变动形成的收益,暂不得用于利润分配。

> 💬 **小贴士**

1. 风险提示:

(1) 企业资本公积转增股本时,应注意企业的主体性质。若企业为非股权制企业,则可以咨询当地主管税务机关能否免征个人所得税。若不符合条件而自行享受免征优惠,则会面临补缴税款及罚款。

(2) 并非所有的资本公积都可以转增股本。企业未实现的资本公积不能用于转增资本,如"接受捐赠资产准备""资产评估增值准备"等。违规转增股本,需要补缴企业所得税和个人所得税。

2. 股份有限公司增加股本应满足的条件:

(1) 前一次发行的股份已募足,并间隔1年以上。

(2) 公司在最近3年之内连续盈利,并可向股东支付股利。

(3) 公司预期利润率可达同期银行存款利率。

(4) 公司在最近3年内财务会计文件无虚假记载。

(5) 经股东会议决议,同意增加股本并修改公司章程。

(6) 经国务院授权部门或省级人民政府批准,如为向社会公开发行股票的,还须经国务院证券管理部门批准。

3. 中小高新技术企业递延纳税:

个人取得非上市或未在全国中小企业股份转让系统挂牌的中小高新技术企业以未分配利润、盈余公积、资本公积转增的股本,一次缴纳个人所得税确有困难的,可自行制定计划在5年内分期缴纳。

38 等价交换
——非货币性资产投资的涉税问题

非货币性资产投资是指企业以非货币性资产出资设立新企业，或者以非货币性资产参与已经设立公司的增资扩股、定向增发、重组改制以及其他投资行为。企业进行投融资时，非货币性资产投资是一项重要的手段，双方涉税处理如图3-3所示。

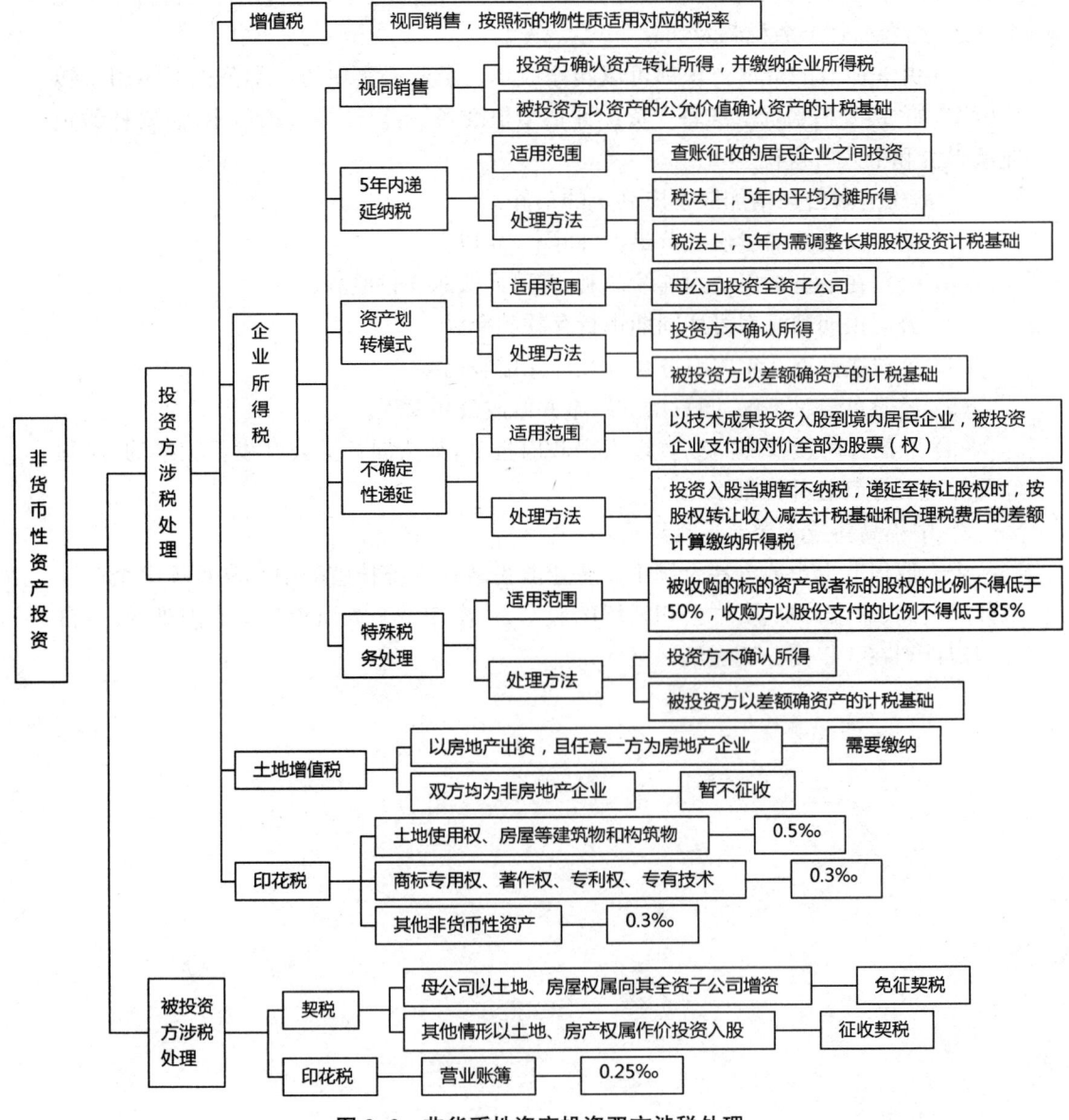

图3-3 非货币性资产投资双方涉税处理

实战案例

2022年1月,梅松公司为扩展业务,通过股东会作出决定,将公司生产的两台设备,账面价值1 500万元,作价2 000万元投资税台公司,占税台公司10%的股份。经资产评估机构评估,该设备的公允价值为2 000万元。

不考虑流转税金及附加。

【案例分析】

企业以非货币性资产投资,视同销售,故应确认转让所得500万元(2 000－1 500)。

根据财税〔2014〕116号第一条的规定,梅松企业以非货币性资产对外投资确认的非货币性资产转让所得500万元,可在不超过5年期限内,分期均匀计入相应年度的应纳税所得额,按规定计算缴纳企业所得税(假如企业选择按5年期限分期均匀计入相应年度的应纳税所得额)。由此产生了税会差异。

2022年度应作调减应纳税所得400万元(500－500÷5)处理。

2023年至2026年每年做调增应纳税所得100万元(500÷5)。

同时,梅松公司2022年1月确认的长期股权投资的计税基础为1 500万元,2022年年底,应将当年应确认的非货币性资产转让所得100万元,增加长期股权投资的计税基础100万元。2023年至2026年,以此类推,如图3-4所示。

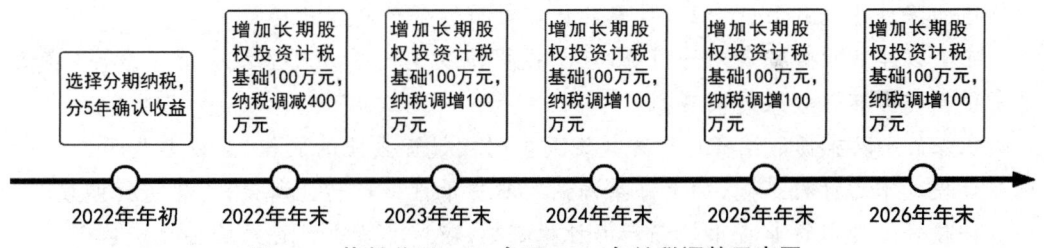

图3-4 梅松公司2022年至2026年纳税调整示意图

若梅松公司在2024年将该股权转让,则应停止执行递延纳税政策,并就递延期内尚未确认的非货币性资产转让所得,在注销当年的企业所得税年度汇算清缴时,一次性计算缴纳企业所得税。即在2024年汇算清缴时,纳税调增300万元。梅松公司每年的调整如表3-1所示。

表3-1 递延纳税年度中间处置资产纳税调整

单位:万元

时间	会计确认长期股权投资成本	税法确认长期股权投资成本	会计损益	税法损益	纳税调整
2022年年初	2 000	1 500	—	—	—
2022年年末	2 000	1 600	500	100	调减400

(续表)

时间	会计确认长期股权投资成本	税法确认长期股权投资成本	会计损益	税法损益	纳税调整
2023年年末	2 000	1 700	0	100	调增100
2024年年末	2 000	2 000	0	300	调增300

政策依据

1.《中华人民共和国企业所得税法实施条例》第二十五条

企业发生非货币性资产交换,以及将货物、财产、劳务用于捐赠、偿债、赞助、集资、广告、样品、职工福利或者利润分配等用途的,应当视同销售货物、转让财产或者提供劳务,但国务院财政、税务主管部门另有规定的除外。

二、《财政部 国家税务总局关于非货币性资产投资企业所得税政策问题的通知》(财税〔2014〕116号)第一条至第七条

一、居民企业(以下简称企业)以非货币性资产对外投资确认的非货币性资产转让所得,可在不超过5年期限内,分期均匀计入相应年度的应纳税所得额,按规定计算缴纳企业所得税。

二、企业以非货币性资产对外投资,应对非货币性资产进行评估并按评估后的公允价值扣除计税基础后的余额,计算确认非货币性资产转让所得。

企业以非货币性资产对外投资,应于投资协议生效并办理股权登记手续时,确认非货币性资产转让收入的实现。

三、企业以非货币性资产对外投资而取得被投资企业的股权,应以非货币性资产的原计税成本为计税基础,加上每年确认的非货币性资产转让所得,逐年进行调整。

被投资企业取得非货币性资产的计税基础,应按非货币性资产的公允价值确定。

四、企业在对外投资5年内转让上述股权或投资收回的,应停止执行递延纳税政策,并就递延期内尚未确认的非货币性资产转让所得,在转让股权或投资收回当年的企业所得税年度汇算清缴时,一次性计算缴纳企业所得税;企业在计算股权转让所得时,可按本通知第三条第一款规定将股权的计税基础一次调整到位。

企业在对外投资5年内注销的,应停止执行递延纳税政策,并就递延期内尚未确认的非货币性资产转让所得,在注销当年的企业所得税年度汇算清缴时,一次性计算缴纳企业所得税。

五、本通知所称非货币性资产,是指现金、银行存款、应收账款、应收票据以及准备持有至到期的债券投资等货币性资产以外的资产。

本通知所称非货币性资产投资,限于以非货币性资产出资设立新的居民企业,或将非货币性资产注入现存的居民企业。

六、企业发生非货币性资产投资,符合《财政部 国家税务总局关于企业重组业

务企业所得税处理若干问题的通知》(财税〔2009〕59号)等文件规定的特殊性税务处理条件的,也可选择按特殊性税务处理规定执行。

七、本通知自2014年1月1日起执行。本通知发布前尚未处理的非货币性资产投资,符合本通知规定的可按本通知执行。

三、《财政部 国家税务总局关于完善股权激励和技术入股有关所得税政策的通知》(财税〔2016〕101号)第三条

对技术成果投资入股实施选择性税收优惠政策

(一)企业或个人以技术成果投资入股到境内居民企业,被投资企业支付的对价全部为股票(权)的,企业或个人可选择继续按现行有关税收政策执行,也可选择适用递延纳税优惠政策。

选择技术成果投资入股递延纳税政策的,经向主管税务机关备案,投资入股当期可暂不纳税,允许递延至转让股权时,按股权转让收入减去技术成果原值和合理税费后的差额计算缴纳所得税。

(二)企业或个人选择适用上述任一项政策,均允许被投资企业按技术成果投资入股时的评估值入账并在企业所得税前摊销扣除。

(三)技术成果是指专利技术(含国防专利)、计算机软件著作权、集成电路布图设计专有权、植物新品种权、生物医药新品种,以及科技部、财政部、国家税务总局确定的其他技术成果。

(四)技术成果投资入股,是指纳税人将技术成果所有权让渡给被投资企业、取得该企业股票(权)的行为。

四、《财政部 国家税务总局关于促进企业重组有关企业所得税处理问题的通知》(财税〔2014〕109号)第三条

对100%直接控制的居民企业之间,以及受同一或相同多家居民企业100%直接控制的居民企业之间按账面净值划转股权或资产,凡具有合理商业目的、不以减少、免除或者推迟缴纳税款为主要目的,股权或资产划转后连续12个月内不改变被划转股权或资产原来实质性经营活动,且划出方企业和划入方企业均未在会计上确认损益的,可以选择按以下规定进行特殊性税务处理:

1. 划出方企业和划入方企业均不确认所得。
2. 划入方企业取得被划转股权或资产的计税基础,以被划转股权或资产的原账面净值确定。
3. 划入方企业取得的被划转资产,应按其原账面净值计算折旧扣除。

💬 小贴士

1. 非货币性资产投资是直接注资给居民企业的,而不是给股东的。
2. 连续不超过5个纳税年度的期间内,该期间必须是连续的,中间不能中断,且

应当分期均匀计入。

3. 企业以非货币性资产对外投资的,应于投资协议生效并办理股权登记手续时,确认非货币性资产转让收入的实现。

4. 关联企业之间发生非货币性资产投资行为的,投资协议生效后12个月内尚未完成股权变更登记手续的,于投资协议生效时,确认非货币性资产转让收入的实现。

5. 同时符合财税〔2009〕59号、财税〔2014〕109号等文件规定的特殊性税务处理条件的,可由企业选择其中一项政策执行,且一经选择,不得改变。

39 知难而退
——股权投资退出涉税问题

企业撤回投资的方式多种多样,但无论是哪一种方式撤资或减资,都应遵循法律规定的流程,否则会存在抽逃出资的嫌疑。企业不同形式的撤资及减资方式的流程及涉税处理方法如图3-5所示。

实战案例

A公司2018年以2 000万元投资注册B公司,占B公司40%的股份,2022年1月,经股东大会决议,同意A公司撤资,A公司持有的40%股份的公允价值为3 500万元。截止到2021年年底,B公司累计未分配利润和盈余公积3 000万元。

(1) 若A公司以现金的形式取得该项所得,A需要确认的投资所得是多少?

(2) 若A公司取得B公司的一台机器设备(账面3 000万,评估价3 500万),则A公司需要确认的投资所得是多少?

【案例分析】

B公司累计未分配利润和盈余公积3 000万元,故A公司需要确认股息所得1 200万元(3 000×40%)。

(1) 若A公司取得现金,则A公司需要确认的投资所得=收回所得-股息所得-初始出资资金=3 500-1 200-2 000=300万元。

(2) 若A公司取得机器设备,B公司应先视同销售,确认500万元(3 500-3 000)利润,转入未分配利润金额375万元[500×(1-25%)],故属于A公司的未分配利润和盈余公积份额,即A公司需要确认的股息收入1 350万元[(3 000+375)×40%],因此,A公司最终需要确认投资所得150万元(3 500-1 350-2 000)。

政策依据

一、《国家税务总局关于企业所得税若干问题的公告》(国家税务总局公告2011年第34号)第五条

投资企业从被投资企业撤回或减少投资,其取得的资产中,相当于初始出资的部分,应确认为投资收回;相当于被投资企业累计未分配利润和累计盈余公积按减少实收资本比例计算的部分,应确认为股息所得;其余部分确认为投资资产转让所得。

被投资企业发生的经营亏损,由被投资企业按规定结转弥补;投资企业不得调整减低其投资成本,也不得将其确认为投资损失。

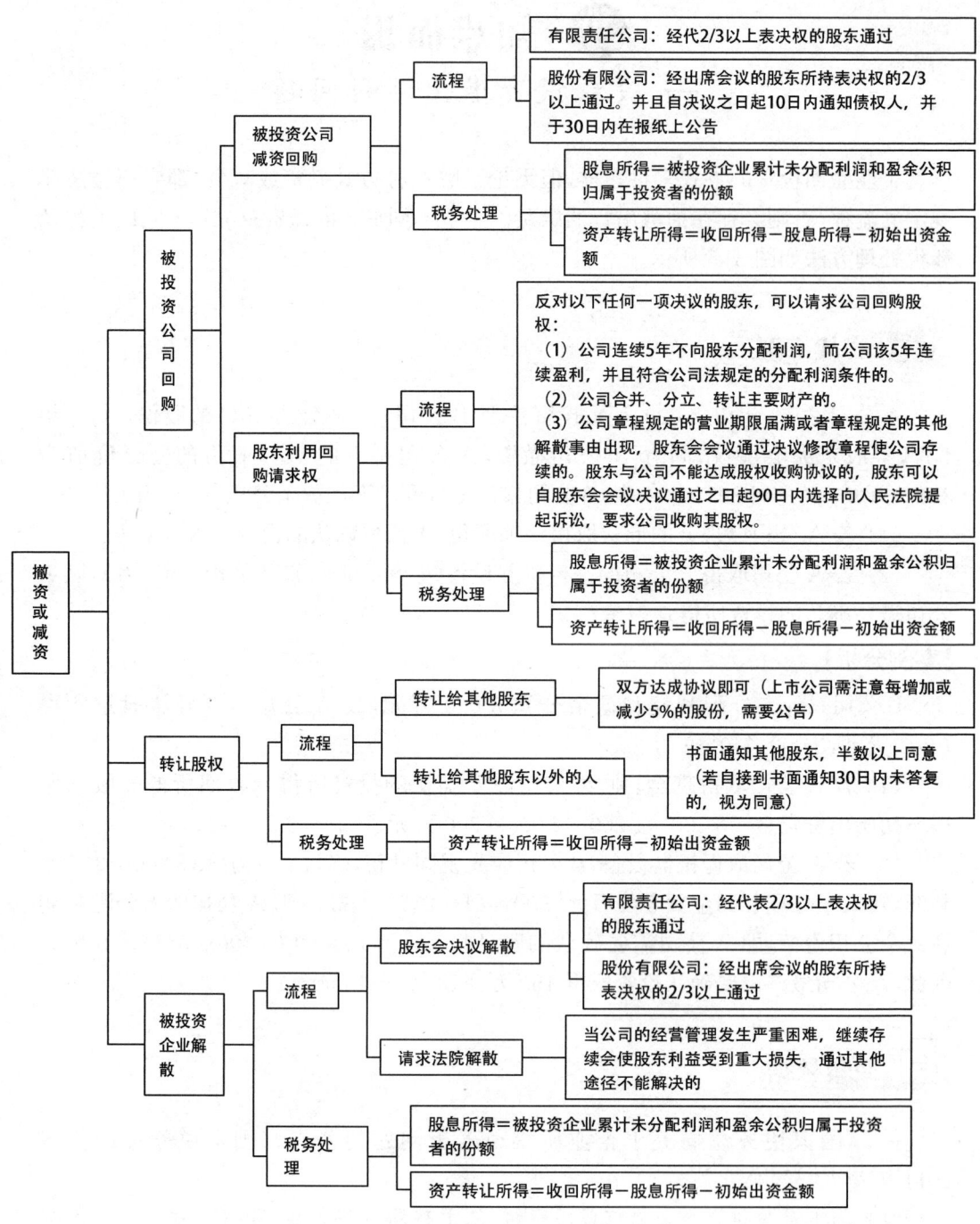

注：若撤资收回的资产是非货币性资产，则被投资方需要做视同销售处理，同时必须按照公允价值确认所得。

图 3-5 撤资或减资流程及涉税处理

二、《国家税务总局关于贯彻落实企业所得税法若干税收问题的通知》(国税函〔2010〕79号)第三条

企业转让股权收入,应于转让协议生效、且完成股权变更手续时,确认收入的实现。转让股权收入扣除为取得该股权所发生的成本后,为股权转让所得。企业在计算股权转让所得时,不得扣除被投资企业未分配利润等股东留存收益中按该项股权所可能分配的金额。

三、《财政部 国家税务总局关于企业清算业务企业所得税处理若干问题的通知》(财税〔2009〕60号)第五条第二款、第三款

被清算企业的股东分得的剩余资产的金额,其中相当于被清算企业累计未分配利润和累计盈余公积中按该股东所占股份比例计算的部分,应确认为股息所得;剩余资产减除股息所得后的余额,超过或低于股东投资成本的部分,应确认为股东的投资转让所得或损失。

被清算企业的股东从被清算企业分得的资产应按可变现价值或实际交易价格确定计税基础。本通知自2008年1月1日起执行。

四、《中华人民共和国公司法》第四十三条、第一百零三条、第一百七十七条

第四十三条 股东会的议事方式和表决程序,除本法有规定的外,由公司章程规定。

股东会会议作出修改公司章程、增加或者减少注册资本的决议,以及公司合并、分立、解散或者变更公司形式的决议,必须经代表三分之二以上表决权的股东通过。

第一百零三条 股东出席股东大会会议,所持每一股份有一表决权。但是,公司持有的本公司股份没有表决权。

股东大会作出决议,必须经出席会议的股东所持表决权过半数通过。但是,股东大会作出修改公司章程、增加或者减少注册资本的决议,以及公司合并、分立、解散或者变更公司形式的决议,必须经出席会议的股东所持表决权的三分之二以上通过。

第一百七十七条 公司需要减少注册资本时,必须编制资产负债表及财产清单。

公司应当自作出减少注册资本决议之日起十日内通知债权人,并于三十日内在报纸上公告。债权人自接到通知书之日起三十日内,未接到通知书的自公告之日起四十五日内,有权要求公司清偿债务或者提供相应的担保。

小贴士

1. 由于税法暂未对未分配利润和盈余公积做具体规定,故暂以企业会计报表为准,即纳税调整前的未分配利润和盈余公积。部分地区有特殊要求的,企业可咨询当地主管税务机关,如上海市要求出具《利润分配单》,考虑税会差异问题。

2. 符合条件的居民企业之间的股息、红利等权益性投资收益作为免税收入,免缴企业所得税。即需要同时满足以下三个条件:

（1）居民企业之间——不包括居民企业投资到"独资企业、合伙企业、非居民企业"。

（2）直接投资——不包括"间接投资"。

（3）连续持有居民企业公开发行并上市流通的股票在一年（12个月）以上取得的投资收益，不包括处置及处置以后取得的收入。

第 2 节 资产重组

❹⓿ 合二为一
——企业合并涉税处理

企业合并是指一家企业取得另外一家或几家企业全部资产负债的行为,是合并方与被合并方股东之间的交易。企业合并的涉税处理如图 3-6 所示。

实战案例

2010 年 6 月,天洋房地产公司以 7 000 万元货币资金购买 A 企业全资子公司 B 公司 100% 股权 5 000 万元,B 公司资产总额为 8 000 万元,计税基础 7 500 万元,公允价值 9 000 万元,负债 2 000 万元,计税基础 2 000 万元,未分配利润 1 000 万元。购买完成后 B 公司注销。B 公司的现有职工随着资产的转让一并由天洋房地产公司接受并负责安置。

1. 被合并企业 B 公司要清算处理

本例中,B 公司转让后不再存在,要进行企业所得税清算处理。按照《财政部 国家税务总局关于企业清算业务企业所得税处理若干问题的通知》(财税〔2009〕60 号)的规定,企业全部资产的可变现价值或交易价格减除清算费用,职工的工资、社会保险费用和法定补偿金,结清清算所得税、以前年度欠税等税款,清偿企业债务,按规定计算可以向所有者分配的剩余资产。B 公司先进行清算处理。清算所得 1 500 万元 [(9 000−7 500)+(2 000−2 000)],清算所得税 375 万元(1 500×25%),清算损益 625 万元(1 000−375),可向股东分配的剩余财产为 6 625 万元(9 000−2 000−375),其中累计未分配利润为 1 625 万元(1 000+625)。

2. 被合并企业股东 A 企业也应按清算处理

根据财税〔2009〕60 号文的规定,被清算企业的股东分得的剩余资产的金额,其中相当于被清算企业累计未分配利润和累计盈余公积中按该股东所占股份比例计算的部分,应确认为股息所得;剩余资产减除股息所得后的余额,超过或低于股东投资成本的部分,应确认为股东的投资转让所得或损失。本例中,A 企业作为原股东所获得 7 000 万元股权转让所得,其中 375 万元用于 B 企业缴纳清算所得税,实际确认所得为 6 625 万元,其中 1 625 万元为累计未分配利润属于权益性投资所得不用缴纳企业所得税,投资转让损失为 0(6 625−5 000−1 625)。

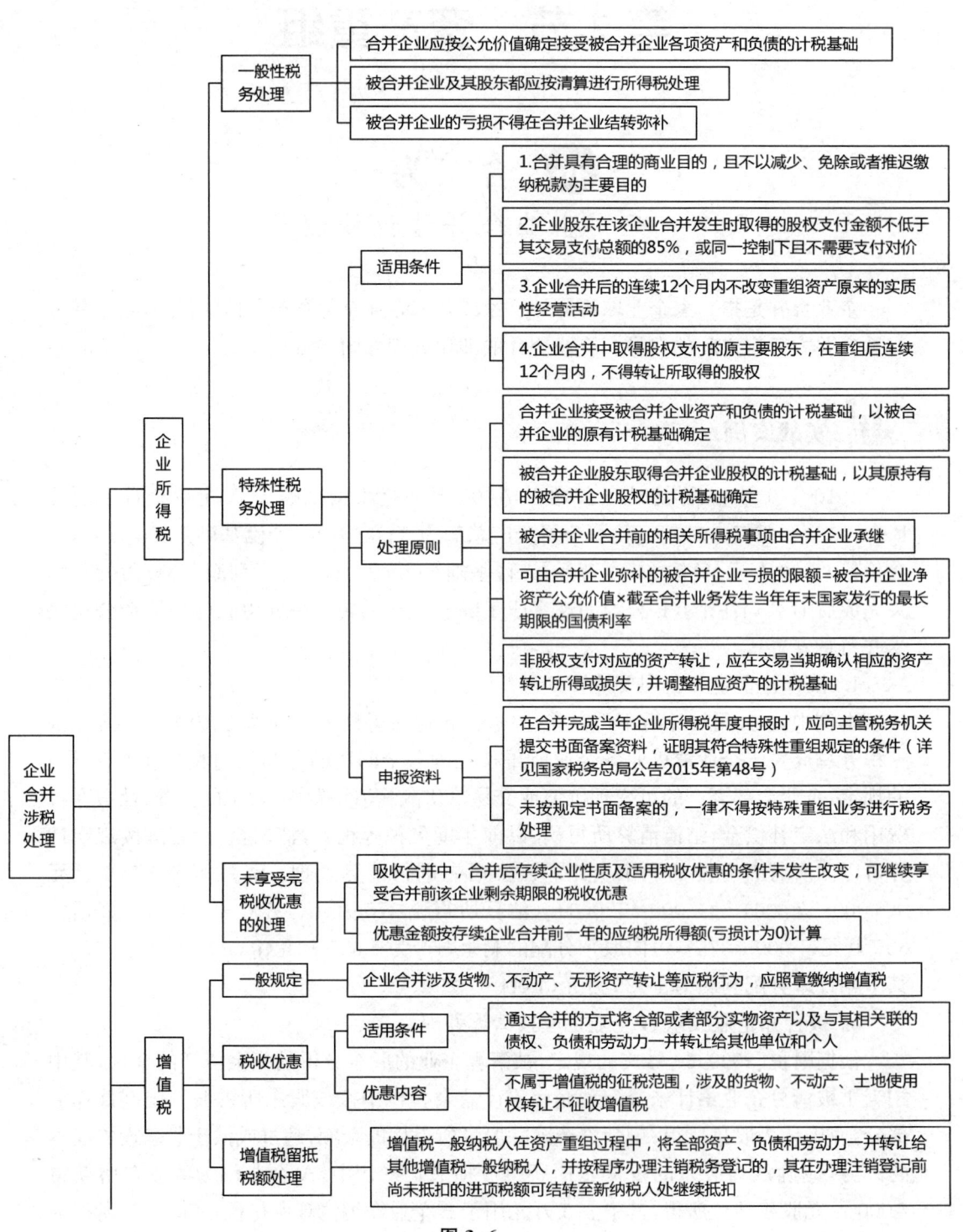

图 3-6

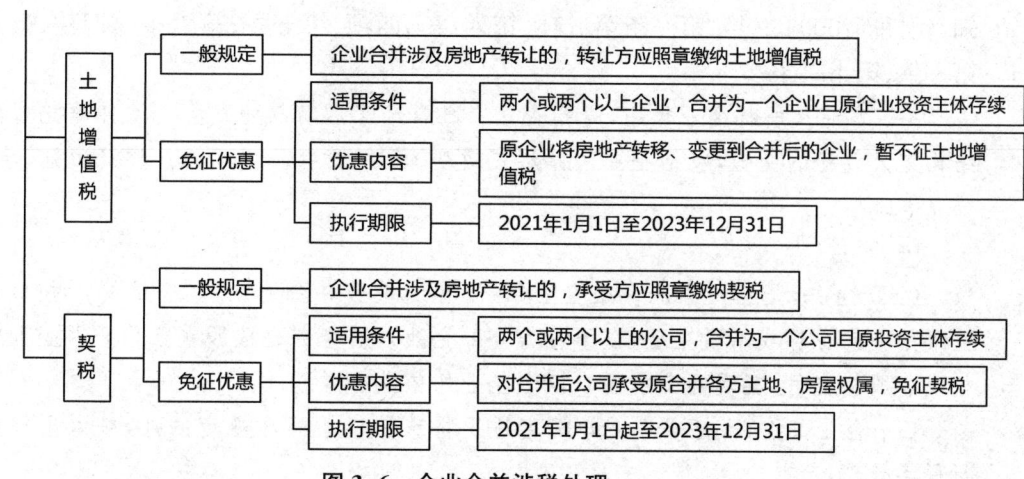

图 3-6 企业合并涉税处理

3. 合并企业的税务处理

天洋房地产公司吸收接受被出售的 B 公司,以 B 公司全部资产的公允价值确定入账。会计处理为:

借:各项资产 9 000
　　贷:库存现金/银行存款 7 000
　　　　各项负债 2 000

以上吸收合并当事三方按照财税〔2009〕59 号一般性税务处理确定,选择特殊性税务处理则另当别论。

来源:选自中国税务报 2011 年 2 月 21 日星期一第六版

【案例分析】

本例中,第一,B 企业将资产、负债和劳动力等一并转让给了天洋公司,根据《关于纳税人资产重组有关增值税问题的公告》(国家税务总局公告 2011 年第 13 号)的规定,通过合并方式,将全部或者部分实物资产以及与其相关联的债权、负债和劳动力一并转让给其他单位和个人,不属于增值税的征税范围,其中涉及的货物转让,不征收增值税。

第二,若天洋房地产以增发自身股票(公允价值 7 000 万元)的形式收购,取得 B 公司 100% 的股权,则可以满足特殊性税务处理的条件。

在进行特殊性税务处理时,被合并企业 B 公司不确认所得,故不需要缴纳企业所得税;被合并企业股东 A 公司,取得的股权按照原持有的 B 公司的股权的计税基础确定,故对损益没有影响;合并企业天洋公司取得的被合并企业的计税基础按照其原有计税基础确定。

 **政策依据**

一、《财政部　国家税务总局关于企业重组业务企业所得税处理若干问题的通

知》(财税〔2009〕59号)第一条第五项、第四条第四项、第五条、第六条第四项、第九条第一款、第十一条

一、本通知所称企业重组,是指企业在日常经营活动以外发生的法律结构或经济结构重大改变的交易,包括企业法律形式改变、债务重组、股权收购、资产收购、合并、分立等。

……

(五)合并,是指一家或多家企业(以下称为被合并企业)将其全部资产和负债转让给另一家现存或新设企业(以下称为合并企业),被合并企业股东换取合并企业的股权或非股权支付,实现两个或两个以上企业的依法合并。

四、企业重组,除符合本通知规定适用特殊性税务处理规定的外,按以下规定进行税务处理:

……

(四)企业合并,当事各方应按下列规定处理:

1. 合并企业应按公允价值确定接受被合并企业各项资产和负债的计税基础。
2. 被合并企业及其股东都应按清算进行所得税处理。
3. 被合并企业的亏损不得在合并企业结转弥补。

五、企业重组同时符合下列条件的,适用特殊性税务处理规定:

(一)具有合理的商业目的,且不以减少、免除或者推迟缴纳税款为主要目的。

(二)被收购、合并或分立部分的资产或股权比例符合本通知规定的比例。

(三)企业重组后的连续12个月内不改变重组资产原来的实质性经营活动。

(四)重组交易对价中涉及股权支付金额符合本通知规定比例。

(五)企业重组中取得股权支付的原主要股东,在重组后连续12个月内,不得转让所取得的股权。

六、企业重组符合本通知第五条规定条件的,交易各方对其交易中的股权支付部分,可以按以下规定进行特殊性税务处理:

……

(四)企业合并,企业股东在该企业合并发生时取得的股权支付金额不低于其交易支付总额的85%,以及同一控制下且不需要支付对价的企业合并,可以选择按以下规定处理:

1. 合并企业接受被合并企业资产和负债的计税基础,以被合并企业的原有计税基础确定。
2. 被合并企业合并前的相关所得税事项由合并企业承继。
3. 可由合并企业弥补的被合并企业亏损的限额=被合并企业净资产公允价值×截至合并业务发生当年年末国家发行的最长期限的国债利率。
4. 被合并企业股东取得合并企业股权的计税基础,以其原持有的被合并企业股权的计税基础确定。

九、在企业吸收合并中,合并后的存续企业性质及适用税收优惠的条件未发生改变的,可以继续享受合并前该企业剩余期限的税收优惠,其优惠金额按存续企业合并前一年的应纳税所得额(亏损计为零)计算。

十一、企业发生符合本通知规定的特殊性重组条件并选择特殊性税务处理的,当事各方应在该重组业务完成当年企业所得税年度申报时,向主管税务机关提交书面备案资料,证明其符合各类特殊性重组规定的条件。企业未按规定书面备案的,一律不得按特殊重组业务进行税务处理。

二、《国家税务总局关于纳税人资产重组有关增值税问题的公告》(国家税务总局公告2011年第13号)

纳税人在资产重组过程中,通过合并、分立、出售、置换等方式,将全部或者部分实物资产以及与其相关联的债权、负债和劳动力一并转让给其他单位和个人,不属于增值税的征税范围,其中涉及的货物转让,不征收增值税。

三、《国家税务总局关于纳税人资产重组增值税留抵税额处理有关问题的公告》(国家税务总局公告2012年第55号)第一条

增值税一般纳税人(以下称"原纳税人")在资产重组过程中,将全部资产、负债和劳动力一并转让给其他增值税一般纳税人(以下称"新纳税人"),并按程序办理注销税务登记的,其在办理注销登记前尚未抵扣的进项税额可结转至新纳税人处继续抵扣。

四、《财政部 税务总局关于继续实施企业改制重组有关土地增值税政策的公告》(财政部 税务总局公告2021年第21号)第二条、第九条

二、按照法律规定或者合同约定,两个或两个以上企业合并为一个企业,且原企业投资主体存续的,对原企业将房地产转移、变更到合并后的企业,暂不征土地增值税。

九、本公告执行期限为2021年1月1日至2023年12月31日。

五、《财政部 税务总局关于继续执行企业、事业单位改制重组有关契税政策的公告》(财政部 税务总局公告2021年第17号)第三条、第十一条

三、公司合并

两个或两个以上的公司,依照法律规定、合同约定,合并为一个公司,且原投资主体存续的,对合并后公司承受原合并各方土地、房屋权属,免征契税。

十一、本公告自2021年1月1日起至2023年12月31日执行。

> **小贴士**
>
> 1. 合并前目标企业应尽而未尽的纳税义务由合并后企业承继,并且会影响合并后企业的财务状况,因此,合并前企业需要做好充分的尽职调查。
>
> 2. 企业合并满足特殊性税务处理条件的,需要留存好相应的资料备查。
>
> 3. 合并后,除了涉税风险,企业还应充分考虑其他的风险,如企业文化风险、管理风险、经营风险、规模经济风险等。

㊶ 一分为二
——企业分立的涉税处理

企业分立是指一家企业(被分立企业)将部分或全部资产分离转让给现存或新设的企业(分立企业),被分立企业股东换取分立企业的股权或非股权支付。一般来说,分立包括两种类型:一种是被分立企业解散而成立两个以上的独立企业(新设分立);另一种是被分立企业将部分部门、产品生产线、资产、业务等剥离出来,组成一个或几个新企业,而被分立企业在法律上仍然存在(存续分立)。

企业分立的相关涉税处理如图 3-7 所示。

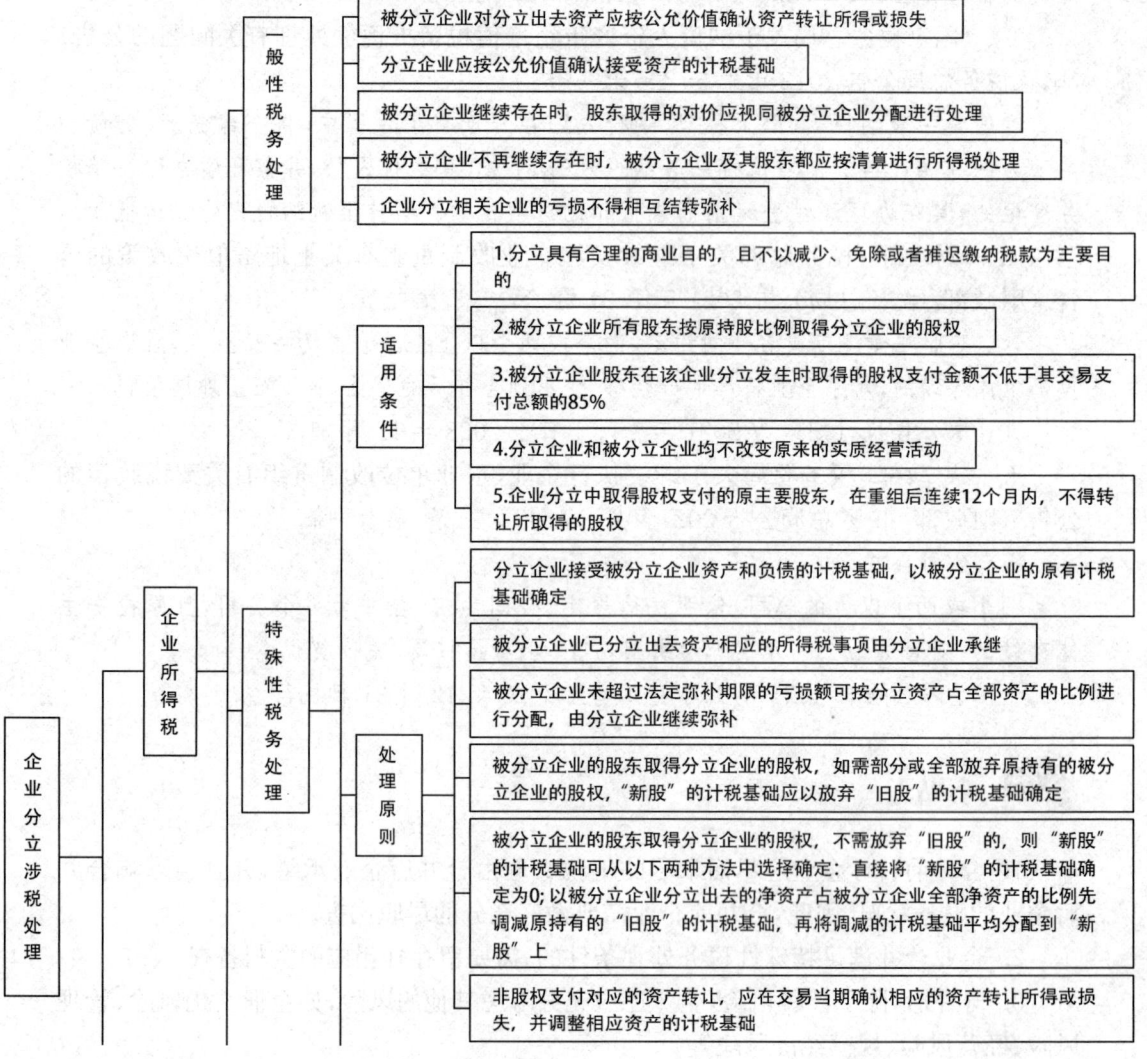

图 3-7

第 3 章 纳税重要事项管理

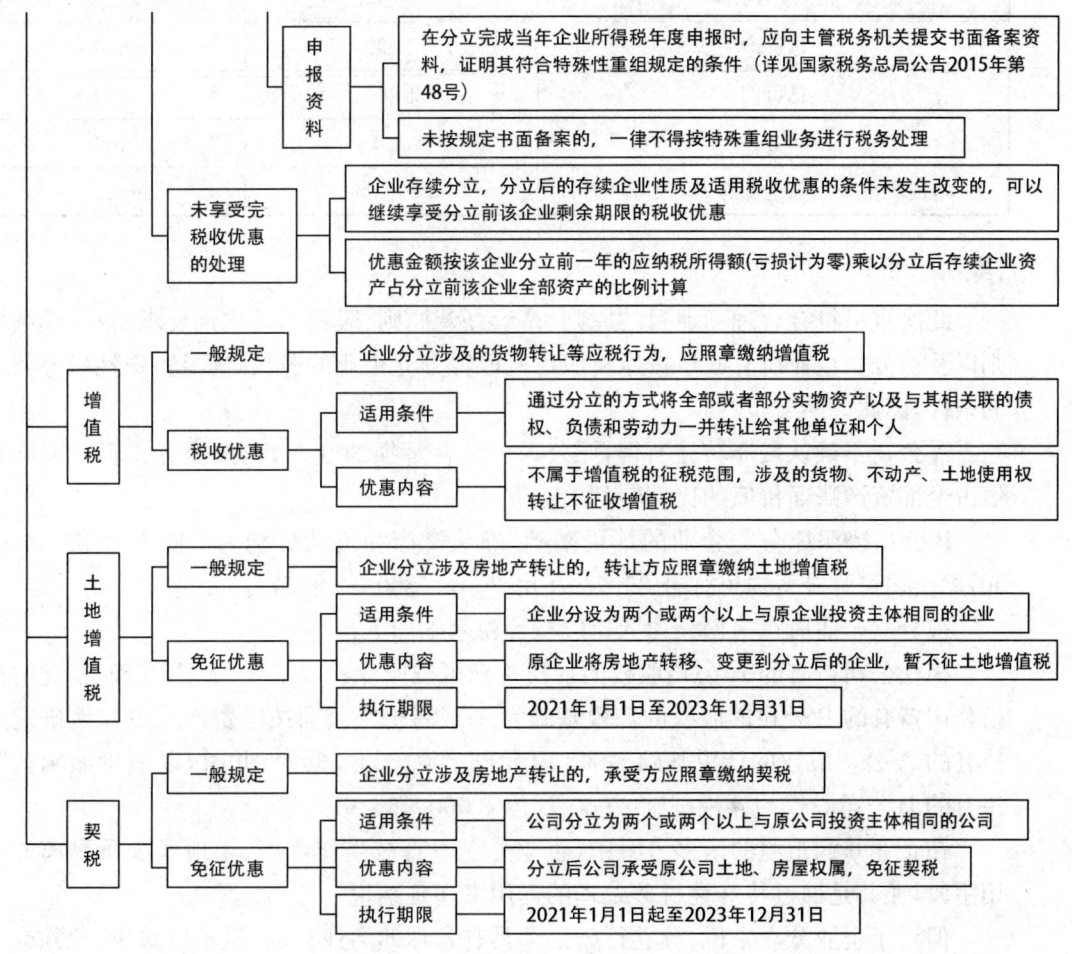

图 3-7 企业分立涉税处理

实战案例

梅松公司持有 A 公司 100%股权,该部分股权的计税基础为 3 000 万元。A 公司主要从事房地产开发业务。2022 年 4 月,梅松公司拟采用派生分立的形式将 A 公司分立为存续公司和新派生 B 公司。分立后,A 公司和 B 公司仍由梅松公司 100%持股。B 公司取得分立资产后将不改变其经营活动,该重组交易已通过证监会等机构的审核。公司分立基准日为 2021 年 12 月 31 日。截至分立基准日,A 公司经审计的资产账面价值总额为 2 800 万元,负债账面价值总额为 2 200 万元,净资产账面价值为 600 万元,可弥补亏损为 300 万元(尚有 5 年可弥补期限)。

分立后,存续公司与新公司的财产分割情况如表 3-2 所示:

表 3-2　存续公司与新公司财产分割情况　　　　　　　金额单位：万元

项目	A 公司	B 公司
总资产	2 000	800
总负债	1 800	400
净资产	200	400
净资产占分立前全部净资产的比例	33.33%	66.67%

【案例分析】

　　此次重组符合合理商业目的原则、持续经营原则、股权支付比例要求、权益延续原则以及被分立企业所有股东按原持股比例取得分立企业的股权，满足特殊性税务处理的条件，因此：

　　A 公司不确认资产转让所得，原公司可弥补亏损 300 万元，按照分立资产账面价值占全部资产账面价值的比例转到 B 公司。

　　B 公司按照原分立企业的计税基础，确认资产和负债分别为 800 万元和 400 万元，原公司可弥补亏损可弥补 85.71 万元[300×(800÷2 800)]。

　　被分立企业股东梅松公司取得股权计税基础如下：

　　梅松公司持有的 A 公司股权的计税基础可按原计税基础 3 000 万元确定，此时梅松公司持有的 B 公司的股权的计税基础为 0；或者梅松公司按净资产减少比例确定其持有的 A 公司股权的计税基础 1 000 万元(3 000×33.33%)，此时，以减少额确认其持有的 B 公司股权的计税基础 2 000 万元(3 000×66.67%)。

　　在企业并购重组的诸多方案中，企业分立一直被当作资产、土地或项目剥离的常用手段，尤其是通过特殊性税务处理的运用来递延纳税。

　　但对于企业分立来说，分立行为必须具有合理的商业目的，且不以减少、免除或者推迟缴纳税款为目的，才能够适用特殊性税务处理。同样，对于增值税来说，必须要满足"将全部或者部分实物资产以及与其相关联的债权、负债和劳动力一并转让给其他单位"，才能符合免税条件。

　　因此，企业在重组前的合理时间内，应要对业务、人员作出合理安排，以满足税法规定的相关条件，否则，可能会面临一定的处罚。

政策依据

　　一、《财政部　国家税务总局关于企业重组业务企业所得税处理若干问题的通知》(财税〔2009〕59 号)第一条第六项、第四条第五项、第五条、第六条第五项、第九条第二项、第十一条

　　一、本通知所称企业重组，是指企业在日常经营活动以外发生的法律结构或经济结构重大改变的交易，包括企业法律形式改变、债务重组、股权收购、资产收购、合并、

分立等。

……

（六）分立，是指一家企业（以下称为被分立企业）将部分或全部资产分离转让给现存或新设的企业（以下称为分立企业），被分立企业股东换取分立企业的股权或非股权支付，实现企业的依法分立。

四、企业重组，除符合本通知规定适用特殊性税务处理规定的外，按以下规定进行税务处理：

……

（五）企业分立，当事各方应按下列规定处理：

1. 被分立企业对分立出去资产应按公允价值确认资产转让所得或损失。

2. 分立企业应按公允价值确认接受资产的计税基础。

3. 被分立企业继续存在时，其股东取得的对价应视同被分立企业分配进行处理。

4. 被分立企业不再继续存在时，被分立企业及其股东都应按清算进行所得税处理。

5. 企业分立相关企业的亏损不得相互结转弥补。

五、企业重组同时符合下列条件的，适用特殊性税务处理规定：

（一）具有合理的商业目的，且不以减少、免除或者推迟缴纳税款为主要目的。

（二）被收购、合并或分立部分的资产或股权比例符合本通知规定的比例。

（三）企业重组后的连续12个月内不改变重组资产原来的实质性经营活动。

（四）重组交易对价中涉及股权支付金额符合本通知规定比例。

（五）企业重组中取得股权支付的原主要股东，在重组后连续12个月内，不得转让所取得的股权。

六、企业重组符合本通知第五条规定条件的，交易各方对其交易中的股权支付部分，可以按以下规定进行特殊性税务处理：

……

（五）企业分立，被分立企业所有股东按原持股比例取得分立企业的股权，分立企业和被分立企业均不改变原来的实质经营活动，且被分立企业股东在该企业分立发生时取得的股权支付金额不低于其交易支付总额的85%，可以选择按以下规定处理：

1. 分立企业接受被分立企业资产和负债的计税基础，以被分立企业的原有计税基础确定。

2. 被分立企业已分立出去资产相应的所得税事项由分立企业承继。

3. 被分立企业未超过法定弥补期限的亏损额可按分立资产占全部资产的比例进行分配，由分立企业继续弥补。

4. 被分立企业的股东取得分立企业的股权（以下简称"新股"），如需部分或全部放弃原持有的被分立企业的股权（以下简称"旧股"），"新股"的计税基础应以放弃"旧股"的计税基础确定。如不需放弃"旧股"，则其取得"新股"的计税基础可从以下两种方法中选择确定：直接将"新股"的计税基础确定为零；或者以被分立企业分立出去的净资产占被分立企业全部净资产的比例先调减原持有的"旧股"的计税基础，再将调减的计税基础平均分配到"新股"上。

九、在企业存续分立中，分立后的存续企业性质及适用税收优惠的条件未发生改变的，可以继续享受分立前该企业剩余期限的税收优惠，其优惠金额按该企业分立前一年的应纳税所得额（亏损计为零）乘以分立后存续企业资产占分立前该企业全部资产的比例计算。

十一、企业发生符合本通知规定的特殊性重组条件并选择特殊性税务处理的，当事各方应在该重组业务完成当年企业所得税年度申报时，向主管税务机关提交书面备案资料，证明其符合各类特殊性重组规定的条件。企业未按规定书面备案的，一律不得按特殊重组业务进行税务处理。

二、《国家税务总局关于纳税人资产重组有关增值税问题的公告》（国家税务总局公告2011年第13号）

纳税人在资产重组过程中，通过合并、分立、出售、置换等方式，将全部或者部分实物资产以及与其相关联的债权、负债和劳动力一并转让给其他单位和个人，不属于增值税的征税范围，其中涉及的货物转让，不征收增值税。

三、《财政部 税务总局关于继续实施企业改制重组有关土地增值税政策的公告》（财政部 税务总局公告2021年第21号）第三条、第九条

三、按照法律规定或者合同约定，企业分设为两个或两个以上与原企业投资主体相同的企业，对原企业将房地产转移、变更到分立后的企业，暂不征土地增值税。

九、本公告执行期限为2021年1月1日至2023年12月31日。

四、《财政部 税务总局关于继续执行企业、事业单位改制重组有关契税政策的公告》（财政部 税务总局公告2021年第17号）第四条、第十一条

四、公司分立

公司依照法律规定、合同约定分立为两个或两个以上与原公司投资主体相同的公司，对分立后公司承受原公司土地、房屋权属，免征契税。

十一、本公告自2021年1月1日起至2023年12月31日执行。

小贴士

1. 企业应该尽量避免重组前连续12个月内进行股权、资产交易，以免被税务机关认定与该重组构成分步交易。

2. 根据税法相关规定，企业申报时，应从重组交易的实质结果、重组各方涉及的税务状况变化、重组各方涉及的财务状况变化来说明企业重组具有合理的商业目的。

3. 企业分立需要留存被查的资料清单如表3-3所示。

表 3-3 企业分立当事双方需留存资料

提供资料方	申报资料
当事各方	1. 企业分立的总体情况说明,包括分立方案、基本情况,并逐条说明企业分立的商业目的
	2. 被分立企业董事会、股东会(股东大会)关于企业分立的决议,需有权部门(包括内部和外部)批准的,应提供批准文件
	3. 被分立企业的净资产、各单项资产和负债账面价值和计税基础等相关资料
	4. 12个月内不改变资产原来的实质性经营活动、原主要股东不转让所取得股权的承诺书
	5. 工商管理部门等有权机关认定的分立和被分立企业股东股权比例证明材料;分立后,分立和被分立企业工商营业执照复印件
	6. 重组当事各方一致选择特殊性税务处理并加盖当事各方公章的证明资料
	7. 涉及非货币性资产支付的,应提供非货币性资产评估报告或其他公允价值证明
	8. 分立企业承继被分立企业所分立资产相关所得税事项(包括尚未确认的资产损失、分期确认收入和尚未享受期满的税收优惠政策等)情况说明
	9. 若被分立企业尚有未超过法定弥补期限的亏损,应提供亏损弥补情况说明、被分立企业重组前净资产和分立资产公允价值的证明材料
	10. 重组前连续12个月内有无与该重组相关的其他股权、资产交易,与该重组是否构成分步交易、是否作为一项企业重组业务进行处理情况的说明
	11. 按会计准则规定当期应确认资产(股权)转让损益的,应提供按税法规定核算的资产(股权)计税基础与按会计准则规定核算的相关资产(股权)账面价值的暂时性差异专项说明

42 非此即彼
——资产收购和股权收购

资产收购是指一家企业(受让企业)购买另一家企业(转让企业)实质经营性资产的交易。资产收购的交易流程如图3-8所示。

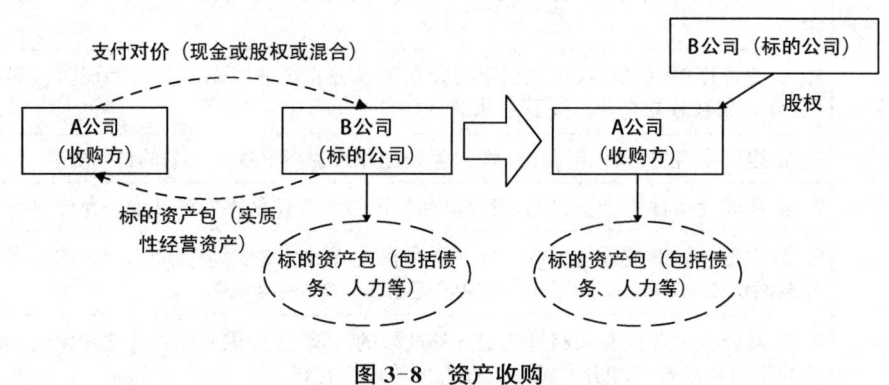

图3-8 资产收购

股权收购是指一家企业(收购企业)购买另一家企业(被收购企业)的股权,以实现对被收购企业控制的交易。股权收购的交易流程如3-9所示。

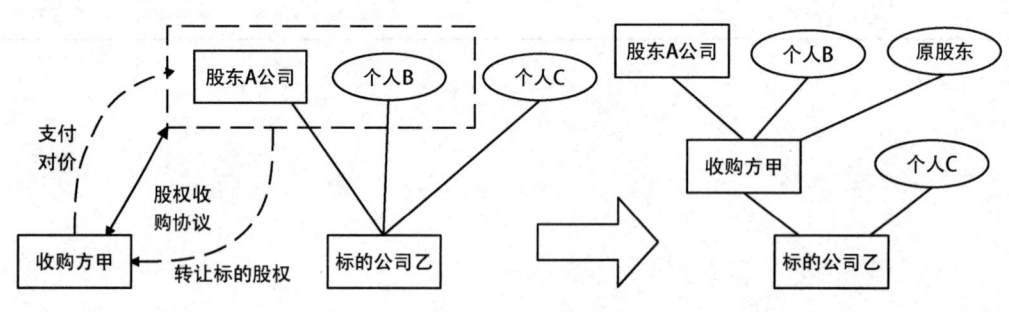

图3-9 股权收购

无论是资产收购交易中的受让企业,还是股权收购交易中的收购企业,其支付对价的形式均包括股权支付、非股权支付或两者的组合。其中,满足税法规定条件的,可以选择特殊性税务处理,否则,需进行一般性税务处理。相应的税务处理办法如图3-10所示。

其他税种的处理方式如图3-11所示。

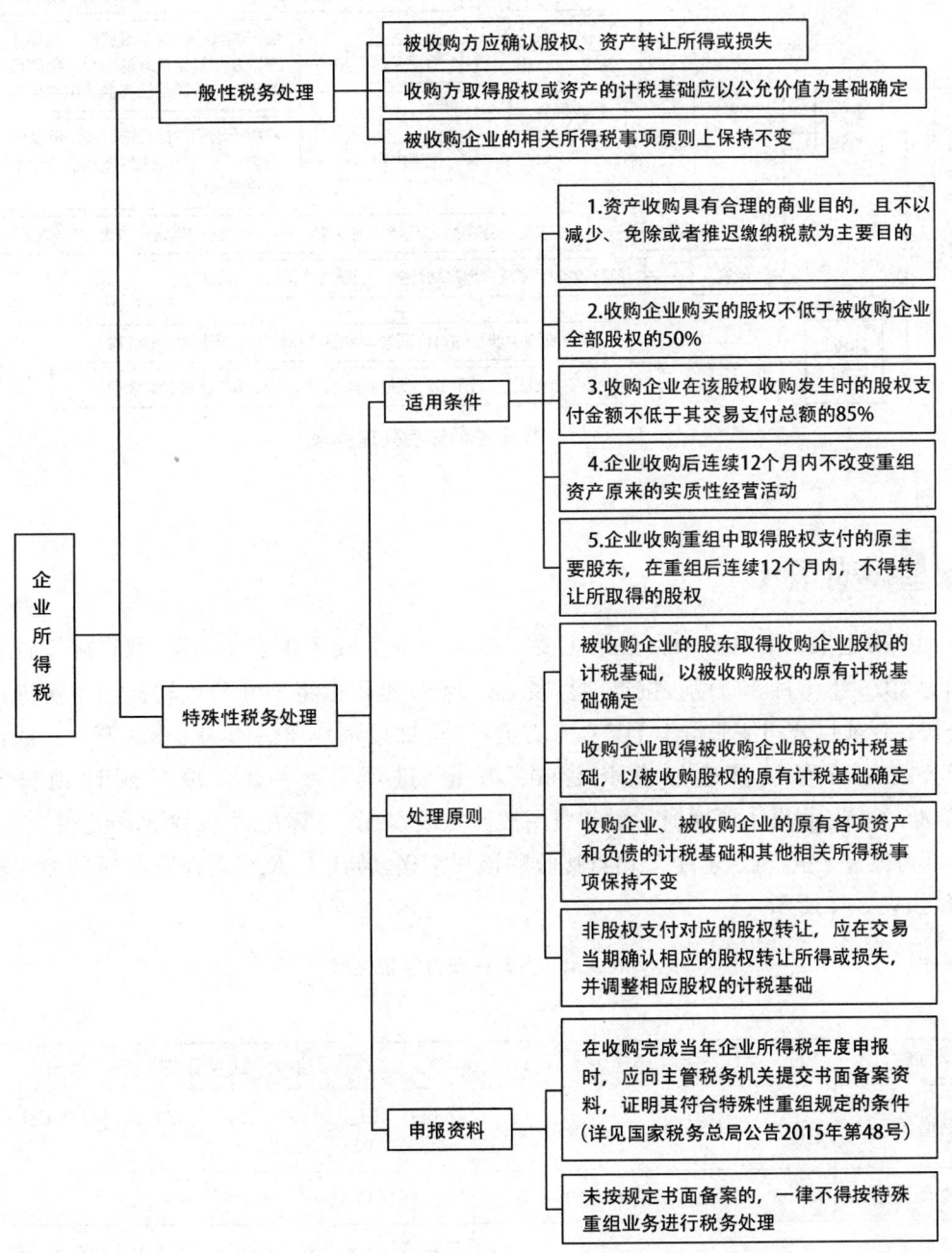

图 3-10 企业所得税的特殊性税务处理和一般性税务处理

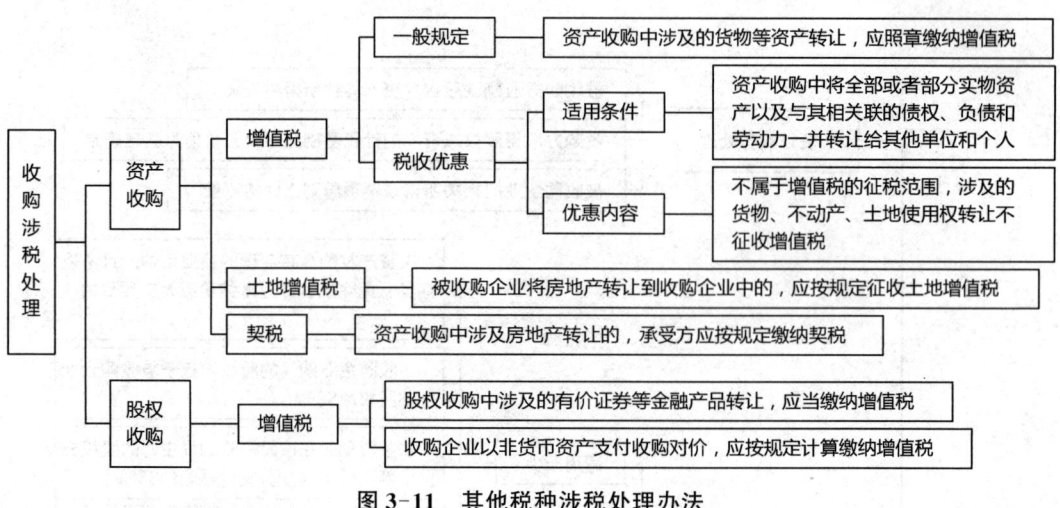

图 3-11 其他税种涉税处理办法

实战案例

A 房企集团下属 B 项目公司主要资产为一栋主城区在建办公楼,取得施工证日期为 2016 年 4 月 30 日前,按老项目备案。现 A 集团拟将该办公楼转让给甲房地产公司。B 项目公司注册资本为 5 000 万元(已全部投资),评估值为 8 000 万元。假设甲公司继续开发需追加投资 2 000 万元(进项税率 9%),项目预计销售额 15 000 万元。假设土地增值税财务费用按开发成本 5% 计算扣除,不考虑印花税。

方案一:资产收购,甲公司直接收购该写字楼,转让方 A 与受让方甲所需缴纳税费,如表 3-4 所示。

表 3-4 方案一双方涉税处理

单位:万元

项目	A 公司(转让方)	甲公司(受让方)
增值税	8 000÷(1+5%)×5%=380.95	15 000÷(1+9%)×9%−[380.95+2 000÷(1+9%)×9%]=692.44
税金及附加	380.95×(7%+3%+2%)=45.71	692.44×(7%+3%+2%)=83.09
土地增值税	[8 000÷(1+5%)−5 000−45.71−5 000×20%−5 000×10%]×30%−0=322	开发成本=8 000÷(1+5%)+2 000÷(1+5%)=9 453.91 土地增值税=[15 000÷(1+9%)−9 453.91−2 000÷(1+9%)×20%−9 453.91×10%]×30%−0=898.56
企业所得税	[8 000÷(1+5%)−5 000−45.71−322.00]×25%=562.83	[15 000÷(1+9%)−9 453.91−83.09−898.56]×25%=831.48

(续表)

项目	A公司(转让方)	甲公司(受让方)
小计	1 311.49	2 505.57
现金净流入	8 000－5 000－1 311.49＝1 688.51	15 000－8 000－2 000－2 505.57＝2 494.43

方案二：股权收购。甲公司直接收购A集团下属B项目公司股权,转让方A与受让方甲所需缴纳的税费如表3-5所示。

表3-5 方案二双方涉税处理

单位：万元

项目	A公司(转让方)	甲公司(受让方)
增值税	0	15 000÷(1＋5％)×5％＝714.29
税金及附加	0	714.29×(7％＋3％＋2％)＝85.71
土地增值税	0	[15 000÷(1＋5％)－7 000－91.73－7 000×20％－7 000×10％]×30％－0＝1 528.2
企业所得税	(8 000－5 000)×25％＝750	[15 000÷(1＋5％)－7 000－85.71－1 528.2]×25％＝1 417.95
小计	750	3 746.15
现金净流入	8 000－5 000－750＝2 250	15 000－8 000－2 000－3 746.15＝1 253.85

方案一转让方A获得净现金流入1 688.51万元,受让方甲公司获得净现金流入2 494.43万元,双方合计获得现金流入4 182.94万元。

方案二转让方A获得净现金流入2 250万元,受让方甲公司获得净现金流入1 253.85万元,双方合计获得现金流入3 503.85万元。

站在转让方A的角度,显然方案二更优,可获得更高净现金流入,站在受让方甲角度,方案一更优,可获得更高净现金流入。若要实现双方利益最大化,则方案一更优,可获得更高净现金流入。

实际操作并购项目时,项目情况错综复杂。除了考虑税负,还需考虑交易成本,机会成本,筹融资成本及整合成本等。因此,最后的并购方案通常较为复杂,可能是几种并购模式的组合,且没有统一的标准,必须针对具体项目进行深入研究对比,找出相对优的模式。

上述并购路径各有利弊,在进行纳税规划时,双方都不能简单地认为资产并购或者股权并购更优,对受让方最优的可能对转让方却是最不利的,反之亦然。因此,企业并购只有找到双方整体税负的平衡点,才能真正实现最后整体利益的最大化。

政策依据

一、《财政部 国家税务总局关于企业重组业务企业所得税处理若干问题的通

知》(财税〔2009〕59号)第一条第四项、第四条第三项、第五条、第六条第三项、第十一条

一、本通知所称企业重组,是指企业在日常经营活动以外发生的法律结构或经济结构重大改变的交易,包括企业法律形式改变、债务重组、股权收购、资产收购、合并、分立等。

……

(四)资产收购,是指一家企业(以下称为受让企业)购买另一家企业(以下称为转让企业)实质经营性资产的交易。受让企业支付对价的形式包括股权支付、非股权支付或两者的组合。

四、企业重组,除符合本通知规定适用特殊性税务处理规定的外,按以下规定进行税务处理:

……

(三)企业股权收购、资产收购重组交易,相关交易应按以下规定处理:
1. 被收购方应确认股权、资产转让所得或损失。
2. 收购方取得股权或资产的计税基础应以公允价值为基础确定。
3. 被收购企业的相关所得税事项原则上保持不变。

五、企业重组同时符合下列条件的,适用特殊性税务处理规定:
(一)具有合理的商业目的,且不以减少、免除或者推迟缴纳税款为主要目的。
(二)被收购、合并或分立部分的资产或股权比例符合本通知规定的比例。
(三)企业重组后的连续12个月内不改变重组资产原来的实质性经营活动。
(四)重组交易对价中涉及股权支付金额符合本通知规定比例。
(五)企业重组中取得股权支付的原主要股东,在重组后连续12个月内,不得转让所取得的股权。

六、企业重组符合本通知第五条规定条件的,交易各方对其交易中的股权支付部分,可以按以下规定进行特殊性税务处理:

……

(三)资产收购,受让企业收购的资产不低于转让企业全部资产的75%,且受让企业在该资产收购发生时的股权支付金额不低于其交易支付总额的85%,可以选择按以下规定处理:
1. 转让企业取得受让企业股权的计税基础,以被转让资产的原有计税基础确定。
2. 受让企业取得转让企业资产的计税基础,以被转让资产的原有计税基础确定。

十一、企业发生符合本通知规定的特殊性重组条件并选择特殊性税务处理的,当事各方应在该重组业务完成当年企业所得税年度申报时,向主管税务机关提交书面备案资料,证明其符合各类特殊性重组规定的条件。企业未按规定书面备案的,一律不得按特殊重组业务进行税务处理。

二、《财政部 国家税务总局关于促进企业重组有关企业所得税处理问题的通

知》(财税〔2014〕109号)第一条、第二条

一、关于股权收购

将《财政部 国家税务总局关于企业重组业务企业所得税处理若干问题的通知》(财税〔2009〕59号)第六条第(二)项中有关"股权收购,收购企业购买的股权不低于被收购企业全部股权的75%"规定调整为"股权收购,收购企业购买的股权不低于被收购企业全部股权的50%"。

二、关于资产收购

将财税〔2009〕59号文件第六条第(三)项中有关"资产收购,受让企业收购的资产不低于转让企业全部资产的75%"规定调整为"资产收购,受让企业收购的资产不低于转让企业全部资产的50%"。

三、《国家税务总局关于纳税人资产重组有关增值税问题的公告》(国家税务总局公告2011年第13号)

纳税人在资产重组过程中,通过合并、分立、出售、置换等方式,将全部或者部分实物资产以及与其相关联的债权、负债和劳动力一并转让给其他单位和个人,不属于增值税的征税范围,其中涉及的货物转让,不征收增值税。

小贴士

1. 股权交易被收购公司的涉税风险将会由新股东承继,资产交易则不会。同时,选择资产交易将面临动产及不动产产权变动而带来的增值税以及土地增值税等税负。相比较而言,股权交易一般不需要缴纳流转税以及土地增值税。

2. 特殊性税务处理可以实现递延纳税的效果,节约现金流。

3. 在收购过程中,企业应重点关注历史遗留涉税问题,如假发票、纳税不合规、偷税漏税等。

4. 在非居民企业通过转让一家非居民中间控股公司的股权而间接转让其中国居民公司股权的情形下,如果该中间控股公司的存在仅仅为规避纳税义务而缺乏商业实质,税务机关可以运用一般反避税原则来否定该中间控股公司的存在。

43 重整旗鼓
——债务重组涉税处理

债务重组是指在债务人发生财务困难的情况下,债权人按照其与债务人达成的书面协议或者法院裁定书,就其债务人的债务作出让步的事项。一般包括以物抵债和债转股两种形式,如图 3-12 所示。

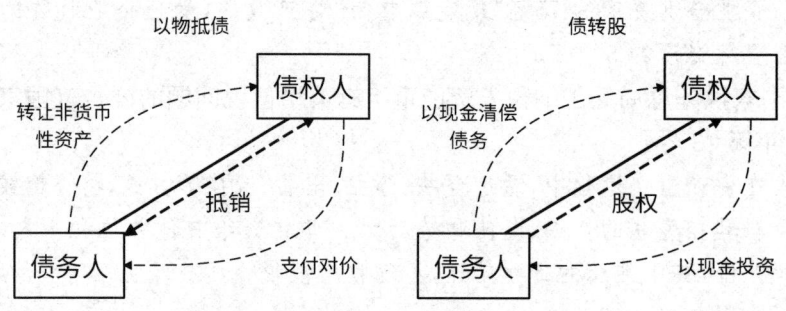

图 3-12 以物抵债和债转股涉税处理

企业债务重组涉税处理如图 3-13 所示。

实战案例

2012 年 4 月 27 日,中国农业银行青岛市北区第一支行(甲方)、澳柯玛股份有限公司(乙方)及该贷款的担保方青岛澳柯玛集团总公司(丙方)三方共同签署了《中国农业银行贷款利息减免协议》。协议主要条款如下:

(1) 甲方同意乙方所欠的下列贷款可以根据本协议减免所欠部分利息:贷款总金额 28 235 万元,贷款结欠利息总计 18 012.219 945 万元(截至 2011 年 12 月 31 日)。

(2) 甲乙双方同意乙方在 2013 年 1 月 6 日前偿还贷款本金 28 235 万元,利息 1 500 万元整,具体还款期限、金额根据约定的还款计划执行。

(3) 甲方同意在乙方履行上述还款义务后,免除乙方所欠剩余利息 16 512.219 945 万元(截至 2011 年 12 月 31 日)及至本息清偿日止新生利息。

(4) 协议的变更和解除:如乙方未按照约定期限偿付贷款本金、利息及相关费用,甲方有权终(中)止本协议,对剩余贷款本金及利息进行追偿。国家金融管理的相关政策有重大调整时,双方应按政策要求协商变更协议条款。如国家政策变更导致协议无法履行的,双方应当解除该协议,终止协议履行。

【案例分析】

该项债务重组属于修改其他债务条件的债务重组,一般是通过减少债务本金、降

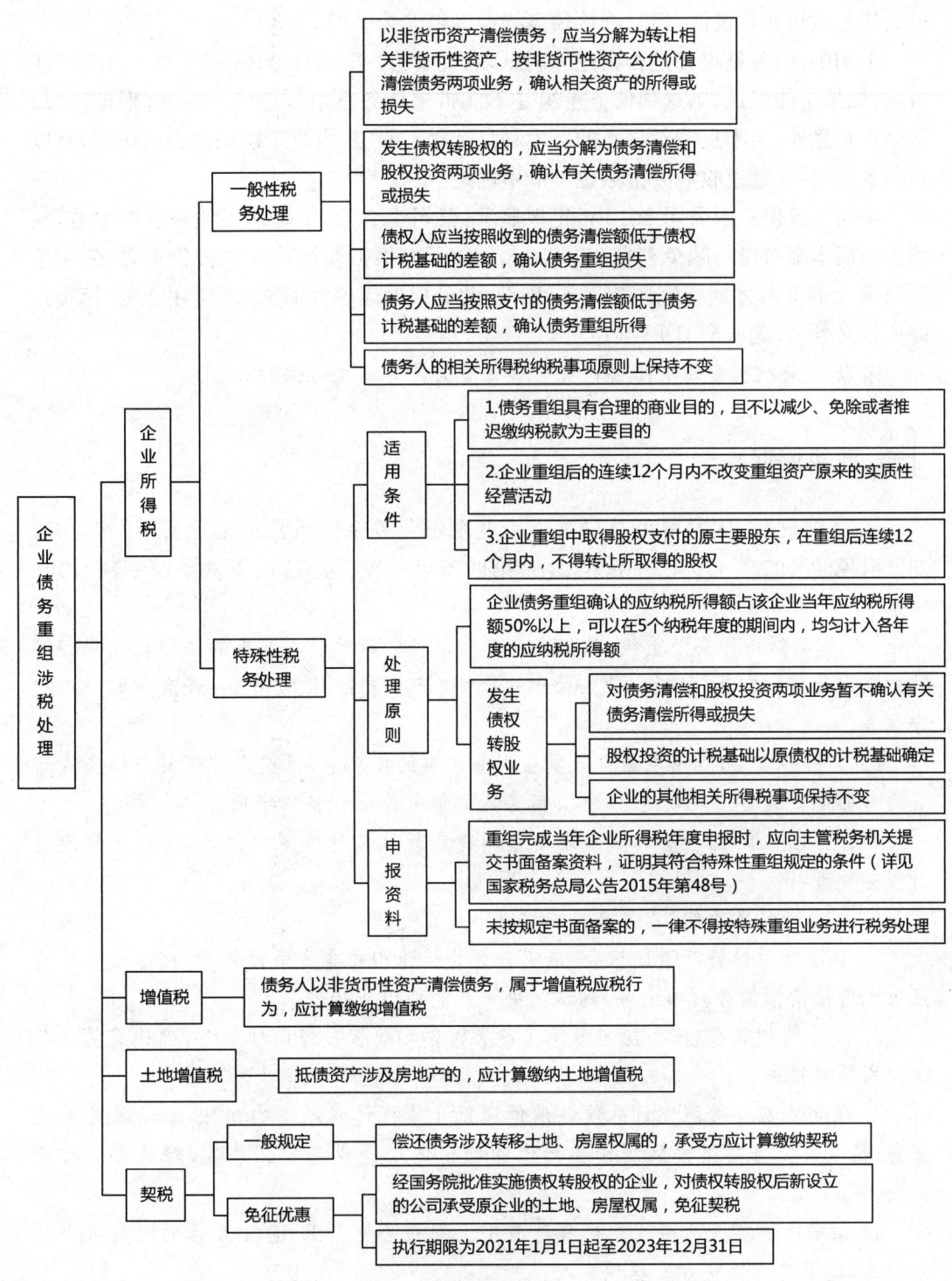

图 3-13 企业债务重组税务处理

低利率、减少或免除债务利息的方式完成的债务重组。在实务领域,通过这种方式完成的债务重组非常灵活,何时确认债务损益变得尤为关键。

本例中,债务重组日是否会免除利息,取决于乙方能否在2013年1月6日前偿还贷款,如果不能偿还,则这项债务重组是不能带来债务重组收益的。另外,根据协议,除固有利息外,至本息清偿日止的新生利息金额不确定,取决于偿还本金的进度,所以在债务重组日,重组收益的金额也不能不确定。

澳柯玛股份有限公司2012年年报显示,公司于2012年确认了债务重组收益,金额为当期本金对应的减免利息87 722 082.24元。根据澳柯玛履约公告来看,公司于2013年1月6日才履行完还款义务,因此,此处根据谨慎性原则,理应在2013年履行完还款义务时,确认全部重组收益。

来源:《澳柯玛股份有限公司关于签署重大债务重组协议的公告》

政策依据

一、《财政部 国家税务总局关于企业重组业务企业所得税处理若干问题的通知》(财税〔2009〕59号)第一条第二项、第四条第二项、第五条、第六条第一项、第十一条

一、本通知所称企业重组,是指企业在日常经营活动以外发生的法律结构或经济结构重大改变的交易,包括企业法律形式改变、债务重组、股权收购、资产收购、合并、分立等。

(二)债务重组,是指在债务人发生财务困难的情况下,债权人按照其与债务人达成的书面协议或者法院裁定书,就其债务人的债务作出让步的事项。

四、企业重组,除符合本通知规定适用特殊性税务处理规定的外,按以下规定进行税务处理:

(二)企业债务重组,相关交易应按以下规定处理:

1. 以非货币性资产清偿债务,应当分解为转让相关非货币性资产、按非货币性资产公允价值清偿债务两项业务,确认相关资产的所得或损失。

2. 发生债权转股权的,应当分解为债务清偿和股权投资两项业务,确认有关债务清偿所得或损失。

3. 债务人应当按照支付的债务清偿额低于债务计税基础的差额,确认债务重组所得;债权人应当按照收到的债务清偿额低于债权计税基础的差额,确认债务重组损失。

4. 债务人的相关所得税纳税事项原则上保持不变。五、企业重组同时符合下列条件的,适用特殊性税务处理规定:

(一)具有合理的商业目的,且不以减少、免除或者推迟缴纳税款为主要目的。

(二)被收购、合并或分立部分的资产或股权比例符合本通知规定的比例。

（三）企业重组后的连续12个月内不改变重组资产原来的实质性经营活动。

（四）重组交易对价中涉及股权支付金额符合本通知规定比例。

（五）企业重组中取得股权支付的原主要股东，在重组后连续12个月内，不得转让所取得的股权。

六、企业重组符合本通知第五条规定条件的，交易各方对其交易中的股权支付部分，可以按以下规定进行特殊性税务处理：

（一）企业债务重组确认的应纳税所得额占该企业当年应纳税所得额50%以上，可以在5个纳税年度的期间内，均匀计入各年度的应纳税所得额。

企业发生债权转股权业务，对债务清偿和股权投资两项业务暂不确认有关债务清偿所得或损失，股权投资的计税基础以原债权的计税基础确定。企业的其他相关所得税事项保持不变。

十一、企业发生符合本通知规定的特殊性重组条件并选择特殊性税务处理的，当事各方应在该重组业务完成当年企业所得税年度申报时，向主管税务机关提交书面备案资料，证明其符合各类特殊性重组规定的条件。企业未按规定书面备案的，一律不得按特殊重组业务进行税务处理。

二、《财政部 税务总局关于继续执行企业、事业单位改制重组有关契税政策的公告》（财政部 税务总局公告2021年第17号）第七条、第十条

七、债权转股权

经国务院批准实施债权转股权的企业，对债权转股权后新设立的公司承受原企业的土地、房屋权属，免征契税。

十、本公告自2021年1月1日起至2023年12月31日执行。

小贴士

1. 在债权人方面，以现金方式清偿债务的债务重组交易需要履行税法关于资产损失税前扣除的程序性规定。企业与债务人达成债务重组协议或法院批准破产重整计划后无法追偿的应收、预付账款金额可以作为还账损失在计算应纳税所得额时扣除。债权人因债务重组而发生债务重组损失的，应当在进行企业所得税年度汇算清缴时向主管税务机关进行专项申报，并且需要提交具有法定资质的中介机构的经济鉴定证明及相关证据材料。未经申报的债务重组损失不得在税前扣除。

2. 企业被免除债务的，一般会形成债务重组利得。当企业当期存在大额亏损或者其他可以税前扣除的损失时，可以有效抵减因债务重组形成的利得，从而避免企业所得税税负的增加。

第3节 关联方交易

❹❹ 按股分配
——规范股权激励涉税问题

股权激励是企业为了激励和留住核心人才而推行的一种长期的激励机制。它主要通过附条件给予员工部分股东权益,从而使其与企业形成利益共同体,促进企业与员工共同成长,从而帮助企业实现稳定发展的长期目标。

企业常见的股权激励方式主要有4种,如表3-6所示。

表3-6 企业常见的股权激励方式

股权激励形式	具体规定
股票期权	指公司按照规定的程序授予本公司及其控股企业员工的一项权利,该权利允许被授权员工在未来时间内以某一特定价格购买本公司一定数量的股票
限制性股票	指公司按照股权激励计划约定的条件,授予公司员工一定数量本公司的股票
股权奖励	指企业无偿授予激励对象一定份额的股权或一定数量的股份
股票增值权	指上市公司授予公司员工在未来一定时期和约定条件下,获得规定数量的股票价格上升所带来收益的权利

注:上述4种是企业常见的股权激励形式,其中前3种适用于所有公司,股票增值权主要适用于上市公司,其他股权激励形式还包括虚拟股权、账面增值权、延期支付、业绩股票、干股、激励基金、定向增发等。

股权激励企业所得税涉税处理如表3-7所示。

表3-7 股权激励企业所得税涉税处理

公司形式		企业所得税处理规定
上市公司(境内)	股权激励计划实行后立即可以行权的	可根据实际行权时该股票的公允价格与激励对象实际行权支付价格的差额和数量,计算确定作为当年上市公司工资薪金支出,依照税法规定进行税前扣除
	需待一定服务年限或者达到规定业绩条件方可行权的	1. 等待期内会计上计算确认的相关成本费用,不得在对应年度计算缴纳企业所得税时扣除
		2. 股权激励计划可行权后,方可根据该股票实际行权时的公允价格与当年激励对象实际行权支付价格的差额及数量,计算确定作为当年上市公司工资薪金支出,依照税法规定进行税前扣除
上市公司(境外)、非上市公司		比照《上市公司股权激励管理办法》的规定建立职工股权激励计划,且在会计处理上按我国会计准则的有关规定处理的,其股权激励计划有关企业所得税处理问题,可以按上市公司规定执行

股权激励个人所得税涉税处理如表 3-8 和表 3-9 所示。

表 3-8　上市公司股权激励个人所得税处理

公司形式	激励方式	税务处理规定		
上市公司（含境内、境外）	股票期权	接受实施股票期权计划企业授予的股票期权时	一般情形	除另有规定外，一般不作为应税所得征税
			特殊情形	在授权时即约定可以转让，且在境内或境外存在公开市场及挂牌价格，员工接受该可公开交易的股票期权时，按"工资薪金所得"缴纳个税
		员工行权时		从企业取得股票的实际购买价低于购买日公平市场价的差额，按"工资、薪金所得"适用的规定计算缴纳个人所得税
		员工将行权后的股票再转让时		获得的高于购买日公平市场价的差额，按"财产转让所得"适用的征免规定计算缴纳个人所得税
		员工因拥有股权而参与企业税后利润分配取得的所得		应按照"利息、股息、红利所得"适用的规定计算缴纳个人所得税
	限制性股票	授予时		除另有规定外，一般不作为应税所得征税
		解禁时		取得的限制性股票所得按照"工资、薪金所得"项目扣缴个人所得税
				应纳税所得额：被激励对象限制性股票在中国证券登记结算公司进行股票登记日期的股票市价和本批次解禁股票当日市价的平均价格乘以本批次解禁股票份数，减去被激励对象本批次解禁股份数所对应的为获取限制性股票实际支付资金数额的差额
		转让时		获得的高于解禁日公平市场价的差额，按"财产转让所得"适用的征免规定计算缴纳个人所得税
	股权奖励	获得股权奖励时		按照"工资薪金所得"项目扣缴其个人所得税；股权奖励的计税价格参照获得股权时的公平市场价格确定
		转让时		获得的高于取得奖励日股票公平市场价的差额，按"财产转让所得"适用的征免规定计算缴纳个人所得税
	股票增值权	授予时		除另有规定外，一般不作为应税所得征税
		兑现时		取得的股票增值权所得按照"工资、薪金所得"项目扣缴个人所得税
				某次行权应纳税所得额=（行权日股票价格－授权日股票价格）×行权股票份数

表 3-9 非上市公司股权激励个人所得税处理

公司形式			税务处理规定
非上市公司	满足条件的,经向主管税务机关备案,可实行递延纳税	员工取得股权激励时	可暂不纳税,递延至转让该股权时纳税
		股权转让时	按照股权转让收入减除股权取得成本以及合理税费后的差额,适用"财产转让所得"项目,按照20%的税率计算缴纳个人所得税
	不满足条件的	获得股票(权)时	对实际出资额低于公平市场价格的差额,按"工资、薪金所得"项目计算缴纳个人所得税
		股权转让时	按照股权转让收入减除股权取得成本以及合理税费后的差额,适用"财产转让所得"项目,按照20%的税率计算缴纳个人所得税

实战案例

上市公司梅松公司,2018年1月1日向其10名管理人员和10名核心技术人员每人授予1万份股票期权,规定上述职员自2018年1月1日起在该公司连续服务3年,即可按每股5元的价格购买1万股本公司股票。

A公司的股票在授予日的公允价值为6元,2020年12月31日10名管理人员和10名生产部门核心技术人员全部行权,行权日收盘价为10元。

问:上述股权激励应如何进行纳税处理?

【案例分析】

该股权激励方案企业和个人的涉税处理如表3-10所示。

表 3-10 梅松公司股权激励方案涉税处理

阶段	企业(企业所得税)	个人(个人所得税)
授予时(2018年1月1日)	—	不作为应税所得征税
等待期	会计上计算确认的相关成本费用,不得在对应年度计算缴纳企业所得税时扣除	未行权,不需要缴纳个税
行权时(2020年12月31日)	按行权时的公允价格与当年激励对象实际行权支付价格的差额及数量,计算确定作为当年上市公司工资薪金支出,并进行税前扣除。企业所得税税前扣除金额=(10-5)×200 000=10 000 000	从企业取得股票的实际购买价低于购买日公平市场价的差额,按"工资、薪金所得"适用的规定计算缴纳个人所得税。(1) 应纳税所得额=(10-5)×10 000=50 000。(2) 应纳税额=50 000×10%-2 520=2 480(不并入当年综合所得,全额单独适用综合所得税率表,计算纳税)

📄 政策依据

一、《财政部 国家税务总局关于个人股票期权所得征收个人所得税问题的通知》（财税〔2005〕35号）第一条第二款

企业员工股票期权（以下简称股票期权）是指上市公司按照规定的程序授予本公司及其控股企业员工的一项权利，该权利允许被授权员工在未来时间内以某一特定价格购买本公司一定数量的股票。

二、《财政部 国家税务总局关于股票增值权所得和限制性股票所得征收个人所得税有关问题的通知》（财税〔2009〕5号）第二条、第三条

二、本通知所称股票增值权，是指上市公司授予公司员工在未来一定时期和约定条件下，获得规定数量的股票价格上升所带来收益的权利。被授权人在约定条件下行权，上市公司按照行权日与授权日二级市场股票差价乘以授权股票数量，发放给被授权人现金。

三、本通知所称限制性股票，是指上市公司按照股权激励计划约定的条件，授予公司员工一定数量本公司的股票。

三、《财政部 国家税务总局关于将国家自主创新示范区有关税收试点政策推广到全国范围实施的通知》（财税〔2015〕116号）第四条第六点

本通知所称股权奖励，是指企业无偿授予相关技术人员一定份额的股权或一定数量的股份。

四、《国家税务总局关于我国居民企业实行股权激励计划有关企业所得税处理问题的公告》（国家税务总局公告2012年第18号）第二条、第三条

二、上市公司依照《管理办法》要求建立职工股权激励计划，并按我国企业会计准则的有关规定，在股权激励计划授予激励对象时，按照该股票的公允价格及数量，计算确定作为上市公司相关年度的成本或费用，作为换取激励对象提供服务的对价。上述企业建立的职工股权激励计划，其企业所得税的处理，按以下规定执行：

（一）对股权激励计划实行后立即可以行权的，上市公司可以根据实际行权时该股票的公允价格与激励对象实际行权支付价格的差额和数量，计算确定作为当年上市公司工资薪金支出，依照税法规定进行税前扣除。

（二）对股权激励计划实行后，需待一定服务年限或者达到规定业绩条件（以下简称等待期）方可行权的。上市公司等待期内会计上计算确认的相关成本费用，不得在对应年度计算缴纳企业所得税时扣除。在股权激励计划可行权后，上市公司方可根据该股票实际行权时的公允价格与当年激励对象实际行权支付价格的差额及数量，计算确定作为当年上市公司工资薪金支出，依照税法规定进行税前扣除。

（三）本条所指股票实际行权时的公允价格，以实际行权日该股票的收盘价格确定。

三、在我国境外上市的居民企业和非上市公司,凡比照《管理办法》的规定建立职工股权激励计划,且在企业会计处理上,也按我国会计准则的有关规定处理的,其股权激励计划有关企业所得税处理问题,可以按照上述规定执行。

五、《财政部 国家税务总局关于个人股票期权所得征收个人所得税问题的通知》(财税〔2005〕35号)第二条

关于股票期权所得性质的确认及其具体征税规定

(一)员工接受实施股票期权计划企业授予的股票期权时,除另有规定外,一般不作为应税所得征税。

(二)员工行权时,其从企业取得股票的实际购买价(施权价)低于购买日公平市场价(指该股票当日的收盘价,下同)的差额,是因员工在企业的表现和业绩情况而取得的与任职、受雇有关的所得,应按"工资、薪金所得"适用的规定计算缴纳个人所得税。

对因特殊情况,员工在行权日之前将股票期权转让的,以股票期权的转让净收入,作为工资薪金所得征收个人所得税。

员工行权日所在期间的工资薪金所得,应按下列公式计算工资薪金应纳税所得额:

股票期权形式的工资薪金应纳税所得额=(行权股票的每股市场价-员工取得该股票期权支付的每股施权价)×股票数量

(三)员工将行权后的股票再转让时获得的高于购买日公平市场价的差额,是因个人在证券二级市场上转让股票等有价证券而获得的所得,应按照"财产转让所得"适用的征免规定计算缴纳个人所得税。

(四)员工因拥有股权而参与企业税后利润分配取得的所得,应按照"利息、股息、红利所得"适用的规定计算缴纳个人所得税。

六、《国家税务总局关于个人股票期权所得缴纳个人所得税有关问题的补充通知》(国税函〔2006〕902号)第六条

部分股票期权在授权时即约定可以转让,且在境内或境外存在公开市场及挂牌价格(以下称可公开交易的股票期权)。员工接受该可公开交易的股票期权时,应作为财税〔2005〕35号文件第二条第(一)项所述的另有规定情形,按以下规定进行税务处理:

(一)员工取得可公开交易的股票期权,属于员工已实际取得有确定价值的财产,应按授权日股票期权的市场价格,作为员工授权日所在月份的工资薪金所得,并按财税〔2005〕35号文件第四条第(一)项规定计算缴纳个人所得税。如果员工以折价购入方式取得股票期权的,可以授权日股票期权的市场价格扣除折价购入股票期权时实际支付的价款后的余额,作为授权日所在月份的工资薪金所得。

(二)员工取得上述可公开交易的股票期权后,转让该股票期权所取得的所得,属于财产转让所得,按财税〔2005〕35号文件第四条第(二)项规定进行税务处理。

(三)员工取得本条第(一)项所述可公开交易的股票期权后,实际行使该股票期

权购买股票时,不再计算缴纳个人所得税。

七、《国家税务总局关于股权激励有关个人所得税问题的通知》(国税函〔2009〕461号)第一条、第三条

一、关于股权激励所得项目和计税方法的确定

根据个人所得税法及其实施条例和财税〔2009〕5号文件等规定,个人因任职、受雇从上市公司取得的股票增值权所得和限制性股票所得,由上市公司或其境内机构按照"工资、薪金所得"项目和股票期权所得个人所得税计税方法,依法扣缴其个人所得税。

三、关于限制性股票应纳税所得额的确定

按照个人所得税法及其实施条例等有关规定,原则上应在限制性股票所有权归属于被激励对象时确认其限制性股票所得的应纳税所得额。即:上市公司实施限制性股票计划时,应以被激励对象限制性股票在中国证券登记结算公司(境外为证券登记托管机构)进行股票登记日期的股票市价(指当日收盘价,下同)和本批次解禁股票当日市价(指当日收盘价,下同)的平均价格乘以本批次解禁股票份数,减去被激励对象本批次解禁股份数所对应的为获取限制性股票实际支付资金数额,其差额为应纳税所得额。被激励对象限制性股票应纳税所得额计算公式为:

应纳税所得额=(股票登记日股票市价+本批次解禁股票当日市价)÷2×本批次解禁股票份数—被激励对象实际支付的资金总额×(本批次解禁股票份数÷被激励对象获取的限制性股票总份数)。

八、《国家税务总局关于股权激励有关个人所得税问题的通知》(国税函〔2009〕461号)第一条、第二条

一、关于股权激励所得项目和计税方法的确定

根据个人所得税法及其实施条例和财税〔2009〕5号文件等规定,个人因任职、受雇从上市公司取得的股票增值权所得和限制性股票所得,由上市公司或其境内机构按照"工资、薪金所得"项目和股票期权所得个人所得税计税方法,依法扣缴其个人所得税。

二、关于股票增值权应纳税所得额的确定

股票增值权被授权人获取的收益,是由上市公司根据授权日与行权日股票差价乘以被授权股数,直接向被授权人支付的现金。上市公司应于向股票增值权被授权人兑现时依法扣缴其个人所得税。被授权人股票增值权应纳税所得额计算公式为:

股票增值权某次行权应纳税所得额=(行权日股票价格—授权日股票价格)×行权股票份数。

九、《财政部 国家税务总局关于完善股权激励和技术入股有关所得税政策的通知》(财税〔2016〕101号)第一条、第二条、第四条

一、对符合条件的非上市公司股票期权、股权期权、限制性股票和股权奖励实行递延纳税政策

（一）非上市公司授予本公司员工的股票期权、股权期权、限制性股票和股权奖励，符合规定条件的，经向主管税务机关备案，可实行递延纳税政策，即员工在取得股权激励时可暂不纳税，递延至转让该股权时纳税；股权转让时，按照股权转让收入减除股权取得成本以及合理税费后的差额，适用"财产转让所得"项目，按照20%的税率计算缴纳个人所得税。

股权转让时，股票（权）期权取得成本按行权价确定，限制性股票取得成本按实际出资额确定，股权奖励取得成本为零。

（二）享受递延纳税政策的非上市公司股权激励（包括股票期权、股权期权、限制性股票和股权奖励，下同）须同时满足以下条件：

1. 属于境内居民企业的股权激励计划。

2. 股权激励计划经公司董事会、股东（大）会审议通过。未设股东（大）会的国有单位，经上级主管部门审核批准。股权激励计划应列明激励目的、对象、标的、有效期、各类价格的确定方法、激励对象获取权益的条件、程序等。

3. 激励标的应为境内居民企业的本公司股权。股权奖励的标的可以是技术成果投资入股到其他境内居民企业所取得的股权。激励标的股票（权）包括通过增发、大股东直接让渡以及法律法规允许的其他合理方式授予激励对象的股票（权）。

4. 激励对象应为公司董事会或股东（大）会决定的技术骨干和高级管理人员，激励对象人数累计不得超过本公司最近6个月在职职工平均人数的30%。

5. 股票（权）期权自授予日起应持有满3年，且自行权日起持有满1年；限制性股票自授予日起应持有满3年，且解禁后持有满1年；股权奖励自获得奖励之日起应持有满3年。上述时间条件须在股权激励计划中列明。

6. 股票（权）期权自授予日至行权日的时间不得超过10年。

7. 实施股权奖励的公司及其奖励股权标的公司所属行业均不属于《股权奖励税收优惠政策限制性行业目录》范围（见附件）。公司所属行业按公司上一纳税年度主营业务收入占比最高的行业确定。

二、对上市公司股票期权、限制性股票和股权奖励适当延长纳税期限

（一）上市公司授予个人的股票期权、限制性股票和股权奖励，经向主管税务机关备案，个人可自股票期权行权、限制性股票解禁或取得股权奖励之日起，在不超过12个月的期限内缴纳个人所得税。

（二）上市公司股票期权、限制性股票应纳税款的计算，继续按照《财政部 国家税务总局关于个人股票期权所得征收个人所得税问题的通知》（财税〔2005〕35号）、《财政部 国家税务总局关于股票增值权所得和限制性股票所得征收个人所得税有关问题的通知》（财税〔2009〕5号）、《国家税务总局关于股权激励有关个人所得税问题的通知》（国税函〔2009〕461号）等相关规定执行。股权奖励应纳税款的计算比照上述规定执行。

四、相关政策

（一）个人从任职受雇企业以低于公平市场价格取得股票（权）的，凡不符合递延

纳税条件,应在获得股票(权)时,对实际出资额低于公平市场价格的差额,按照"工资、薪金所得"项目,参照《财政部 国家税务总局关于个人股票期权所得征收个人所得税问题的通知》(财税〔2005〕35号)有关规定计算缴纳个人所得税。

(二)个人因股权激励、技术成果投资入股取得股权后,非上市公司在境内上市的,处置递延纳税的股权时,按照现行限售股有关征税规定执行。

十、《国家税务总局关于股权激励和技术入股所得税征管问题的公告》(国家税务总局公告2016年第62号)第一条第二项

递延纳税期间,非上市公司情况发生变化,不再同时符合《通知》第一条第(二)款第4至6项条件的,应于情况发生变化之次月15日内,按《通知》第四条第(一)款规定计算缴纳个人所得税。

💬 小贴士

进行股权激励时,企业可以从以下三点进行自查:

(1)企业是否具备实行股权激励资格问题(如证监公司字〔2005〕151号规定了上市公司不得实行股权激励计划的情形)。

(2)股权激励的对象是否符合规定(如证监公司字〔2005〕151号对股权激励对象进行了规定和限制)。

(3)股权激励股票数量是否符合规定(如上市公司全部有效的股权激励计划所涉及的标的股票总数累计不得超过公司股本总额的10%)。

45 休戚相关
——规范关联方交易涉税问题

关联交易指公司与其关联人之间发生的一切转移资源或者义务的法律行为。在我国,关联方交易广泛地存在于上市公司的日常业务经营活动中。而关联方交易由于其特殊的性质,有时候往往难以做到真正地符合商业目的,并且近几年不少企业集团利用关联方交易转移利润、偷逃税款,这使得关联方交易一度成为税务稽查的重点。企业关联方交易涉税问题如图 3-14 所示。

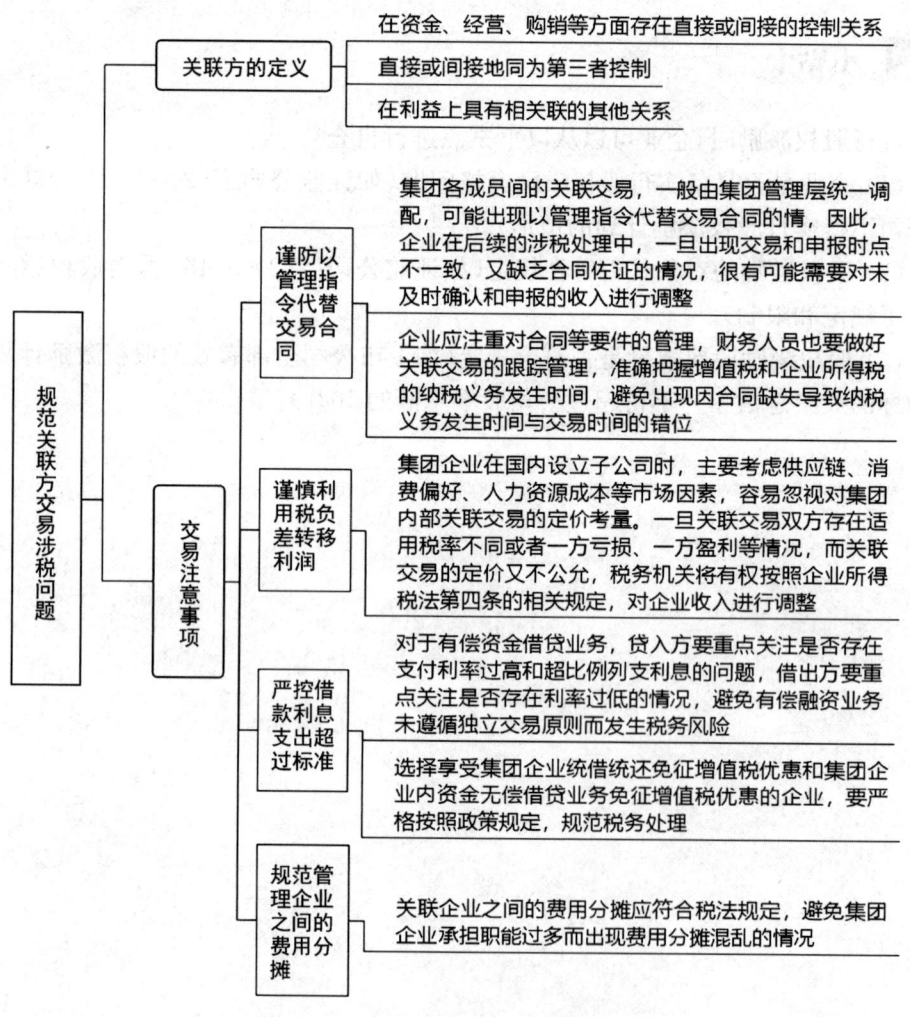

图 3-14 企业关联方交易涉税问题

实战案例

梅松公司是税台公司的子公司。近期,税务人员在对梅松公司进行的例行检查中发现:每年12月梅松公司公司会集中开具一批零部件销售发票;其他月份则未发现零部件发票,增值税纳税申报中也没体现未开票收入。

与梅松公司财务人员沟通后,税务人员了解到,这些零部件主要用于整机的售后维修。税台公司会根据库存结余情况,动态向梅松公司发送订货通知。梅松公司发出零部件后,先计入"发出商品"科目,待年末母公司税台公司发出结算指令后,统一向其开具发票。

【案例分析】

本例中,梅松公司与税台公司未签订零部件销售合同,属于以管理指令代替交易合同的行为。根据增值税暂行条例实施细则第三十八条第三款和《国家税务总局关于确认企业所得税收入若干问题的通知》(国税函〔2008〕875号)第一条的规定,发出零部件的当天,即为增值税和企业所得税的纳税义务发生时间。

梅松公司存在未按规定时间申报增值税和企业所得税收入的风险,应对发出零部件的收入进行确认,并办理相应的更正申报。

政策依据

一、《中华人民共和国企业所得税法实施条例》第一百零九条

企业所得税法第四十一条所称关联方,是指与企业有下列关联关系之一的企业、其他组织或者个人:

(一)在资金、经营、购销等方面存在直接或者间接的控制关系;

(二)直接或者间接地同为第三者控制;

(三)在利益上具有相关联的其他关系。

二、《财政部 国家税务总局关于企业关联方利息支出税前扣除标准有关税收政策问题的通知》(财税〔2008〕121号)第一条、第二条

一、在计算应纳税所得额时,企业实际支付给关联方的利息支出,不超过以下规定比例和税法及其实施条例有关规定计算的部分,准予扣除,超过的部分不得在发生当期和以后年度扣除。

企业实际支付给关联方的利息支出,除符合本通知第二条规定外,其接受关联方债权性投资与其权益性投资比例为:

(一)金融企业,为5∶1;

(二)其他企业,为2∶1;

二、企业如果能够按照税法及其实施条例的有关规定提供相关资料,并证明相关

交易活动符合独立交易原则的;或者该企业的实际税负不高于境内关联方的,其实际支付给境内关联方的利息支出,在计算应纳税所得额时准予扣除。

小贴士

企业与其关联方之间的业务往来,不符合独立交易原则而减少企业或者其关联方应纳税收入或者所得额的,税务机关有权按照合理方法调整。

第4节 工资薪金

㊻ 按需分配
——年终奖分配涉税处理

年终奖,一般是指每年度末企业给予员工不封顶的奖励,是对全年工作业绩的肯定。年终奖的发放额度和形式一般由企业自己根据情况自行调整。企业各种奖金的涉税处理方法如表3-11所示。

表3-11 各种奖金的涉税处理方法

奖金		个税处理
全年一次性奖金	根据全年经济效益和业绩考核,向雇员发放的一次性奖金	在2023年12月31日前,可选择单独计算缴纳个税或并入当年综合所得计算个税
	年终加薪	
	实行年薪制和绩效工资办法的单位根据考核兑现的年薪和绩效工资	
其他各种名目奖金,如半年奖、季度奖、加班奖、先进奖、考勤奖等		与当月工资、薪金收入合并,按税法规定缴纳个人所得税

单独计税的年终奖应纳税额的计算方法如表3-12所示。

表3-12 单独计税的年终奖应纳税额的计算办法

计算公式	适用税率表	税率和速算扣除数选择方法	征税规定
应纳税额=全年一次性奖金收入×适用税率-速算扣除数	按月换算后的综合所得税率表	全年一次性奖金收入除以12得到的数额查表	一个纳税年对内,对每一个纳税人,该计税办法只允许采用一次

单独计税年终奖个税税率表如表3-13所示。

表3-13 单独计税年终奖个税税率表

级数	全"月"(或次)应纳税所得额	税率	速算扣除数
1	不超过3 000元的	3%	0
2	超过3 000元至12 000元的部分	10%	210
3	超过12 000元至25 000元的部分	20%	1 410

(续表)

级数	全"月"(或次)应纳税所得额	税率	速算扣除数
4	超过25 000元至35 000元的部分	25%	2 660
5	超过35 000元至55 000元的部分	30%	4 410
6	超过55 000元至80 000元的部分	35%	7 160
7	超过80 000元的部分	45%	15 160

实战案例

中国居民个人李军为税台公司员工,2021年李军全年工资总额36万元,每月工资总额3万元,每月三险一金及各项附加扣除5 000元。12月累计预扣预缴应纳税所得额24万元,总计预扣预缴个人所得税31 080元。12月一次性取得税前年终奖6万元。

问:李军2021年年终奖个税申报有几种方式?不同方式下需缴纳的个人所得税是多少?

【案例分析】

两种计税方法的涉税处理如表3-14所示。

表3-14 两种计税方法的涉税处理

方法一:单独计算	方法二:并入综合所得
1. 以全年一次性奖金收入除以12个月得到的数额60 000÷12=5 000元,按照按月换算后的综合所得税率表,确定适用税率10%,速算扣除数210	1. 年终奖并入累计预扣预缴应纳税额所得额36+6-12=30万元,按照按综合所得税率表,确定适用税率20%,速算扣除数16 920
2. 计算应纳税额: 应纳税额=全年一次性奖金×适用税率-速算扣除=60 000×10%-210=5 790(元)	2. 计算应纳税额: 应纳税额=应纳税额所得额×适用税率-速算扣除数=300 000×20%-16 920=43 080(元) 其中:全年一次性奖金应纳税额=全年个人所得税额-已预扣预缴税额=43 080-31 080=12 000(元)
3. 2021年全年纳税总额=31 080+5 790=36 870(元)	

政策依据

一、《财政部 税务总局关于个人所得税法修改后有关优惠政策衔接问题的通知》(财税〔2018〕164号)第一条第一项

居民个人取得全年一次性奖金,符合《国家税务总局关于调整个人取得全年一次性奖金等计算征收个人所得税方法问题的通知》(国税发〔2005〕9号)规定的,在

2021年12月31日前,不并入当年综合所得,以全年一次性奖金收入除以12个月得到的数额,按照本通知所附按月换算后的综合所得税率表(以下简称月度税率表),确定适用税率和速算扣除数,单独计算纳税。计算公式为:

应纳税额＝全年一次性奖金收入×适用税率－速算扣除数

居民个人取得全年一次性奖金,也可以选择并入当年综合所得计算纳税。

二、《财政部 税务总局关于延续实施全年一次性奖金等个人所得税优惠政策的公告》(财政部 税务总局公告2021年第42号)第一条

《财政部 税务总局关于个人所得税法修改后有关优惠政策衔接问题的通知》(财税〔2018〕164号)规定的全年一次性奖金单独计税优惠政策,执行期限延长至2023年12月31日……

三、《国家税务总局关于调整个人取得全年一次性奖金等计算征收个人所得税方法问题的通知》(国税发〔2005〕9号)第一条

全年一次性奖金是指行政机关、企事业单位等扣缴义务人根据其全年经济效益和对雇员全年工作业绩的综合考核情况,向雇员发放的一次性奖金。

上述一次性奖金也包括年终加薪、实行年薪制和绩效工资办法的单位根据考核情况兑现的年薪和绩效工资。

小贴士

1. 年终奖单独申报的雷区

若纳税人单独计算申报年终奖,以全年一次性奖金收入除以12个月得到的数额,按照月度税率表,确定适用税率和速算扣除数,因此,可能出现多发1元,适用的税率跳档而造成实发工资反而减少的情况。因此,年终奖发放需避开雷区(表3-15)。

表3-15 年终奖发放雷区

单位:元

序号	应纳税所得额的雷区
1	$36\,000 < X \leqslant 38\,567$
2	$144\,000 < X \leqslant 160\,500$
3	$300\,000 < X \leqslant 318\,334$
4	$420\,000 < X \leqslant 447\,500$
5	$660\,000 < X \leqslant 706\,540$
6	$960\,000 < X \leqslant 1\,120\,000$

2. 纳税人可以根据当年含年终奖的应纳税所得额区间,选择年终奖单独申报或并入综合所得申报,如表3-16所示。

表 3-16　两种计税方法的选择

单位：元

序号	含年终奖的全年应纳税所得额的区间(X)	适用申报方式
1	$X \leqslant 0$	并入综合所得
2	$0 < X \leqslant 36\,000$	单独申报或并入综合所得
3	$X > 36\,000$	将收入总额拆分为年终奖与工资薪金，分别单独申报

注：纳税人可通过个税 App[奖金计税方式选择]，分别选择单独计税和并入综合所得，对比应纳税额，选择最优方式。

第5节 资产处理

47 审时度势
——固定资产涉税处理

固定资产是指企业为生产产品、提供劳务、出租或者经营管理而持有的、使用时间超过12个月的,价值达到一定标准的非货币性资产,包括房屋、建筑物、机器、机械、运输工具以及其他与生产经营活动有关的设备、器具、工具等。企业与固定资产相关的涉税处理如表3-17和表3-18所示。

表3-17 与固定资产相关的增值税涉税处理

事项	涉税处理			
进项税抵扣	1. 增值税一般纳税人购进(包括接受捐赠、实物投资)或自制(包括改扩建、安装,下同)固定资产发生的进项税额,可增值税扣税凭证从销项税额中抵扣 2. 用于简易计税方法计税项目、免征增值税项目、集体福利或者个人消费,其进项税额不得从销项税额中抵扣 【提示】购入或租入的固定资产专用于不得抵扣项目的进项税额不可抵扣,兼用的可以全额抵扣。			
销售自己使用过的固定资产	一般纳税人	按规定可以抵扣进项税	按照适用税率征收(一般为13%)	应纳税额=含税售价÷(1+适用税率)×适用税率
		购买时不得抵扣且未抵扣进项税	依照3%征收率减按2%征收	应纳税额=含税售价÷(1+3%)×2%
	小规模纳税人		依照3%征收率减按2%征收	应纳税额=含税售价÷(1+3%)×2%

表3-18 与固定资产相关的企业所得税涉税处理

事项	涉税处理	
一般规定	固定资产按照直线法计算的折旧,准予扣除	
加速折旧	企业的固定资产由于技术进步等原因,确需加速折旧的,可以缩短折旧年限或者采取加速折旧的方法	适用情形: 1. 由于技术进步,产品更新换代较快的固定资产。 2. 常年处于强震动、高腐蚀状态的固定资产。 3. 2019年1月1日起,制造业企业新购进的固定资产

(续表)

事项	涉税处理	
一次性税前扣除	2018年1月1日至2023年12月31日新购进的固定资产,单位价值不超过500万元的,允许一次性计入当期成本费用在计算应纳税所得额时扣除	
	中小微企业2022年1月1日至2022年12月31日新购置的设备、器具,单位价值在500万元以上的,按照单位价值的一定比例自愿选择在企业所得税税前扣除	1. 最低折旧年限为3年的设备器具,单位价值的100%可在当年一次性税前扣除
		2. 最低折旧年限为4年、5年、10年的,单位价值的50%可在当年一次性税前扣除,其余50%按规定在剩余年度计算折旧进行税前扣除
	高新技术企业在2022年10月1日至2022年12月31日期间新购置的设备、器具,允许当年一次性全额在计算应纳税所得额时扣除,并允许在税前实行100%加计扣除	
改建修理支出税前扣除	已足额提取折旧的固定资产的改建支出	按照固定资产预计尚可使用年限分期摊销
	租入固定资产的改建支出	按照合同约定的剩余租赁期限分期摊销
	固定资产的大修理支出	按照固定资产尚可使用年限分期摊销

实战案例

2020年8月,当地税务局对A公司进行税务检查,发现其2019年1月账册中,有"房屋建筑物维修费"663 875.66元,"设备改造费"207 115.61元。

通过询问企业财务人员、查阅合同、核实明细账等,检查人员得知企业目前的办公房屋为其从母公司租赁而来,A公司并不具有所有权,租赁期限为2019年1月至2030年12月。

由于房屋部分设施严重老化,A公司在2019年年初对其进行了一定程度的更新改造。设备改造费为企业自有设备的大修理支出,本次修理支出达到取得固定资产时的计税基础50%以上,且企业自有设备修理后尚可使用3年,可进行分期摊销。

企业将上述870 991.27元在2019年企业所得税税前一次性扣除。

最终,对于房屋建筑物维修费部分,由于房屋租赁期尚有12年,摊销期限为2019年1月至2030年12月。因此,A企业2019年纳税调增608 552.69元(663 875.66÷12×11);设备大修部分,由于设备尚可使用3年,摊销年限为2019年1月至2021年12月,因此,纳税调增138 077.07元(207 115.61÷3×2)。

综上,A企业2019年纳税调增总额为746 629.76元,合计补缴企业所得税186 657.44元并缴纳相应滞纳金。

【案例分析】

在计算应纳税所得额时,企业发生的固定资产改建修理支出应作为长期待摊费用,按照规定摊销准予扣除,并不在当期一次性税前扣除。企业应区分不同情形固定资产的涉税处理,以避免风险。

政策依据

一、《中华人民共和国增值税暂行条例》第十条

下列项目的进项税额不得从销项税额中抵扣：

（1）用于简易计税方法计税项目、免征增值税项目、集体福利或者个人消费的购进货物、劳务、服务、无形资产和不动产；

……

二、《中华人民共和国企业所得税法》第十一条、第十三条

第十一条 在计算应纳税所得额时，企业按照规定计算的固定资产折旧，准予扣除。

下列固定资产不得计算折旧扣除：

（一）房屋、建筑物以外未投入使用的固定资产；

（二）以经营租赁方式租入的固定资产；

（三）以融资租赁方式租出的固定资产；

（四）已足额提取折旧仍继续使用的固定资产；

（五）与经营活动无关的固定资产；

（六）单独估价作为固定资产入账的土地；

（七）其他不得计算折旧扣除的固定资产。

第十三条 在计算应纳税所得额时，企业发生的下列支出作为长期待摊费用，按照规定摊销的，准予扣除：

（一）已足额提取折旧的固定资产的改建支出；

（二）租入固定资产的改建支出；

（三）固定资产的大修理支出；

（四）其他应当作为长期待摊费用的支出。

三、《中华人民共和国企业所得税法实施条例》第六十八条、六十九条

第六十八条 企业所得税法第十三条第（一）项和第（二）项所称固定资产的改建支出，是指改变房屋或者建筑物结构、延长使用年限等发生的支出。

企业所得税法第十三条第（一）项规定的支出，按照固定资产预计尚可使用年限分期摊销；第（二）项规定的支出，按照合同约定的剩余租赁期限分期摊销。

改建的固定资产延长使用年限的，除企业所得税法第十三条第（一）项和第（二）项规定外，应当适当延长折旧年限。

第六十九条 企业所得税法第十三条第（三）项所称固定资产的大修理支出，是指同时符合下列条件的支出：

（一）修理支出达到取得固定资产时的计税基础50%以上；

（二）修理后固定资产的使用年限延长2年以上。

企业所得税法第十三条第（三）项规定的支出，按照固定资产尚可使用年限分期摊销。

四、《财政部 国家税务总局关于全面推开营业税改征增值税试点的通知》（财税〔2016〕36号）附件1《营业税改征增值税试点试点实施办法》第二十七条第一项

下列项目的进项税额不得从销项税额中抵扣：

（一）用于简易计税方法计税项目、免征增值税项目、集体福利或者个人消费的购进货物、加工修理修配劳务、服务、无形资产和不动产。其中涉及的固定资产、无形资产、不动产，仅指专用于上述项目的固定资产、无形资产（不包括其他权益性无形资产）、不动产。纳税人的交际应酬消费属于个人消费。

五、《财政部 税务总局关于租入固定资产进项税额抵扣等增值税政策的通知》（财税〔2017〕90号）第一条

自2018年1月1日起，纳税人租入固定资产、不动产，既用于一般计税方法计税项目，又用于简易计税方法计税项目、免征增值税项目、集体福利或者个人消费的，其进项税额准予从销项税额中全额抵扣。

六、《财政部 国家税务总局关于全国实施增值税转型改革若干问题的通知》（财税〔2008〕170号）第一条、第二条

一、自2009年1月1日起，增值税一般纳税人（以下简称纳税人）购进（包括接受捐赠、实物投资，下同）或者自制（包括改扩建、安装，下同）固定资产发生的进项税额（以下简称固定资产进项税额），可根据《中华人民共和国增值税暂行条例》（国务院令第538号，以下简称条例）和《中华人民共和国增值税暂行条例实施细则》（财政部 国家税务总局令第50号，以下简称细则）的有关规定，凭增值税专用发票、海关进口增值税专用缴款书和运输费用结算单据（以下简称增值税扣税凭证）从销项税额中抵扣，其进项税额应当记入"应交税金——应交增值税（进项税额）"科目。

二、纳税人允许抵扣的固定资产进项税额，是指纳税人2009年1月1日以后（含1月1日，下同）实际发生，并取得2009年1月1日以后开具的增值税扣税凭证上注明的或者依据增值税扣税凭证计算的增值税税额。

七、《国家税务总局关于设备器具扣除有关企业所得税政策执行问题的公告》（国家税务总局公告2018年第46号）第一条

企业在2018年1月1日至2020年12月31日期间新购进的设备、器具，单位价值不超过500万元的，允许一次性计入当期成本费用在计算应纳税所得额时扣除，不再分年度计算折旧（以下简称一次性税前扣除政策）。

八、《财政部 税务总局关于延长部分税收优惠政策执行期限的公告》（财政部 税务总局公告2021年第6号）第一条

《财政部 税务总局关于设备器具扣除有关企业所得税政策的通知》（财税〔2018〕54号）等16个文件规定的税收优惠政策凡已经到期的，执行期限延长至2023年12月31日，详见附件1。

九、《财政部 税务总局关于中小微企业设备器具所得税税前扣除有关政策的公告》(财政部 税务总局公告2022年第12号)第一条

中小微企业在2022年1月1日至2022年12月31日期间新购置的设备、器具,单位价值在500万元以上的,按照单位价值的一定比例自愿选择在企业所得税税前扣除。其中,企业所得税法实施条例规定最低折旧年限为3年的设备器具,单位价值的100%可在当年一次性税前扣除;最低折旧年限为4年、5年、10年的,单位价值的50%可在当年一次性税前扣除,其余50%按规定在剩余年度计算折旧进行税前扣除。

企业选择适用上述政策当年不足扣除形成的亏损,可在以后5个纳税年度结转弥补,享受其他延长亏损结转年限政策的企业可按现行规定执行。

十、《财政部 税务总局 科技部关于加大支持科技创新税前扣除力度的公告》(财政部 税务总局 科技部公告2022年第28号)第一条

高新技术企业在2022年10月1日至2022年12月31日期间新购置的设备、器具,允许当年一次性全额在计算应纳税所得额时扣除,并允许在税前实行100%加计扣除。

凡在2022年第四季度内具有高新技术企业资格的企业,均可适用该项政策。企业选择适用该项政策当年不足扣除的,可结转至以后年度按现行有关规定执行。

十一、《中华人民共和国企业所得税法》第三十二条

企业的固定资产由于技术进步等原因,确需加速折旧的,可以缩短折旧年限或者采取加速折旧的方法。

十二、《中华人民共和国企业所得税法实施条例》第九十八条

中华人民共和国企业所得税法第三十二条所称可以采取缩短折旧年限或者加速折旧的方法的固定资产,包括:

(一)由于技术进步,产品更新换代较快的固定资产;

(二)常年处于强震动、高腐蚀状态的固定资产。

采取缩短折旧年限方法的,最低折旧年限不得低于本条例第六十条规定折旧年限的60%;采取加速折旧方法的,可以采取双倍余额递减法或者年数总和法。

十三、《财政部 国家税务总局关于完善固定资产加速折旧企业所得税政策的通知》(财税〔2014〕75号)第一条第一款

对生物药品制造业,专用设备制造业,铁路、船舶、航空航天和其他运输设备制造业,计算机、通信和其他电子设备制造业,仪器仪表制造业,信息传输、软件和信息技术服务业等6个行业的企业2014年1月1日后新购进的固定资产,可缩短折旧年限或采取加速折旧的方法。

十四、《国家税务总局关于进一步完善固定资产加速折旧企业所得税政策有关问题的公告》(国家税务总局公告2015年第68号)第一条

对轻工、纺织、机械、汽车等四个领域重点行业(以下简称四个领域重点行业)企业2015年1月1日后新购进的固定资产(包括自行建造,下同),允许缩短折旧年限或采

取加速折旧方法。

十五、《财政部 税务总局关于扩大固定资产加速折旧优惠政策适用范围的公告》(财政部 税务总局公告2019年第66号)第一条、第二条

一、自2019年1月1日起,适用《财政部 国家税务总局关于完善固定资产加速折旧企业所得税政策的通知》(财税〔2014〕75号)和《财政部 国家税务总局关于进一步完善固定资产加速折旧企业所得税政策的通知》(财税〔2015〕106号)规定固定资产加速折旧优惠的行业范围,扩大至全部制造业领域。

二、制造业按照国家统计局《国民经济行业分类和代码(GB/T 4754—2017)》确定。今后国家有关部门更新国民经济行业分类和代码,从其规定。

小贴士

企业享受固定资产一次性扣除等优惠政策时,仅需要在年度汇算清缴时通过填报相应的纳税申报表享受该税收优惠,而在会计上,仍然按照会计准则计提折旧。由此产生的税会差异,需要每年进行调整。

48 塞翁失马
——资产损失涉税处理

资产损失是指企业在生产经营活动中实际发生的、与取得应税收入有关的资产损失,包括现金损失,存款损失,坏账损失,贷款损失,股权投资损失,固定资产和存货的盘亏、毁损、报废、被盗损失,自然灾害等不可抗力因素造成的损失以及其他损失。资产损失的涉税处理如表 3-19 和 3-20 所示。

表 3-19 资产损失的涉税处理

事项	涉税处理
增值税	因管理不善造成被盗、丢失、霉烂变质等原因非正常损失的购进货物、不动产,其进项税额不得从销项税额中抵扣
企业所得税	准予在企业所得税前扣除的资产损失: 1. 实际资产损失,企业在实际处置、转让资产过程中发生的合理损失 2. 法定资产损失,企业虽未实际处置、转让上述资产,但符合财税〔2009〕57 号规定条件计算确认的损失(表 3-20)

表 3-20 法定资产损失税前扣除

损失项目	税前扣除规定	
现金损失	企业清查出的现金短缺减除责任人赔偿后的余额,作为现金损失在计算应纳税所得额时扣除	
存款损失	企业将货币性资金存入法定具有吸收存款职能的机构,因该机构依法破产、清算,或者政府责令停业、关闭等原因,确实不能收回的部分,作为存款损失在计算应纳税所得额时扣除	
坏账损失	企业除贷款类债权外的应收、预付账款符合规定条件的(详见财税〔2009〕57 号第四条),减除可收回金额后确认的无法收回的应收、预付款项,可以作为坏账损失在计算应纳税所得额时扣除	
贷款损失	企业经采取所有可能的措施和实施必要的程序之后,符合规定条件的(详见财税〔2009〕57 号第五条)贷款类债权,可以作为贷款损失在计算应纳税所得额时扣除	
股权投资损失	企业的股权投资符合规定条件的(详见财税〔2009〕57 号第六条),减除可收回金额后确认的无法收回的股权投资,可以作为股权投资损失在计算应纳税所得额时扣除	
固定资产或存货盘亏损失	企业盘亏的固定资产或存货,以该固定资产的账面净值或存货的成本减除责任人赔偿后的余额,作为固定资产或存货盘亏损失在计算应纳税所得额时扣除	注:企业因存货盘亏、毁损、报废、被盗等不得从增值税销项税额中抵扣的进项税额,可以与存货损失一起在计算应纳税所得额时扣除
固定资产或存货毁损、报废损失	企业毁损、报废的固定资产或存货,以该固定资产的账面净值或存货的成本减除残值、保险赔款和责任人赔偿后的余额,作为固定资产或存货毁损、报废损失在计算应纳税所得额时扣除	

(续表)

损失项目	税前扣除规定
固定资产或存货被盗损失	企业被盗的固定资产或存货,以该固定资产的账面净值或存货的成本减除保险赔款和责任人赔偿后的余额,作为固定资产或存货被盗损失在计算应纳税所得额时扣除

注：1. 企业在计算应纳税所得额时已经扣除的资产损失,在以后纳税年度全部或者部分收回时,其收回部分应当作为收入计入收回当期的应纳税所得额。

2. 企业境内、境外营业机构发生的资产损失应分开核算,对境外营业机构由于发生资产损失而产生的亏损,不得在计算境内应纳税所得额时扣除。

3. 企业对其扣除的各项资产损失,应当提供能够证明资产损失确属已实际发生的合法证据,包括具有法律效力的外部证据、具有法定资质的中介机构的经济鉴证证明、具有法定资质的专业机构的技术鉴定证明等。

实战案例

案例一：甲企业在未按规定程序和要求向税务机关申报的情况下,分别在制造费用和销售管理费用科目列支存货损失合计823万元,并在当年度企业所得税汇算清缴中税前扣除上述存货损失。经税务稽查部门检查,对该企业作出补缴当年度企业所得税和加收滞纳金的税务处理。

案例二：在税务稽查案件查处过程中,乙公司向税务稽查部门提供了部分虚假的银行对账单和销售发货单等资料应对检查。税务稽查部门向乙公司发出责令改正通知,但该公司无法在规定限期内提供真实的财务资料,税务稽查部门对乙公司提供虚假资料应对检查的行为进行了处罚。

【案例分析】

企业发生的资产损失,应按规定的程序和要求向主管税务机关申报后方能在税前扣除；未经申报的损失,不得在税前扣除；企业向税务机关申报扣除资产损失,应当完整保存资产损失相关资料,保证资料的真实性、合法性；如有提供虚假资料情形的,由税务机关责令改正,情节严重的还会面临处罚。

政策依据

一、《中华人民共和国增值税暂行条例》第十条

下列项目的进项税额不得从销项税额中抵扣：

（一）用于非增值税应税项目、免征增值税项目、集体福利或者个人消费的购进货物或者应税劳务；

（二）非正常损失的购进货物及相关的应税劳务；

（三）非正常损失的在产品、产成品所耗用的购进货物或者应税劳务；

（四）国务院财政、税务主管部门规定的纳税人自用消费品；

（五）本条第（一）项至第（四）项规定的货物的运输费用和销售免税货物的运输

费用。

二、《中华人民共和国增值税暂行条例实施细则》第二十四条

条例第十条第（二）项所称非正常损失，是指因管理不善造成被盗、丢失、霉烂变质的损失。

三、《财政部 国家税务总局关于全面推开营业税改征增值税试点的通知》（财税〔2016〕36号）附件1《营业税改征增值税试点实施办法》第二十七条、二十八条第三款

第二十七条 下列项目的进项税额不得从销项税额中抵扣：

......

（二）非正常损失的购进货物，以及相关的加工修理修配劳务和交通运输服务。

（三）非正常损失的在产品、产成品所耗用的购进货物（不包括固定资产）、加工修理修配劳务和交通运输服务。

（四）非正常损失的不动产，以及该不动产所耗用的购进货物、设计服务和建筑服务。

（五）非正常损失的不动产在建工程所耗用的购进货物、设计服务和建筑服务。

纳税人新建、改建、扩建、修缮、装饰不动产，均属于不动产在建工程。

......

本条第（四）项、第（五）项所称货物，是指构成不动产实体的材料和设备，包括建筑装饰材料和给排水、采暖、卫生、通风、照明、通讯、煤气、消防、中央空调、电梯、电气、智能化楼宇设备及配套设施。

第二十八条 非正常损失，是指因管理不善造成货物被盗、丢失、霉烂变质，以及因违反法律法规造成货物或者不动产被依法没收、销毁、拆除的情形

四、《财政部 国家税务总局关于企业资产损失税前扣除政策的通知》（财税〔2009〕57号）

五、《国家税务总局关于发布〈企业资产损失所得税税前扣除管理办法〉的公告》（国家税务总局公告2011年第25号）

💬 小贴士

1. 企业发生的资产损失，应按规定的程序和要求向主管税务机关申报后方能在税前扣除。未经申报的损失，不得在税前扣除。

2. 企业向税务机关申报扣除资产损失，仅需填报企业所得税年度纳税申报表资产损失税前扣除及纳税调整明细表，不再报送资产损失相关资料，相关资料由企业留存备查。

第 4 章

涉税风险及指标分析

优秀的企业都是通过流程而非通过个人来运转。当企业发展到一定阶段,就需要把一些行为转化成固化的模式或体系,这就是工作流程。做好工作流程的管理,以规则的确定性实现成功的可复制性,以更小的成本实现工作的条理性和规范性,从而提高工作效率。

企业纳税制度和流程的建设是企业纳税管理的重要一环,其中主要是建立好税收管理制度、纳税筹划管理制度、税务合规与风险管理制度等。通过制度和流程,税务经理发现企业内部各个环节的涉税风险,完成指标分析,从而做好纳税管理工作。

本章内容围绕企业纳税工作的特点,深度剖析各个环节的涉税风险,主要包括采购环节涉税风险(第49招)、生产环节涉税风险(第50招)、销售环节涉税风险(第51招至第52招)和利润分配环节涉税风险(第53招),同时针对这些风险进行相应的指标分析(第54招至第64招)。

扫码听课

第1节 采购环节涉税风险

㊾ 明辨真伪
——防范虚假发票风险

根据《发票管理办法》相关规定,企业取得私自印制、伪造、变造、作废、开票方非法取得、虚开、填写不规范等不符合规定的发票以及取得不符合国家法律、法规等相关规定的其他外部凭证,不得作为税前扣除凭证,应及时要求对方补开。补开、换开后的发票、其他外部凭证符合规定的,可以作为税前扣除凭证。

因此,企业应当尽量规避取得虚假发票,以减少自身的涉税风险。相关的注意事项如图4-1所示。

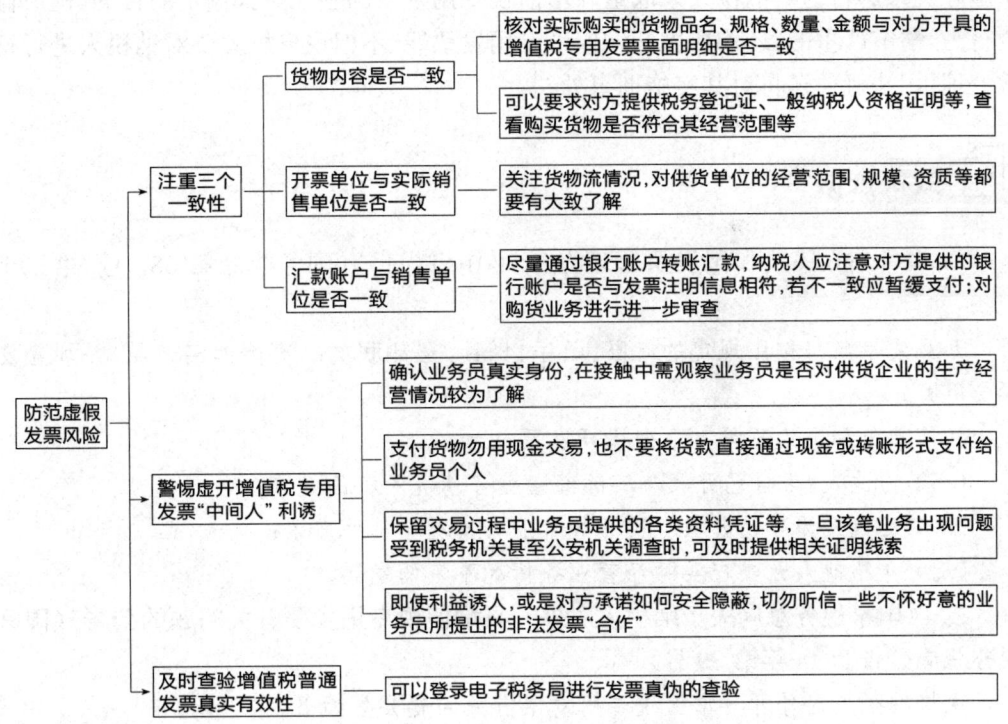

图4-1 防范虚假发票风险

实战案例

茂名市国税局第一稽查局根据浙江省温州市"5·23"林某虚开增值税专用发票案

提供的线索,依法对辖区内的茂名市 A 公司进行了立案检查。

A 公司主要经营生产和销售皮鞋、皮具、皮革制品。经查实,自 2011 年 5 月 26 日至 2012 年 4 月 26 日,A 公司在与温州市"5·23"案某涉案企业(以下简称 B 公司)没有任何货物交易的情况下,采取向 B 公司汇款,由 B 公司扣除 5%的手续费后,再通过第三方汇回余款的方式,共接受 B 公司虚开增值税专用发票 27 份,金额 624.34 万元,税额 106.14 万元,用于申报抵扣税款。

根据《中华人民共和国税收征收管理办法》第六十三条第一款、《中华人民共和国增值税暂行条例》第九条和国税发〔1997〕134 号文件规定,A 公司的行为属恶意接受虚开增值税专用发票。茂名市国税局第一稽查局依法对 A 公司作出追缴税款、罚款和滞纳金共计 317.23 万元的税务处理。同时,A 公司法人代表谢某因虚开增值税专用发票罪,被茂名市电白区人民法院判处有期徒刑 3 年,缓刑 4 年,并处罚金人民币 10 万元。

【案例分析】

通过案例,我们可以发现,虚开发票不仅仅指为他人虚开,让他人为自己虚开也属于虚开发票的行为。纳税人采取虚开增值税专用发票的手段达到偷税的目的,构成偷税行为,情节严重的,还构成虚开增值税专用发票罪,不但税务机关要对纳税人进行行政处理,司法机关还将对其实施刑事处罚。

政策依据

一、《中华人民共和国发票管理办法(2010 修订)》(国务院令第 587 号)第二十二条

开具发票应当按照规定的时限、顺序、栏目,全部联次一次性如实开具,并加盖发票专用章。

任何单位和个人不得有下列虚开发票行为:

(一)为他人、为自己开具与实际经营业务情况不符的发票;

(二)让他人为自己开具与实际经营业务情况不符的发票;

(三)介绍他人开具与实际经营业务情况不符的发票。

二、《国家税务总局关于纳税人对外开具增值税专用发票有关问题的公告》(国家税务总局公告 2014 年第 39 号)

现将纳税人对外开具增值税专用发票有关问题公告如下:

纳税人通过虚增增值税进项税额偷逃税款,但对外开具增值税专用发票同时符合以下情形的,不属于对外虚开增值税专用发票:

一、纳税人向受票方纳税人销售了货物,或者提供了增值税应税劳务、应税服务;

二、纳税人向受票方纳税人收取了所销售货物、所提供应税劳务或者应税服务的款项,或者取得了索取销售款项的凭据;

三、纳税人按规定向受票方纳税人开具的增值税专用发票相关内容,与所销售货物、所提供应税劳务或者应税服务相符,且该增值税专用发票是纳税人合法取得、并以自己名义开具的。

受票方纳税人取得的符合上述情形的增值税专用发票,可以作为增值税扣税凭证抵扣进项税额。

三、《国家税务总局转发〈最高人民法院关于适用《全国人民代表大会常务委员会关于惩治虚开、伪造和非法出售增值税专用发票犯罪的决定》的若干问题的解释〉的通知》(国税发〔1996〕210号)

具有下列行为之一的,属于"虚开增值税专用发票":

(1)没有货物购销或者没有提供或接受应税劳务而为他人、为自己、让他人为自己、介绍他人开具增值税专用发票;

(2)有货物购销或者提供或接受了应税劳务但为他人、为自己、让他人为自己、介绍他人开具数量或者金额不实的增值税专用发票;

(3)进行了实际经营活动,但让他人为自己代开增值税专用发票。

小贴士

1. 除了纸质的发票,电子发票的真伪同样要引起纳税人的重视。
2. 企业可以通过国家税务总局全国增值税发票查验平台官网查验发票真伪。

第 2 节　生产环节涉税风险

㊿ 以小见大
——成本核算的涉税风险

成本核算能够帮助企业控制成本,提高生产效率,提升利润,提供决策依据。但是,进行成本核算时,企业应当注意防范涉税风险,如图 4-2 所示。

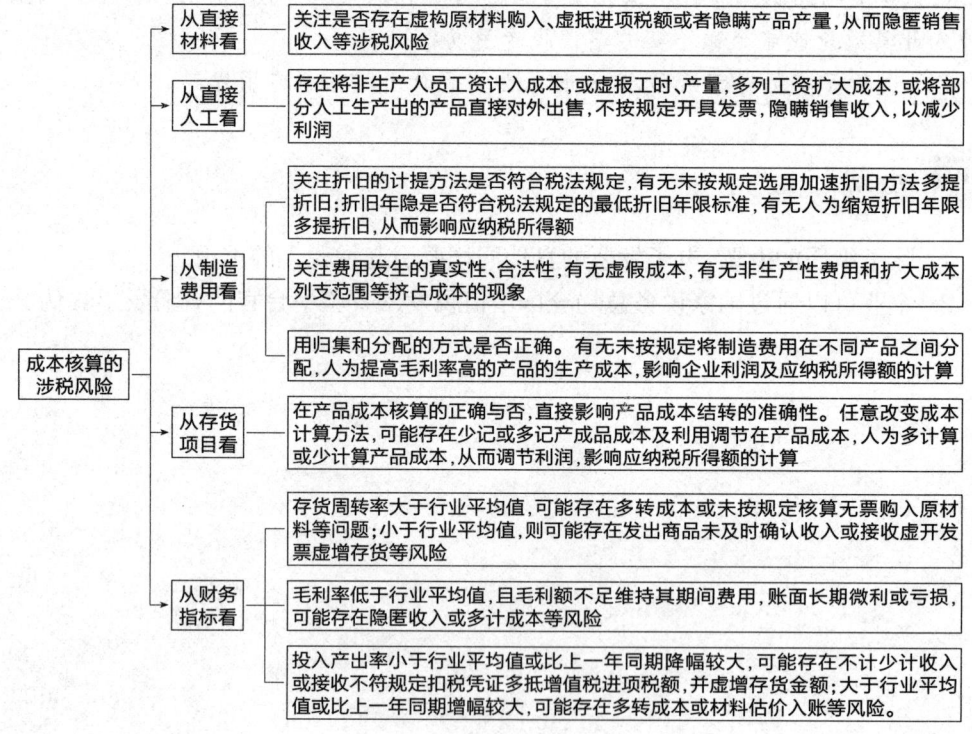

图 4-2　成本核算的涉税风险

实战案例

2013 年 3 月,丹东市国税局稽查局接到举报,反映某阀门销售有限公司(以下简称 A 公司)销售不开发票,不按规定结转成本,虚列成本转库存,以达到少缴税的目的。该局当即立案。

通过调阅征管系统信息,稽查人员了解到,A 公司 2009 年 3 月成立,经营范围是销售阀门、五金交电等,2010年至2012年每年实现收入两三百万元左右,增值税税负分别为1.5%、1.5%和1.3%,企业所得税贡献率分别为0.45%、0.14%和1%。该公司2010年、2011年为小型微利企业,企业所得税实行查实征收方式;2012年企业所得税实行按收入核定征收,应税所得率4%。

根据增值税税负推算,稽查人员发现A公司这几年的毛利率分别为8.82%、8.82%和7.65%,符合常规,增值税缴纳也无异常。但通过利润表计算,稽查人员发现该公司同期利润率分别为0.98%、0.98%和1%,远低于同期银行存款利率,同时其运输费用明显偏大。稽查人员预计A公司存在少缴企业所得税的可能。

根据调查取得的银行单据、企业账目、询问笔录等大量证据,丹东市国税局稽查局2013年12月认定A公司存在如下违法事实:自2010年3月起,在无货交易的情况下累计从E公司虚假购进阀门839 743元(含税),先后恶意取得11组虚开增值税专用发票,抵扣增值税122 013.95元;通过将虚购进货物结转销售成本,2010年、2011年分别少缴企业所得税16 239.32元、3 555.9元;通过虚构两笔运输业务,2010年11月少缴增值税2 576元、2010年少缴企业所得税18 184.8元。该局依法作出处理决定,要求A公司补缴税款162 569.97元,其中增值税124 589.95元、企业所得税37 980.02元,将A公司的行为定性为偷税,对其处以查补税款一倍的罚款。

政策依据

一、《中华人民共和国企业所得税法》第八条

企业实际发生的与取得收入有关的、合理的支出,包括成本、费用、税金、损失和其他支出,准予在计算应纳税所得额时扣除。

二、《中华人民共和国企业所得税法实施条例》第二十七条、第二十九条、第三十条

第二十七条　企业所得税法第八条所称有关的支出,是指与取得收入直接相关的支出。

企业所得税法第八条所称合理的支出,是指符合生产经营活动常规,应当计入当期损益或者有关资产成本的必要和正常的支出。

第二十九条　企业所得税法第八条所称成本,是指企业在生产经营活动中发生的销售成本、销货成本、业务支出以及其他耗费。

第三十条　企业所得税法第八条所称费用,是指企业在生产经营活动中发生的销售费用、管理费用和财务费用,已经计入成本的有关费用除外。

小贴士

1. 生产环节与采购环节是紧密相关的,所以两个环节的涉税风险可以结合起来

进行分析。

2. 一些财务指标的异常可以反映出生产经营环节和成本核算环节的问题,如存货周转率、毛利率、投入产出率等。税务经理应重点关注这些财务指标,自查是否存在涉税风险。

第3节 销售环节涉税风险

51 未雨绸缪
——收入确认常见风险

企业收入确认是财务报表编制的重要环节,对于保证财务报表的准确性和公允性具有重要意义。因此,企业应当也必须及时准确地核算收入,以避免涉税风险。企业收入确认的常见风险如图4-3所示。

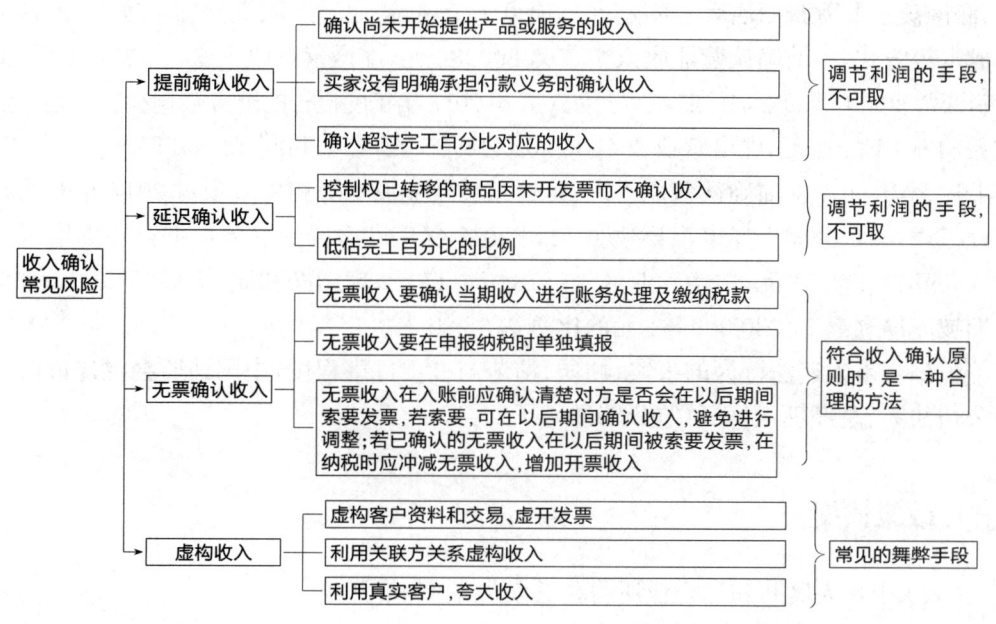

图4-3 收入确认常见风险

实战案例

2021年,中国证券监督管理委员会福建监管局对上市公司A公司进行了行政处罚。

经查明,A公司存在以下违法事实:

违法事实一:A公司2016年年度报告的财务数据存在虚假记载。

2016年,B公司(A公司原全资孙公司)对海南海口丽思卡尔顿酒店活动家具项目、广州珠江新城汇悦台1号楼固定家具项目、海南三亚太阳湾柏悦酒店独立客房活动家具项目、福建厦门正元希尔顿逸林酒店固定家具项目4个项目，通过采取提前确认收入、延迟结转成本等方式，提前确认营业收入27 783 954元，提前确认营业成本20 976 048.96元，导致A公司2016年年度报告的财务数据存在虚增营业收入27 783 954元，虚增营业成本15 842 388.69元，虚增净利润7 880 072.7元，占当年净利润129 117 934.27元的比例达6.1%；同时，导致A公司2017年年度报告的财务数据存在虚减营业收入27 783 954元，虚减营业成本20 084 396.1元，虚减2017年净利润4 864 899.61元，占当年净利润71 280 009.64元的比例达6.83%。

违法事实二：A公司2017年年度报告的财务数据存在虚假记载。

2017年，C公司（系A公司原全资子公司）及B公司对广东广州泰康之家月粤园7-10号楼活动家具项目、浙江宁波东钱湖二期03-7号地块酒店活动家具项目、广州珠江新城汇悦台2号楼固定家具项目、安徽合肥洲际酒店客房活动家具项目、上海南京东路201号楼改造活动家具项目、三亚太阳湾度假村中酒店独立客房固定家具项目、海南陵水北万豪酒店套房固定家具项目7个项目，通过采取提前确认收入、延迟结转成本等方式，提前确认营业收入77 595 800.84元，虚增营业收入7 005 392.4元，提前确认营业成本36 962 416.25元，导致A公司2017年年度报告的财务数据存在虚增营业收入84 601 193.24元，虚增营业成本36 962 416.25元，虚增利润43 068 852.95元。结合上述2016年度提前确认营业收入、延迟结转营业成本等相关事项对2017年度的影响，B公司与C公司上述事项导致A公司2017年年度报告的财务数据存在虚增营业收入56 817 239.24元，虚增营业成16 878 020.15元，虚增净利润27 436 740.1元，占当期披露净利润71 280 009.64元的比例达38.49%。

根据当事人违法行为的事实、性质、情节与社会危害程度，中国证监会福建证监局对公司法人、总经理、财务总监分别进行了处罚。

📄 政策依据

一、《中华人民共和国企业所得税法实施条例》第九条

企业应纳税所得额的计算，以权责发生制为原则，属于当期的收入和费用，不论款项是否收付，均作为当期的收入和费用；不属于当期的收入和费用，即使款项已经在当期收付，均不作为当期的收入和费用。本条例和国务院财政、税务主管部门另有规定的除外。

二、《国家税务总局关于确认企业所得税收入若干问题的通知》（国税函〔2008〕875号）第一条

除企业所得税法及实施条例另有规定外，企业销售收入的确认，必须遵循权责发生制原则和实质重于形式原则。

（一）企业销售商品同时满足下列条件的，应确认收入的实现：

1.商品销售合同已经签订，企业已将商品所有权相关的主要风险和报酬转移给

购货方；

2. 企业对已售出的商品既没有保留通常与所有权相联系的继续管理权，也没有实施有效控制；

3. 收入的金额能够可靠地计量；

4. 已发生或将发生的销售方的成本能够可靠地核算。

（二）符合上款收入确认条件，采取下列商品销售方式的，应按以下规定确认收入实现时间：

1. 销售商品采用托收承付方式的，在办妥托收手续时确认收入。

2. 销售商品采取预收款方式的，在发出商品时确认收入。

3. 销售商品需要安装和检验的，在购买方接受商品以及安装和检验完毕时确认收入。如果安装程序比较简单，可在发出商品时确认收入。

4. 销售商品采用支付手续费方式委托代销的，在收到代销清单时确认收入。

（三）采用售后回购方式销售商品的，销售的商品按售价确认收入，回购的商品作为购进商品处理。有证据表明不符合销售收入确认条件的，如以销售商品方式进行融资，收到的款项应确认为负债，回购价格大于原售价的，差额应在回购期间确认为利息费用。

（四）销售商品以旧换新的，销售商品应当按照销售商品收入确认条件确认收入，回收的商品作为购进商品处理。

（五）企业为促进商品销售而在商品价格上给予的价格扣除属于商业折扣，商品销售涉及商业折扣的，应当按照扣除商业折扣后的金额确定销售商品收入金额。

债权人为鼓励债务人在规定的期限内付款而向债务人提供的债务扣除属于现金折扣，销售商品涉及现金折扣的，应当按扣除现金折扣前的金额确定销售商品收入金额，现金折扣在实际发生时作为财务费用扣除。

企业因售出商品的质量不合格等原因而在售价上给的减让属于销售折让；企业因售出商品质量、品种不符合要求等原因而发生的退货属于销售退回。企业已经确认销售收入的售出商品发生销售折让和销售退回，应当在发生当期冲减当期销售商品收入。

> **小贴士**

1. 收入确认的注意事项：
（1）收入内容不能有错漏。
（2）不征税收入与免税收入不能混淆。
（3）未上缴政府性基金和行政事业性收费也须作应税收入。
（4）财政性资金不都是应税收入。
（5）不征税税收入取得的利息收入不能剔除。

（6）处置资产并不都需要按公允价值确认收入。

2. 会计和税法在收入的界定范围以及收入的确认和计量上有所不同,当存在差异时,需在纳税申报时进行调整。

❺❷ 截然不同
——增值税和企业所得税收入的差异

企业取得的收入主要涉及增值税和企业所得税的缴纳。一般来说,增值税的销售额和企业所得税的收入大致相同,但是如果两者之间存在较大差异,则说明企业可能存在较大的风险。增值税销售额和企业所得税收入的主要差异如图 4-4 所示。

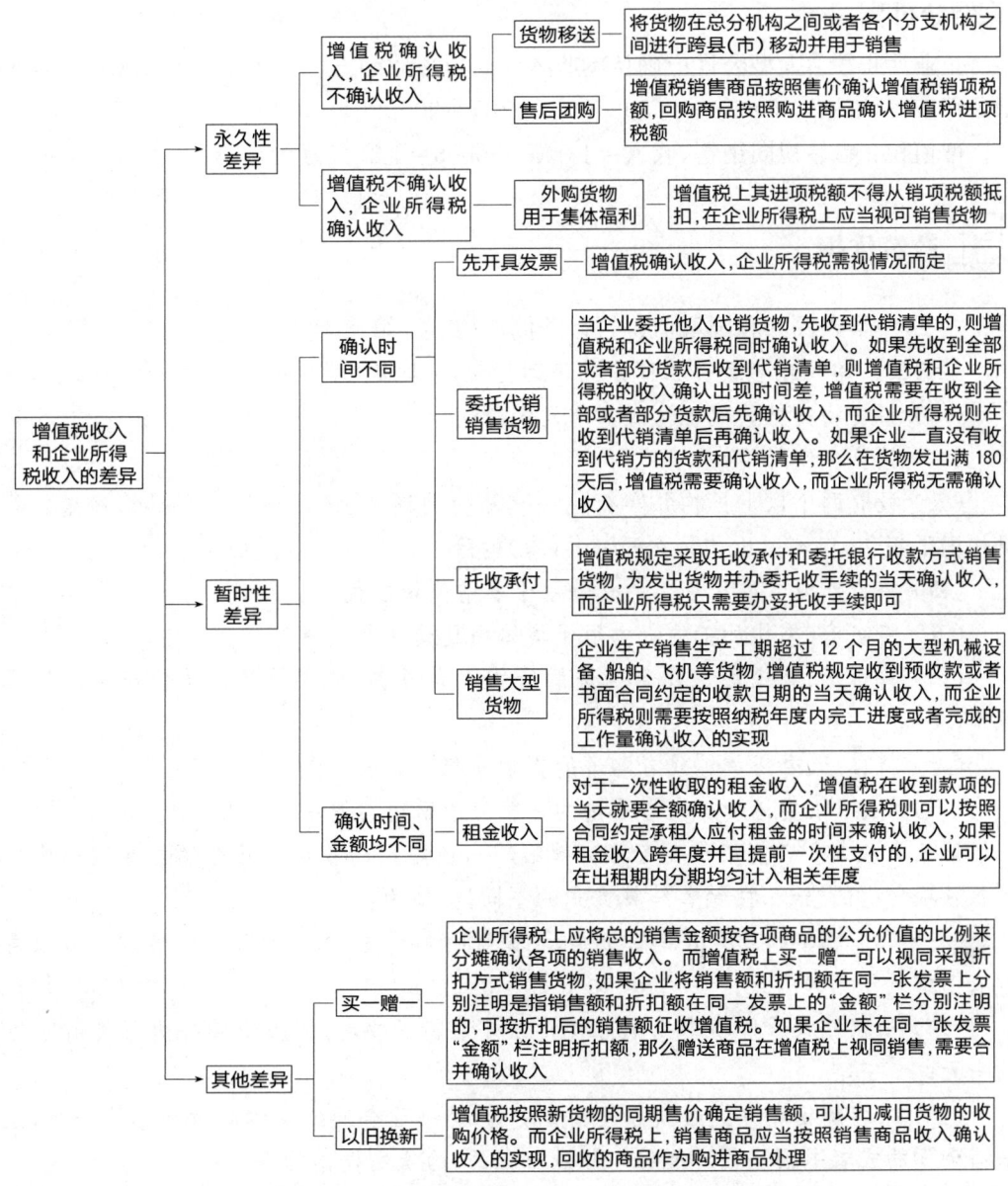

图 4-4 增值税销售额和企业所得税收入的差异

实战案例

梅松公司是一家玩具生产销售企业,属于增值税的一般纳税人,在2021年"双十一"大促期间,推出了"买一赠一"的活动,即消费者购买任意一款大型玩具公仔可获得同款小型公仔一个。整个大促期间梅松公司对外销售5万套该玩具,销售额共计1 000(不含税)万元。已知大型公仔每个市价200元,小型公仔每个市价50元。

问:在增值税和企业所得税口径下,梅松公司大促期间应分别确认多少收入?

【案例分析】

企业所得税:大型公仔应确认的收入=1 000×200÷(200+50)=800(万元),小型公仔应确认的收入=1 000×50÷(200+50)=200(万元)。

增值税:赠品视同销售,收入=1 000+50×5=1 250(万元)。

政策依据

一、《中华人民共和国增值税暂行条例》第四条、第三十八条

第四条 单位或者个体工商户的下列行为,视同销售货物:

(一)将货物交付其他单位或者个人代销;

(二)销售代销货物;

(三)设有两个以上机构并实行统一核算的纳税人,将货物从一个机构移送其他机构用于销售,但相关机构设在同一县(市)的除外;

(四)将自产或者委托加工的货物用于非增值税应税项目;

(五)将自产、委托加工的货物用于集体福利或者个人消费;

(六)将自产、委托加工或者购进的货物作为投资,提供给其他单位或者个体工商户;

(七)将自产、委托加工或者购进的货物分配给股东或者投资者;

(八)将自产、委托加工或者购进的货物无偿赠送其他单位或者个人。

第三十八条 条例第十九条第一款第(一)项规定的收讫销售款项或者取得索取销售款项凭据的当天,按销售结算方式的不同,具体为:

(一)采取直接收款方式销售货物,不论货物是否发出,均为收到销售款或者取得索取销售款凭据的当天;

(二)采取托收承付和委托银行收款方式销售货物,为发出货物并办妥托收手续的当天;

(三)采取赊销和分期收款方式销售货物,为书面合同约定的收款日期的当天,无书面合同的或者书面合同没有约定收款日期的,为货物发出的当天;

(四)采取预收货款方式销售货物,为货物发出的当天,但生产销售生产工期超过

12个月的大型机械设备、船舶、飞机等货物,为收到预收款或者书面合同约定的收款日期的当天;

(五)委托其他纳税人代销货物,为收到代销单位的代销清单或者收到全部或者部分货款的当天。未收到代销清单及货款的,为发出代销货物满180天的当天;

(六)销售应税劳务,为提供劳务同时收讫销售款或者取得索取销售款的凭据的当天;

(七)纳税人发生本细则第四条第(三)项至第(八)项所列视同销售货物行为,为货物移送的当天

二、《中华人民共和国企业所得税法实施条例》第九条

企业应纳税所得额的计算,以权责发生制为原则,属于当期的收入和费用,不论款项是否收付,均作为当期的收入和费用;不属于当期的收入和费用,即使款项已经在当期收付,均不作为当期的收入和费用。本条例和国务院财政、税务主管部门另有规定的除外。

三、《国家税务总局关于确认企业所得税收入若干问题的通知》(国税函〔2008〕875号)第一条

除企业所得税法及实施条例另有规定外,企业销售收入的确认,必须遵循权责发生制原则和实质重于形式原则。

(一)企业销售商品同时满足下列条件的,应确认收入的实现:

1. 商品销售合同已经签订,企业已将商品所有权相关的主要风险和报酬转移给购货方;

2. 企业对已售出的商品既没有保留通常与所有权相联系的继续管理权,也没有实施有效控制;

3. 收入的金额能够可靠地计量;

4. 已发生或将发生的销售方的成本能够可靠地核算。

(二)符合上款收入确认条件,采取下列商品销售方式的,应按以下规定确认收入实现时间:

1. 销售商品采用托收承付方式的,在办妥托收手续时确认收入。

2. 销售商品采取预收款方式的,在发出商品时确认收入。

3. 销售商品需要安装和检验的,在购买方接受商品以及安装和检验完毕时确认收入。如果安装程序比较简单,可在发出商品时确认收入。

4. 销售商品采用支付手续费方式委托代销的,在收到代销清单时确认收入。

(三)采用售后回购方式销售商品的,销售的商品按售价确认收入,回购的商品作为购进商品处理。有证据表明不符合销售收入确认条件的,如以销售商品方式进行融资,收到的款项应确认为负债,回购价格大于原售价的,差额应在回购期间确认为利息费用。

(四)销售商品以旧换新的,销售商品应当按照销售商品收入确认条件确认收入,

回收的商品作为购进商品处理。

（五）企业为促进商品销售而在商品价格上给予的价格扣除属于商业折扣,商品销售涉及商业折扣的,应当按照扣除商业折扣后的金额确定销售商品收入金额。

债权人为鼓励债务人在规定的期限内付款而向债务人提供的债务扣除属于现金折扣,销售商品涉及现金折扣的,应当按扣除现金折扣前的金额确定销售商品收入金额,现金折扣在实际发生时作为财务费用扣除。

企业因售出商品的质量不合格等原因而在售价上给的减让属于销售折让;企业因售出商品质量、品种不符合要求等原因而发生的退货属于销售退回。企业已经确认销售收入的售出商品发生销售折让和销售退回,应当在发生当期冲减当期销售商品收入。

小贴士

1. 增值税申报收入与企业所得税申报收入差异是汇算清缴后续管理重点关注的风险点之一。

2. 企业应在汇算清缴期间正确判断收入差异原因：

（1）针对暂时性差异,应准确记录历史期间至今的差异数据,以备税务机关核查。

（2）针对永久性差异,则需要更谨慎和严格地明确适用政策及实操口径,否则后续管理中可能会面临纳税调增和补缴滞纳金的风险。

第 4 节　利润分配环节涉税风险

53　淮橘为枳
——变相分红的涉税风险

企业利润分配是企业在完成经营目标后将盈余分配给各利益相关者的过程。分配利润需要考虑多方面的因素，如市场竞争、行业发展趋势、法律法规等。因此这个过程存在一定的风险，其中最大的莫过于"变相分红"的涉税风险，如图 4-5 所示。

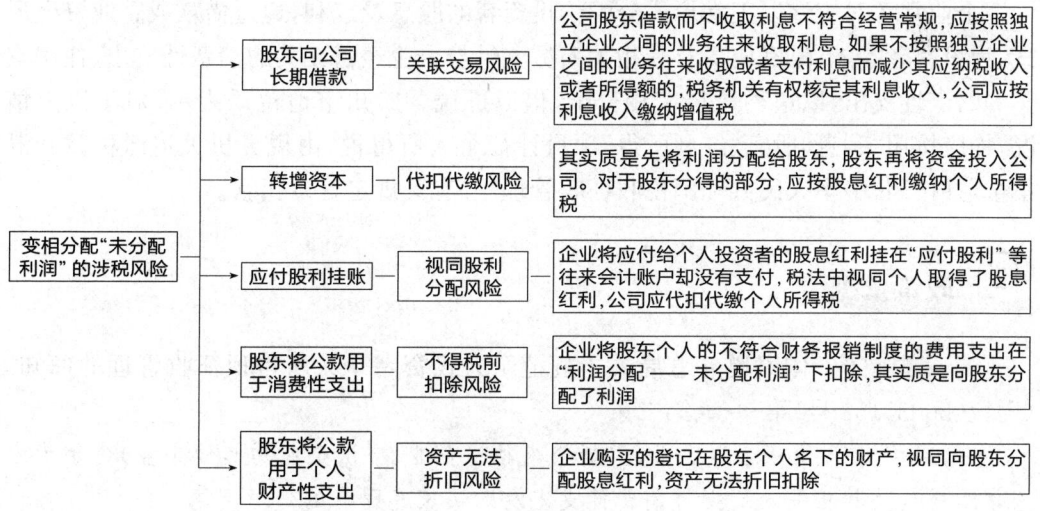

图 4-5　变相分配"未分配利润"的涉税风险

实战案例

2014 年，南昌市国税局稽查局，破获江西首例变相分配股息、红利案，勘破企业以"借款"之名，行"分配股息、红利"之实的真相，最终共查补税款 1 600 余万元。

截至 2013 年年底，A 公司未分配利润已累计达 1 亿多元，但自其成立后却一直未分配过股息、红利，明显不符合经营常规。

2014 年 4 月，在对南昌市 A 公司 2010 年 1 月 1 日至 2013 年 12 月 31 日涉税情况的专项检查中，稽查局发现该公司其他应收款科目余额达 1 亿元，且长期挂账未作处理。经确认，该款项属于向 6 户关联企业借出资金，借出后即长期未归还。

据了解，A 公司系港商独资企业，于 2002 年 6 月注册成立，主要从事房地产开发、销售业务。至2013年12月31日共计实现完工产品销售收入合计12.07亿元,销售进度100%。检查人员通过查阅税收征管信息系统数据,并调取该公司审计报告后确认,该公司2010年至2013年存在较大金额借出款项且长期未收回,亦未收取利息的行为。并且,截至2013年年底,其未分配利润已累计达1亿多元,但该公司自成立后却一直未分配过股息、红利,这一现象明显不符合经营常规。

未分配利润与借款数额相同,检查人员判断,借款可能只是表象,实质是为分配股息、红利。

最终经检查组确认,该公司应按10%的税率扣缴非居民企业所得税1 000万元。后该公司就股息分配提出申请享受税收协定待遇,按5%的优惠税率扣缴税款500万元,并经主管税务机关批准同意。此外,检查组确认,该公司其他调整应补缴各年度企业所得税1 147万元并按规定加收滞纳金。

【案例分析】

企业常常对应该以正常形式分配给投资者的股息及红利,通过借款或企业资金形式,为投资者本人、家庭成员及其相关人员支付与企业经营无关的消费性支出、住房汽车等财产性支出,以这种途径变相分配,借以逃税。广州市地税局表示,对于以上情况,均应按照"利息、股息、红利所得"项目计征个人所得税,由税务机关追缴税款和滞纳金,并按照《中华人民共和国税收征收管理法》有关规定处以罚款。

政策依据

一、《财政部 国家税务总局关于规范个人投资者个人所得税征收管理的通知》(财税〔2003〕158号)第一条、第二条

一、关于个人投资者以企业(包括个人独资企业、合伙企业和其他企业)资金为本人家庭成员及其相关人员支付消费性支出及购买家庭财产的处理问题

个人独资企业、合伙企业的个人投资者以企业资金为本人、家庭成员及其相关人员支与企业生产经营无关的消费性支出及购买汽车、住房等财产性支出,视为企业对个人投资者利润分配,并入投资者个人的生产经营所得,依照"个体工商户的生产经营所得"项目计征个人所得税。

除个人独资企业、合伙企业以外的其他企业的个人投资者,以企业资金为本人、家庭成员及其相关人员支付与企业生产经营无关的消费性支出及购买汽车、住房等财产性支出,视为企业对个人投资者的红利分配,依照"利息、股息、红利所得"项目计征个人所得税。

企业的上述支出不允许在所得税前扣除。

二、关于个人投资者从其投资的企业(个人独资企业、合伙企业除外)借款长期不还的处理问题

纳税年度内个人投资者从其投资企业(个人独资企业、合伙企业除外)借款,在该

纳税年度终了后既不归还,又未用于企业生产经营的,其未归还的借款可视为企业对个人投资者的红利分配,依照"利息、股息、红利所得"项目计征个人所得税。

二、《国家税务总局关于转增注册资本征收个人所得税问题的批复》(国税函〔1998〕333号)

《关于青岛路邦石油化工有限公司公积金转增资本缴纳个人所得税问题的请示》(青地税四字〔1998〕12号)收悉,经研究,现批复如下:

青岛路邦石油化工有限公司将从税后利润中提取的法定公积金和任意公积金转增注册资本,实际上是该公司将盈余公积金向股东分配了股息、红利,股东再以分得的股息、红利增加注册资本。

因此,依据《国家税务总局关于股份制企业转增股本和派发红股征免个人所得税的通知》(国税发〔1997〕198号)精神,对属于个人股东分得并再投入公司(转增注册资本)的部分应按照"利息、股息、红利所得"项目征收个人所得税,税款由股份有限公司在有关部门批准增资、公司股东会决议通过后代扣代缴。

三、《国家税务总局关于进一步加强高收入者个人所得税征收管理的通知》(国税发〔2010〕54号)第二条第二项

切实加强高收入者主要所得项目的征收管理

……

(二)加强利息、股息、红利所得征收管理

1. 加强股息、红利所得征收管理。重点加强股份有限公司分配股息、红利时的扣缴税款管理,对在境外上市公司分配股息红利,要严格执行现行有关征免个人所得税的规定。加强企业转增注册资本和股本管理,对以未分配利润、盈余公积和除股票溢价发行外的其他资本公积转增注册资本和股本的,要按照"利息、股息、红利所得"项目,依据现行政策规定计征个人所得税。

……

小贴士

1. 企业未分配利润过大,并不意味着一定存在涉税风险,只要如实缴纳企业所得税,未向个人股东进行变相形式的分红,就不会引起税务机关的过分关注。

2. 企业以未分配利润、盈余公积和除股票溢价发行外的其他资本公积转增注册资本和股本的,对个人投资者取得的转增股本数额,依照"利息、股息、红利所得"项目计征个人所得税。

第5节 风险指标

54 诫莫若豫
——进项税额控制额差异率预警指标

纳税人申报抵扣进项税额,需取得相应的扣税凭证,并按税法规定计算准予抵扣的进项税额。企业可通过对本期申报的进项税额,与按照适用税率复算的进项税额控制额进行对比分析,以排查进项税申报风险。进项税额控制额差异率预警具体规定如表4-1所示。

表4-1 进项税额控制额差异率预警具体规定

项目	具体规定
预警值	(本期进项税额－进项税额控制额)÷进项税额控制额≥10% 其中,进项税额控制额＝(期末存货较期初增加额＋本期销售成本＋期末应付账款较期初减少额)×主要外购货物的增值税税率＋本期运费支出数×7%
数据来源	1. 增值税纳税申报表计算的本期进项税额,见图4-6 2. 随企业所得税申报表报送的资产负债表中的存货余额、应付账款余额见图4-7 3. 随企业所得税申报表报送的利润表中的本期营业成本总额,见图4-8
问题指向	1. 虚抵进项税额 2. 申报抵扣不符合扣除标准的进项税额

该项预警指标的数据主要来源于增值税纳税申报表(一般纳税人运用)、资产负债表和利润表,分别如图4-6、图4-7和图4-8所示。

实战案例

某税务机关通过监控平台,发现某医药股份有限公司2019年9月至12月申报增值税的税负率环比明显下降,进项税额控制额差异率为30.42%,于是向该公司下达了《税务风险提醒告知书》,要求该公司进行增值税自查。

该企业财务人员逐一审核9月至12月取得的增值税专用发票,发现该年度9月和11月分别从投资方某实业有限公司接受实物投资入股金额300万元,而取得的3份增值税专用发票由第三方某贸易有限公司开具,并已全部申报抵扣,经进一步核实,第三方属于虚假企业,其填开的增值税专用发票与实际不相符,造成9月至12月增值税纳税申报不实。

增值税及附加税费申报表
（一般纳税人适用）

根据国家税收法律法规及增值税相关规定制定本表。纳税人不论有无销售额，均应按税务机关核定的纳税期限填写本表，并向当地税务机关申报。

税款所属时间：自　年　月　日至　年　月　日　　　填表日期：　年　月　日　　　金额单位：元（列至角分）

纳税人识别号（统一社会信用代码）：□□□□□□□□□□　　　　所属行业：

纳税人名称		法定代表人姓名		注册地址		生产经营地址	
开户银行及账号				登记注册类型		电话号码	

<table>
<tr><th colspan="2" rowspan="2">项目</th><th rowspan="2">栏次</th><th colspan="2">一般项目</th><th colspan="2">即征即退项目</th></tr>
<tr><th>本月数</th><th>本年累计</th><th>本月数</th><th>本年累计</th></tr>
<tr><td rowspan="10">销售额</td><td>（一）按适用税率计税销售额</td><td>1</td><td></td><td></td><td></td><td></td></tr>
<tr><td>其中：应税货物销售额</td><td>2</td><td></td><td></td><td></td><td></td></tr>
<tr><td>应税劳务销售额</td><td>3</td><td></td><td></td><td></td><td></td></tr>
<tr><td>纳税检查调整的销售额</td><td>4</td><td></td><td></td><td></td><td></td></tr>
<tr><td>（二）按简易办法计税销售额</td><td>5</td><td></td><td></td><td></td><td></td></tr>
<tr><td>其中：纳税检查调整的销售额</td><td>6</td><td></td><td></td><td></td><td></td></tr>
<tr><td>（三）免、抵、退办法出口销售额</td><td>7</td><td></td><td></td><td>——</td><td>——</td></tr>
<tr><td>（四）免税销售额</td><td>8</td><td></td><td></td><td>——</td><td>——</td></tr>
<tr><td>其中：免税货物销售额</td><td>9</td><td></td><td></td><td>——</td><td>——</td></tr>
<tr><td>免税劳务销售额</td><td>10</td><td></td><td></td><td>——</td><td>——</td></tr>
</table>

图 4-6　增值税纳税申报表（一般纳税人适用）示意图

资产负债表

纳税人名称：

纳税人识别号：　　　　税款所属期：　年　月　日至　年　月　日　　　　单位：元

资产	行次	期末余额	年初余额	负债和所有者权益	行次	期末余额	年初余额
流动资产：				流动负债：			
货币资金	1			短期借款	31		
短期投资	2			应付票据	32		
应收票据	3			应付账款	33		
应收帐款	4			预收账款	34		
预付账款	5			应付职工薪酬	35		
应收股利	6			应交税费	36		
应收利息	7			应付利息	37		
其他应收款	8			应付利润	38		
存货	9			其他应付款	39		
其中：原材料	10			其他流动负债	40		

图 4-7　资产负债表示意图

利润表

纳税人名称：

纳税人识别号：　　　　税款所属期：　年　月　日至　年　月　日　　　　单位：元

项目	行次	本年累计金额	本月金额
一、营业收入	1		
减：营业成本	2		
税金及附加	3		

图 4-8　利润表示意图

该企业财务人员向公司负责人做了报告,说明利害关系,并主动到税务机关补缴了税款和滞纳金。税务机关依法按所取得专用发票的份数,分别处以1万元以下的罚款。

政策依据

《中华人民共和国增值税暂行条例》第八条、第十条、第十一条

第八条 纳税人购进货物、劳务、服务、无形资产、不动产支付或者负担的增值税额,为进项税额。

下列进项税额准予从销项税额中抵扣:

(一)从销售方取得的增值税专用发票上注明的增值税额。

(二)从海关取得的海关进口增值税专用缴款书上注明的增值税额。

(三)购进农产品,除取得增值税专用发票或者海关进口增值税专用缴款书外,按照农产品收购发票或者销售发票上注明的农产品买价和11%的扣除率计算的进项税额,国务院另有规定的除外。进项税额计算公式:

$$进项税额 = 买价 \times 扣除率$$

(四)自境外单位或者个人购进劳务、服务、无形资产或者境内的不动产,从税务机关或者扣缴义务人取得的代扣代缴税款的完税凭证上注明的增值税额。

准予抵扣的项目和扣除率的调整,由国务院决定。

第十条 下列项目的进项税额不得从销项税额中抵扣:

(一)用于简易计税方法计税项目、免征增值税项目、集体福利或者个人消费的购进货物、劳务、服务、无形资产和不动产;

(二)非正常损失的购进货物,以及相关的劳务和交通运输服务;

(三)非正常损失的在产品、产成品所耗用的购进货物(不包括固定资产)、劳务和交通运输服务;

(四)国务院规定的其他项目。

第十一条 小规模纳税人发生应税销售行为,实行按照销售额和征收率计算应纳税额的简易办法,并不得抵扣进项税额。应纳税额计算公式:

$$应纳税额 = 销售额 \times 征收率$$

小规模纳税人的标准由国务院财政、税务主管部门规定。

二、《财政部 国家税务总局关于全面推开营业税改征增值税试点的通知》(财税〔2016〕36号)附件1《营业税改征增值税试点实施办法》第二十七条第一项

下列项目的进项税额不得从销项税额中抵扣:

(一)用于简易计税方法计税项目、免征增值税项目、集体福利或者个人消费的购进货物、加工修理修配劳务、服务、无形资产和不动产。其中涉及的固定资产、无形资

产、不动产,仅指专用于上述项目的固定资产、无形资产(不包括其他权益性无形资产)、不动产。

纳税人的交际应酬消费属于个人消费。

……

> **小贴士**
>
> 将申报进项税额与进项税额控制额进行比较,如果申报进项税额大于进项税额控制额,则可能存在虚抵进项税额的情况,企业需要重点核查以下问题:
> (1)用于非应税项目、免税项目、集体福利、个人消费的购进货物及非正常损失的购进货物是否按照规定做进项税额转出。
> (2)是否存在取得虚开的专用发票和其他抵扣凭证问题。

55 居安思危
——其他应收/其他应付款异常预警指标

企业常常用往来账户隐匿收入、转移利润、虚列成本,以达到偷税的目的,往来账户也由此成为税务机关的重点稽查范围。企业可根据相关预警指标进行自查,以规范账户核算和涉税处理,从而防范风险。其他应收/其他应付款异常预警指标的具体情况如表 4-2 所示。

表 4-2 其他应收/其他应付款异常预警指标

项目	预警值	数据来源	问题指向
应收账款	当年新增应收账款大于销售收入的 80%	1. 应收账款:随企业所得税申报表报送的资产负债表中应收账款的期末余额-期初余额,见图 4-9。 2. 销售收入:随企业所得税申报表报送的利润表中本年的营业收入总额,见图 4-10	隐瞒收入
应付账款	当年新增应付账款大于销售收入的 80%	1. 应付账款:随企业所得税申报表报送的财务报表中的资产负债表中应付账款的期末余额-期初余额,见图 4-9。 2. 销售收入:随企业所得税申报表报送的财务报表中的利润表本年的营业收入总额,见图 4-10	1. 隐瞒收入。 2. 虚开发票、虚列成本
预收账款	当年预收账款余额占销售收入的比重超过 20%(即当年预收账款余额÷销售收入>20%)	1. 预收账款:随企业所得税申报表报送的资产负债表中预收账款的期末余额,见图 4-9。 2. 销售收入:随企业所得税申报表报送的利润表中本年的营业收入总额,见图 4-10	隐瞒收入
预付账款	预付账款是负数,且金额较大	随企业所得税申报表报送的资产负债表中预付账款的期末余额,见图 4-9	隐瞒收入
其他应收款	当期新增其他应收款大于销售收入 80%(即当年新增其他应收款÷销售收入>80%)	1. 其他应收款:随企业所得税申报表报送的资产负债表中其他应收款的期末余额-期初余额,见图 4-9。 2. 销售收入:随企业所得税申报表报送的利润表中本年的营业收入总额,见图 4-10	1. 实质是股东借款,占用企业资金。 2. 其他应收款实质上为对外股权投资,截留投资收益。 3. 调节利润
其他应付款	其他应付款余额较大	随企业所得税申报表报送的资产负债表中其他应付款的期末余额,见图 4-9	1. 隐藏收入。 2. 虚开发票,虚列成本

该项预警指标的数据主要来源于资产负债表和利润表,分别如图 4-9 和图 4-10 所示。

资产负债表

纳税人名称：
纳税人识别号：　　　　税款所属期：　年　月　日　至　年　月　日　　　　单位：元

资产	行次	期末余额	年初余额	负债和所有者权益	行次	期末余额	年初余额
流动资产：				流动负债：			
货币资金	1			短期借款	31		
短期投资	2			应付票据	32		
应收票据	3			应付账款	33		
应收帐款	4			预收账款	34		
预付账款	5			应付职工薪酬	35		
应收股利	6			应交税费	36		

图 4-9　资产负债表示意图

利润表

纳税人名称：
纳税人识别号：　　　　税款所属期：　年　月　日　至　年　月　日　　　　单位：元

项目	行次	本年累计金额	本月金额
一、营业收入	1		
减：营业成本	2		
税金及附加	3		

图 4-10　利润表示意图

实战案例

江西省稽查局对某房地产开发有限公司实施税收检查时，发现该公司的其他应收款、其他应付款、长期投资等科目的数据，远远高于行业同类企业。

针对企业账目检查时发现的疑点，稽查局结合当地房地产行业信息，对该企业经营和申报等情况进行了深入分析，并且从外围调查入手，获取了企业实际销售信息。最终发现，该企业将部分收入藏匿在其他应收款、其他应付款等科目中，共少申报企业所得税 68 万元、土地增值税 52 万元、城镇土地使用税 0.5 万元等共计 121 万元。当地稽查局依法对该企业作出补缴税款、滞纳金及罚款 129.54 万元的处罚决定。

【案例分析】

日常核算中，很多财务人员习惯性把一些往来业务放入其他应收/其他应付款中，并且长期挂账，其中隐藏着许多风险。企业应结合预警指标进行风险自查，以保证其他应收/其他应付款核算范围正确,按规定缴纳相关税费,禁止出现通过往来账户隐匿收入、虚增成本等偷税行为。

政策依据

一、《中华人民共和国企业所得税法》第六条

企业以货币形式和非货币形式从各种来源取得的收入,为收入总额。包括:

(一)销售货物收入;

(二)提供劳务收入;

(三)转让财产收入;

(四)股息、红利等权益性投资收益;

(五)利息收入;

(六)租金收入;

(七)特许权使用费收入;

(八)接受捐赠收入;

(九)其他收入。

二、《企业所得税法实施条例》第二十二条

企业所得税法第六条第(九)项所称其他收入,是指企业取得的除企业所得税法第六条第(一)项至第(八)项规定的收入外的其他收入,包括企业资产溢余收入、逾期未退包装物押金收入、确实无法偿付的应付款项、已作坏账损失处理后又收回的应收款项、债务重组收入、补贴收入、违约金收入、汇兑收益等。

三、《财政部 国家税务总局关于企业为个人购买房屋或其他财产征收个人所得税问题的批复》(财税〔2008〕83号)

一、根据《中华人民共和国个人所得税法》和《财政部 国家税务总局关于规范个人投资者个人所得税征收管理的通知》(财税〔2003〕158号)的有关规定,符合以下情形的房屋或其他财产,不论所有权人是否将财产无偿或有偿交付企业使用,其实质均为企业对个人进行了实物性质的分配,应依法计征个人所得税。

(一)企业出资购买房屋及其他财产,将所有权登记为投资者个人、投资者家庭成员或企业其他人员的;

(二)企业投资者个人、投资者家庭成员或企业其他人员向企业借款用于购买房屋及其他财产,将所有权登记为投资者、投资者家庭成员或企业其他人员,且借款年度终了后未归还借款的。

二、对个人独资企业、合伙企业的个人投资者或其家庭成员取得的上述所得,视为企业对个人投资者的利润分配,按照"个体工商户的生产、经营所得"项目计征个人所得税;对除个人独资企业、合伙企业以外其他企业的个人投资者或其家庭成员取得的上述所得,视为企业对个人投资者的红利分配,按照"利息、股息、红利所得"项目计

征个人所得税；对企业其他人员取得的上述所得，按照"工资、薪金所得"项目计征个人所得税。

小贴士

1. 其他应收款属于企业借给股东的款项，若借款年度终了后没有归还，视同对股东的分红，应该缴纳个人所得税。

2. 企业计入"其他应付款"的款项，如果确定无须支付，如不需要归还的质保金、不需要归还的借款等，应转入收入缴纳企业所得税。

56 谨慎小心
——所得税税负率预警指标

所得税税负率为年度缴纳的所得税税额占该企业销售额的百分比,其具有一定的行业、地区、时间差异,通过对该指标的评估分析,可发现企业是否存在不计或少计收入、多列成本费用等问题。所得税税负率预警指标的具体规定如表 4-3 所示。

表 4-3 所得税税负率预警指标的具体规定

项目	具体规定
预警值	企业所得税实际税负率低于税负预警值
数据来源	1. 企业所得税的税负率：当期实际应纳企业所得税÷当期应税销售收入×100%。 2. 税负预警值：由各地税务机关根据实际情况自行确定。通常预警税负率是行业平均税负率的 70%
问题指向	藏匿收入、多列成本、扩大税前扣除范围等方式来少缴纳企业所得税
低于预警值的合理情形	1. 企业确实存在特殊事项导致税负较低：如企业输掉官司需要赔一笔大额款项,货物质量问题导致降价销售 2. 享受税收优惠导致：如本年度研发费用投入较多,享受研发费用加计扣除的优惠,导致税负降低

注：常用的税负率指标还有增值税税负率(本期应纳税额÷本期应税主营业务收入)。

实战案例

某商贸企业以销售家电为主,经营范围包含销售彩电、洗衣机、冰箱、电脑等 11 个品种。税务机关对企业进行数据分析时发现,该企业的企业所得税税负率是 13.29%,远低于当年行业的平均税负率 28.43%。同时,增值税的税负率也远低于当年行业的平均水平。

税务机关通过检查最终确认,该企业在近几年经营中,只对部分商品确认销售收入,为了冲减账面上多余的存货,以估价入账为由,任意冲减库存商品,从而达到少缴纳增值税和企业所得税的目的。

政策依据

一、《国家税务总局关于印发〈企业所得税核定征收办法〉(试行)的通知》(国税发〔2008〕30 号)第六条、第八条

第六条 采用应税所得率方式核定征收企业所得税的,应纳所得税额计算公式

如下：

$$应纳所得税额＝应纳税所得额×适用税率$$

$$应纳税所得额＝应税收入额×应税所得率$$

或： $$应纳税所得额＝成本(费用)支出额÷(1－应税所得率)×应税所得率$$

第八条 应税所得率按下表规定的幅度标准确定：

行 业	应税所得率
农、林、牧、渔业	3%～10%
制造业	5%～15%
批发和零售贸易业	4%～15%
交通运输业	7%～15%
建筑业	8%～20%
饮食业	8%～25%
娱乐业	15%～30%
其他行业	10%～30%

二、《国家税务总局关于印发〈纳税评估管理办法(试行)〉的通知》(国税发〔2005〕43号)第八条

纳税评估分析时,要综合运用各类指标,并参照评估指标预警值进行配比分析。评估指标预警值是税务机关根据宏观税收分析、行业税负监控、纳税人生产经营和财务会计核算情况以及内外部相关信息,运用数学方法测算出的算术、加权平均值及其合理变动范围。测算预警值,应综合考虑地区、规模、类型、生产经营季节、税种等因素,考虑同行业、同规模、同类型纳税人各类相关指标的若干年度的平均水平,以使预警值更加真实、准确和具有可比性。纳税评估指标预警值由各地税务机关根据实际情况自行确定。

小贴士

1. 企业所得税税负率和增值税税负率可结合起来判断具体存在的风险点。企业应定期自查所得税税负率指标,及时分析异常原因:确实存在申报不及时或漏报情形的,应及时调整补缴税款;属于真实合理情形的,应留存发票、账簿、数据等证明资料。

2. 增值税税负率通常与销售额变动率等指标配合使用,销售额变动率高于正常峰值而税负率低于预警值,或销售额变动率正常而税负率低于预警值的,通常以进项税额为评估重点,查证有无扩大进项抵扣范围、虚抵进项税额、不按规定申报抵扣等问题,对应核实销项税额计算的正确性。

57 防微杜渐
——汇缴与预缴差异的预警指标

分析汇缴与预缴差异的预警指标,可以检查企业是否存在故意递延预缴企业所得税的行为。汇缴与预缴差异预警指标的具体规定如表 4-4 所示。

表 4-4 汇缴与预缴差异预警指标的具体规定

项目	具体规定
预警值	预缴所得税金额低于汇缴所得税金额的 70%
数据来源	1. 企业四季度预缴申报表中本期应纳所得税额(第 16 行)之和,见图 4-11。 2. 企业所得税年度纳税申报表(A 类)中的实际应纳所得税额(第 31 行),见图 4-12
问题指向	故意少预缴税款,递延纳税
低于预警值的正常情况	1. 在汇算清缴期内,对前期错误账务进行处理。 2. 出于企业资金困难等原因,向税务机关申请按照上一纳税年度应纳税所得额的月度或者季度平均额预缴,或者按照经税务机关认可的其他方法预缴

该预警指标的数据,主要来源于 A200000 中华人民共和国企业所得税月(季)度预缴纳税申报表(A 类)和 A100000 中华人民共和国企业所得税年度纳税申报表(A 类),具体如图 4-11 和图 4-12 所示。

A200000　中华人民共和国企业所得税月(季)度预缴纳税申报表(A 类)	
税款所属期间:　　　　　年　月　日至　　年　月　日	
纳税人识别号:□□□□□□□□□□□□□□□	
纳税人名称:　　　　　　　　　　　　金额单位:人民币元(列至角分)	
预缴税款计算	
行次　　　　　　　项　目	本年累计金额
……	
12　应纳所得税额(10×11)	
13　减:减免所得税额	
14　减:本年实际已缴纳所得税额	
15　减:特定业务预缴(征)所得税额	
16　本期应补(退)所得税额(12−13−14−15)\税务机关确定的本期应纳所得税额	
……	

图 4-11 企业季度预缴企业所得税纳税申报表示意图

行次	类别	项 目	金 额
		A100000 中华人民共和国企业所得税年度纳税申报表(A类)	
		……	
28	应纳税额计算	七、应纳税额(25－26－27)	
29		加:境外所得应纳所得税额(填写 A108000)	
30		减:境外所得抵免所得税额(填写 A108000)	
31		八、实际应纳所得税额(28＋29－30)	
		……	

图 4-12 企业汇算清缴企业所得税纳税申报表示意图

实战案例

梅松公司是一家生产企业,2021年共缴纳企业所得税1 000万元。由于公司在2021年年末大量投产,导致企业资金流运作不佳,但管理层预计2022年度利润将会有较大幅度的增长,预计每季度应纳税所得额分别为1 400万元、1 500万元、1 600万元、1 600万元,但资金回收较慢。

由于没有足够的资金预缴税款,梅松公司便向税务机关申请按照上一年应纳税所得额的月度或者季度平均额预缴,经过审核,税务机关同意了梅松公司的申请。

【案例分析】

出于上述原因,梅松公司2022年按照上一年应纳税所得额的季度平均额预缴,即每个季度预缴250万元(1 000÷4),全年共预缴1 000万元。

2022年按照实际利润汇算清缴,需要纳税1 525万元[(1 400＋1 500＋1 600＋1 600)×25％]。

预缴税额÷汇算清缴税额＝1 000÷1 525＝65.57％＜70％

尽管上述操作导致企业预缴税款低于企业汇算清缴税款的70％,但企业有合理的理由,且经过了税务机关的同意,因此,该异常的出现属于正常情况。

政策依据

一、《中华人民共和国企业所得税法》第五十四条

企业所得税分月或者分季预缴。企业应当自月份或者季度终了之日起十五日内,向税务机关报送预缴企业所得税纳税申报表,预缴税款。企业应当自年度终了之日起五个月内,向税务机关报送年度企业所得税纳税申报表,并汇算清缴,结清应缴应退税款。企业在报送企业所得税纳税申报表时,应当按照规定附送财务会计报告和其他有

关资料。

二、《中华人民共和国企业所得税法实施条例》第一百二十七条

企业所得税分月或者分季预缴,由税务机关具体核定。企业根据中华人民共和国企业所得税法第五十四条规定分月或者分季预缴企业所得税时,应当按照月度或者季度的实际利润额预缴;按照月度或者季度的实际利润额预缴有困难的,可以按照上一纳税年度应纳税所得额的月度或者季度平均额预缴,或者按照经税务机关认可的其他方法预缴。预缴方法一经确定,该纳税年度内不得随意变更。

三、《关于加强企业所得税预缴工作的通知》(国税函〔2009〕34号)第二条、第三条

二、各级税务机关根据企业上一年度企业所得税预缴和汇算清缴情况,对全年企业所得税预缴税款占企业所得税应缴税款比例明显偏低的,要及时查明原因,调整预缴方法或预缴税额。

三、各级税务机关要处理好企业所得税预缴和汇算清缴税款入库的关系,原则上各地企业所得税年度预缴税款占当年企业所得税入库税款(预缴数+汇算清缴数)应不少于70%。

四、《国家税务总局关于在企业所得税预缴中对偷税行为如何认定问题的复函》(国税函发〔1996〕8号)

企业所得税是采取"按年计算,分期预缴,年终汇算清缴"的办法征收的,预缴是为了保证税款均衡入库的一种手段。

企业的收入和费用列支要到企业的一个会计年度结束后才能准确计算出来,平时在预缴中无论是采用按纳税期限的实际数预缴,还是按上一年度应纳税所得额的一定比例预缴,或者按其他方法预缴,都存在不能准确计算当期应纳税所得额的问题。

因此,企业在预缴中少缴的税款不应作为偷税处理。

小贴士

1. 企业应当按照实际利润预缴企业所得税,确有困难的,可以向税务机关申请按照上一年应纳税所得额的月度或季度平均额或其他税务机关认可的方法预缴。除此之外,企业故意少预缴企业所得税,导致预警指标异常,可能会面临税务机关的处罚。

2. 企业所得税预缴时多缴税款的,可以按照有关规定办理退税。

58 比权量力
——营业收入与存货的比对

期末存货与当期累计收入对比异常,可能存在库存商品不真实、销售货物后未结转收入等问题。期末存货与当期累计收入差异幅度异常的具体规定如表4-4所示。

表4-4 期末存货与当期累计收入差异幅度异常的具体规定

项目	具体规定
预警值	(期末存货-当期累计收入)÷当期累计收入≥50%
数据来源	1. 随企业所得税申报表报送的资产负债表中存货的余额。 2. 随企业所得税申报表报送的利润表中本年的营业收入总额
问题指向	存货账实不符,隐瞒收入
超出预警值的正常情况	由于不可抗力,如疫情等,造成大量库存商品滞存

该预警指标的数据主要来源于资产负债表和利润表,如图4-13和图4-14所示。

资产负债表

纳税人名称:
纳税人识别号:　　　　　税款所属期: 年 月 日 至 年 月 日　　　　　单位:元

资产	行次	期末余额	年初余额	负债和所有者权益	行次	期末余额	年初余额
流动资产:				流动负债:			
货币资金	1			短期借款	31		
短期投资	2			应付票据	32		
应收票据	3			应付账款	33		
应收帐款	4			预收账款	34		
预付账款	5			应付职工薪酬	35		
应收股利	6			应交税费	36		
应收利息	7			应付利息	37		
其他应收款	8			应付利润	38		
存货	9			其他应付款	39		
其中:原材料	10			其他流动负债	40		
在产品	11			流动负债合计	41		

图4-13 资产负债表示意图

利润表

纳税人名称：
纳税人识别号：　　　　　　税款所属期：年 月 日 至 年 月 日　　　　单位：元

项目	行次	本年累计金额	本月金额
一、营业收入	1		
减：营业成本	2		
税金及附加	3		

图 4-14　利润表示意图

实战案例

大连市国税局第二稽查局的稽查人员对一家以经营雪糕棒等木制品为主的企业进行了检查。该企业主要从生产厂家进货，再加价销售给冷饮加工企业。该企业2019年9月的累计收入1 000余万元，但"库存商品"科目所记载的期末余额为1 800多万元，存在异常。

稽查人员通过检查企业的库存商品明细账，了解了产品的基本数据资料之后，对企业的库房进行实地查看。发现有重量约100余吨的产品"凭空蒸发"了。原来该企业2019年发出了一批15公斤规格的雪糕棒6 200箱、一批12公斤规格的雪糕棒1 700箱，共计7 900箱，重量约113吨，对方一直拖欠货款，该企业至今未作账务处理。

最终经过计算，该企业补缴了增值税10万余元，补缴企业所得税8 500余元。

政策依据

一、《中华人民共和国增值税暂行条例》第十九条

增值税纳税义务发生时间：

（一）销售货物或者应税劳务，为收讫销售款项或者取得索取销售款项凭据的当天；先开具发票的，为开具发票的当天。

（二）进口货物，为报关进口的当天。

增值税扣缴义务发生时间为纳税人增值税纳税义务发生的当天。

二、《中华人民共和国增值税暂行条例实施细则》第三十八条

条例第十九条第一款第（一）项规定的收讫销售款项或者取得索取销售款项凭据的当天，按销售结算方式的不同，具体为：

（一）采取直接收款方式销售货物，不论货物是否发出，均为收到销售款或者取得索取销售款凭据的当天；

（二）采取托收承付和委托银行收款方式销售货物，为发出货物并办妥托收手续

的当天；

（三）采取赊销和分期收款方式销售货物，为书面合同约定的收款日期的当天，无书面合同的或者书面合同没有约定收款日期的，为货物发出的当天；

（四）采取预收货款方式销售货物，为货物发出的当天，但生产销售生产工期超过12个月的大型机械设备、船舶、飞机等货物，为收到预收款或者书面合同约定的收款日期的当天；

（五）委托其他纳税人代销货物，为收到代销单位的代销清单或者收到全部或者部分货款的当天。未收到代销清单及货款的，为发出代销货物满180天的当天；

（六）销售应税劳务，为提供劳务同时收讫销售款或者取得索取销售款的凭据的当天；

（七）纳税人发生本细则第四条第（三）项至第（八）项所列视同销售货物行为，为货物移送的当天。

三、《中华人民共和国企业所得税法》第六条

企业以货币形式和非货币形式从各种来源取得的收入，为收入总额。包括：

（一）销售货物收入；

（二）提供劳务收入；

（三）转让财产收入；

（四）股息、红利等权益性投资收益；

（五）利息收入；

（六）租金收入；

（七）特许权使用费收入；

（八）接受捐赠收入；

（九）其他收入。

> **小贴士**
>
> 期末存货与当期累计收入差异幅度出现异常，有以下两种解决方式：
>
> （1）结合"应收账款"和"其他应付款"等往来账户进行自查，对于漏记的收入应及时调整，补缴税款。
>
> （2）对存货进行盘点，检查是否账实相符，核实是否存在货物已销售未结转成本的情况。

59 连类比物
——企业所得税收入与增值税收入的比对

企业所得税收入范围是以货币形式和非货币形式从各种来源取得的收入,包括销售货物收入,提供劳务收入,转让财产收入,股息、红利等权益性投资收益,利息收入,租金收入,特许权使用费收入,接受捐赠收入以及其他收入9大类。

增值税收入范围包括在中华人民共和国境内销售货物或者加工、修理修配劳务,销售服务、无形资产、不动产以及进口货物取得的收入。

尽管企业所得税和增值税收入(销售额)范围不同,但其差额不会太大。通过对企业所得税收入与增值税销售额的比对,可以检查企业是否存在少计收入等情况。企业所得税收入与增值税销售额比对异常具体规定如表4-6所示。

表4-6 企业所得税收入与增值税收入比对异常具体规定

项目	具体规定
预警值	企业所得税收入小于增值税销售额的部分占比超过10%
数据来源	1. 企业所得税年度纳税申报表主表第1行营业收入金额,(包括会计上的主营业务收入和其他业务收入)+A105000纳税调整项目明细表第1行纳税调增收入-A105000纳税调整项目明细表第1行纳税调减收入,见图4-15和图4-16。 2. 一般纳税人:当年12月增值税及附加税费申报表(一般纳税人适用)第1行、第5行、第7行、第8行销售额累计数,见图4-17。 3. 小规模纳税人:当年12月增值税及附加税费申报表(小规模纳税人适用)第1行、第4行、第7行、第9行、第13行销售额的累计数,见图4-18。
问题指向	少记、漏记收入、延迟确认收入
超出预警值的正常情况	1. 两税种纳税义务发生时间不同,如约定分期收款,本年度收取50%,但一次性开具了全额发票的情形。 2. 增值税视同销售,企业所得税不视同销售,如销售代销货物、将货物交付其他单位或者个人代销等。 3. 处置固定资产等。

注:以上仅列举了3种常见的合理原因,若由其他原因导致的预警,只要是合理的原因都没有风险,提供资料,向税务机关解释即可。

该预警指标的数据,主要来源于A100000 中华人民共和国企业所得税年度纳税申报表(A类)、A105000 纳税调整项目明细表、增值税及附加税费申报表(一般纳税人适用)和增值税及附加税费申报表(小规模纳税人适用),如表4-15、表4-16、表4-17和表4-18所示。

A100000　中华人民共和国企业所得税年度纳税申报表（A类）

行次	类别	项目	金　额
1	利润总额计算	一、营业收入（填写A101010\101020\103000）	
2		减：营业成本（填写A102010\102020\103000）	
3		减：税金及附加	
4		减：销售费用（填写A104000）	
5		减：管理费用（填写A104000）	
6		减：财务费用（填写A104000）	
7		减：资产减值损失	
8		加：公允价值变动收益	
9		加：投资收益	

图4-15　企业所得税年度纳税申报表（A类）示意图

A105000　纳税调整项目明细表

行次	项目	账载金额 1	税收金额 2	调增金额 3	调减金额 4
1	一、收入类调整项目（2+3+…8+10+11）	*	*		
2	（一）视同销售收入（填写A105010）	*			*
3	（二）未按权责发生制原则确认的收入（填写A105020）				
4	（三）投资收益（填写A105030）				
5	（四）按权益法核算长期股权投资对初始投资成本调整确认收益	*	*	*	

图4-16　纳税调整项目明细表示意图

增值税及附加税费申报表
（一般纳税人适用）

根据国家税收法律法规及增值税相关规定制定本表。纳税人不论有无销售额，均应按税务机关核定的纳税期限填写本表，并向当地税务机关申报。

税款所属时间：自　年　月　日至　年　月　日　　　填表日期：年　月　日　　　金额单位：元（列至角分）
纳税人识别号（统一社会信用代码）：□□□□□□□□□□□□□□□□□□□□　所属行业：

纳税人名称：		法定代表人姓名		注册地址	生产经营地址	
开户银行及账号				登记注册类型		电话号码

	项目	栏次	一般项目		即征即退项目	
			本月数	本年累计	本月数	本年累计
销售额	（一）按适用税率计税销售额	1				
	其中：应税货物销售额	2				
	应税劳务销售额	3				
	纳税检查调整的销售额	4				
	（二）按简易办法计税销售额	5				
	其中：纳税检查调整的销售额	6				
	（三）免、抵、退办法出口销售额	7			—	—
	（四）免税销售额	8			—	—
	其中：免税货物销售额	9			—	—
	免税劳务销售额	10			—	—

图4-17　增值税及附加税费申报表（一般纳税人适用）示意图

增值税及附加税费申报表
（小规模纳税人适用）

纳税人识别号(统一社会信用代码)：□□□□□□□□□□□□□□□□□□□

纳税人名称：　　　　　　　　　　　　　　　　　　　　金额单位：元（列至角分）

税款所属期：　年　月　日至　　年　月　日　　　　　　填表日期：　年　月　日

<table>
<tr><th rowspan="3"></th><th rowspan="3">项 目</th><th rowspan="3">栏次</th><th colspan="2">本期数</th><th colspan="2">本年累计</th></tr>
<tr><td>货物及劳务</td><td>服务、不动产和无形资产</td><td>货物及劳务</td><td>服务、不动产和无形资产</td></tr>
<tr></tr>
<tr><td rowspan="14">一、计税依据</td><td>（一）应征增值税不含税销售额（3%征收率）</td><td>1</td><td></td><td></td><td></td><td></td></tr>
<tr><td>增值税专用发票不含税销售额</td><td>2</td><td></td><td></td><td></td><td></td></tr>
<tr><td>其他增值税发票不含税销售额</td><td>3</td><td></td><td></td><td></td><td></td></tr>
<tr><td>（二）应征增值税不含税销售额（5%征收率）</td><td>4</td><td>——</td><td></td><td>——</td><td></td></tr>
<tr><td>增值税专用发票不含税销售额</td><td>5</td><td>——</td><td></td><td>——</td><td></td></tr>
<tr><td>其他增值税发票不含税销售额</td><td>6</td><td>——</td><td></td><td>——</td><td></td></tr>
<tr><td>（三）销售使用过的固定资产不含税销售额</td><td>7(7≥8)</td><td></td><td>——</td><td></td><td>——</td></tr>
<tr><td>其中：其他增值税发票不含税销售额</td><td>8</td><td></td><td>——</td><td></td><td>——</td></tr>
<tr><td>（四）免税销售额</td><td>9=10+11+12</td><td></td><td></td><td></td><td></td></tr>
<tr><td>其中：小微企业免税销售额</td><td>10</td><td></td><td></td><td></td><td></td></tr>
<tr><td>未达起征点销售额</td><td>11</td><td></td><td></td><td></td><td></td></tr>
<tr><td>其他免税销售额</td><td>12</td><td></td><td></td><td></td><td></td></tr>
<tr><td>（五）出口免税销售额</td><td>13(13≥14)</td><td></td><td></td><td></td><td></td></tr>
<tr><td>其中：其他增值税发票不含税销售额</td><td>14</td><td></td><td></td><td></td><td></td></tr>
</table>

图4-18　增值税及附加税费申报表(小规模纳税人适用)示意图

实战案例

江苏税务通过数据稽核比对，发现某企业2016年至2018年度企业所得税收入远小于增值税销售额，于是对企业进行了询问。企业负责人表示，本企业客户多为大型国有企业，在产业链中处于强势地位。客户出于自身项目工期、财务管理和资金结算的需要，存在要求本企业先开具发票、后发货。因此，增值税先确认了收入，但企业所得税在发货时才确认收入。

税务机关检查人员认为，该企业所属的行业是充分竞争行业，生产产品并非紧缺商品，客户付款后长期未收货的情况不正常。检查人员检查了公司的库存商品、应收账款等数据最终得出结论,该企业已经全部发货,但未确认销售收入,存在少申报企业所得税的情形,要求企业补缴了税款,并加收了罚款和滞纳金。

📄 政策依据

一、《中华人民共和国企业所得税法》第六条

企业以货币形式和非货币形式从各种来源取得的收入,为收入总额。包括:

(一)销售货物收入;

(二)提供劳务收入;

(三)转让财产收入;

(四)股息、红利等权益性投资收益;

(五)利息收入;

(六)租金收入;

(七)特许权使用费收入;

(八)接受捐赠收入;

(九)其他收入。

二、《中华人民共和国增值税暂行条例》第一条、第十九条第一项、第二十三条

第一条 在中华人民共和国境内销售货物或者加工、修理修配劳务(以下简称劳务),销售服务、无形资产、不动产以及进口货物的单位和个人,为增值税的纳税人,应当依照本条例缴纳增值税。

第十九条 增值税纳税义务发生时间:

(一)发生应税销售行为,为收讫销售款项或者取得索取销售款项凭据的当天;先开具发票的,为开具发票的当天。

……

第二十三条 企业的下列生产经营业务可以分期确认收入的实现:

(一)以分期收款方式销售货物的,按照合同约定的收款日期确认收入的实现;

(二)企业受托加工制造大型机械设备、船舶、飞机,以及从事建筑、安装、装配工程业务或者提供其他劳务等,持续时间超过12个月的,按照纳税年度内完工进度或者完成的工作量确认收入的实现。

三、《中华人民共和国企业所得税法实施条例》第九条

企业应纳税所得额的计算,以权责发生制为原则,属于当期的收入和费用,不论款项是否收付,均作为当期的收入和费用;不属于当期的收入和费用,即使款项已经在当期收付,均不作为当期的收入和费用。本条例和国务院财政、税务主管部门另有规定的除外。

四、《中华人民共和国增值税暂行条例实施细则》第四条

单位或者个体工商户的下列行为,视同销售货物:

（一）将货物交付其他单位或者个人代销；

（二）销售代销货物；

（三）设有两个以上机构并实行统一核算的纳税人，将货物从一个机构移送其他机构用于销售，但相关机构设在同一县（市）的除外；

（四）将自产或者委托加工的货物用于非增值税应税项目；

（五）将自产、委托加工的货物用于集体福利或者个人消费；

（六）将自产、委托加工或者购进的货物作为投资，提供给其他单位或者个体工商户；

（七）将自产、委托加工或者购进的货物分配给股东或者投资者；

（八）将自产、委托加工或者购进的货物无偿赠送其他单位或者个人。

五、《国家税务总局关于印发〈企业所得税汇算清缴管理办法〉的通知》（国税函〔2008〕875号）第一条第一款

除企业所得税法及实施条例另有规定外，企业销售收入的确认，必须遵循权责发生制原则和实质重于形式原则。

（一）企业销售商品同时满足下列条件的，应确认收入的实现：

1. 商品销售合同已经签订，企业已将商品所有权相关的主要风险和报酬转移给购货方；

2. 企业对已售出的商品既没有保留通常与所有权相联系的继续管理权，也没有实施有效控制；

3. 收入的金额能够可靠地计量；

4. 已发生或将发生的销售方的成本能够可靠地核算。

……

六、《关于企业处置资产所得税处理问题的通知》（国税函〔2008〕828号）

一、企业发生下列情形的处置资产，除将资产转移至境外以外，由于资产所有权属在形式和实质上均不发生改变，可作为内部处置资产，不视同销售确认收入，相关资产的计税基础延续计算。

（一）将资产用于生产、制造、加工另一产品；

（二）改变资产形状、结构或性能；

（三）改变资产用途（如，自建商品房转为自用或经营）；

（四）将资产在总机构及其分支机构之间转移；

（五）上述两种或两种以上情形的混合；

（六）其他不改变资产所有权属的用途。

二、企业将资产移送他人的下列情形，因资产所有权属已发生改变而不属于内部处置资产，应按规定视同销售确定收入。

（一）用于市场推广或销售；

（二）用于交际应酬；

（三）用于职工奖励或福利；

（四）用于股息分配；

（五）用于对外捐赠；

（六）其他改变资产所有权属的用途。

小贴士

1. 金税工程逐步完善，增值税销售额相对真实可靠。企业所得税收入小于增值税销售额的部分占比超过 10%，可能存在少记、漏记收入、延迟确认收入的情况：

（1）收入已开具发票、申报增值税，但没有申报企业所得税，或者仅部分申报企业所得税。

（2）收入已开具发票、申报增值税，应该在本年度申报企业所得税收入，但延期到次年申报。

2. 企业不能抱侥幸心理或出于其他原因不申报或延期申报企业所得税，这样不但不能少缴税款，反而会增加企业的税负。

60 大同小异
——企业所得税申报工资和个税申报工资的比对

企业所得税所称工资薪金,是指企业每一纳税年度支付给在本企业任职或者受雇的员工的所有现金形式或者非现金形式的劳动报酬,包括基本工资、奖金、津贴、补贴、年终加薪、加班工资,以及与员工任职或者受雇有关的其他支出。

个人所得税所称工资薪金,是指个人因任职或者受雇取得的工资、薪金、奖金、年终加薪、劳动分红、津贴、补贴以及与任职或者受雇有关的其他所得。

一般情况下,企业所得税税前扣除的工资与个税申报的工资薪金收入应该差异不大,差异较大时(不同税务机关的标准不同),尤其是企业所得税税前列支的工资远大于个税申报的工资薪金收入时,可能存在多申报税前扣除的工资,少缴纳企业所得税,或者少申报个税收入,少缴纳个税的情况。企业所得税工资与个人所得税工资比对异常具体规定如表4-7所示。

表4-7 企业所得税工资与个人所得税工资比对异常具体规定

项目	具体规定
预警值	企业所得税申报的工资薪金与个人所得税代扣代缴的工资薪金差异较大(不同税务机关标准不同)
数据来源	1. 企业所得税年度纳税申报表中职工薪酬支出及纳税调整明细表第1行税收金额,见图4-19。 2. 个人所得税扣缴申报表中的全年累计收入额,见图4-20
问题指向	1. 企业所得税多列工资薪金支出。 2. 个人所得税少申报工资薪金收入
高于预警值的正常情况	1. 当年计提年终奖,来年发放。 2. 拖延员工工资至汇算清缴结束后发放

该预警指标的数据主要来源于A105050 职工薪酬支出及纳税调整明细表和个人所得税扣缴申报表,如图4-19和4-20所示。

		A105050 职工薪酬支出及纳税调整明细表						
行次	项目	账载金额	实际发生额	税收规定扣除率	以前年度累计结转扣除额	税收金额	纳税调整金额	累计结转以后年度扣除额
		1	2	3	4	5	6 (1-5)	7 (2+4-5)
1	一、工资薪金支出			*				*
2	其中:股权激励			*	*			*
3	二、职工福利费支出				*			*
4	三、职工教育经费支出			*				
5	其中:按税收规定比例扣除的职工教育经费							
6	按税收规定全额扣除的职工培训费用				*			*

图4-19 职工薪酬支出及纳税调整明细表示意图

个人所得税扣缴申报表

税款所属期： 年 月 日至 年 月 日
扣缴义务人名称：
扣缴义务人纳税人识别号（统一社会信用代码）：□□□□□□□□□□□□□□□□□□ 金额单位：人民币元（列至角分）

序号	姓名	身份证件类型	身份证件号码	纳税人识别号	是否为非居民个人	所得项目	本月（次）情况															累计情况										税款计算							备注
							收入额计算			专项扣除				其他扣除						累计收入额	累计减除费用	累计专项扣除	累计专项附加扣除					累计其他扣除	准予扣除的捐赠额	减按计税比例	应纳税所得额	税率/预扣率	速算扣除数	应纳税额	减免税额	已缴税额	应补/退税额	
							收入	费用	免税收入	基本养老保险费	基本医疗保险费	失业保险费	住房公积金	年金	商业健康保险	税延养老保险	财产原值	允许扣除的税费	其他				子女教育	继续教育	住房贷款利息	住房租金	赡养老人	3岁以下婴幼儿照护											
1	2	3	4	5	6	7	8	9	10	11	12	13	14	15	16	17	18	19	20	21	22	23	24	25	26	27	28	29	30	31	32	33	34	35	36	37	38	39	40	41
合计																																								

注：若企业发放年终奖，应该包含全年一次性奖金的收入额

图 4-20 个人所得税扣缴申报表示意图

实战案例

2019年6月，A市税务机关风险管理部门通过金三系统对辖区企业申报的数据比对分析时，发现A公司2018年度代扣代缴的个人所得税工资薪金计税基数为640万元，但2018年度企业所得税申报表中A105050职工薪酬支出及纳税调整明细表显示的当年工资薪金支出总额为820万元，两者差额高达180万元。于是将该问题作为风险疑点推送给税务稽查部门。

税务稽查部门经立案检查，甲公司提供了2018年度人员花名册及工资明细，经核查加总，甲公司当年工资性支出确实为640万元，即甲公司不存在少代扣代缴个人所得税问题。

但甲公司2018年度因出现一些临时性用工需要，甲公司接受外部劳务派遣用工发生费用共计180万元。根据甲公司与劳务公司签订的合同约定，甲公司直接将180万元的用工费用支付给了劳务派遣公司。财务人员认为，上述劳务用工支出是因企业生产经营需要发生的，因此，将该笔支出计入了工资薪金支出项目核算，并以此作为职工福利费支出、职工教育经费支出与工会经费支出在企业所得税税前扣除的计税基数。

最终，税务机关认定180万元的费用应该按照劳务费税前扣除，允许工资薪金按照640万元税前扣除，并按照640万元作为福利费、职工教育经费、工会经费的税前扣除基数，对于多列支扣除的部分依法予以补征税款并加收滞纳金的处理。

【案例分析】

第一,企业工资薪金核算不正确容易造成该指标异常而引起税务机关的关注,如上例中,将应该计入"劳务费"的费用,计入了"工资薪金"。第二,集团"上挂下派",子公司支付给员工的工资也应该按照劳务费税前扣除,而不是工资薪金支出,应引起相关企业注意。

除此之外,企业伪造工资发放明细虚列成本也会造成该指标异常。由于工资发放明细是企业自制的内部凭证,容易伪造,但没有相应的银行流水,也很容易被税务机关发现。

因此,企业应该按照《企业所得税法实施条例》第三十四条归集工资薪金,遵循真实性和合理性的原则。

政策依据

一、《中华人民共和国企业所得税法实施条例》第三十四条

企业发生的合理的工资、薪金支出,准予扣除。

前款所称工资、薪金,是指企业每一纳税年度支付给在本企业任职或者受雇的员工的所有现金形式或者非现金形式的劳动报酬,包括基本工资、奖金、津贴、补贴、年终加薪、加班工资,以及与员工任职或者受雇有关的其他支出。

二、《中华人民共和国个人所得税法实施条例》第六条

个人所得税法规定的各项个人所得的范围:

(一)工资、薪金所得,是指个人因任职或者受雇取得的工资、薪金、奖金、年终加薪、劳动分红、津贴、补贴以及与任职或者受雇有关的其他所得。

......

三、《国家税务总局关于企业工资薪金和职工福利费等支出税前扣除问题的公告》(国家税务总局公告2015年第34号)第二条、第三条

二、企业年度汇算清缴结束前支付汇缴年度工资薪金税前扣除问题

企业在年度汇算清缴结束前向员工实际支付的已预提汇缴年度工资薪金,准予在汇缴年度按规定扣除。

三、企业接受外部劳务派遣用工支出税前扣除问题

企业接受外部劳务派遣用工所实际发生的费用,应分两种情况按规定在税前扣除:按照协议(合同)约定直接支付给劳务派遣公司的费用,应作为劳务费支出;直接支付给员工个人的费用,应作为工资薪金支出和职工福利费支出。其中属于工资薪金支出的费用,准予计入企业工资薪金总额的基数,作为计算其他各项相关费用扣除的依据。

四、《国家税务总局关于企业工资薪金及职工福利费扣除问题的通知》(国税函〔2009〕3号)第一条

一、关于合理工资薪金问题

《实施条例》第三十四条所称的"合理工资薪金",是指企业按照股东大会、董事会、薪酬委员会或相关管理机构制订的工资薪金制度规定实际发放给员工的工资薪金。税务机关在对工资薪金进行合理性确认时,可按以下原则掌握:

(一)企业制订了较为规范的员工工资薪金制度;

(二)企业所制订的工资薪金制度符合行业及地区水平;

(三)企业在一定时期所发放的工资薪金是相对固定的,工资薪金的调整是有序进行的;

(四)企业对实际发放的工资薪金,已依法履行了代扣代缴个人所得税义务。

(五)有关工资薪金的安排,不以减少或逃避税款为目的;

小贴士

企业少申报个税有以下常见方式,企业需要自查:

(1)员工发放了工资,但未申报个税,或者按照较低的收入申报个税。

(2)企业多数员工的工资薪金收入常年处于 5 000 元以下,其他收入通过报销形式发放。

(3)部分员工现金发放工资,不申报个税。

(4)年收入未超过 6 万元的员工,认为可以不申报个税。

61 枕戈待旦
——不征税收入调整异常的预警

企业调减不征税收入,对应用于支出形成费用或者资产的折旧应该调增;如果未调增的,可能存在虚假申报的情形。不征税收入调整异常预警具体规定如表4-8所示。

表4-8 不征税收入调整异常预警具体规定

项目	具体规定
预警值	企业只调减不征税收入但未调增不征税收入对应的支出
数据来源	企业所得税纳税申报表中纳税调整项目明细表中不征税收入的调减金额和不征税收入用于支出形成的费用的调增金额、资产折旧、摊销的调增金额,见图4-21
问题指向	虚假申报
低于预警值的正常情况	企业取得不征税收入在本年度内没有支出

该预警指标的数据主要来源于A105000 纳税调整项目明细表,如图4-21所示。

实战案例

某市税务机关在对一家高新技术企业进行年度企业所得税重点检查时,发现该企业从省级财政部门取得了一笔专项研究开发资金200万元,该笔专项研究开发资金满足财〔2011〕70号文件规定的条件,用于企业某高新技术产品的研发,并建立了单独的台账进行核算。

该企业在企业所得税纳税申报时将该笔收入作为不征税收入调减,并加计扣除了研发费用。税务机关责令该企业对此笔业务调增应纳税所得额,补缴企业所得税及滞纳金,并处以罚款。

【案例分析】

企业取得的财政性资金,符合条件的,可以作为不征税收入,但用于支出形成的费用,不得在计算应纳税所得额时扣除,财务人员进行纳税申报时应对纳税调整申报表进行自查,以免出现错误申报风险。

行次	项目	账载金额 1	税收金额 2	调增金额 3	调减金额 4
	A105000　纳税调整项目明细表				
1	一、收入类调整项目（2+3+…8+10+11）	*	*		
2	（一）视同销售收入（填写 A105010）	*			*
3	(二)未按权责发生制原则确认的收入(填写 A105020)				
4	（三）投资收益（填写 A105030）				
5	（四）按权益法核算长期股权投资对初始投资成本调整确认收益	*	*	*	
6	（五）交易性金融资产初始投资调整	*			*
7	（六）公允价值变动净损益		*		
8	（七）不征税收入		*		
9	其中：专项用途财政性资金（填写A105040）		*		
	……				
23	（十一）佣金和手续费支出（保险企业填写 A105060）				
24	（十二）不征税收入用于支出所形成的费用	*	*		*
25	其中：专项用途财政性资金用于支出所形成的费用（填写 A105040）	*	*		*
26	（十三）跨期扣除项目				
27	（十四）与取得收入无关的支出		*		*
28	（十五）境外所得分摊的共同支出	*	*		*
29	（十六）党组织工作经费				
30	（十七）其他				
31	三、资产类调整项目（32+33+34+35）	*	*		
32	（一）资产折旧、摊销（填写 A105080）				
33	（二）资产减值准备金		*		
34	（三）资产损失（填写 A105090）	*	*		
35	（四）其他				

注：资产折旧、摊销的调增除存在不征税收入原因外，还存在折旧年限不符合规定等原因，这一项的调增不代表一定有问题，税务机关一般是检查本表第 24 行"不征税收入用于支出形成的费用"是否调增。

图 4-21　纳税调整项目明细表示意图

政策依据

一、《中华人民共和国企业所得税法》第七条、第二十八条

第七条　收入总额中的下列收入为不征税收入：

（一）财政拨款；

（二）依法收取并纳入财政管理的行政事业性收费、政府性基金；

（三）国务院规定的其他不征税收入。

第二十八条　企业的不征税收入用于支出所形成的费用或者财产，不得扣除或者计算对应的折旧、摊销扣除。

二、《财政部　国家税务总局关于专项用途财政性资金企业所得税处理问题的通知》（财税〔2011〕70号）

一、企业从县级以上各级人民政府财政部门及其他部门取得的应计入收入总额的财政性资金，凡同时符合以下条件的，可以作为不征税收入，在计算应纳税所得额时从收入总额中减除：

（一）企业能够提供规定资金专项用途的资金拨付文件；

（二）财政部门或其他拨付资金的政府部门对该资金有专门的资金管理办法或具体管理要求；

（三）企业对该资金以及以该资金发生的支出单独进行核算。

二、根据实施条例第二十八条的规定，上述不征税收入用于支出所形成的费用，不得在计算应纳税所得额时扣除；用于支出所形成的资产，其计算的折旧、摊销不得在计算应纳税所得额时扣除。

三、企业将符合本通知第一条规定条件的财政性资金作不征税收入处理后，在5年（60个月）内未发生支出且未缴回财政部门或其他拨付资金的政府部门的部分，应计入取得该资金第六年的应税收入总额；计入应税收入总额的财政性资金发生的支出，允许在计算应纳税所得额时扣除。

小贴士

若企业可享受研发费用加计扣除优惠，取得财政资金有以下两种处理方式，建议通过分析税负，选择最优方案：

（1）取得的符合条件的财政性资金，作为不征税收入调减，对应支出形成的研发费用不得税前扣除。

（2）取得的财政资金作为征税收入处理，对应支出形成的研发费用进行加计扣除。

62 严阵以待
——其他费用占期间费用比例的预警指标

企业发生支出,应取得真实合法的税前扣除凭证。在实务中,企业可通过其他费用占期间费用的比例,检查税前扣除是否真实合理,是否存在虚开发票、虚列成本的问题。其他费用占期间费用比例异常预警具体规定如表 4-9 所示。

表 4-9 其他费用占期间费用比例异常预警具体规定

项目	具体规定
预警值	三大费用中的"其他"占期间费用比例超过 20% (如管理费用中其他费用的金额占管理费用的比例超过 20%)
数据来源	1. 企业所得税年度纳税申报表期间费用明细表第 25 项,见图 4-22。 2. 除"其他"项目外该表共 24 项,涵盖了企业生产经营过程中的大部分费用。"其他"填写的是除以上列举以外的其他费用,一般情况下涵盖的范围小,金额也应该小。若"其他"填写费用金额过大,超过相应费用的 20%,则存在异常
问题指向	1. 虚开发票,虚列成本。 2. 未取得合法发票。 3. 业务实质为公转私

该预警指标的数据主要来源于 A104000 期间费用明细表,如图 4-22 所示。

实战案例

济南某家医药公司,管理费用下的其他费用占比超过了管理费用的 20% 被税务预警。税务机关要求企业提供"其他"费用对应的发票,企业提供的发票是办公费发票,发票清单上显示为"打印纸",金额共计 600 万元,与企业的规模和经营情况明显不符。

经审查发现,企业为少缴纳企业所得税而虚开发票,担心填入"办公费"一栏容易被发现而填写在"其他"一栏。最终企业补缴了税款,并缴纳了罚款和滞纳金。

【案例分析】

企业发生的费用应根据业务实质填入相关明细科目,确实不属于期间费用列举明细项目的,可据实填入"其他"项目,但同时要注意做好台账的登记,明确填入"其他"项目的费用包括哪些,并留存备查资料说明业务的真实性和合理性。

政策依据

《国家税务总局关于发布〈企业所得税税前扣除凭证管理办法〉的公告》(国家税务总局公告 2018 年第 28 号)第四条至第十一条、第十三条、第十四条

行次	项目	销售费用	其中：境外支付	管理费用	其中：境外支付	财务费用	其中：境外支付
		1	2	3	4	5	6
1	一、职工薪酬		*		*	*	*
2	二、劳务费					*	*
3	三、咨询顾问费					*	*
4	四、业务招待费		*		*	*	*
5	五、广告费和业务宣传费		*			*	*
6	六、佣金和手续费						
7	七、资产折旧摊销费		*		*	*	*
8	八、财产损耗、盘亏及毁损损失						
9	九、办公费		*		*	*	*
10	十、董事会费		*		*	*	*
11	十一、租赁费						
12	十二、诉讼费						
13	十三、差旅费		*		*	*	*
14	十四、保险费		*		*	*	*
15	十五、运输、仓储费						
16	十六、修理费					*	*
17	十七、包装费		*		*	*	*
18	十八、技术转让费					*	*
19	十九、研究费用						
20	二十、各项税费		*		*	*	*
21	二十一、利息收支	*	*	*	*		
22	二十二、汇兑差额	*	*				
23	二十三、现金折扣						*
24	二十四、党组织工作经费	*	*	*	*	*	*
25	二十五、其他						
26	合计(1+2+3+…25)						

图 4-22 期间费用明细表示意图

第四条 税前扣除凭证在管理中遵循真实性、合法性、关联性原则。真实性是指税前扣除凭证反映的经济业务真实，且支出已经实际发生；合法性是指税前扣除凭证的形式、来源符合国家法律、法规等相关规定；关联性是指税前扣除凭证与其反映的支出相关联且有证明力。

第五条 企业发生支出，应取得税前扣除凭证，作为计算企业所得税应纳税所得额时扣除相关支出的依据。

第六条 企业应在当年度企业所得税法规定的汇算清缴期结束前取得税前扣除凭证。

第七条 企业应将与税前扣除凭证相关的资料，包括合同协议、支出依据、付款凭证等留存备查，以证实税前扣除凭证的真实性。

第八条 税前扣除凭证按照来源分为内部凭证和外部凭证。

内部凭证是指企业自制用于成本、费用、损失和其他支出核算的会计原始凭证。内部凭证的填制和使用应当符合国家会计法律、法规等相关规定。

外部凭证是指企业发生经营活动和其他事项时，从其他单位、个人取得的用于证明其支出发生的凭证，包括但不限于发票(包括纸质发票和电子发票)、财政票据、完税凭证、收款凭证、分割单等。

第九条 企业在境内发生的支出项目属于增值税应税项目(以下简称"应税项目")的，对方为已办理税务登记的增值税纳税人，其支出以发票(包括按照规定由税务机关代开的发票)作为税前扣除凭证；对方为依法无需办理税务登记的单位或者从事小额零星经营业务的个人，其支出以税务机关代开的发票或者收款凭证及内部凭证作为税前扣除凭证，收款凭证应载明收款单位名称、个人姓名及身份证号、支出项目、收款金额等相关信息。

小额零星经营业务的判断标准是个人从事应税项目经营业务的销售额不超过增值税相关政策规定的起征点。

税务总局对应税项目开具发票另有规定的，以规定的发票或者票据作为税前扣除凭证。

第十条 企业在境内发生的支出项目不属于应税项目的，对方为单位的，以对方开具的发票以外的其他外部凭证作为税前扣除凭证；对方为个人的，以内部凭证作为税前扣除凭证。

企业在境内发生的支出项目虽不属于应税项目，但按税务总局规定可以开具发票的，可以发票作为税前扣除凭证。

第十一条 企业从境外购进货物或者劳务发生的支出，以对方开具的发票或者具有发票性质的收款凭证、相关税费缴纳凭证作为税前扣除凭证。

第十三条 企业应当取得而未取得发票、其他外部凭证或者取得不合规发票、不合规其他外部凭证的，若支出真实且已实际发生，应当在当年度汇算清缴期结束前，要求对方补开、换开发票、其他外部凭证。补开、换开后的发票、其他外部凭证符合规定的，可以作为税前扣除凭证。

第十四条　企业在补开、换开发票、其他外部凭证过程中,因对方注销、撤销、依法被吊销营业执照、被税务机关认定为非正常户等特殊原因无法补开、换开发票、其他外部凭证的,可凭以下资料证实支出真实性后,其支出允许税前扣除:

（一）无法补开、换开发票、其他外部凭证原因的证明资料（包括工商注销、机构撤销、列入非正常经营户、破产公告等证明资料）；

（二）相关业务活动的合同或者协议；

（三）采用非现金方式支付的付款凭证；

（四）货物运输的证明资料；

（五）货物入库、出库内部凭证；

（六）企业会计核算记录以及其他资料。

前款第一项至第三项为必备资料。

小贴士

1. 合法的税前扣除凭证不仅指发票,未取得发票的,可根据规定设法取得其他合规的税前扣除凭证；确实无法取得的,应做纳税调增。

2. 企业当年度实际发生的相关成本、费用,出于各种原因未能及时取得该成本、费用的有效凭证,企业在预缴企业所得税时,可暂按账面发生金额进行核算；但在汇算清缴时,应补充提供该成本、费用的有效凭证。

⑥ 居安思危
——固定资产综合折旧率的预警指标

通过检查企业的固定资产综合折旧变动率,企业可以发现是否存在违规计提折旧、虚增成本的问题。固定资产综合折旧率的预警指标异常具体规定如表 4-10 所示。

表 4-10　固定资产综合折旧率的预警指标异常具体规定

项目		具体规定
预警值		固定资产综合折旧变动率在 20% 以上
数据来源		企业所得税纳税申报表中资产折旧、摊销情况及纳税调整明细表中,账载金额资产原值和本年折旧额,见图 4-23
问题指向		违规计提折旧,虚增成本
高于预警值的正常情况	变动率增加 20% 以上的情形	企业当年购进的固定资产符合企业所得税法及实施条例的相关规定,可以采用加速折旧的方法计提折旧,即在财务处理和税务处理上,均采用双倍余额递减法或年数总和法
	变动率减少 20% 以上的情形	1. 企业当年有大量固定资产已经达到折旧年限,企业继续使用,未进行资产处置
		2. 企业业务扩张,当年年末购进大量固定资产,资产原值大大增加

注:固定资产综合折旧率＝固定资产折旧÷固定资产原值。
固定资产综合折旧变动率＝(本期综合折旧率－基期综合折旧率)÷基期综合折旧率×100%。

该预警指标的数据主要来源于 A105080　资产折旧、摊销情况及纳税调整明细表,如图 2-23 所示。

行次	项目		账载金额			资产计税基础	税收金额					纳税调整金额
			资产原值	本年折旧、摊销额	累计折旧、摊销额		税收折旧、摊销额	享受加速折旧政策的资产按税收一般规定计算的折旧、摊销额	加速折旧、摊销统计额		累计折旧、摊销额	
			1	2	3	4	5	6	7(5-6)		8	9(2-5)
1	一、固定资产 (2+3+4+5+6+7)							*	*			
2	所有固定资产	(一)房屋、建筑物						*	*			
3		(二)飞机、火车、轮船、机器、机械和其他生产设备						*	*			
4		(三)与生产经营活动有关的器具、工具、家具等						*	*			
5		(四)飞机、火车、轮船以外的运输工具						*	*			
6		(五)电子设备						*	*			
7		(六)其他						*	*			

A105080　资产折旧、摊销及纳税调整明细表

图 4-23　资产折旧、摊销情况及纳税调整明细表示意图

实战案例

深圳市甲市税务局对某高新技术企业 A 企业进行纳税检查时,发现 20×1 年度固定资产综合折旧变动率存在异常,怀疑企业在进行企业所得税申报时,多列支了折旧费用。

检查人员通过调取 A 企业折旧费用的明细账及记账凭证,发现该公司将研发项目使用过的总价值不超过 100 万元的设备都作了一次性列支扣除的账务处理,通过"固定资产清理"科目将设备全部残值结转入当期研发费用并申报加计扣除。其中存在不少设备是 2014 年之前购进,并且与生产经营共用,不符合享受优惠的条件。

最终,第三稽查局依法对该公司进行了纳税调整 197 万元,依法查补税款 53 万元、罚款 27 万元,加收滞纳金 16 万元,合计 96 万元。

政策依据

一、《中华人民共和国企业所得税法实施条例》第五十九条、第九十八条

第五十九条 固定资产按照直线法计算的折旧,准予扣除。

企业应当自固定资产投入使用月份的次月起计算折旧;停止使用的固定资产,应当自停止使用月份的次月起停止计算折旧。

企业应当根据固定资产的性质和使用情况,合理确定固定资产的预计净残值。固定资产的预计净残值一经确定,不得变更。

第九十八条 企业所得税法第三十二条所称可以采取缩短折旧年限或者采取加速折旧的方法的固定资产,包括:

(一) 由于技术进步,产品更新换代较快的固定资产;

(二) 常年处于强震动、高腐蚀状态的固定资产。

采取缩短折旧年限方法的,最低折旧年限不得低于本条例第六十条规定折旧年限的 60%;采取加速折旧方法的,可以采取双倍余额递减法或者年数总和法。

二、《关于设备 器具扣除有关企业所得税政策执行问题的公告》(国家税务总局公告 2018 年第 46 号)第一条、第二条

一、企业在 2018 年 1 月 1 日至 2020 年 12 月 31 日期间新购进的设备、器具,单位价值不超过 500 万元的,允许一次性计入当期成本费用在计算应纳税所得额时扣除,不再分年度计算折旧(以下简称一次性税前扣除政策)。

二、固定资产在投入使用月份的次月所属年度一次性税前扣除。

三、《财政部 税务总局关于延长部分税收优惠政策执行期限的公告》(财税〔2021〕6 号)第一条

《财政部 税务总局关于设备器具扣除有关企业所得税政策的通知》(财税〔2018〕

54号)等16个文件规定的税收优惠政策凡已经到期的,执行期限延长至2023年12月31日。

四、《财政部 国家税务总局关于完善固定资产加速折旧企业所得税政策的通知》(财税〔2014〕75号)第二条、第三条

二、对所有行业企业2014年1月1日后新购进的专门用于研发的仪器、设备,单位价值不超过100万元的,允许一次性计入当期成本费用在计算应纳税所得额时扣除,不再分年度计算折旧;单位价值超过100万元的,可缩短折旧年限或采取加速折旧的方法。

三、对所有行业企业持有的单位价值不超过5 000元的固定资产,允许一次性计入当期成本费用在计算应纳税所得额时扣除,不再分年度计算折旧。

小贴士

1. 固定资产享受税收优惠,如一次性税前扣除等,在会计上,需要根据会计准则,按照直线法或其他规定的方法计提折旧。对于税法和会计的差异,需在固定资产的使用年限内,每年进行调整。

2. 固定资产综合折旧率高于基期标准值,可能存在税前多列支固定资产折旧额的问题。企业可结合该指标进行自查,分析固定资产综合折旧率变化的原因,从而避免违规计提折旧的风险。

64 藕断丝连
——企税申报数据与其他税种比对异常预警

企业所得税纳税申报时,报送的数据较多较全面,其中部分数据与房产税、印花税等税种存在一定的勾稽关系。企税申报数据与房产税、印花税等税种比对预警列举如表 4-11 所示。

表 4-11 企税申报数据与房产税、印花税等税种比对预警列举

项目	具体分析	数据来源
资产负债表中"投资性房地产"的余额;企业所得税申报表资产折旧、摊销及纳税调整明细表中房屋、建筑物的原值与是否缴纳房产税比对	1. 一般情况下,投资性房地产,需要按照租金从租计征房产税,或按照扣除规定比例后的房产原值从价计征房产税。 2. 如果企业没有申报房产税的记录,可能存在漏报房产税的情形。企业应该对照自查,以确定没有漏报房产税	1. 资产负债表中"投资性房地产"的余额,见图 4-24。 2. 企业所得税申报表资产折旧、摊销及纳税调整明细表中房屋、建筑物的原值,见图 4-25。 3. 财产和行为税纳税申报表中,房产税的申报记录,见图 4-26
资产负债表中"长期股权投资"的变动额与印花税申报表中"产权转移书据"的申报记录对比	1. 长期股权投资以成本法核算的,"长期股权投资"科目的变动一般是由股权交易引起的,应该缴纳印花税。 2. 如果有变动额,但未申报"产权转移书据"的印花税,可能存在漏税情况。企业应该对照该指标进行自查,以确定没有少缴纳印花税	1. 资产负债表中"长期股权投资"的期末余额-年初余额。 2. 财产和行为税纳税申报表中,产权转移书据印花税的申报记录

该预警指标的数据主要来源于资产负债表、A105080 资产折旧、摊销情况及纳税调整明细表和财产和行为税纳税申报表,如图 4-24、图 4-25 和图 4-26 所示。

实战案例

甲市税务局对辖区内 A 企业纳税申报数据进行扫描分析时,发现 A 企业在资产折旧、摊销及纳税调整表列示了房屋、建筑物的原值及折旧信息,但从未缴纳过房产税。

经查发现,A 公司认为自己的生产厂房没有房产证,无需缴纳房产税而没有申报房产税。根据税法规定,房产税由产权所有人缴纳。产权未确定的,由房产代管人或者使用人缴纳。因此,不论是否取得房产证,若属于房产税的纳税义务人,则应按规定缴纳房产税。最终,税务机关责令该企业改正,并补缴税款。

【案例分析】

企业财务人员进行纳税申报时,可结合企业所得税等税种的申报资料进行分析,

资产负债表

企业名称：　　　　　　　　　　年　月　日　　　　　　　　　单位：万元

资　产	年初数	期末数	资　产	年初数	期末数
流动资产			流动负债		
货币资金			短期借款		
短期投资			应付票据		
应收票据			应付账款		
应收账款			预收账款		
减：坏账准备			其他应收款		
应收账款净额			应付工资		
预付账款			应付福利款		
其他应收款			未交税金		
存货			未付利润		
待摊费用			预提费用		
待处理流动资产净损失			一年内到期的长期负债		
一年内到期的长期债券投资			其他流动负债		
其他流动资产					
流动资产合计					
长期投资：			流动负债合计		
长期投资					
固定投资：			长期负债：		
固定资产原价			长期借款		
减：累计折旧			应付债卷		
固定资产净值			长期应付款		
固定资产清理			其他长期负债		
在建工程			长期负债合计		
待处理固定资产净损失					
固定资产合计			所有者权益：		
无形及递延资产：			实收资本		
无形资产			资本公积		
递延资产			盈余公积		
无形及递延资产合计			未分配利润		
其他长期资产：			所有者权益合计		
其他长期资产					
资产总计			负债及所有者权益总计		

图 4-24　资产负债表示意图

行次	项目	账载金额			税收金额					纳税调整金额
		资产原值	本年折旧、摊销额	累计折旧、摊销额	资产计税基础	税收折旧、摊销额	享受加速折旧政策的资产按税收一般规定计算的折旧、摊销额	加速折旧、摊销统计额	累计折旧、摊销额	
		1	2	3	4	5	6	7(5-6)	8	9(2-5)
1	一、固定资产(2+3+4+5+6+7)						*	*		
2	(一)房屋、建筑物						*	*		
3	(二)飞机、火车、轮船、机器、机械和其他生产设备						*	*		
4	(三)与生产经营活动有关的器具、工具、家具等						*	*		
5	(四)飞机、火车、轮船以外的运输工具						*	*		
6	(五)电子设备						*	*		
7	(六)其他						*	*		

表A105080 资产折旧、摊销及纳税调整明细表

图4-25 资产折旧、摊销情况及纳税调整明细表示意图

财产和行为税纳税申报表

纳税人识别号(统一社会信用代码): □□□□□□□□□□□□□□□□□□

纳税人名称: 　　　　　　　　　　　　　　　　金额单位:人民币元(列至角分)

序号	税种	税目	税款所属期起	税款所属期止	计税依据	税率	应纳税额	减免税额	已缴税额	应补(退)税额
1	印花税	产权转移数据								
2										
3										
4	合计		−	−	−	−				−

图4-26 财产和行为税纳税申报表示意图

以确保业务相关各项税费按时申报缴纳。对于纳税义务存在疑惑的,可联系当地主管税务机关进行确认,避免漏报风险。

政策依据

一、《中华人民共和国房产税暂行条例》第三条、第四条

第三条　房产税依照房产原值一次减除10%至30%后的余值计算缴纳。具体减除幅度,由省、自治区、直辖市人民政府规定。

没有房产原值作为依据的,由房产所在地税务机关参考同类房产核定。

房产出租的,以房产租金收入为房产税的计税依据。

第四条　房产税的税率,依照房产余值计算缴纳的,税率的1.2%;依照房产租金收入计算缴纳的,税率为12%。

二、《中华人民共和国印花税法》第二条至第五条

第二条　本法所称应税凭证,是指本法所附《印花税税目税率表》列明的合同、产权转移书据和营业账簿。

第三条　本法所称证券交易,是指转让在依法设立的证券交易所、国务院批准的其他全国性证券交易场所交易的股票和以股票为基础的存托凭证。

证券交易印花税对证券交易的出让方征收,不对受让方征收。

第四条　印花税的税目、税率,依照本法所附《印花税税目税率表》执行。

第五条　印花税的计税依据如下:

(一)应税合同的计税依据,为合同所列的金额,不包括列明的增值税税款;

(二)应税产权转移书据的计税依据,为产权转移书据所列的金额,不包括列明的增值税税款;

(三)应税营业账簿的计税依据,为账簿记载的实收资本(股本)、资本公积合计金额;

(四)证券交易的计税依据,为成交金额。

💬 小贴士

1. 企业上报的税务信息应做到真实、准确、完整,应重视数据之间的关联性,保证勾稽关系的成立。

2. 随着智慧税务的建成,企业各种税务信息以及非税信息会更加透明,除了税务资料,其他资料,如银行、工商资料等,也可能成为税务比对检查的对象。因此,企业做到税务、财务合规至关重要。

第 5 章
纳税评估与信用评价

纳税评估与信用评价都是企业纳税管理中非常重要的环节。

纳税评估可以帮助企业提高纳税意识,了解自身纳税水平,避免税收违法行为;减少涉税风险,避免因涉税风险产生的损失;增强合规能力,遵守税收法规。信用评价可以激励企业诚信纳税,促进税收落实,提高税收征管效率,帮助企业获得税收优惠,降低企业税负。

本章以纳税评估和信用评价的步骤为基础,详细阐述了税务机关如何确定评估对象及疑点分析、约谈举证和实地核查(第65招至第67招),从而最终进行纳税评估结果处理(第68招);解释了信用评价的含义(第69招)以及企业如何进行信用补评、复评和修复(第70招)。

扫码听课

第 1 节 纳税评估

❻❺ 来龙去脉
——确定评估对象及疑点分析

税务经理在进行企业纳税管理时,需要了解纳税评估的相关内容,以积极应对。首先,就是纳税评估对象的确定。纳税评估对象的选择依据和方法等,如图 5-1 所示。

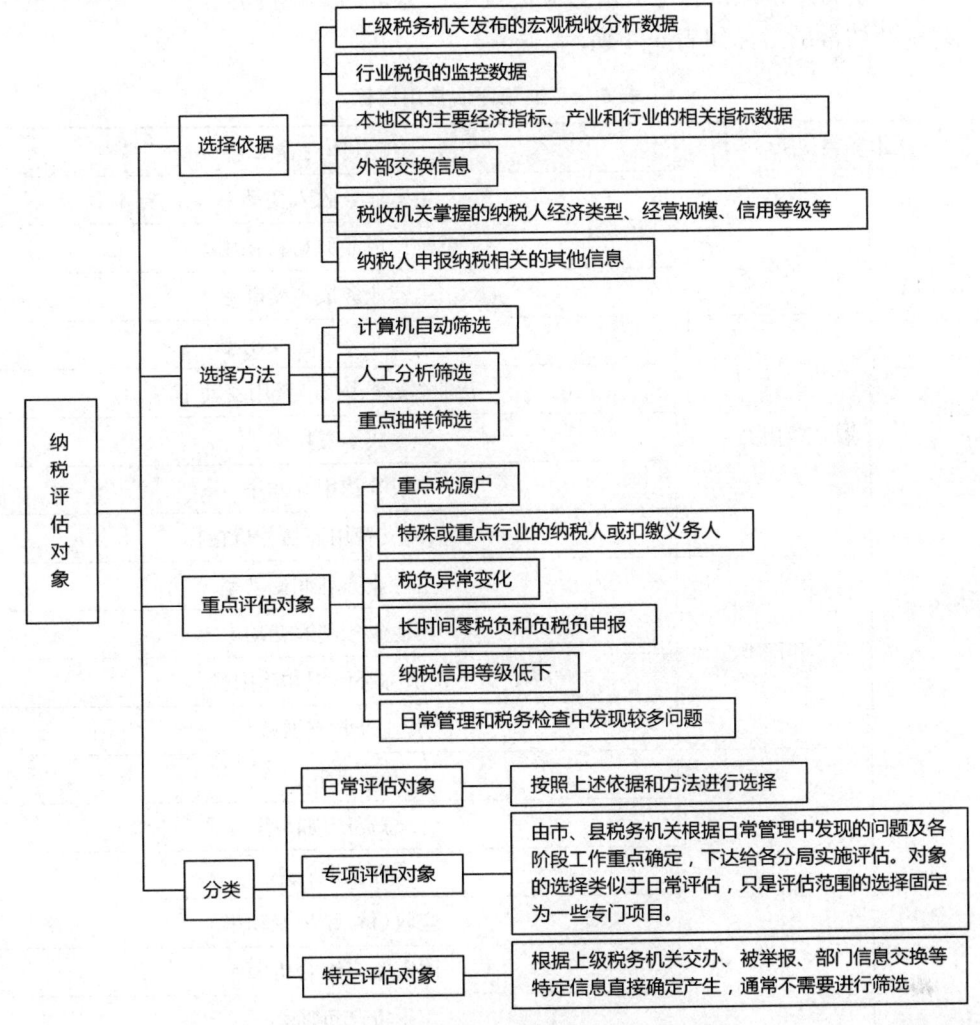

图 5-1 纳税评估对象的选择依据和方法

税务机关确定纳税评估对象后,需要对选定的评估对象进行疑点分析。

疑点分析是指通过涉税信息的对比,或结合特定指标,运用掌握的信息对评估对象的纳税情况进行分析。依据《纳税评估管理办法(试行)》,税务机关对纳税人申报纳税资料进行审核分析时,包括以下重点内容:

(1) 纳税人是否按照税法规定的程序、手续和时限履行申报纳税义务,各项纳税申报附送的各类抵扣、列支凭证是否合法、真实、完整。

(2) 纳税申报主表、附表及项目、数字之间的逻辑关系是否正确,适用的税目、税率及各项数字计算是否准确,申报数据与税务机关所掌握的相关数据是否相符。

(3) 收入、费用、利润及其他有关项目的调整是否符合税法规定,申请减免缓抵退税,亏损结转、获利年度的确定是否符合税法规定并正确履行相关手续。

(4) 与上期和同期申报纳税情况有无较大差异。

(5) 税务机关和税收管理员认为应进行审核分析的其他内容。

纳税评估常用指标如表 5-1 所示。

表 5-1 纳税评估常用指标

指标类型		具体内容
通用指标	收入类	主营业务收入变动率
	成本类	单位产成品原材料耗用率
		主营业务成本变动率
	费用类	主营业务费用变动率
		营业(管理、财务)费用变动率
		成本费用率
		成本费用利润率
		税前列支费用评估分析指标
	利润类	主营业务利润变动率
		其他业务利润变动率
		税前弥补亏损扣除限额
		营业外收支增减额
	资产类	净资产收益率
		总资产周转率
		存货周转率
		应收(付)账款变动率
		固定资产综合折旧率
		资产负债率

(续表)

指标类型		具体内容
通用指标	指标配比分析	主营业务收入变动率与主营业务利润变动率配比分析
		主营业务收入变动率与主营业务成本变动率配比分析
		主营业务收入变动率与主营业务费用变动率配比分析
		主营业务成本变动率与主营业务利润变动率配比分析
		资产利润率、总资产周转率、销售利润率配比分析
		存货变动率、资产利润率、总资产周转率配比分析
分税种特定分析指标	增值税评估分析指标	增值税税收负担率
		工(商)业增加值分析指标
		进项税金控制额
		投入产出评估分析指标
	内资企业所得税	所得税税收负担率
		主营业务利润税收负担率
		应纳税所得额变动率
		所得税贡献率
		所得税贡献变动率
		所得税负担变动率
	外商投资企业和外国企业所得税	所得税税收负担率
		应纳税所得额变动率
		资本金到位额
		境外应补所得税发生额
		生产性企业兼营生产性和非生产性经营收入划分额
		借款利息
		出口销售毛利率
		资产(财产)转让利润率
		关联出口销售比例
		关联采购比率
		无形资产关联交易额
		融通资金关联交易额
		关联劳务交易额
		关联销售比率
		关联采购变动率
		关联销售变动率

(续表)

指标类型		具体内容
分税种特定分析指标	印花税评估分析指标	印花税税负变动系数
		印花税同步增长系数
		综合审核分析
	资源税评估分析指标	资源税税负变动系数
		资源税同步增长系数
		综合审核分析

企业可以利用上述指标进行自查,如有异常情形,分析是否存在合理理由,确属违规或错误行为,应查明原因及时改正。

实战案例

某工艺品生产销售公司,其产品大部分销售给外贸出口公司,并开具6.8%的税收(出口货物专用)缴款书。20×2年产品销售收入1 920.44万元,20×3年产品销售收入1 745.79万元,但应纳增值税均为0。连续两年零税负的异常现象引起了当地国税机关的高度重视,该公司被列为纳税评估重点分析对象。经评估分析,疑点不能排除,对其进行约谈举证环节。

【案例分析】

依据《纳税评估管理办法(试行)》,企业如果长时间零税负和负税负申报,会被列为纳税评估重点分析对象。若无合理理由,如经营困难发生亏损等,则不能消除疑点,需要进一步约谈,甚至实地检查,很可能面临税务机关的处罚。

政策依据

《纳税评估管理办法(试行)》第一章至第四章、附件1和附件2。

小贴士

税务机关筛选纳税评估对象的标准并非固定的,即使未触碰风险预警线,也可能因为日常检查等各种原因被抽查。因此,企业一旦成为纳税评估对象,应当从容应对,积极配合。对不认同的事项,企业应多与税务机关沟通,必要时可以采取行政复议等方式。

66 从容应对
——约谈举证

约谈举证是评估人员就发现的疑点，约请纳税人到税务机关陈述申辩，必要时提供举证资料，评估人员根据约谈情况确认疑点性质，给予宣传辅导的过程。约谈流程如表 5-2 所示。

表 5-2 约谈流程

约谈流程	具体流程及内容		
约谈前	评估分析，疑点不能排除 → 税源管理部门批准 → 制作约谈举证通知书 → 文书送达		
约谈中	约谈的主要内容包括： 1. 纳税人评估期的基本情况，如生产设备情况、主要原材料、主要产品、工艺流程、投入产出、能源消耗、主要进销渠道、地理位置、员工人数等。 2. 纳税人各部门间内部协调、信息传递、信息反馈、资料保存等制度和具体情况。 3. 纳税人纳税申报表数据、财务会计报表数据及其他经济信息存在的不符合常规现象发生的原因。 4. 纳税人申报数据与同行业相关数据或类似行业同期相关数据存在较大差异的原因。 5. 纳税人申报数据与历史数据发生较大变化的原因。 6. 纳税人应缴纳的不同税种之间的关联性和勾稽关系，参照税务机关发布的相关预警值，分析税种异常变化的原因。 7. 其他需要约谈的事项		
约谈后	能够排除嫌疑		直接进入评估处理环节
	不能排除嫌疑	没有重大违规问题	
		涉嫌重大偷逃税款等重大违规问题	进一步调查，进行实地核查

【案例分析】

接上例：

针对连续两年零税负的现象，企业总账会计陈述如下：该企业主产品为衔缝制品，每年上半年为生产、销售淡季，下半年才陆续组织生产，故前期组织生产用原材料购进大，进项税额留抵大，至 20×3 年 10 月末尚有 2.16 万元留抵税额，尤其是受疫情的严重影响，产品压库滞销较大，1 月至 8 月仅实现销售收入 304.6 万元，影响应纳增值税额的实现。另外，近几年，原材料价格不断上涨，工费等成本增大，而销售价格又提不上去，为拉住客户，亏本也做，故出现进销倒挂现象，企业未有税金实现，税额的实现将体现在以后。由于该企业的财会人员系从事财会工作多年的老会计，也较熟悉税收政策，仅靠约谈、理论分析难以发掘其问题，评估人员要求其举证，并调阅了相关账册及凭证。

【案例分析】

本例中，约谈后，企业并没有被排除嫌疑，故不能直接进入评估处理环节，评估人员需要进一步实地核查。

企业被约谈，并不说明一定存在问题。若有合理的理由能够解释疑点，则可以排除嫌疑。若不存在重大违规事项，随着"首违不罚"的提出，纳税人及时改正小问题，也能够避免大错误的发生，降低企业的税收成本。

政策依据

《纳税评估管理办法（试行）》第十九条、第二十条

第十九条　对纳税评估中发现的需要提请纳税人进行陈述说明、补充提供举证资料等问题，应由主管税务机关约谈纳税人。

税务约谈要经所在税源管理部门批准并事先发出《税务约谈通知书》，提前通知纳税人。

税务约谈的对象主要是企业财务会计人员。因评估工作需要，必须约谈企业其他相关人员的，应经税源管理部门批准并通过企业财务部门进行安排。

纳税人因特殊困难不能按时接受税务约谈的，可向税务机关说明情况，经批准后延期进行。

纳税人可以委托具有执业资格的税务代理人进行税务约谈。税务代理人代表纳税人进行税务约谈时，应向税务机关提交纳税人委托代理合法证明。

第二十条　对评估分析和税务约谈中发现的必须到生产经营现场了解情况、审核账目凭证的，应经所在税源管理部门批准，由税收管理员进行实地调查核实。对调查核实的情况，要作认真记录。需要处理处罚的，要严格按照规定的权限和程序执行。

小贴士

1. 企业被约谈后，需要积极准备材料，切忌伪造。故在日常工作中，企业应当留存好相应的税务资料备查。

2. 企业被约谈后，应当积极配合税务机关并开展自查自纠，对于补缴税款和滞纳金金额存有异议的，可以说明异议焦点、出示证明材料。切勿扯谎搪塞，抗拒或拒绝配合，导致税务机关查账、行政处罚等进一步事态升级。

67 登门造访
——实地核查

税务机关对纳税人进行纳税评估时,在采用案头检查分析后,仍无法核实纳税人举证资料及涉税风险点的,可申请通过实地核查的方式开展纳税评估。具体介绍如表5-3所示。

表5-3 纳税评估实地核查方法

事项		具体规定
基本界定		实地核查指税务机关通过到纳税人生产经营现场了解情况、审核账目凭证等方式,对评估分析中发现的涉税疑点进行核实,并采取进一步征管措施的工作方法
核查情形		1. 纳税人的解释说明和提供的有关资料无法排除其涉税疑点的。 2. 纳税人不积极配合税务约谈,拖延、推诿、不及时提供有关资料,使涉税疑点无法核实的。 3. 对实行核定征收的纳税人进行纳税评估时,缺少评估分析资料的。 4. 其他需要实施实地调查核实的
核查流程		提出申请 → 审批 → 发送实地核查通知书 → 实地核查 → 制作评估报告并备案归档
具体要求	核查前	1. 评估检查人员应依据征管涉税信息数据,进行案头分析,明确实地调查核实的具体内容 2. 评估检查人员应填制实地调查核实申请表,经所在税源管理部门批准,方可实施 3. 评估检查人员需向纳税人发送《税务检查通知书》
	核查时	1. 现场核查应由两名以上有执法资格的核查人员实施 2. 核查时,应向纳税人出示税务检查证和税务检查通知书,并有责任为被检查人保守秘密
	核查后	实地核查后,评估检查人员应根据纳税评估核实情况制作《纳税评估报告》,经负责人批准后转入评估结果处理环节
		实地核查中有关资料按照纳税评估档案规定进行归档管理

实战案例

接上例:
评估检查人员调阅了相关账册及凭证,发现如下疑点:
(1) 产成品无明细账。产品收、发、存财务上仅有汇总账,无分品种的分类明细账,而矛盾的是每笔出库凭证的附件却有详细品种。

(2) 无半成品账。根据衔缝制品的工艺流程和特点,月度之间应该有半成品被子、垫等,但财务上未设半成品的明细账,却有半成品购进和发外加工。

(3) 原材料大多为购进的半成品。评估人员查看其提供的进项发票,发现大多数是半成品被子、垫等品种,直接原材料很少,说明该企业自备工序简单,主要依赖外部协作。

(4) 原材料、半成品供应商主要系关联企业。通过举证检查,评估人员发现原材料、半成品主要由另一个企业提供,而另一企业的法人代表与该企业系同一人,也主要从事同类同品种衔缝被生产,相互之间存在价格、供应上的关联关系。

(5) 另一关联企业系民政福利企业,其经营品种与该企业相同,互为购销关系,该企业间接出口的大部分产品均系此福利企业提供。

恰好当期该企业正在申请税收(出口货物专用)缴款书多缴税款退税。针对这一突破口,评估人员明确指出,该企业财务核算不够健全,内部管理各环节缺乏相互制约措施,在该企业存在的疑点问题调查清楚之前,不能给予退税。

面对退税申请难以被批准的现实和疑点无法合理解释的情况,在强大的政策攻势面前该企业会计终于道出了"苦衷":

(1) 内部管理各环节混乱,导致生产、仓库、供销、财务上衔接不畅,原始数据和资料难以准确及时采集和共享,各自为政而保其目标任务完成的现象较严重。因而造成财务核算被动,倒置为以销为账,原始明细资料不全而无法详细核算,故无产成品明细账。

(2) 在产品、半成品合在一起核算。事实上,部分半成品可以对外出售,但为了简化,该企业人为地将半成品与在产品混在一起核算,并将大量已发出未及时开票记收入的产成品挂在在产品(生产成本借方余额)中。

(3) 该企业的设立是有隐情的。因为税法规定,民政福利自营出口或销售给外贸公司出口的货物不得享受增值税先征后返的优惠政策。为享受优惠政策,便变通设立了该企业,通过该企业销售给外贸公司,达到既变通享受优惠政策,税负又为零的目的。

(4) 产成品实际上系福利企业所生产。两个关联企业实为两块牌子一套班子,仓库、工人、设备、场地共用,只是人为将产成品根据该企业开具发票量的多少分配到两个企业账务上去。购进的应该是产成品而非半成品,违反了税收(出口货物)专用缴款书开具的规定。

(5) 人为调节购销而迟做、少做收入。由于间接出口的外贸产品,结算形式大多是货先发出,待外贸公司通知其开具专用发票、专用缴款书以及付款时方开具发票入账。再加上发出产品须经外贸公司质量全检,方能确定各品种的开票数量,故未能及时入账。另外,该企业也存在设立的门市部少做收入的现象。

【案例分析】

本例中,纳税评估人员在对企业约谈未果,即未消除疑点也没有发现重大违法现象的情况下,最终通过实地核查掌握了企业的基本情况。

纳税人在接受实地核查时,应当配合纳税评估人员工作,不能藏匿、伪造证据。切勿发生抗拒执法、冲击国家党政机关等行为。

政策依据

一、《中华人民共和国征管法》第五十四条至五十九条

第五十四条 税务机关有权进行下列税务检查:

(一)检查纳税人的账簿、记账凭证、报表和有关资料,检查扣缴义务人代扣代缴、代收代缴税款账簿、记账凭证和有关资料;

(二)到纳税人的生产、经营场所和货物存放地检查纳税人应纳税的商品、货物或者其他财产,检查扣缴义务人与代扣代缴、代收代缴税款有关的经营情况;

(三)责成纳税人、扣缴义务人提供与纳税或者代扣代缴、代收代缴税款有关的文件、证明材料和有关资料;

(四)询问纳税人、扣缴义务人与纳税或者代扣代缴、代收代缴税款有关的问题和情况;

(五)到车站、码头、机场、邮政企业及其分支机构检查纳税人托运、邮寄应纳税商品、货物或者其他财产的有关单据、凭证和有关资料;

(六)经县以上税务局(分局)局长批准,凭全国统一格式的检查存款账户许可证明,查询从事生产、经营的纳税人、扣缴义务人在银行或者其他金融机构的存款账户。税务机关在调查税收违法案件时,经设区的市、自治州以上税务局(分局)局长批准,可以查询案件涉嫌人员的储蓄存款。税务机关查询所获得的资料,不得用于税收以外的用途。

第五十五条 税务机关对从事生产、经营的纳税人以前纳税期的纳税情况依法进行税务检查时,发现纳税人有逃避纳税义务行为,并有明显的转移、隐匿其应纳税的商品、货物以及其他财产或者应纳税的收入的迹象的,可以按照本法规定的批准权限采取税收保全措施或者强制执行措施。

第五十六条 纳税人、扣缴义务人必须接受税务机关依法进行的税务检查,如实反映情况,提供有关资料,不得拒绝、隐瞒。

第五十七条 税务机关依法进行税务检查时,有权向有关单位和个人调查纳税人、扣缴义务人和其他当事人与纳税或者代扣代缴、代收代缴税款有关的情况,有关单位和个人有义务向税务机关如实提供有关资料及证明材料。

第五十八条 税务机关调查税务违法案件时,对与案件有关的情况和资料,可以记录、录音、录像、照相和复制。

第五十九条 税务机关派出的人员进行税务检查时,应当出示税务检查证和税务检查通知书,并有责任为被检查人保守秘密;未出示税务检查证和税务检查通知书的,

被检查人有权拒绝检查。

二、《国家税务总局关于印发〈纳税评估管理办法（试行）〉的通知》（国税发〔2005〕43号）第二十条至二十二条

第二十条　对评估分析和税务约谈中发现的必须到生产经营现场了解情况、审核账目凭证的，应经所在税源管理部门批准，由税收管理员进行实地调查核实。对调查核实的情况，要作认真记录。需要处理处罚的，要严格按照规定的权限和程序执行。

第二十一条　发现纳税人有偷税、逃避追缴欠税、骗取出口退税、抗税或其他需要立案查处的税收违法行为嫌疑的，要移交税务稽查部门处理。

对税源管理部门移交稽查部门处理的案件，税务稽查部门要将处理结果定期向税源管理部门反馈。

发现外商投资和外国企业与其关联企业之间的业务往来不按照独立企业业务往来收取或支付价款、费用，需要调查、核实的，应移交上级税务机关国际税收管理部门（或有关部门）处理。

第二十二条　对纳税评估工作中发现的问题要作出评估分析报告，提出进一步加强征管工作的建议，并将评估工作内容、过程、证据、依据和结论等记入纳税评估工作底稿。纳税评估分析报告和纳税评估工作底稿是税务机关内部资料，不发纳税人，不作为行政复议和诉讼依据。

二、《北京市地方税务局关于印发〈北京市地方税务局纳税评估实地调查核实实施办法〉》第二条、第五条至第十四条

第二条　纳税评估实地调查核实是指税务机关通过到纳税人生产经营场所了解情况、审核账目凭证等方式，对评估分析中发现的纳税人的涉税疑点或问题进行核实，并采取进一步征管措施的工作方法。

第五条　经纳税评估分析，发现纳税人存在下列情形之一的，可实施实地调查核实：

（一）纳税人的解释说明和提供的有关资料无法排除其涉税疑点或问题的；

（二）纳税人不积极配合税务约谈，拖延、推诿、不及时提供有关资料，使涉税疑点无法核实的；

（三）对实行核定征收的纳税人进行纳税评估时，缺少评估分析资料的；

（四）其他需要实施实地调查核实的。

第六条　实地调查核实前，负责纳税评估工作的人员应依据征管等涉税信息数据，进行案头分析，明确实地调查核实的具体内容。

第七条　实施实地调查核实前，负责纳税评估工作的人员应填制《实地调查核实申请表》，经所在部门负责人同意后，方可实施。

第八条　实施实地调查核实前，负责纳税评估工作的人员需向纳税人发送《税务事项通知书》，并使用《税务文书送达回证》。

第九条　实施实地调查核实，负责纳税评估工作的人员可向企业法人代表、财务

等相关人员了解有关情况,查看企业账簿凭证等,因评估核实工作的需要,可通过企业财务部门安排向企业其他相关人员了解情况和到企业生产经营场所实地调查。

第十条 实地调查核实时,负责纳税评估工作的人员应根据涉税疑点认真核实,责成纳税人提供相关账簿、凭证、合同等证明性资料,并由纳税人签章确认。被调查人拒绝签章的,应记录在案。

第十一条 实地调查核实后,负责纳税评估工作的人员根据纳税评估核实情况制作《纳税评估报告》,经所在部门负责人批准后转入评估结果处理环节。

第十二条 对于无正当理由拒绝调查核实的纳税人,由负责纳税评估工作的人员提出"移交税务稽查"的处理意见,填入《纳税评估报告》,经所在部门负责人批准后,按相关规定移交税务稽查部门。

第十三条 实地调查核实有关资料按照市局纳税评估档案规定进行归档管理。

第十四条 负责纳税评估工作的人员在实施实地调查核实过程中徇私舞弊或滥用职权,或为有涉嫌税收违法行为的纳税人通风报信致使其逃避查处的,或瞒报核实真实结果,或致使纳税评估结果失真、给国家或纳税人造成损失的,不构成犯罪的,由税务机关按照有关规定给予行政处分;构成犯罪的,要依法追究刑事责任。

💬 小贴士

1. 企业应积极配合税务机关的调查工作,如提供相关资料、协助查账等。切忌进行阻碍或拒绝配合。

2. 企业在配合税务机关的检查过程中,应认真听取税务机关的问题和要求,严格按照事实回答问题,不得虚假陈述或隐瞒真相。如有不确定的问题,可以请示上级主管部门或咨询税务机关。

68 尘埃落定
——纳税评估处理

税务机关在进行一系列调查举证、走访之后,最终会对企业的纳税状况等作出评估。纳税评估处理如表5-4所示。

表5-4 纳税评估处理

序号	情形	处理规定
1	计算和填写错误、政策和程序理解偏差等一般性问题	1. 提请纳税人自行改正。 2. 需要纳税人自行补充的纳税资料,以及需要纳税人自行补正申报、补缴税款、调整账目的,税务机关应督促纳税人按照税法规定逐项落实
2	存在的疑点问题经约谈、举证、调查核实等程序认定事实清楚,不具有偷税等违法嫌疑,无须立案查处的	
3	需要提请纳税人进行陈述说明、补充提供举证资料等问题	由主管税务机关约谈纳税人
4	对评估分析和税务约谈中发现的必须到生产经营现场了解情况、审核账目凭证的	1. 应经所在税源管理部门批准,由税收管理员进行实地调查核实。 2. 对调查核实的情况,要作认真记录。需要处理处罚的,要严格按照规定的权限和程序执行
5	发现纳税人有偷税、逃避追缴欠税、骗取出口退税、抗税或其他需要立案查处的税收违法行为嫌疑的	1. 要移交税务稽查部门处理。 2. 税务稽查部门要将处理结果定期向税源管理部门反馈
6	发现外商投资和外国企业与其关联企业之间的业务往来不按照独立企业业务往来收取或支付价款、费用,需要调查、核实的	应移交上级税务机关国际税收管理部门(或有关部门)处理

注:对纳税评估工作中发现的问题要作出评估分析报告,提出进一步加强征管工作的建议,并将评估工作内容、过程、证据、依据和结论等记入纳税评估工作底稿。纳税评估分析报告和纳税评估工作底稿是税务机关内部资料,不发纳税人,不作为行政复议和诉讼依据。

【案例分析】

接上例:

税务机关根据了解的实际情况,对该企业进行了处罚:

该企业至评估时(11月底)未及时开票或少做收入共计178.63万元,少计增值税销项税额30.37万元,抵减上期留抵税额后,实际应纳28.21万多元,已限期入库,对其购进名为半成品实为产成品的非自产品部分的专用缴款书退税申请49万余元,不予审批退税,并按规定进行了处罚:对其关联企业之间有意偷逃税行为依法移送稽查进一步作关联检查。

【案例分析】

本例中,企业存在有意偷逃税款的行为,受到了主管税务机关的处罚,并由于属于重大违法事项,被移交稽查机关进一步调查。

纳税人在面临税务机关的处罚时,如已确定应当补缴税款和滞纳金的,应当尽快补缴,防止事件继续发展。如确有严重问题和纠纷的,也可以依法维权,如提起复议或聘请专业税务律师提起行政诉讼等法律程序。切勿发生抗拒执法、冲击国家党政机关等行为。

政策依据

《国家税务总局关于印发〈纳税评估管理办法(试行)〉的通知》(国税发〔2005〕43号)第十八条至二十二条

第十八条 对纳税评估中发现的计算和填写错误、政策和程序理解偏差等一般性问题,或存在的疑点问题经约谈、举证、调查核实等程序认定事实清楚,不具有偷税等违法嫌疑,无需立案查处的,可提请纳税人自行改正。需要纳税人自行补充的纳税资料,以及需要纳税人自行补正申报、补缴税款、调整账目的,税务机关应督促纳税人按照税法规定逐项落实。

第十九条 对纳税评估中发现的需要提请纳税人进行陈述说明、补充提供举证资料等问题,应由主管税务机关约谈纳税人。

税务约谈要经所在税源管理部门批准并事先发出《税务约谈通知书》,提前通知纳税人。

税务约谈的对象主要是企业财务会计人员。因评估工作需要,必须约谈企业其他相关人员的,应经税源管理部门批准并通过企业财务部门进行安排。

纳税人因特殊困难不能按时接受税务约谈的,可向税务机关说明情况,经批准后延期进行。

纳税人可以委托具有执业资格的税务代理人进行税务约谈。税务代理人代表纳税人进行税务约谈时,应向税务机关提交纳税人委托代理合法证明。

第二十条 对评估分析和税务约谈中发现的必须到生产经营现场了解情况、审核账目凭证的,应经所在税源管理部门批准,由税收管理员进行实地调查核实。对调查核实的情况,要作认真记录。需要处理处罚的,要严格按照规定的权限和程序执行。

第二十一条 发现纳税人有偷税、逃避追缴欠税、骗取出口退税、抗税或其他需要立案查处的税收违法行为嫌疑的,要移交税务稽查部门处理。

对税源管理部门移交稽查部门处理的案件,税务稽查部门要将处理结果定期向税源管理部门反馈。

发现外商投资和外国企业与其关联企业之间的业务往来不按照独立企业业务往来收取或支付价款、费用,需要调查、核实的,应移交上级税务机关国际税收管理部门

(或有关部门)处理。

第二十二条　对纳税评估工作中发现的问题要作出评估分析报告,提出进一步加强征管工作的建议,并将评估工作内容、过程、证据、依据和结论等记入纳税评估工作底稿。纳税评估分析报告和纳税评估工作底稿是税务机关内部资料,不发纳税人,不作为行政复议和诉讼依据。

💬 小贴士

1. 企业若对税务机关的检查结果无异议,则应当立即整改错误,若未及时整改,可能会面临罚款和滞纳金。

2. 企业若对税务机关的检查结果有异议,可以提出合理的意见和解释,并按照规定的程序申请复议或申诉,维护自身合法权益。

第 2 节 纳税信用评价

❻❾ 信以为本
——纳税信用评价

纳税信用评价是税务机关根据采集的纳税人纳税信用信息,按照《纳税信用管理办法(试行)》和《纳税信用评价指标和评价方式(试行)》的相关规定,就纳税人在一定周期内的纳税信用状况所进行的评价,评价结果分 A、B、C、D 四级。

纳税信用评估基本是每个企业都需要经历的,因此,纳税人需要了解纳税信用评价的内涵、评价方式以及评价结果,以降低企业相应的涉税风险。纳税人需要具体了解的纳税信用评价问题如图 5-2 所示。

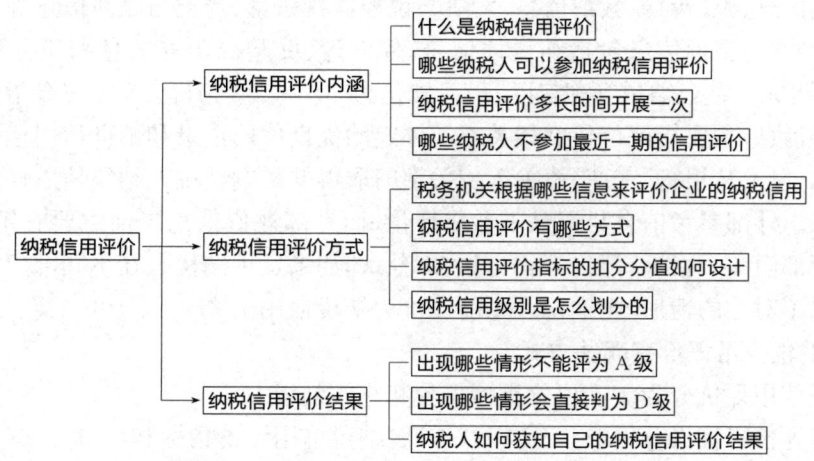

图 5-2 纳税人需要了解的纳税信用评价问题

下文分别看一下这几个具体的问题。

一、纳税信用评价内涵

1. 哪些纳税人可以参加纳税信用评价?

已办理税务登记(含"三证合一、一照一码"、临时登记),从事生产、经营并适用查账征收的独立核算企业、个人独资企业和个人合伙企业可以参加纳税信用评价。

2. 纳税信用评价多长时间开展一次?

纳税信用评价周期为一个纳税年度,"纳税年度"为公历年度,从 1 月 1 日到 12 月 31 日。

3. 哪些纳税人不能参加最近一期的信用评价?

(1) 纳入纳税信用管理时间不满一个评价年度的。

(2) 本评价年度内无生产经营业务收入的。

(3) 因涉嫌税收违法被立案查处尚未结案的。

(4) 被审计、财政部门依法查出税收违法行为,税务机关正在依法处理,尚未办结的。

(5) 已申请税务行政复议、提起行政诉讼尚未结案的。

二、纳税信用评价方式

1. 税务机关根据哪些信息来评价企业的纳税信用级别?

税务机关主要是根据纳税人信用历史信息、税务内部信息和外部信息来评价企业的纳税信用级别。

纳税人信用历史信息,主要包括纳税人的税务登记信息、经营信息、法定代表人信息等基本信息,评价年度之前的纳税信用记录,以及质检、环保、工商、银行、海关等相关部门评定的优良信用记录和不良信用记录。目前这部分信息只记录不参与评价。

税务内部信息,包括经常性指标信息和非经常性指标信息。经常性指标信息包括涉税申报信息、税(费)款缴纳信息、发票与税控器具信息、登记与账簿信息等4个一级指标,非经常性指标信息包括纳税评估、税务审计、反避税调查信息和税务稽查信息2个一级指标。结合纳税管理实际,最终细化为20个二级指标,95个三级指标。

外部信息,主要指评价年度相关部门评定的优良信用记录和不良信用记录等外部参考信息,以及从银行、工商、海关等相关部门取得的影响纳税人纳税信用评价的外部评价信息。外部参考信息只记录不参与评价,而外部评价信息当前主要有银行、工商和海关等部门4个指标,评价方式为扣11分,即如果发现纳税人在不同部门之间存在提供信息不对称的情形,则纳税人不能评价为纳税信用A级。

2. 纳税信用评价有哪些方式?

纳税信用评价分为年度评价指标得分和直接判级方式。

年度评价指标得分采取扣分方式,按照《纳税信用评价指标和评价方式(试行)》设置纳税信用评价指标,计算得出纳税人年度评价指标得分,进而确定纳税信用级别。

直接判级方式适用于有严重失信行为的纳税人。

3. 纳税信用评价指标的扣分分值如何设计?

扣分分值设计主要根据纳税人涉税行为记录,区别行为中体现出的诚信态度(如按期申报、按期缴纳、银行账户设置数量大于向税务机关提供数量等指标)、遵从能力(如纳税人向税务机关办理纳税申报之后的存续时间、账簿与凭证的管理等指标)、实际结果(主要体现在非经常性指标等税务检查指标中)和影响程度(如非正常户的指标),设计了1分、3分、5分、11分四类纳税信用评价第三级指标扣分分值和直接判级方式。

4. 纳税信用级别是怎么划分的?

纳税信用级别分为A、B、C、D四级。纳税人最终评价指标得分90分以上的为

A级,得分70分以上不满90分的为B级,得分40分以上不满70分的为C级,得分不满40分或者直接判级确定的为D级。

纳税人评价年度内经常性指标和非经常性指标信息齐全的,从100分起评;非经常性指标缺失的,从90分起评。非经常性指标缺失是指在评价年度内,纳税管理系统中没有纳税评估、大企业税务审计、反避税调查或税务稽查出具的决定(结论)文书的记录。

三、纳税信用评价结果

1. 出现哪些情形不能评为A级?

有下列情形之一的纳税人,本评价年度不能评为A级:

(1) 实际生产、经营期不满3年的。

(2) 上一评价年度纳税信用评价结果为D级的。

(3) 非正常原因一个评价年度内增值税或营业税连续3个月或者累计6个月零申报、负申报的。

(4) 不能按照国家统一的会计制度规定设置账簿,并根据合法、有效凭证核算,向税务机关提供准确税务资料的。

2. 出现哪些情形会直接判为D级?

有下列情形之一的纳税人,本评价年度直接判为D级:

(1) 存在逃避缴纳税款、逃避追缴欠税、骗取出口退税、虚开增值税专用发票等行为,经判决构成涉税犯罪的。

(2) 存在前项所列行为,未构成犯罪,但偷税(逃避缴纳税款)金额10万元以上且占各税种应纳税总额10%以上,或者存在逃避追缴欠税、骗取出口退税、虚开增值税专用发票等税收违法行为,已缴纳税款、滞纳金、罚款的。

(3) 在规定期限内未按税务机关处理结论缴纳或者足额缴纳税款、滞纳金和罚款的。

(4) 以暴力、威胁方法拒不缴纳税款或者拒绝、阻挠税务机关依法实施税务稽查执法行为的。

(5) 存在违反增值税发票管理规定或者违反其他发票管理规定的行为,导致其他单位或者个人未缴、少缴或者骗取税款的。

(6) 提供虚假申报材料享受税收优惠政策的。

(7) 骗取国家出口退税款,被停止出口退(免)税资格未到期的。

(8) 有非正常户记录或者由非正常户直接责任人员注册登记或者负责经营的。

(9) 由D级纳税人的直接责任人员注册登记或者负责经营的。

(10) 存在税务机关依法认定的其他严重失信情形的。

3. 纳税人如何获知自己的纳税信用评价结果?

税务机关每年4月确定上一年度纳税信用评价结果,并为纳税人提供自我查询服务。届时,纳税人可通过办税服务厅、网上办税服务厅等渠道查询自己的纳税信用级别。同时,税务机关将在公告栏、税务网站公布 A 级纳税人名单,对 A 级纳税人进行褒扬,并供公众查询。

📊 实战案例

上海某公司由于开业初期逾期申报的失误,导致纳税信用等级初判为 C 级。作为一家药品研发企业,其产品在行业处于领先地位,但是前期投入很大,光厂房和制药设备就形成了大量增量留抵税额,如今又在研制新冠抗体,资金成本压力确实很大。

根据相关政策,申请增值税增量留抵退税的其中一个条件,便是满足纳税信用等级 A、B 级,故该企业无法享受留抵退税政策。

该企业通过纳税信用等级修复,将信用等级由 C 级修复为 B 级,顺利收到税务部门批准的《退还增量留抵税额通知书》,以及企业申请的 6 018 元的留抵退税"红包"。

📄 政策依据

一、《纳税信用管理办法(试行)》
二、《纳税信用评价指标和评价方式(试行)》

💬 小贴士

企业最经常被纳税信用扣分的事项包括以下 5 项,需要引起纳税人注意:

(1) 未按规定期限纳税申报或代扣代缴(扣分标准:5 分/次)(注意:是按税种/次算扣分,还有不缴税并不代表不申报,如员工工资当月 4 500 元,不缴个税但是要申报)。

(2) 办理纳税申报后未按规定期限及时缴纳税款(扣分标准:5 分/次)(注意:申报期关注银行账户的余额)。

(3) 未按规定保管纸质发票并造成发票损毁、遗失或擅自损毁发票(扣分标准:3 分/次)。

(4) 未按规定时限报送财务会计制度或财务处理办法以及报告开立(变更)账号(扣分标准:3 分/次)。

(5) 有非正常记录的纳税人或非正常户直接责任人员注册登记或者负责经营的(直接判 D 级)。

❼⓿ 亡羊补牢
——信用补评、复评和修复

企业的纳税信用等级会影响企业部分税收优惠的选择,如果纳税人因故未能参加最近一期纳税信用评价的,满足一定条件的,可以向税务机关申请补评和复评,必要时还可进行纳税信用的修复。信用补评、复评和修复的相关政策如图5-3所示。

实战案例

不少纳税人在日常办税实务中,对纳税信用评定存在理解误区。

误解一:企业1年纳税仅有几万元,肯定评不上A级纳税人。

【案例分析】

依据《国家税务总局关于发布〈纳税信用评价指标和评价方式(试行)〉的公告》(国家税务总局公告2014年第48号),入库税款的多与少,并不直接决定纳税信用评价的打分。通俗点说,税缴的少未必信用低、税缴的多未必信用高。

因此,纳税人缴税多与少不会直接造成纳税信用评价的加分或减分;纳税人没有按期申报或没有按期足额缴纳税款,才会直接造成纳税信用评价扣分。

误解二:企业当年接受了税务检查,所以信用评价肯定要扣分了。

【案例分析】

依据政策,纳税人有接受税务机关依法进行税务检查的义务,应主动配合税务机关按法定程序进行的税务检查,如实地向税务机关反映自己的生产经营情况和执行财务制度的情况,并按有关规定提供报表和资料,不得隐瞒和弄虚作假,不能阻挠、刁难税务机关的检查和监督。同时,类似于刑法的"无罪推定原则",纳税人接受税务检查,并不代表纳税人一定有税务违法行为,也就未必会造成纳税信用评价扣分。

因此,纳税人有接受税务机关依法进行税务检查的义务,接受税务检查这一行为不直接造成纳税信用评价扣分;经税务检查发现纳税人存在涉税违法行为、税务机关做出税务处理决定时,才会对纳税人的纳税信用评价扣除相应分值。

误解三:企业有3个月没有按期申报,当年未申报要扣一次分。

【案例分析】

未按期申报这一信用评价指标是按税种按次扣分,而不是按类别扣分。例如,纳税人发生未按期申报这一行为时,纳税信用评价按税种按次扣5分。如果纳税人当年有3个月增值税未按期申报,那么纳税信用评价要扣去15分,而不是扣去5分。

因此,纳税信用评价体系中,如未按期申报等指标是按发生次数扣去相应分值,而不是按发生同一类型行为扣去相应分值。纳税人在实务中要注意,如发生扣分事项,要及时处理、及时补救,不能置之不理,避免纳税信用评价扣分越积越多。

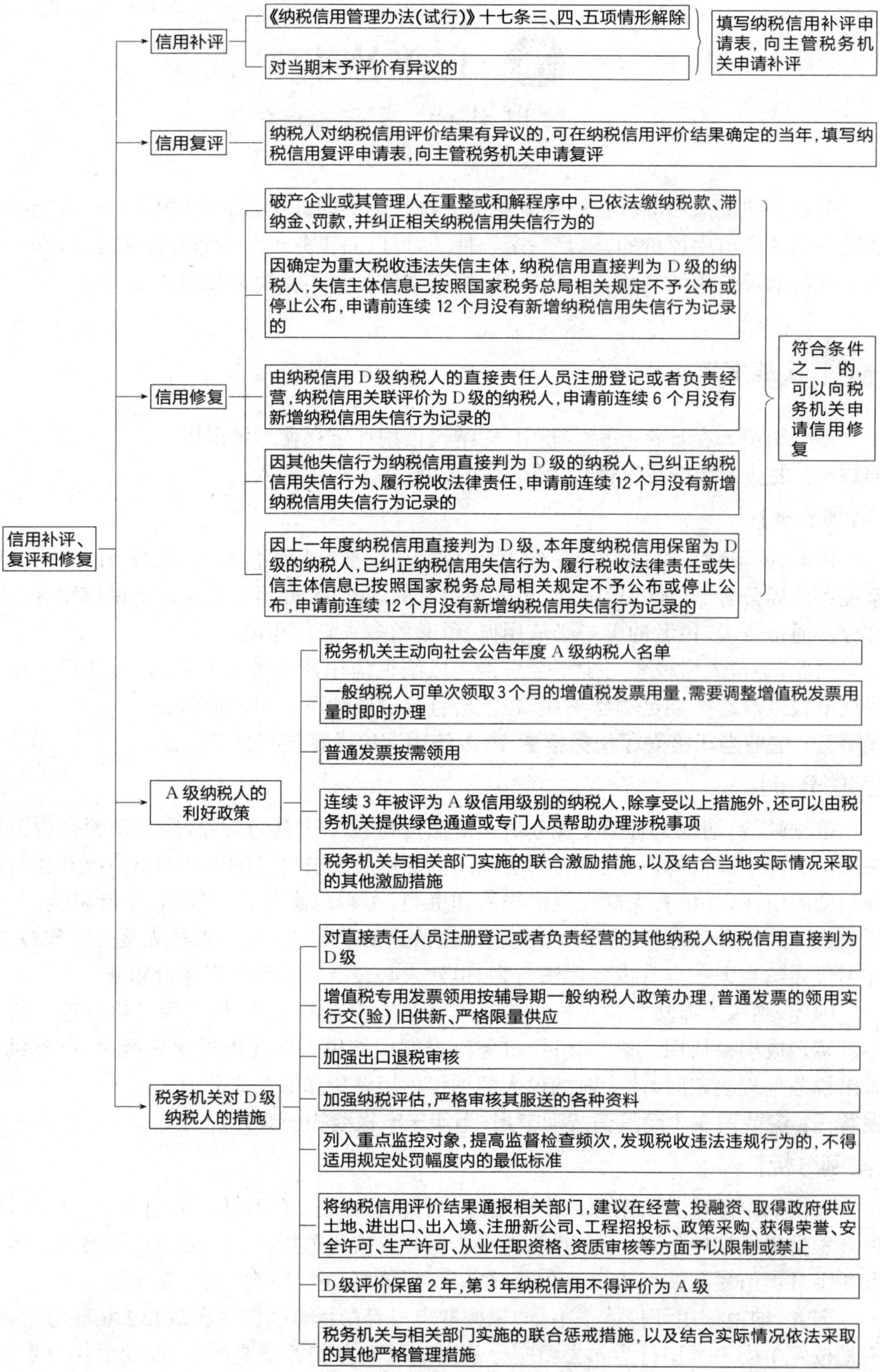

信用补评、复评和修复

- **信用补评**
  - 《纳税信用管理办法(试行)》十七条三、四、五项情形解除
  - 对当期未予评价有异议的

  → 填写纳税信用补评申请表，向主管税务机关申请补评

- **信用复评**
  - 纳税人对纳税信用评价结果有异议的，可在纳税信用评价结果确定的当年，填写纳税信用复评申请表，向主管税务机关申请复评

- **信用修复**（符合条件之一的，可以向税务机关申请信用修复）
  - 破产企业或其管理人在重整或和解程序中，已依法缴纳税款、滞纳金、罚款，并纠正相关纳税信用失信行为的
  - 因确定为重大税收违法失信主体，纳税信用直接判为D级的纳税人，失信主体信息已按照国家税务总局相关规定不予公布或停止公布，申请前连续12个月没有新增纳税信用失信行为记录的
  - 由纳税信用D级纳税人的直接责任人员注册登记或者负责经营，纳税信用关联评价为D级的纳税人，申请前连续6个月没有新增纳税信用失信行为记录的
  - 因其他失信行为纳税信用直接判为D级的纳税人，已纠正纳税信用失信行为、履行税收法律责任，申请前连续12个月没有新增纳税信用失信行为记录的
  - 因上一年度纳税信用直接判为D级，本年度纳税信用保留为D级的纳税人，已纠正纳税信用失信行为、履行税收法律责任或失信主体信息已按照国家税务总局相关规定不予公布或停止公布，申请前连续12个月没有新增纳税信用失信行为记录的

- **A级纳税人的利好政策**
  - 税务机关主动向社会公告年度A级纳税人名单
  - 一般纳税人可单次领取3个月的增值税发票用量，需要调整增值税发票用量时即时办理
  - 普通发票按需领用
  - 连续3年被评为A级信用级别的纳税人，除享受以上措施外，还可以由税务机关提供绿色通道或专门人员帮助办理涉税事项
  - 税务机关与相关部门实施的联合激励措施，以及结合当地实际情况采取的其他激励措施

- **税务机关对D级纳税人的措施**
  - 对直接责任人员注册登记或者负责经营的其他纳税人纳税信用直接判为D级
  - 增值税专用发票领用按辅导期一般纳税人政策办理，普通发票的领用实行交(验)旧供新、严格限量供应
  - 加强出口退税审核
  - 加强纳税评估，严格审核其报送的各种资料
  - 列入重点监控对象，提高监督检查频次，发现税收违法违规行为的，不得适用规定处罚幅度内的最低标准
  - 将纳税信用评价结果通报相关部门，建议在经营、投融资、取得政府供应土地、进出口、出入境、注册新公司、工程招投标、政策采购、获得荣誉、安全许可、生产许可、从业任职资格、资质审核等方面予以限制或禁止
  - D级评价保留2年，第3年纳税信用不得评价为A级
  - 税务机关与相关部门实施的联合惩戒措施，以及结合实际情况依法采取的其他严格管理措施

图 5-3　信用补评、复评和修复的相关政策

误解四：自然人做法人的一家公司被定为信用等级 D 级，开新户可以规避。

【案例分析】

依据政策规定，D 级企业直接责任人在企业被评价为 D 级之后注册登记或者负责经营的企业仍评价为 D 级。被评定 D 级的纳税人应当主动应对，查找问题、纠正错误，积极努力修复纳税信用，提升信用等级。

因此，评定为 D 级的纳税人应加深对纳税信用的理解和认识，努力修复纳税信用，加强涉税风险意识，降低涉税风险，提高税收遵从度；而不是通过"换户头、开新户"等方法试图躲避信用等级管理。

政策依据

一、《国家税务总局关于发布〈纳税信用管理办法（试行）〉的公告》（国家税务总局公告 2014 年第 40 号）

二、《国家税务总局关于发布〈纳税信用评价指标和评价方式（试行）〉的公告》（国家税务总局公告 2014 年第 48 号）

三、《国家税务总局关于纳税人权利与义务的公告》（国家税务总局公告 2009 年第 1 号）

四、《关于明确纳税信用管理若干业务口径的公告》（国家税务总局公告 2015 年第 85 号）

小贴士

1. 企业的纳税信用等级至关重要，它会影响企业税收优惠的享受。因此，一旦出现问题，企业应当积极应对，申请补评、复评或信用修复。

2. 纳税人有下列情形的，不影响其纳税信用评价：

（1）由于税务机关原因或者不可抗力，造成纳税人未能及时履行纳税义务的。

（2）非主观故意的计算公式运用错误以及明显的笔误造成未缴或者少缴税款的。

（3）国家税务总局认定的其他不影响纳税信用评价的情形。

第6章

自查、检查与稽查

企业纳税自查、税务机关税务检查与税务稽查是税收征管工作中重要的环节。

企业纳税自查可以及时发现和纠正自身的税收违法行为,避免因疏忽、不当操作等而产生的税收风险;可以更好地了解税收政策和规定,提高合规能力,避免因缺乏相关知识而产生的税收风险;可以提高自身的税收管理水平,降低企业税负。

税务机关税务检查可以提醒企业注意纳税义务,提高纳税意识;可以发现和查处企业的税收违法行为,维护税收秩序,保护纳税人的合法权益;可以促进税收落实,提高税收征管效率。

税务机关税务稽查可以对企业的财务报表进行审核,发现企业的漏税行为,避免因企业偷漏税而产生的税收风险;可以对企业的纳税行为进行监管,保护税收利益,防止因企业逃税行为而产生的税收损失;可以提高税收征管效率,加强对纳税人的监管,确保税收落实。

本章详细阐述了企业进行自查的各个方面以及企业自查报告需要注意的事项(第71招至第72招)以及税务机关税务检查和税务稽查的概述(第73招)、税务稽查的重点领域(第74招)、企业如何进行税务稽查的应对管理(第75招)四个方面的内容。

扫码听课

第1节 企业自查

71 反躬自省
——企业涉税事项的自查

企业涉税事项的自查,主要包括日常纳税自查和根据税务机关要求自查两种形式。

一、日常纳税自查

纳税人在纳税自查时,应自查税务登记,发票领购、使用、保存情况,纳税申报、税款缴纳等情况,财务会计资料及其他有关涉税情况。可自行依照税法的规定进行自查,也可委托税务师代为检查。对涉税疑难问题,纳税人应及时向税务机关咨询。

其中,企业所得税汇算清缴前自查至关重要,主要可以从四点切入,如图6-1所示。

二、根据税务机关要求自查

税务机关根据特定的目的和要求,如约谈、检查、稽查时,会要求纳税人先进行自查,并编写自查报告。

一般来说,税务机关会明确企业本次需要自查的指标,比如:

(1) 长亏不倒。企业连续几年申报利润为负数,但仍不倒闭。
(2) 个人所得税汇算清缴举报人数过多。
(3) 短时间内集中大量开具发票。
(4) 发票作废金额、张数较多。
(5) 增值税税负率远低于行业平均值。

税务机关的检查指标极多,此处不再一一列举,一些常见的风险指标可以参考本书第4章第五节"风险指标"。

当然,如果企业出现了上述情况,也并不意味着一定是偷税漏税或虚开发票了。企业在自查的时候,主要目的就是针对异常的指标,查明原因,检查是否存在少交税的情况。如果发现企业确实存在少交税的情况,则可以先补缴税款,提前改正,以免在正式检查或稽查时,除了补缴税款,还受到罚款的处罚。

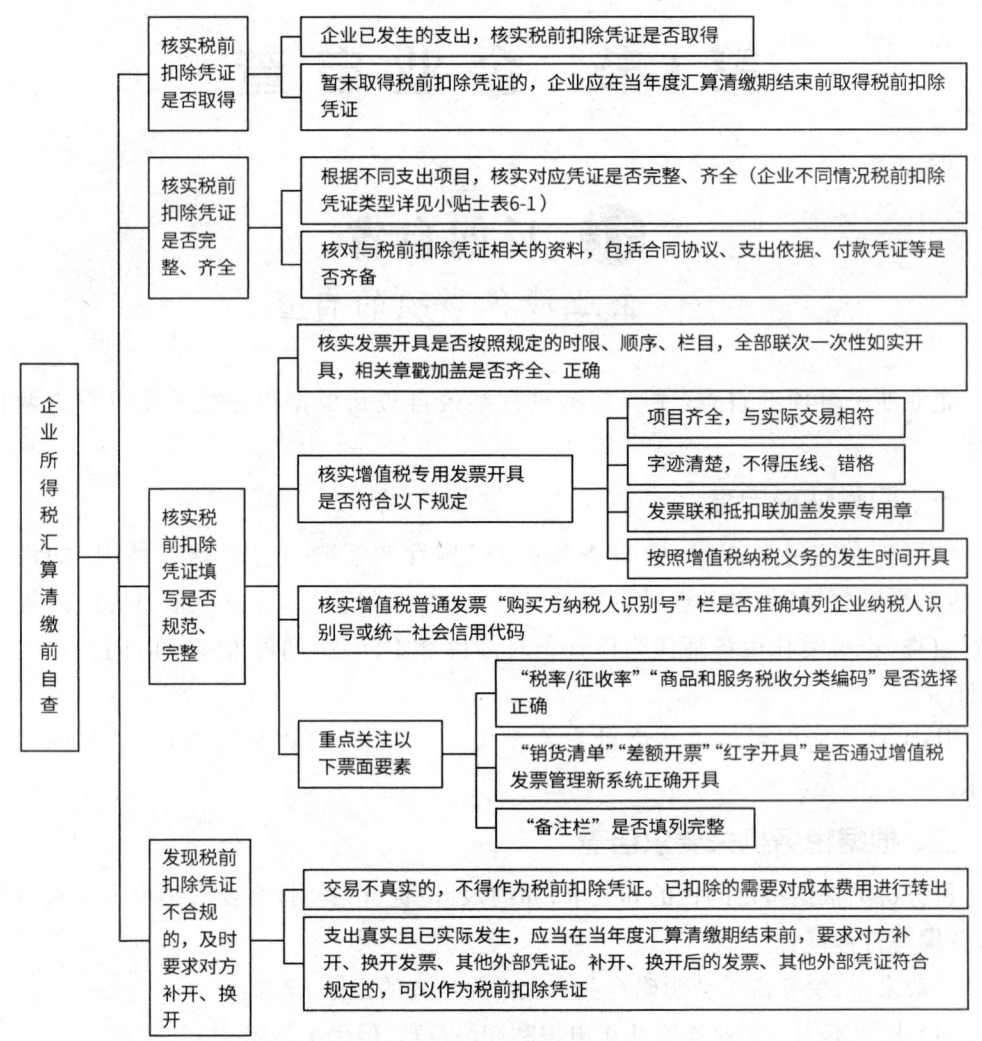

图 6-1　企业所得税汇算清缴前自查

实战案例

2022年4月,由于A公司自查发现存在1.68亿元的巨额未入账销售返利,B集团2021年财务报告被出具了"无法表示意见"的审计报告,公司股票被"*ST"。

经集团初步核查,A公司截至2021年年末虚增应收账款3.69亿元,2020年年末虚增应收账款3.16亿元。此外,A公司自查自纠发现的未入账销售返利1.68亿元,涉及的年度为2018年度至2021年度。

A公司不仅仅阻碍监管调查,还可能存在故意销毁会计凭证的行为。2022年7月13日,A公司原财务总监彭立新等人涉嫌隐匿、故意销毁会计凭证一案在深圳公安局龙华分局受理立案。

经公安部门侦查,2022年11月1日,公安部门在A公司全资子公司C公司区内的荒坡上起获了被掩埋的会计原始单据、生产经营等资料,经长达两天时间,共挖出377箱(塑料周转箱50 cm×40 cm×30 cm)会计原始凭证资料等,挖掘掩埋资料的坑长约9米宽约5米深约5米,资料所属期间为2013年至2021年,被掩埋的资料均为用于会计核算的原始凭证单据等,包括核算成本类资料、核算收入类资料、核算工资类资料等。

【案例分析】

企业在通过自查发现自身存在的相关问题后,就应当及时进行纠正,以减少涉税风险。而A公司却通过隐匿、销毁等手段企图隐瞒自己的违法事实,根据《中华人民共和国刑法》的规定:

"隐匿、故意销毁会计凭证、会计账簿、财务会计报告罪"是指故意隐匿、故意销毁有法定保存义务的会计凭证和账簿、财务报告,情节严重的行为。

隐匿或者故意销毁依法应当保存的会计凭证、会计账簿、财务会计报告,情节严重的,处五年以下有期徒刑或者拘役,并处或者单处二万元以上二十万元以下罚金。单位犯前款罪的,对单位判处罚金,并对其直接负责的主管人员和其他直接责任人员,依照前款的规定处罚。

政策依据

一、《中华人民共和国税收征收管理法》
二、《中华人民共和国税收征管法实施细则》

小贴士

1. 企业的财税人员之间可以相互检查,以减少由日常工作失误引起的涉税风险。
2. 企业可以设置专门的审计部门,对企业的财务、税务工作进行全面的检查。
3. 若企业没有设置专门的审计部门的,可以请外部的审计机构进行审计,以降低自己的涉税风险。
4. 企业不同情况税前扣除凭证类型如表6-1所示。

表6-1 企业不同情况税前扣除凭证类型

企业支出情况分类		允许税前扣除的凭证类型	备注
在境内发生的支出项目属于增值税应税项目的	对方为已办理税务登记的增值税纳税人	发票(包括按照规定由税务机关代开的发票)	税务总局对应税项目开具发票另有规定的,以规定的发票或者票据作为税前扣除凭证

(续表)

企业支出情况分类		允许税前扣除的凭证类型	备注
在境内发生的支出项目属于增值税应税项目的	对方为依法无需办理税务登记的单位或从事小额零星经营业务的个人	税务机关代开的发票或者收款凭证及内部凭证，收款凭证应载明收款单位名称、个人姓名及身份证号、支出项目、收款金额等相关信息	—
在境内发生的支出项目不属于应税项目的	对方为单位的	对方开具的发票以外的其他外部凭证	按税务总局规定可以开具发票的，可以发票作为税前扣除凭证
	对方为个人的	内部凭证	
从境外购进货物或者劳务发生的支出		对方开具的发票或者具有发票性质的收款凭证、相关税费缴纳凭证	—
与其他企业（包括关联企业）、个人在境内共同接受应纳增值税劳务（以下简称应税劳务）发生的支出，采取分摊方式的		应当按照独立交易原则进行分摊，以发票和分割单作为税前扣除凭证	
		共同接受应税劳务的其他企业以企业开具的分割单作为税前扣除凭证	
与其他企业、个人在境内共同接受非应税劳务发生的支出，采取分摊方式的		企业以发票外的其他外部凭证和分割单作为税前扣除凭证	
		共同接受非应税劳务的其他企业以企业开具的分割单作为税前扣除凭证	

注：小额零星经营业务的判断标准是个人从事应税项目经营业务的销售额不超过增值税相关政策规定的起征点。

72 精细入微
——企业自查报告注意事项

企业自查报告应当至少包括企业基本情况、企业财务及纳税情况、税收风险自查情况三大部分,如表6-2所示。

表6-2 企业自查报告

基本部分	具体内容
企业基本情况	主要包括企业名称、税务登记地址、税务登记证号、法定代表人、经营范围、经营特点、上级主管单位情况、下属分支机构情况等
企业财务及纳税情况	企业财务情况包括主要财务数据和财务指标,选取可以反映经营规模、业务组成的报表数据,如收入、成本、毛利、存货等;可列表说明企业近年纳税情况,包括各项税收的金额、税负情况等,结合行业特点和企业经营情况解释税负变动原因
税收风险自查情况	自查报告需要写明本次自查是否存在涉税风险,对于发现的税收风险,应当具体分析风险的性质、原因和影响,写明涉及金额和税费金额,制定整改计划,明确责任人,说明整改措施和整改效果。 针对税务局下发的疑点,应根据实际情况进行解释说明。经自查,不属于违法违规行为,疑点可以排除的情况,需附上依据条款及佐证材料;经自查,若确实存在纳税风险,需及时进行账务调整、补缴税款

自查报告应做到及时、准确、完整,最终目的是得到税务机关认可,在编写自查报告时应注意以下方面:

(1)填报时间:企业应根据税务部门的要求,按时填报税务自查报告,确保报告的及时性和准确性。

(2)填报内容:企业应认真查阅相关税务法律法规和规章制度,了解税务部门的监管要求,填写自查报告时应按照规定的格式进行,不得漏填、错填、乱填;报告内容应以企业实际情况为基础,做到真实、准确,不得隐瞒和歪曲事实。

(3)整改措施:对于自查中发现的问题,企业应及时纠正,制定相应的整改计划,确保问题得到有效解决,并在报告中加以说明,以便税务部门能够及时跟进;同时应提供完整归档的佐证材料,并完成补税与滞纳金,争取一次性通过,不打持久战。

(4)全面性:自查报告应对基础档案、税务申报、纳税审计等方面进行全面的自查,覆盖面要广,内容要具体。

(5)保密性:自查报告涉及企业的财务数据和税务情况,应注意保密性,防止信息泄露,只限内部人员查看。

(6)合规性:企业应认真履行纳税义务,遵守税法,防范涉税风险,自查报告应具备合规性,符合税务部门的监管要求。

实战案例

企业的自查报告可以参考如下格式及内容。

××局××部门：

按照贵局2023年2月15日下发的《税务事项通知书》，我公司立即着手自查工作，对2021年1月1日至2022年12月31日所属期涉税情况进行全面自查，现报告如下：

一、公司基本情况

梅松公司成立于2017年6月，注册资本1 000万元，法定代表人小梅，财务负责人小松，税务登记地××市，税务登记号××，所属行业制造业，经营范围：主要从事桌椅等的生产、销售，系增值税一般纳税人。

二、公司经营及纳税数据

主要经营数据如下。

单位：万元

项目	2021年	2022年
资产总额		
存货余额		
营业收入		
营业成本		
期间费用		
利润总额		
净利润		

主要纳税数据：

单位：元

项目	2021年	2022年
增值税		
印花税		
城建税等附加税		
企业所得税		
个人所得税		
合计		

三、自查情况

疑点1：A公司向你公司开具专票的业务真实性存疑。经自查，我公司向A公司采购的甲产品销售给下游客户 B 公司。在交易中,我公司与 A 公司、B 公司存在真实的价格议价和资金收付过程,货物的出入库手续完备,并按合同约定向 A 公司收取增值税进项发票,向 B 公司开具增值税销项发票,我公司获得增值税进项税发票已经认证并进行了抵扣。上述交易是遵循各方基于真实意愿所签订的合同约定履行的,公司交易中不存在违法、不真实的情况。(附业务合同、银行凭证、运输仓储证明等有关说明材料)

疑点 2:你公司为职工发放非货币性福利的纳税情况存疑。经自查,因我公司办税人员工作疏忽,为职工发放的非货币性福利未并入职工所得缴纳个人所得税,导致 2022 年度少缴税款 5 000 元,疑点属实,我公司已做账务调整,补充申报并补缴税款、滞纳金等。(附税票复印件、申报表复印件等)

以上所述我公司本次自查总结,水平有限,敬请贵局审核。最后,再次衷心感谢××税务局一直以来对我公司发展的大力支持,感谢××对我公司自查工作的耐心辅导与解释,后续,我公司将继续积极配合,做好后续工作。

梅松公司
2023 年×月×日

小贴士

企业对自查报告填写欠缺经验的,可以咨询当地主管税务机关注意事项或索要模板,亦可以求助相关的专家,以降低涉税风险。

第2节　税务检查和税务稽查

73　知己知彼
——税务检查和税务稽查概述

企业税务经理在管理过程中，除了做好平常的基础工作，还必须要了解税务检查和税务稽查，做好税务检查和税务稽查的应对。

税务检查是税务机关的例行工作，其检查的主要内容以及税务机关和纳税人的权利义务，如图6-2所示。

税务检查和税务稽查的区别如表6-3所示。

表6-3　税务检查和税务稽查的区别

不同点	税务检查	税务稽查
主体	可以是各类税务机关	税务专业稽查机构
对象	可以是所有的纳税人和扣缴义务人，只要税务机关认为有必要即可	依据举报或科学选案而确定的有涉嫌违法行为的纳税人、扣缴义务人
程序	相对简单	选案、实施、审理、执行四个环节
目的	由于某种管理上的需要，对纳税人的某一税种、某一纳税事项或某一时点的情况进行检查和审核	一般是为打击偷逃税违法犯罪行为，对涉嫌违法的纳税人进行全面、彻底的检查

一般来说，企业一旦被税务稽查，就说明企业可能存在较大的涉税风险。因此，税务稽查在实务中有更大的意义，需要引起企业的高度重视。税务稽查主要内容如图6-3所示。

下面我们具体来看一下税务稽查。

一、税务稽查是什么

税务稽查是税务机关依法对纳税人、扣缴义务人和其他税务当事人履行纳税义务扣缴义务及税法规定的其他义务等情况进行检查和处理工作的行政执法行为。

二、税务稽查的步骤

税务稽查的主要步骤包括案源管理、检查管理、审理管理和执行管理四个环节，如图6-4所示。

1. 案源管理环节

案源管理是指稽查局选案部门、举报中心按照规定程序，对各类涉税数据、信息和线索进行征集、分析、立案、追踪的管理过程。

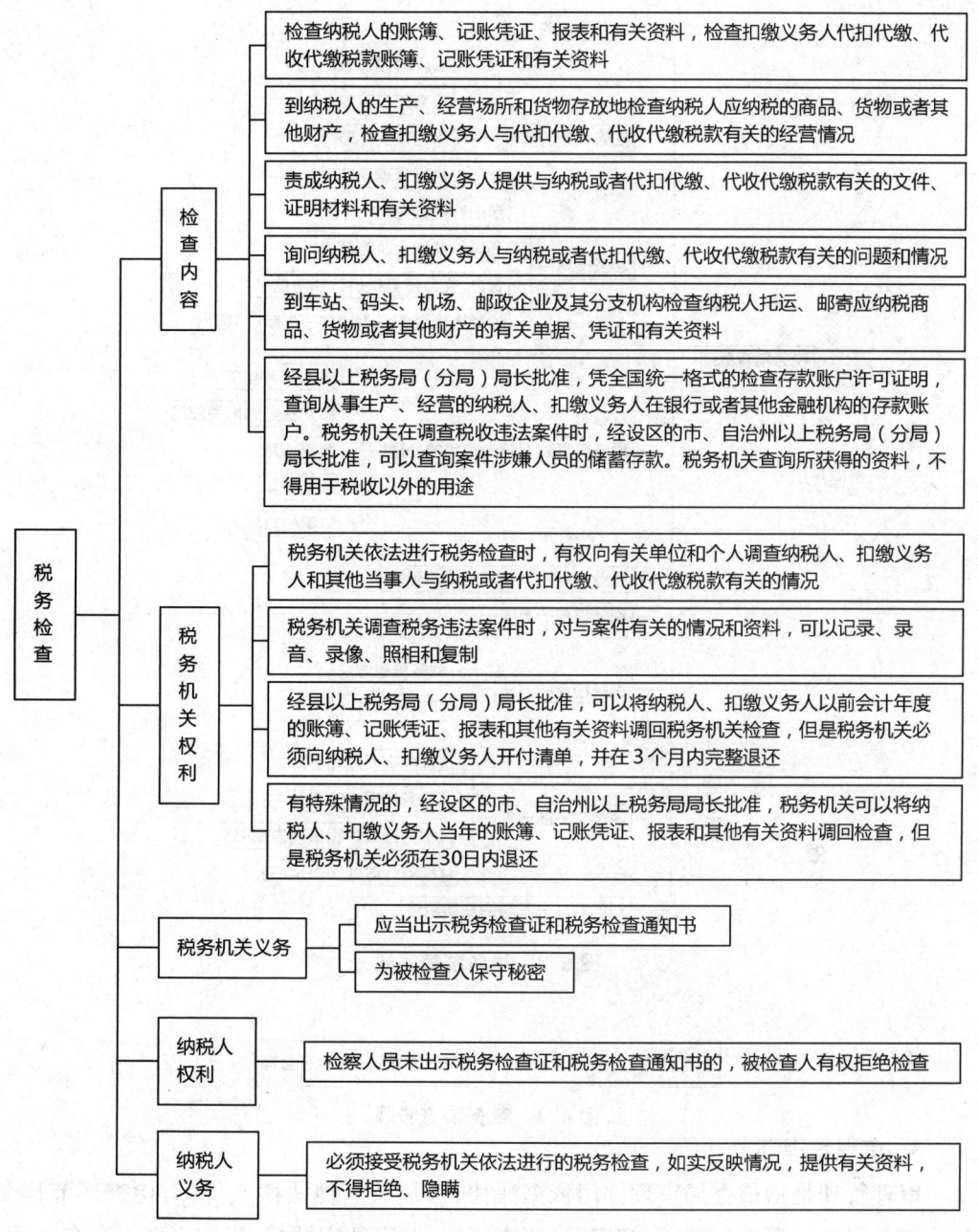

图 6-2　税务检查主要内容

2. 检查管理环节

检查管理是指稽查局检查部门根据法律规定的职责和流程实施税务检查,找出与案件相关的数据、资料,主要通过实地查看、查阅账簿资料、调查资金流、问询等方式调查选案环节提出的涉税风险及其他相关涉税问题,制作各种书面资料,并将涉案全部资料按规定整理成卷宗移交审理部门的工作流程。

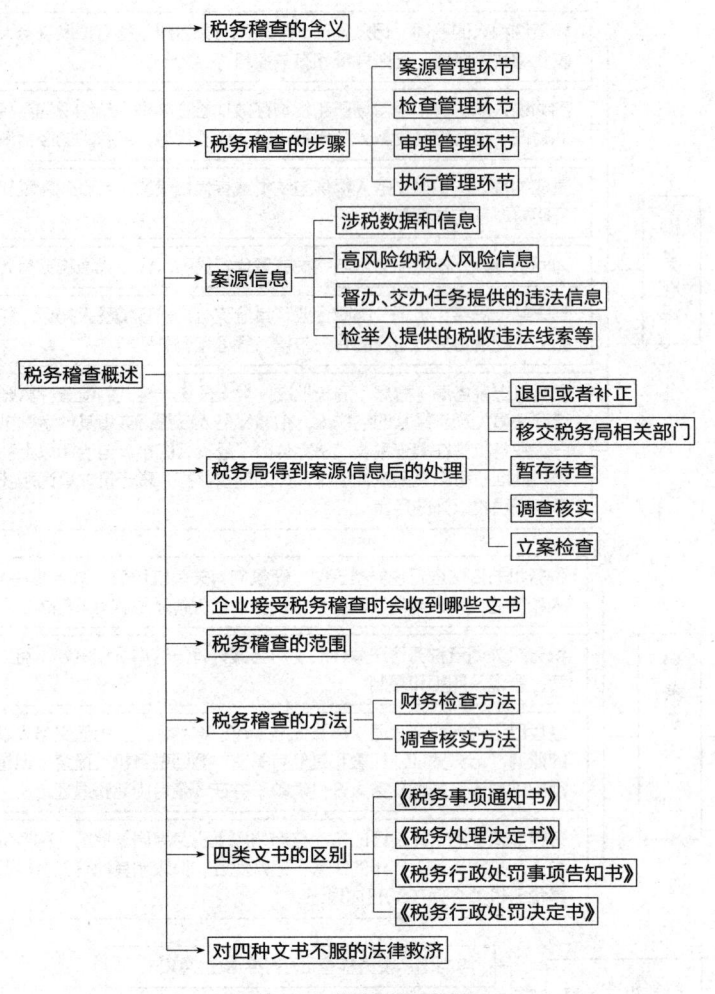

图6-3 税务稽查概述

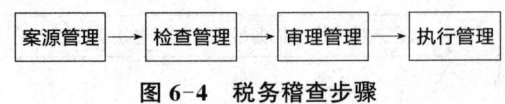

图6-4 税务稽查步骤

3. 审理管理环节

审理管理是指稽查局审理部门依据法律、法规及其他法律文件,对检查环节移交的检查卷宗进行研究判断,了解案情、鉴别证据、对案件定性等,告知当事人享有陈诉、申辩的权利,召开听证会,制作《税务处理决定书》《税务行政处罚决定书》、移送执行部门,以及移送涉税犯罪案件的工作流程。

4. 执行管理环节

执行管理是指稽查局执行部门将《税务处理决定书》《税务行政处罚决定书》等资料送给被执行人,确保税款、罚款和滞纳金及时入库的工作流程。

三、税务稽查的案源信息

案源信息,即税务机关在税收管理过程中形成的,以及由外部相关单位、部门或者个人提供的关于纳税人、扣缴义务人和其他涉税当事人的税收数据、信息和违法行为线索。依据提供主体不同,案源信息具备以下几种类型:

(1) 涉税数据和信息,具体包括纳税人自行申报的税收数据和信息,以及税务机关在税收管理过程中形成的税务登记、发票使用、税收优惠、资格认定、出口退税、企业财务报表等涉税数据和信息。

(2) 高风险纳税人风险信息,具体指税务机关风险管理等部门在日常税务检查、风险分析和识别工作中发现并推送的高风险纳税人风险信息。

(3) 督办、交办任务提供的违法信息,具体指上级党委、政府、纪检监察等单位和上级税务机关(以下统称上级机关)通过督办函、交办函等形式下发的督办、交办任务提供的税收违法线索。

(4) 检举人提供的税收违法线索。

(5) 其他信息。

四、税务稽查局得到案件信息后如何处理

(1) 退回或者补正。若税务稽查机关风险管理部门推送案源和由公安、检察、审计、纪检监察等外部单位以及税务稽查机关督察内审、纪检监察等部门提供的转办案源,具有一定情形的,税务稽查机关案源管理部门应制作《案源信息退回(补正)函》,将案源退回相关单位或者要求相关单位补充资料。

(2) 移交税务稽查机关相关部门。依据相关规定,案源部门制作《转办函》,移交税务局相关部门处。

(3) 暂存待查。

(4) 调查核实。

(5) 立案检查。税务稽查机关案源管理部发现案源符合一定情形的,如举报受理部门受理的检举内容详细、线索清楚的案源,督办、交办事项明确要求立案检查的案源,应确认为需要立案检查的案源。

五、税务稽查启动时企业会收到的文书

依据行政合法性和保护行政相对人权益两大基本原则,稽查行为必须由有执法资格的人员在其职权范围内依法作出,同时稽查执法全过程必须要切实保障行政相对人的知情权、陈述申辩权等合法权益,从而推动提高税法遵从度和社会满意度。

具体而言,在税务稽查人员依法对纳税人、扣缴义务人实施检查时,首先,要出示证明自己是有执法资格的身份证明,即要出示税务检查证件。

其次,税务稽查人员需要向企业出示或者送达《税务检查通知书》,《税务检查通知书》需要载明检查对象的名称、执法人数以及检查的起止时间,以及被检查对象需要准备的材料并告知其权利和义务。

最后，在税务稽查人员在实施检查过程中需要收集证据材料的，根据收集证据材料的不同，要向企业送达或者出具相关文书。比如，税务稽查人员需调取账簿、记账凭证、报表和其他有关资料时，应当出具《调取账簿资料通知书》，调取证据材料原件时，应当出具提取证据专用收据。当税务稽查人员在企业生产、经营、办公场所之外组织询问的，要依法送达询问通知书。

六、税务稽查的范围

（1）税务机关可以根据相关法律法规对纳税人的账簿、记账凭证以及税务报表和有关资料进行检查，以及对扣缴义务人代扣缴和代收代缴税款账簿以及记账凭证的有关资料进行检查。

（2）税务机关可以根据相关法律法规前往纳税人生产以及经营场所和货物存放地进行检查纳税人的应纳税商品以及货物或者其他财产，并且可以检查其扣缴义务人与代扣代缴、代收代缴税款有关的经营状况。

（3）税务机关可以根据相关法律法规对责成纳税人、扣缴义务人提供与纳税或者代扣代缴及代收代缴税款有关的文件和证明材料以及有关资料进行检查。

（4）税务机关可以根据相关法律法规对纳税人和扣缴义务人与纳税或代扣代缴、代收代缴税款的有关问题和情况进行细致地询问。

（5）税务机关可以根据相关法律法规前往车站、码头、机场、邮政企业及其分支机构等对纳税人的托运、邮寄应纳税商品或货物或其他财产有关的单据和凭证以及有关资料进行检查。

七、税务稽查的一般方法

1. 财务检查方法

（1）检查账簿。

（2）检查原始凭证。

（3）检查各种报表。

2. 调查核实方法

（1）实地检查。为了更清楚地调查案件事实，税务稽查人员可以去被稽查对象经营场所进行现场调查，深入被查企业的各个环节，以了解真实情况。

（2）实施询问。税务稽查机关在检查过程中，可以向案件当事人、见证人或者其他有关知情人询问，查明案件的过程。在询问过程中形成的询问笔录与其他取证资料都是作为依法定案的法定证据使用。

（3）异地协查。当出现跨地区案件时，各地税务稽查机关面临不对称性困境时，必须由各地税务稽查机关联合作战，委托其他稽查机关调取证据。

八、四类文书的适用范围和基本内容

关于四类文书的适用范围和基本内容如表6-4所示。

表 6-4　四类文书的适用范围和基本内容

四类文书	适用范围	基本内容
《税务事项通知书》	当税务机关对纳税人、扣缴义务人通知有关税务事项时使用,该文书的适用范围是最广泛的	通知事项的名称或者实质内容;填写有关税收法律法规的具体内容通知内容,如填写办理通知事项的时限、资料、地点、税款及滞纳金的数额、所属期等具体内容,告知其提起行政复议或诉讼的条件和途径
《税务处理决定书》	征收税款、加收滞纳金时使用	载明当事人的基本信息、检查范围和内容;税收违法事实及所属期间;处理决定及依据;税款金额、缴纳期限及地点,税款滞纳时间、滞纳金计算方法、缴纳期限及地点;被查对象不按期履行处理决定应当承担的责任和申请行政复议或者提起行政诉讼的途径和期限,处理决定书的文号、制作日期、税务机关名称及印章等内容
《税务行政处罚事项告知书》	税务机关对税收违法行为调查取证后依法应给予行政处罚前使用,但依法当场给予行政处罚决定的除外	纳税人的基础信息、拟作出的税务行政处罚的事实、理由、依据和拟作出处罚决定内容,以及当事人享有的陈述、申辩和听证的权利
《税务行政处罚决定书》	追缴税款,对纳税人的违法行为给与行政处罚	当事人的基本情况;决定书的主体部分;载明当事人申请行政复议、提起行政诉讼的权利以及途径和期限;作出行政处罚决定的行政机关名称和作出决定的日期等事项

九、对四种文书不服的法律救济

(1) 当事人对于税务机关作出的《税务处理决定书》不服的,不能直接向法院提起诉讼,而应当先依法足额缴纳税款及滞纳金或者提供相应的纳税担保,并且提出行政复议后对复议结果仍不满意的情况下,才能向法院申请诉讼。

(2) 当事人对于税务机关作出的《税务行政处罚决定书》不服的,既可以提出复议也可以提起诉讼。

(3) 税务机关作出《税务行政处罚决定书》前应履行税务行政处罚告知义务,出具《税务行政处罚事项告知书》,若税务机关未履行,当事人可以以程序违法为由在行政复议或者行政诉讼中提出。

(4) 当事人不服《税务事项通知书》时,如果税务事项通知涉及纳税上的争议,则救济途径和方式与当事人不服《税务处理决定书》时一致,若税务事项通知不涉及纳税上的争议,当事人对该文书既可提起行政复议,也可以提起行政诉讼。

实战案例

国家税务总局遵义市税务局与公安、海关、银行、外汇和检察院五部门协作,破获了一起出口骗税团伙大案。犯罪团伙以多家出口企业为平台,虚构茶叶出口业务,共骗取国家出口退税 1.15 亿元。

一、两条不期而遇的疑点线索

2021年12月,遵义市税务局稽查部门收到了进出口管理局移送的一条"辖区茶叶企业出口业务异常增长"疑点线索,同时,也收到了海关部门传递的"出口茶叶单价和数量等指标高于地区平均水平数倍"的风险通报信息。

检查人员根据提供的线索,综合运用税收大数据技术和征管软件,最终发现辖区内贵州Q贸易公司、贵州S贸易公司、贵州H贸易公司等五家茶叶出口企业形迹可疑。

检查人员查看了五家出口企业和关联生产企业的进出口申报资料,从茶青收购台账、生产能耗、进货发票到出口企业出口报关单、质检单、运输单据等,所有业务环节备查资料环环相扣,一应齐全,堪称"完美无缺"。

通过对其上游生产企业的进一步检查,检查人员发现上游企业出口订单占比异常,并且,出口企业和生产企业的发票开具地址居然相同!

于是税务稽查机关决定对五家企业立案调查,走访中发现,企业不是大门紧锁空无一人,就是在营业地址根本找不到相关企业。

二、资金核查扑朔迷离

检查人员通过对公账户、相关个人账户进行追踪核查,很快便发现了问题:上游茶叶生产企业每次在收到下游出口企业的货款后,不久都会迅速取现。

在调查过程中,企业的资金流因其频繁取现的行为,出现了多处"断点",专案组的调查一时受阻。在此情况下,检查人员调整思路,决定从企业生产耗能方面进行调查。

果然,检查人员在调查中发现:茶叶生产企业向生产生物燃料的企业支付货款后,每次这些款项在扣除相同比例金额后,均会通过燃料企业相关人员的私人账户,最终转回茶叶生产企业负责人私人账户。也就是说,茶叶生产耗能虚假间接证实了生产企业生产活动虚假。

三、拎编织袋的可疑人员

检查人员针对企业频繁取现这个点,在查看对比了大量的监控视频后,终于有了发现:一段监控视频显示,一名拎着编织袋的可疑人员取现后,先将现金装入编织袋,随后交给了等待在网点内的另一名人员,由这名人员到柜台上进行了存现。经核查,这名取现人员就是其中一家涉案茶叶生产企业的法定代表人李某某,而存现人员正是涉案出口企业的财务人员欧某。调查显示,欧某每次在办理存现业务后,均会通过手机银行转账等方式,将存现资金转入一个名为张某某的个人账户。

办案人员追踪张某某账户发现,转入其账户的资金,最终张某某均将其转回了向茶叶生产企业汇款的出口企业账户。在核查过程中,多条线索和迹象显示,这个名为张某某的人员即是涉案出口企业背后的实控人。

为了获取更多证据,检查人员扩大了调查范围,通过大量数据比对,发现这些款项无一例外,全部在收款后不久,均实现了资金回流。这些证据进一步证实了涉案茶叶生产企业和出口企业之间购销业务的虚假。

四、隐秘的"循环物流"

随着调查的逐渐深入,出口企业背后隐匿的张某某、洪某某、杨某某和陈某等人陆续浮出水面。

最终,检查人员决定在遵义、厦门、泉州等地,同时对 22 家上游茶叶生产企业相关人员,以及张某某、洪某某、杨某某和陈某等涉案违法嫌疑人进行了抓捕和控制。

面对各项证据,犯案人员供认不讳。

📄 政策依据

一、《税务稽查案源管理办法(试行)》(税总发〔2016〕71 号)

二、《税务稽查案件办理程序规定》(国家税务总局令第 52 号)

💬 小贴士

1. 面对税务稽查时,企业一定要放平心态,积极配合。

2. 如果出现跟税务机关不同的意见,企业应当及时反馈,或者可以提起行政复议。

74 动中肯綮
——税务稽查重点领域和涉税问题

近几年,税务稽查的重点领域和涉税问题如图 6-5 所示。

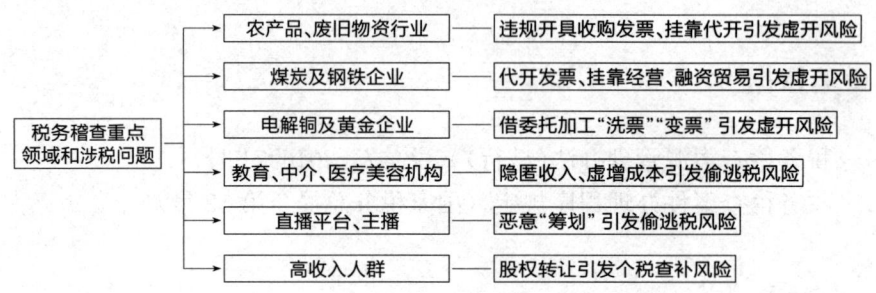

注:关于部分行业的风险解释,详见小贴士。

图 6-5　税务稽查重点领域和涉税问题

实战案例

2021 年 12 月,著名主播黄某因偷逃税被浙江省杭州市税务机关处罚。

以下是浙江省杭州市税务局通告原文:

经查,黄某在 2019 年至 2020 年期间,通过隐匿个人收入、虚构业务转换收入性质虚假申报等方式偷逃税款 6.43 亿元,其他少缴税款 0.6 亿元。

在税务调查过程中,黄某能够配合并主动补缴税款 5 亿元,同时主动报告税务机关尚未掌握的涉税违法行为。综合考虑上述情况,国家税务总局杭州市税务局稽查局依据《中华人民共和国个人所得税法》《中华人民共和国税收征收管理法》《中华人民共和国行政处罚法》等相关法律法规规定,按照《浙江省税务行政处罚裁量基准》,对黄某追缴税款、加收滞纳金并处罚款,共计 13.41 亿元。其中,对隐匿收入偷税但主动补缴的 5 亿元和主动报告的少缴税款 0.31 亿元,处 0.6 倍罚款计 3.19 亿元;对隐匿收入偷税但未主动补缴的 0.27 亿元,处 4 倍罚款计 1.09 亿元;对虚构业务转换收入性质偷税少缴的 1.16 亿元,处 1 倍罚款计 1.16 亿元。目前,杭州市税务局稽查局已依法向黄某送达税务行政处理处罚决定书。

【案例分析】

上述案例是属于 2021 年税务稽查查处的主播行业中偷逃税款最多的案例,高收入群体减轻税负的心情虽能被理解,但不能盲目地、以不适当、不专业的方式进行纳税筹划,这种减少税金的做法无异于作茧自缚。

> **小贴士**

1. 关于个别行业风险的解释如下：

（1）农产品、废旧物资行业：收购企业并不直接从农户手中购入农产品，而是由个别大户从大量的农户手中收购农产品，整合销售至收购企业，收购企业凭借大户提供的农户信息等证明等材料自行开具农产品收购发票用于抵扣。源头无票问题导致了废旧物资行业通过挂靠、代开发票等方式取得进项发票进行抵扣。

（2）煤炭及钢铁企业：由于煤炭资源的紧缺性，各个煤矿处在卖方市场，煤炭贸易企业、用煤企业在采购时无法取得足额的增值税专用发票。钢铁企业形成较为特殊的交易结构，即小型商户以回收企业名义与钢铁企业进行交易，而在运输上则是约定小型商户直接运送废钢至钢铁企业，以同时应对零散的原料来源市场和发票开具问题。

2. 企业应当关注自身行业是否处于重点稽查范围内，时刻约束自己的行为，保证各涉税事项的合规性。

75 有条不紊
——税务稽查应对管理

企业应对税务稽查,要做好事前、事中、事后的工作,如图6-6所示。

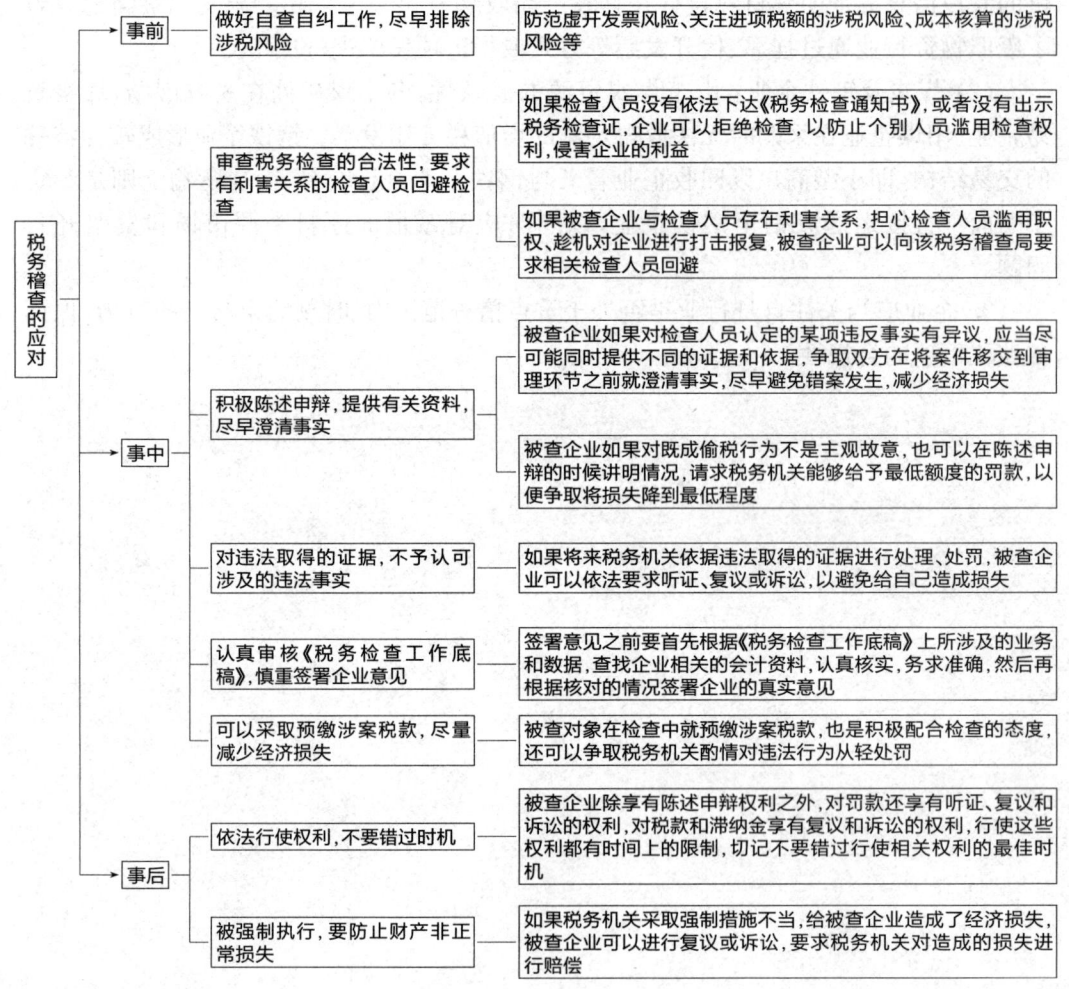

图6-6 税务稽查的应对管理

注:关于税务稽查的事前措施,建议大家结合本章四环节的涉税风险一起阅读,可以为企业的自查自纠提供一定的思路。

实战案例

2013年,佛山市A公司(原告)向广东省广州市中级人民法院提起诉讼,认为广东省国家税务局(被告)强制划缴税款的行为缺乏事实和法律依据,要求撤销。

A公司在诉状中称:2006年被告违法认定原告少缴增值税款1 149 862.61元,要求原告缴纳1 149 862.61元税款及滞纳金,并以涉嫌偷税罪将原告移送公安机关立案侦查。2007年4月29日,佛山市三水区人民检察院以原告涉嫌偷税罪向三水区人民法院提起公诉。三水区人民法院于2007年9月18日作出刑事判决,判决认定指控原告偷税所依据的证据不足、事实不清、程序违法,依法判决原告无罪。2007年11月18日佛山市中级人民法院维持了三水区人民法院的判决。至此,被告作出具体行政行为的事实和依据均被生效的判决书推翻。2012年11月29日,被告以粤国税稽强扣[2012]2号《税收强制执行决定书》强制从原告银行账户扣划5 977.9元,其行为缺乏事实和法律依据。原告请求:①撤销被告作出的粤国税稽强扣[2012]2号《税收强制执行决定书》;②由被告承担本案全部诉讼费用。

法院最后经审理认为:广东省税务局税务处理决定所依据的事实与法院生效刑事判决相冲突,生效刑事判决从证据、稽查方法、程序等方面均否定了税务处理决定所依据的事实,从原告的存款账户中扣缴税款2 214.86元和滞纳金3 763.04元,加处滞纳金的数额超出了金钱给付义务的数额,明显违反上述法律的强制性规定,亦应予以撤销。因此,法院作出了如下判决:

(1)撤销被告广东省国家税务局于2012年11月29日作出的粤国税稽强扣[2012]2号《税收强制执行决定书》;

(2)一审案件受理费50元由被告广东省国家税务局负担。

【案例分析】

根据以上案例,企业应当有树立一定的意识,面对税务稽查不必过度恐慌,积极配合调查,有则改之,主动补缴税款;无则加勉,必要时拿起法律的武器捍卫自己的权益。

小贴士

如果遇到稽查,企业的财产被强制执行时,一定要关注自己的合法权益,比如:

(1)扣缴存款不能超过应纳税款、罚款和滞纳金的总金额。

(2)税务机关在对财产进行变现时,要按照法定的变现顺序进行,不能随意选择处理财产的方式,造成低价处理财产,使被查企业蒙受额外经济损失。

(3)拍卖或者变卖所得抵缴税款、滞纳金、罚款以及拍卖、变卖等费用后,剩余部分应当退还被执行人。

第 7 章 税收优惠

税收优惠是指政府为鼓励或促进特定行业或活动发展,或为满足社会公益目的,在税收征收和管理方面给予一定的减免、豁免或抵免的政策措施。

我国在增值税、企业所得税、个人所得税等 18 个税种方面均有税收优惠的规定,旨在降低企业的税负,鼓励企业投资、创新和扩大产能,提高企业的经济效益和竞争力,同时也有助于促进社会和谐稳定,实现经济社会可持续发展。

税收优惠是一种重要的税收政策措施,可以有效地促进企业发展和社会进步,但需要合理规划和控制,避免滥用和产生不良影响。

本章第一部分介绍了增值税税收优惠(第 76 招)、企业所得税税收优惠(第 77 招)、其他税种税收优惠(第 78 招),包括消费税、个税所得税、城建税和土地增值税等,帮助企业整体把握我国的税收优惠政策。

本章第二部分介绍了企业类的税收优惠,包括小型微利企业、高新技术企业以及集成电路和软件企业的税收优惠(第 79 招至第 81 招)。

本章第三部分介绍了事项类的税收优惠,包括技术转让税收优惠和研发费用加计扣除(第 82 招至第 83 招)。

本章第四部分介绍了地区类的税收优惠,包括西部大开发和海南自贸港(第 84 招至第 85 招)。

扫码听课

第1节 税收优惠概述

76 用足用好
——增值税税收优惠

根据现行税法规定,增值税有多种税收优惠的形式,包括规定起征点、进项税额加计抵扣、减低税率、直接减免、出口退税、即征即退、先征后退、留抵退税、扣减增值税等,如图 7-1 所示。

实战案例

甲某农业科技有限公司,主营蔬菜、水果种植销售、农产品深加工等。2019 年,该企业生产销售水果、蔬菜、果汁饮料等取得销售收入 1 000 余万元,根据现行税法规定,农业生产者销售的自产农产品免征增值税,该企业当年销售符合免征规定的自产农产品,共计免征增值税 50 余万元。

此外,增值税纳税人购买增值税税控系统专用设备支付的费用以及缴纳的技术维护费可在增值税应纳税额中全额抵减。该企业在 2019 年 1 月对已缴纳的增值税税控系统专用设备技术维护费用,按照政策规定进行了申报抵扣。

2020 年,该企业积极响应扶贫政策,招用当地建档立卡的贫困人口 10 人,并与其签订 3 年期限劳动合同,并依法缴纳社会保险费;自签订劳动合同并缴纳社会保险当月起,企业可在 3 年内按实际招用人数予以定额(6 000 元)依次扣减增值税、城市维护建设税、教育费附加、地方教育附加和企业所得税优惠,3 年可减轻企业税负 180 000 万元(6 000×10×3)。

为支持小微企业发展,激发市场主体活力,国家加大增值税期末留抵退税实施力度。该企业于 2022 年 5 月,经税务机关审批增值税增量留抵税额退税 200 余万元,缓解了企业资金压力,促进了企业发展。

【案例分析】

为加强农业发展,国家推出了各种"惠农"政策,税收优惠是其中一项重要的政策,本例中企业结合自身业务实际及国家政策,及时享受相关优惠,降低了企业税负。

小贴士

增值税税收优惠具体内容及政策依据详见表 7-1。

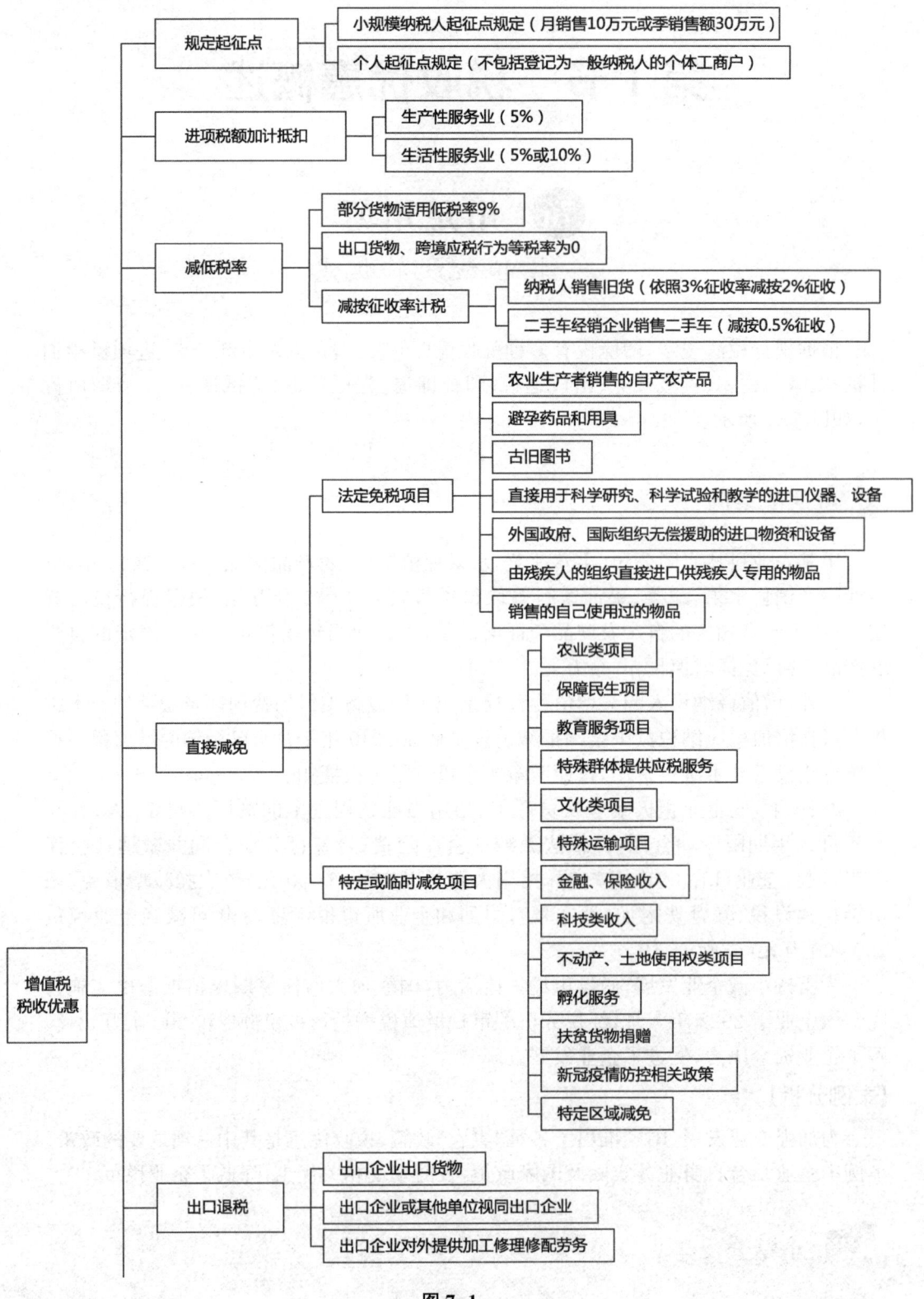

图 7-1

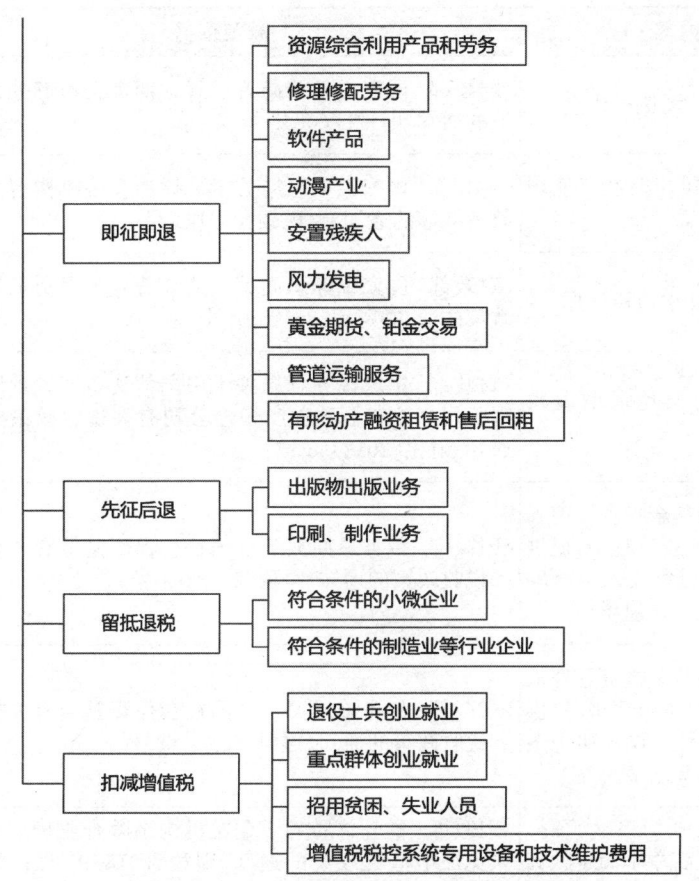

注：上图仅为列举项目，具体优惠事项及政策依据，详见小贴士。

图 7-1 增值税税收优惠的形式

表 7-1 增值税税收优惠汇总表

序号	优惠内容	政策依据
一、改善金融市场类		
1	钻石交易免征增值税优惠	《财政部 海关总署 国家税务总局关于调整钻石及上海钻石交易所有关税收政策的通知》财税〔2006〕65号
2	原油和铁矿石期货保税交割业务增值税政策	《财政部 国家税务总局关于原油和铁矿石期货保税交割业务增值税政策的通知》财税〔2015〕35号
3	上海期货保税交割免征增值税优惠	《财政部 国家税务总局关于上海期货交易所开展期货保税交割业务有关增值税问题的通知》财税〔2010〕108号
4	黄金期货交易增值税即征即退	《财政部 国家税务总局关于黄金期货交易有关税收政策的通知》财税〔2008〕5号

(续表)

序号	优惠内容	政策依据
5	黄金期货交易免征增值税优惠	《财政部 国家税务总局关于黄金期货交易有关税收政策的通知》财税〔2008〕5号
6	被撤销金融机构转让财产免征增值税优惠	《财政部 国家税务总局关于被撤销金融机构有关税收政策问题的通知》财税〔2003〕141号
7	熊猫普制金币免征增值税优惠	《财政部 国家税务总局关于熊猫普制金币免征增值税政策的通知》财税〔2012〕97号
8	金融资产管理公司免征增值税优惠	《财政部 国家税务总局关于中国信达资产管理股份有限公司等4家金融资产管理公司有关税收政策问题的通知》财税〔2013〕56号
9	社保基金会、社保基金投资管理人在运用社保基金投资过程中,提供贷款服务取得的利息收入和金融商品转让收入,免征增值税	《财政部 税务总局关于全国社会保障基金有关投资业务税收政策的通知》财税〔2018〕94号
10	社保基金会、养老基金投资管理机构运用养老基金投资过程中,提供贷款服务取得的利息收入和金融商品转让收入,免征增值税	《财政部 税务总局关于全国社会保障基金有关投资业务税收政策的通知》财税〔2018〕95号
11	小微企业、个体工商户小额贷款利息免征增值税优惠(1 000万以下)	《财政部 税务总局关于金融机构小微企业贷款利息收入免征增值税政策的通知》财税〔2018〕91号;《财政部 税务总局关于延长部分税收优惠政策执行期限的公告》财税〔2021〕6号
12	农户小额贷款利息免征增值税优惠	《财政部 税务总局关于支持小微企业融资有关税收政策的通知》财税〔2017〕77号;《财政部 税务总局关于延续实施普惠金融有关税收优惠政策的公告》财政部 税务总局公告2020年第22号
13	农户融资担保、再担保免征增值税优惠	《财政部 税务总局关于租入固定资产进项税额抵扣等增值税政策的通知》财税〔2017〕90号;《财政部 税务总局关于延续实施普惠金融有关税收优惠政策的公告》财政部 税务总局公告2020年第22号
14	小微企业、个体工商户融资担保、再担保免征增值税优惠	《财政部 税务总局关于租入固定资产进项税额抵扣等增值税政策的通知》财税〔2017〕90号;《财政部 税务总局关于延续实施普惠金融有关税收优惠政策的公告》财政部 税务总局公告2020年第22号
15	境外机构投资境内债券市场的债券利息收入免征增值税优惠	《财政部 税务总局关于境外机构投资境内债券市场企业所得税 增值税政策的通知》财税〔2018〕108号
16	对外开放的货物期货品种保税交割业务暂免征收增值税	《财政部 税务总局关于支持货物期货市场对外开放增值税政策的公告》财政部 税务总局公告2020年第12号

(续表)

序号	优惠内容	政策依据
17	对公募证券投资基金管理人运营基金过程中转让创新企业CDR取得的差价收入,三年内暂免征收增值税	《财政部 税务总局 证监会关于创新企业境内发行存托凭证试点阶段有关税收政策的公告》财政部 税务总局 证监会公告2019年第52号
营改增《财政部 国家税务总局关于全面推开营业税改征增值税试点的通知》财税〔2016〕36号		
18	国债、地方政府债利息收入免征增值税优惠	附件3第一条第十九项第3目
19	外汇管理部门在从事国家外汇储备经营过程中,委托金融机构发放的外汇贷款取得的利息收入免征增值税优惠	附件3第一条第十九项第6目
20	统借统还业务取得的利息收入免征增值税优惠	附件3第一条第十九项第7目
21	被撤销金融机构以货物、不动产、无形资产、有价证券、票据等财产清偿债务免征增值税优惠	附件3第一条第二十项
22	香港市场投资者(包括单位和个人)通过沪港通买卖上海证券交易所上市A股取得的收入免征增值税优惠	附件3第一条第二十二项第2目
23	香港市场投资者(包括单位和个人)通过基金互认买卖内地基金份额取得的收入免征增值税优惠	附件3第一条第二十二项第3目
24	证券投资基金(封闭式证券投资基金,开放式证券投资基金)管理人运用基金买卖股票、债券取得的收入免征增值税优惠	附件3第一条第二十二项第4目
25	适用财税〔2016〕36号文件规定的金融同业往来利息收入(不含财税〔2016〕46号、财税〔2016〕70号文件规定的免税收入)增值税优惠	附件3第一条第二十三项
26	合格境外投资者(简称QFII)委托境内公司在我国从事证券买卖业务取得的收入免征增值税优惠	附件3第一条第二十二项第1目
27	个人从事金融商品转让业务取得的收入免征增值税优惠	附件3第一条第二十二项第5目
28	人民银行对金融机构的贷款的利息收入免征增值税优惠	附件3第一条第十九项第4目

(续表)

序号	优惠内容	政策依据
29	符合条件的担保机构从事中小企业信用担保或者再担保业务取得的收入免征增值税优惠	附件3第一条第二十四项
30	保险公司开办的一年期以上人身保险产品取得的保费收入免征增值税优惠	附件3第一条第二十一项
31	有形动产融资租赁服务增值税即征即退	附件3第二条第二项
二、改善民生类		
32	鲜活肉蛋产品免征增值税优惠	《财政部 国家税务总局关于免征部分鲜活肉蛋产品流通环节增值税政策的通知》财税〔2012〕75号
33	蔬菜免征增值税优惠	《财政部 国家税务总局关于免征蔬菜流通环节增值税有关问题的通知》财税〔2011〕137号
34	救灾救济粮免征增值税优惠	《财政部 国家税务总局关于粮食企业增值税征免问题的通知》财税字〔1999〕198号
35	残疾人专用物品免征增值税优惠	《中华人民共和国增值税暂行条例》中华人民共和国国务院令第538号
36	残疾人个人提供劳务免征增值税优惠	《财政部 国家税务总局关于促进残疾人就业增值税政策的通知》财税〔2016〕52号
37	安置残疾人就业增值税即征即退	《财政部 国家税务总局关于促进残疾人就业增值税政策的通知》财税〔2016〕52号
38	政府储备食用植物油免征增值税优惠	《财政部 国家税务总局关于粮食企业增值税征免问题的通知》财税字〔1999〕198号
39	粮食免征增值税优惠	《财政部 国家税务总局关于粮食企业增值税征免问题的通知》财税字〔1999〕198号
40	储备大豆免征增值税优惠	《财政部 国家税务总局关于免征储备大豆增值税政策的通知》财税〔2014〕38号
41	边销茶免征增值税优惠	《财政部 税务总局 关于继续执行边销茶增值税政策的公告》财政部 税务总局公告2021年第4号
42	对住房租赁企业适用简易计税方法的，按照5%的征收率减按1.5%征收增值税	《财政部 税务总局 住房城乡建设部关于完善住房租赁有关税收政策的公告》财政部 税务总局 住房城乡建设部公告2021年第24号
43	社区养老服务免征增值税优惠	《财政部 税务总局 发展改革委 民政部 商务部 卫生健康委关于养老、托育、家政等社区家庭服务业税费优惠政策的公告》财政部公告2019年第76号
44	社区托育服务免征增值税优惠	
45	社区家政服务免征增值税优惠	
46	符合条件的非员工制家政服务免征增值税优惠	

(续表)

序号	优惠内容	政策依据
47	建档立卡贫困人口从事个体经营扣减增值税	《财政部 税务总局 人力资源社会保障部 国家乡村振兴局关于延长部分扶贫税收优惠政策执行期限的公告》财政部 税务总局 人力资源社会保障部 国家乡村振兴局公告 2021 年第 18 号
48	登记失业半年以上人员,零就业家庭、享受城市低保登记失业人员,毕业年度内高校毕业生从事个体经营扣减增值税	
49	企业招用建档立卡贫困人口就业扣减增值税	
50	企业招用登记失业半年以上人员扣减增值税	
51	扶贫货物捐赠免征增值税	
营改增 《财政部 国家税务总局关于全面推开营业税改征增值税试点的通知》财税〔2016〕36 号		
52	托儿所、幼儿园提供的保育和教育服务免征增值税优惠	附件 3 第一条第一项
53	养老机构提供的养老服务免征增值税优惠	附件 3 第一条第二项
54	残疾人福利机构提供的育养服务免征增值税优惠	附件 3 第一条第三项
55	婚姻介绍服务免征增值税优惠	附件 3 第一条第四项
56	殡葬服务免征增值税优惠	附件 3 第一条第五项
57	住房公积金管理中心用住房公积金在指定的委托银行发放的个人住房贷款取得的利息收入免征增值税优惠	附件 3 第一条第十九项第 5 目
58	家政服务企业由员工制家政服务员提供家政服务取得的收入免征增值税优惠	附件 3 第一条第三十一项
59	残疾人员本人为社会提供的服务免征增值税优惠	附件 3 第一条第六项
60	重点群体从事个体经营扣减增值税优惠	附件 3 第三条第二项第 1 目
61	招录重点群体就业扣减增值税优惠	附件 3 第三条第二项第 2 目
62	个人销售自建自用住房免征增值税优惠	附件 3 第一条第十五项

(续表)

序号	优惠内容	政策依据
63	为了配合国家住房制度改革,企业、行政事业单位按房改成本价、标准价出售住房取得的收入免征增值税优惠	附件3第一条第三十四项
64	个人将购买2年以上(含2年)的住房对外销售免征增值税优惠(适用于广州市和深圳市以外的地区)	附件3第五条
65	个人将购买2年以上(含2年)的非普通住房对外销售的,以销售收入减去购买住房价款后的差额按照5%的征收率缴纳增值税;个人将购买2年以上(含2年)的普通住房对外销售的,免征增值税(适用于广州市和深圳市)	附件3第五条
66	公共租赁住房经营管理单位出租公共租赁住房免征增值税优惠	附件3第一条第十六项
67	个人出租住房应按照5%的征收率减按1.5%计算应纳增值税	附件2第一条第九项第6目
68	退役士兵从事个体经营扣减增值税优惠	附件3第三条第一项第1目
69	随军家属从事个体经营免征增值税优惠	附件3第一条第三十九项第2目
70	军转干部从事个体经营免征增值税优惠	附件3第一条第四十项第1目
71	企业招用退役士兵扣减增值税优惠	附件3第三条第一项第2目
72	企业安置随军家属免征增值税优惠	附件3第一条第三十九项第1目
73	企业安置军转干部免征增值税优惠	附件3第一条第四十项第2目
74	福利彩票、体育彩票的发行收入免征增值税优惠	附件3第一条第三十二项
75	涉及家庭财产分割的个人无偿转让不动产、土地使用权免征增值税优惠	附件3第一条第三十六项
三、支持三农类		
76	有机肥免征增值税优惠	《财政部 国家税务总局关于有机肥产品免征增值税的通知》财税〔2008〕56号

（续表）

序号	优惠内容	政策依据
77	饲料产品免征增值税优惠	《财政部 国家税务总局关于饲料产品免征增值税问题的通知》财税〔2001〕121号；《广东省国家税务局关于加强饲料产品免征增值税管理工作的公告》广东省国家税务局公告〔2013〕3号
78	农业生产资料免征增值税优惠	《财政部 国家税务总局关于农业生产资料征免增值税政策的通知》财税〔2001〕113号
79	农民专业合作社免征增值税优惠	《财政部 国家税务总局关于农民专业合作社有关税收政策的通知》财税〔2008〕81号
80	农村饮水安全工程免征增值税优惠	《财政部 税务总局关于继续实行农村饮水安全工程税收优惠政策的公告》财政部 税务总局公告2019年第67号；《财政部 税务总局关于延长部分税收优惠政策执行期限的公告》财政部 税务总局公告2021年第6号
81	农村电网维护费免征增值税优惠	《财政部 国家税务总局关于免征农村电网维护费增值税问题的通知》财税字〔1998〕47号
82	自产农产品免征增值税优惠	《中华人民共和国增值税暂行条例》中华人民共和国国务院令第538号；《国家税务总局关于纳税人采取"公司＋农户"模式销售畜禽有关增值税问题的公告》国家税务总局公告2013年第8号
83	滴灌带和滴灌管产品免征增值税优惠	《财政部 国家税务总局关于免征滴灌带和滴灌管产品增值税的通知》财税〔2007〕83号
84	小额贷款公司取得的农户小额贷款利息收入免征增值税	《财政部 税务总局关于小额贷款公司有关税收政策的通知》财税〔2017〕48号；《财政部 税务总局关于延续实施普惠金融有关税收优惠政策的公告》财政部 税务总局公告2020年第22号
85	承包地流转给农业生产者用于农业生产免征增值税优惠	《财政部 税务总局关于建筑服务等营改增试点政策的通知》财税〔2017〕58号
86	将国有农用地出租给农业生产者用于农业生产免征增值税优惠	《财政部 税务总局关于明确国有农用地出租等增值税政策的公告》财政部 税务总局公告2020年第2号
营改增 《财政部 国家税务总局关于全面推开营业税改征增值税试点的通知》财税〔2016〕36号		
87	农业机耕、排灌、病虫害防治、植物保护、农牧保险以及相关技术培训业务，家禽、牲畜、水生动物的配种和疾病防治免征增值税优惠	附件3第一条第十项
88	将土地使用权转让给农业生产者用于农业生产免征增值税优惠	附件3第一条第三十五项
四、支持教体文化类		
89	特殊教育校办企业增值税优惠	《财政部 国家税务总局关于教育税收政策的通知》财税〔2004〕39号

(续表)

序号	优惠内容	政策依据
90	转制文化企业免征增值税优惠	《财政部 国家税务总局中宣部关于继续实施文化体制改革中经营性文化事业单位转制为企业若干税收政策的通知》财税〔2014〕84号
91	图书批发、零售环节免征增值税优惠	《财政部 国家税务总局关于延续宣传文化增值税和营业税优惠政策的通知》财税〔2013〕87号
92	古旧图书免征增值税优惠	《中华人民共和国增值税暂行条例》中华人民共和国国务院令第538号
93	动漫企业增值税即征即退	《财政部 税务总局关于延续动漫产业增值税政策的通知》财税〔2018〕38号
94	党报、党刊发行收入和印刷收入免征增值税	《财政部 国家税务总局 中宣部关于继续实施文化体制改革中经营性文化事业单位转制为企业若干税收政策的通知》财税〔2014〕84号
95	电影产业免征增值税优惠	《财政部 海关总署 国家税务总局关于继续实施支持文化企业发展若干税收政策的通知》财税〔2014〕85号
96	有线电视基本收视费免征增值税优惠	《财政部 税务总局关于继续实施支持文化企业发展增值税政策的通知》财税〔2019〕17号
97	电影放映服务取得的收入免征增值税	《财政部 税务总局关于电影等行业税费支持政策的公告》财政部 税务总局公告2020年第25号
营改增 《财政部 国家税务总局关于全面推开营业税改征增值税试点的通知》财税〔2016〕36号		
98	从事学历教育的学校提供的教育服务免征增值税优惠	附件3第一条第八项
99	学生勤工俭学提供的服务免征增值税优惠	附件3第一条第九项
100	国家助学贷款取得的利息收入免征增值税优惠	附件3第一条第十九项第2目
101	政府举办的从事学历教育的高等、中等和初等学校(不含下属单位),举办进修班、培训班取得的全部归该学校所有的收入免征增值税优惠	附件3第一条第二十九项
102	政府举办的职业学校设立的企业从事"现代服务""生活服务"业务活动取得的收入免征增值税免征增值税优惠	附件3第一条第三十项

(续表)

序号	优惠内容	政策依据
103	纪念馆、博物馆、文化馆、文物保护单位管理机构、美术馆、展览馆、书画院、图书馆在自己的场所提供文化体育服务取得的第一道门票收入免征增值税优惠	附件3第一条第十一项
104	寺院、宫观、清真寺和教堂举办文化、宗教活动的门票收入免征增值税优惠	附件3第一条第十二项
105	科普单位的门票收入,以及县级及以上党政部门和科协开展科普活动的门票收入免征增值税优惠	附件3第一条第二十八项
106	个人转让著作权免征增值税优惠	附件3第一条第十四项
五、鼓励高新类		
107	水力发电增值税即征即退	《财政部 国家税务总局关于大型水电企业增值税政策的通知》财税〔2014〕10号
108	资源综合利用产品及劳务增值税即征即退	《财政部 国家税务总局关于印发〈资源综合利用产品和劳务增值税优惠目录〉的通知》财税〔2015〕78号
109	新型墙体材料增值税即征即退	《财政部 国家税务总局关于新型墙体材料增值税政策的通知》财税〔2015〕73号
110	合同能源管理项目免征增值税优惠	《财政部 国家税务总局关于促进节能服务产业发展增值税营业税和企业所得税政策问题的通知》财税〔2010〕110号
111	供热企业免征增值税优惠	《财政部 税务总局关于延续供热企业增值税 房产税 城镇土地使用税优惠政策的通知》财税〔2019〕38号;《财政部 税务总局关于延长部分税收优惠政策执行期限的公告》财税〔2021〕6号
112	各级政府及主管部门委托自来水厂随水费收取的污水处理费,免征增值税	《财政部 国家税务总局关于污水处理费有关增值税政策的通知》财税〔2001〕97号
113	风力发电增值税即征即退	《财政部 国家税务总局关于风力发电增值税政策的通知》财税〔2015〕74号
六、节能环保类		
114	直接用于科学研究、科学试验和教学的进口仪器、设备免征增值税	《中华人民共和国增值税暂行条例》中华人民共和国国务院令第538导

(续表)

序号	优惠内容	政策依据
115	科技企业孵化器收入免征增值税	《财政部 国家税务总局关于科技企业孵化器税收政策的通知》财税〔2016〕89号
116	国家大学科技园收入免征增值税	《财政部 国家税务总局关于国家大学科技园税收政策的通知》财税〔2016〕98号
117	光伏发电增值税即征即退	《财政部 国家税务总局关于继续执行光伏发电增值税政策的通知》财税〔2016〕81号
118	软件产品增值税即征即退	《财政部 国家税务总局关于软件产品增值税政策的通知》财税〔2011〕100号
营改增 《财政部 国家税务总局关于全面推开营业税改征增值税试点的通知》财税〔2016〕36号		
119	技术转让、技术开发免征增值税优惠	附件3第一条第二十六项
七、其他		
120	飞机维修劳务增值税即征即退	《财政部 国家税务总局关于飞机维修增值税问题的通知》财税〔2000〕102号
121	铁路货车修理免征增值税优惠	《财政部 国家税务总局关于铁路货车修理免征增值税的通知》财税〔2001〕54号
122	已使用固定资产减征增值税	《财政部 国家税务总局关于部分货物适用增值税低税率和简易办法征收增值税政策的通知》财税〔2009〕9号
123	拍卖货物免征增值税优惠	《国家税务总局关于拍卖行取得的拍卖收入征收增值税、营业税有关问题的通知》国税发〔1999〕40号
124	增值税税控系统专用设备和技术维护费用抵减增值税额	《财政部 国家税务总局关于增值税税控系统专用设备和技术维护费用抵减增值税额有关政策的通知》财税〔2012〕15号
125	黄金交易免征增值税优惠	《财政部 国家税务总局关于黄金税收政策问题的通知》财税〔2002〕142号
126	铂金增值税即征即退	《财政部 国家税务总局关于铂金及其制品税收政策的通知》财税〔2003〕86号
127	避孕药品和用具免征增值税优惠	《中华人民共和国增值税暂行条例》中华人民共和国国务院令第538号
128	无偿援助项目免征进口增值税	《中华人民共和国增值税暂行条例》中华人民共和国国务院令第538号
129	抗艾滋病药品免征增值税优惠	《财政部 国家税务总局关于延续免征国产抗艾滋病病毒药品增值税政策的通知》财税〔2016〕97号

（续表）

序号	优惠内容	政策依据
130	横琴、平潭企业销售货物免征增值税优惠	《财政部 海关总署国家税务总局关于横琴平潭开发有关增值税和消费税政策的通知》财税〔2014〕51号
131	对注册在洋山特殊综合保税区内的企业，并在区内提供交通运输服务、装卸搬运服务和仓储服务免征增值税	《财政部 海关总署 税务总局关于中国（上海）自由贸易试验区临港新片区有关增值税政策的通知》财税〔2021〕3号
132	对注册在广州市的保险企业向注册在南沙自贸片区的企业提供国际航运保险业务取得的收入，免征增值税	《财政部 海关总署税务总局关于在粤港澳大湾区实行有关增值税政策的通知》财税〔2020〕48号
133	企业集团内单位之间的资金无偿借贷免征增值税优惠	《财政部 税务总局关于明确养老机构免征增值税等政策的通知》财税〔2019〕20号；《财政部 税务总局关于延长部分税收优惠政策执行期限的公告》财政部 税务总局公告2021年第6号
134	新支线飞机减征增值税	《财政部 税务总局关于民用航空发动机新支线飞机和大型客机税收政策的公告》财政部 税务总局公告2019年第88号；《财政部 税务总局关于延长部分税收优惠政策执行期限的公告》财政部 税务总局公告2021年第6号
135	社会团体会费免征增值税优重	《财政部 税务总局关于租入固定资产进项税额抵扣等增值税政策的通知》财税〔2017〕90号
136	二手车经销减征增值税（3%减按0.5%）	《财政部 税务总局关于二手车经销有关增值税政策的公告》财政部 税务总局公告2020年第17号
营改增 《财政部 国家税务总局关于全面推开营业税改征增值税试点的通知》财税〔2016〕36号		
137	军队空余房产租赁收入免征增值税优事	对件3第一条第三十三项
138	国际货物运输代理服务免征增值税优志	附件3第一条第十八项
139	管道运输服务增值税即征即退	附件3第二条第一项
140	土地所有者出让土地使用权和土地使用者将土地使用权归还给土地所有者免征增值税优惠	附件3第一条第三十七项
141	县级以上地方人民政府或自然资源行政主管部门出让、转让或收回自然资源使用权（不含土地使用权）免征增值税优惠	附件3第一条第三十八项

(续表)

序号	优惠内容	政策依据
142	行政单位之外的其他单位收取的符合条件的政府性基金和行政事业性收费免征增值税优惠	附件3第一条第十三项
143	公路经营企业中的一般纳税人选择适用简易计税方法减按3%计算应纳增值税	附件2第一条第九项第2目
144	国家商品储备管理单位及其直属企业承担商品储备任务,从中央或者地方财政取得的利息补贴收入和价差补贴收入免征增值税优惠	附件3第一条第二十五项
145	医疗机构提供的医疗服务免征增值税优惠	附件3第一条第七项
146	合同能源管理项目免征增值税优惠	附件3第一条第二十七项
147	台湾航运公司、航空公司从事海峡两岸海上直航、空中直航业务在大陆取得的运输收入免征增值税优惠	附件3第一条第十七项

77 为虎添翼
——企业所得税税收优惠

根据现行税法规定,企业所得税税收优惠包括税基式优惠、税率式优惠和税额式优惠。具体包括免税收入、减计收入、加计扣除、加速折旧、所得减免、抵扣应纳税所得额、减低税率、税额抵免等,如图7-2所示。企业应当根据经营情况以及相关税收规定自行判断是否符合优惠事项规定的条件,以充分申报享受优惠,减轻企业税负。

实战案例

甲公司是一家环保科技股份有限公司,经营范围包括污水处理、固体废物治理、市政公用工程、土壤及生态修复项目施工及资源的再生利用。

该企业于2008年成立,成立当年该企业利用自有资金购进一套水污染防治专用设备(属于优惠目录范围),取得增值税专用发票注明价款3 000万元,增值税进项税520万元,根据财税〔2008〕48号的规定,该专用设备的投资额的10%可以从当年的应纳税额中抵免,当年不足抵免的,可以在以后5个纳税年度结转抵免。企业当年度的应纳税所得额为600万元,该专用设备投资额抵免限额为300万元(3 000×10%),故企业当年实际应纳企业所得税为0,未抵免完的150万元(300−600×25%)可以在以后5年内继续抵免。

2009年,该企业承接了部分公共污水处理项目,属于《环境保护、节能节水项目企业所得税优惠目录》范围,根据现行税法规定,此类项目可自取得第一笔收入所属纳税年度起享受"三免三减半"税收优惠。当年5月该项目取得第一笔生产经营收入,全年共计取得收入2 000万元,法定扣除1 200万元,减轻企业当年税负200万元。此外,甲公司在公共污水处理中,利用城镇污水、工矿废水生产再生水取得的收入,可在取得收入的当年减按90%计入收入总额,该优惠在企业处于非减免期时尤为重要。

2010年,该企业研发的"高性能平板陶瓷膜"被认定为重点新材料和高新技术创新项目,相关研发费用可适用加计扣除规定,企业按照当年研究开发费用实际发生额的75%在税前加计扣除,共计享受研发费用加计扣除近100多万元,极大减轻了企业的税负和资金压力。

【案例分析】

为培育壮大节能环保产业,推动资源节约高效利用,国家推出了多项税收优惠。本例中,甲企业充分享受了业务相关优惠政策,包括购置节能环保目录范围内专用设备、承接符合条件的污染防治项目、进行业务相关技术研发以及利用目录范围资源进行资源综合利用,极大优惠降低了企业的税收成本,助力了企业发展。

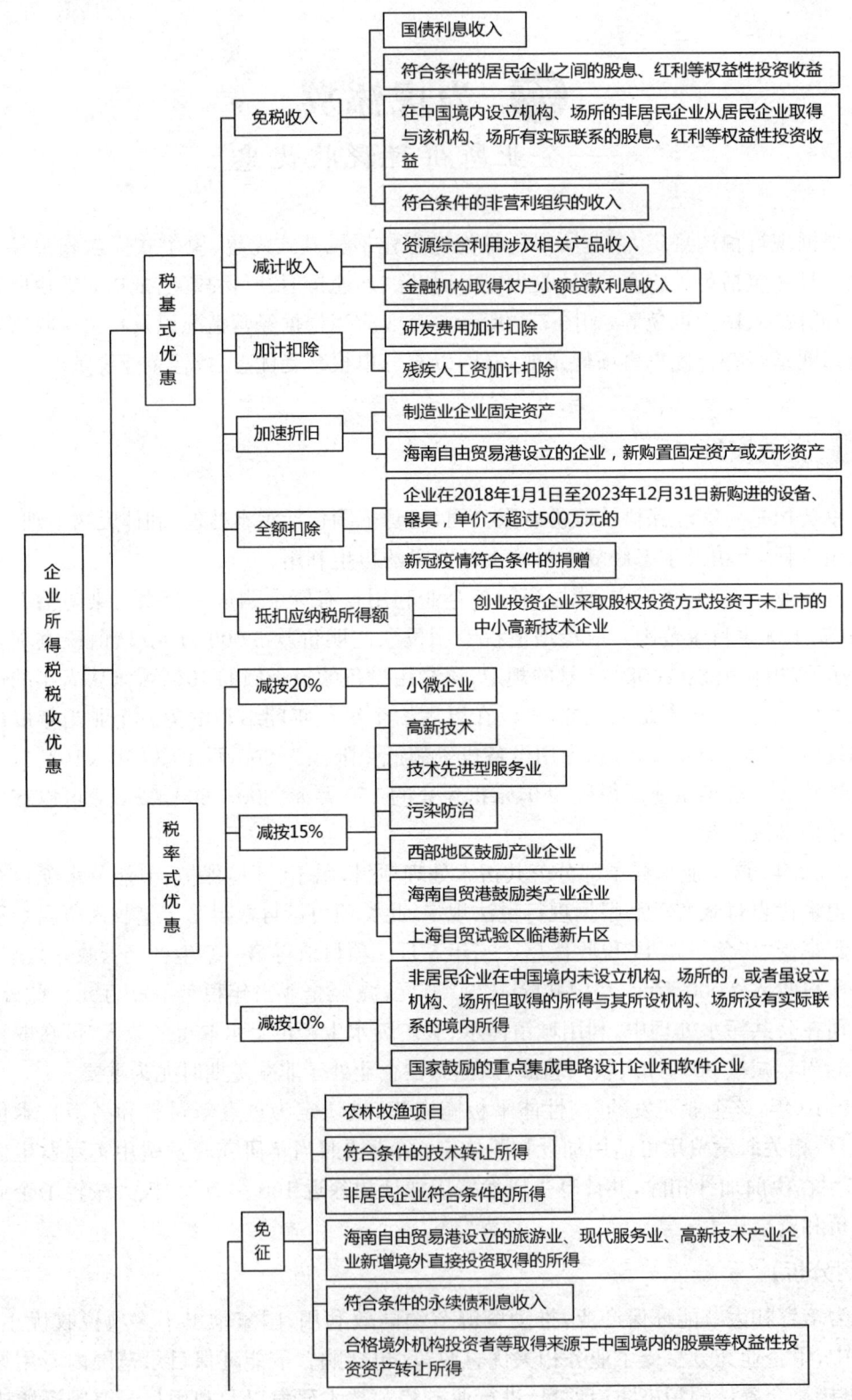

图 7-2

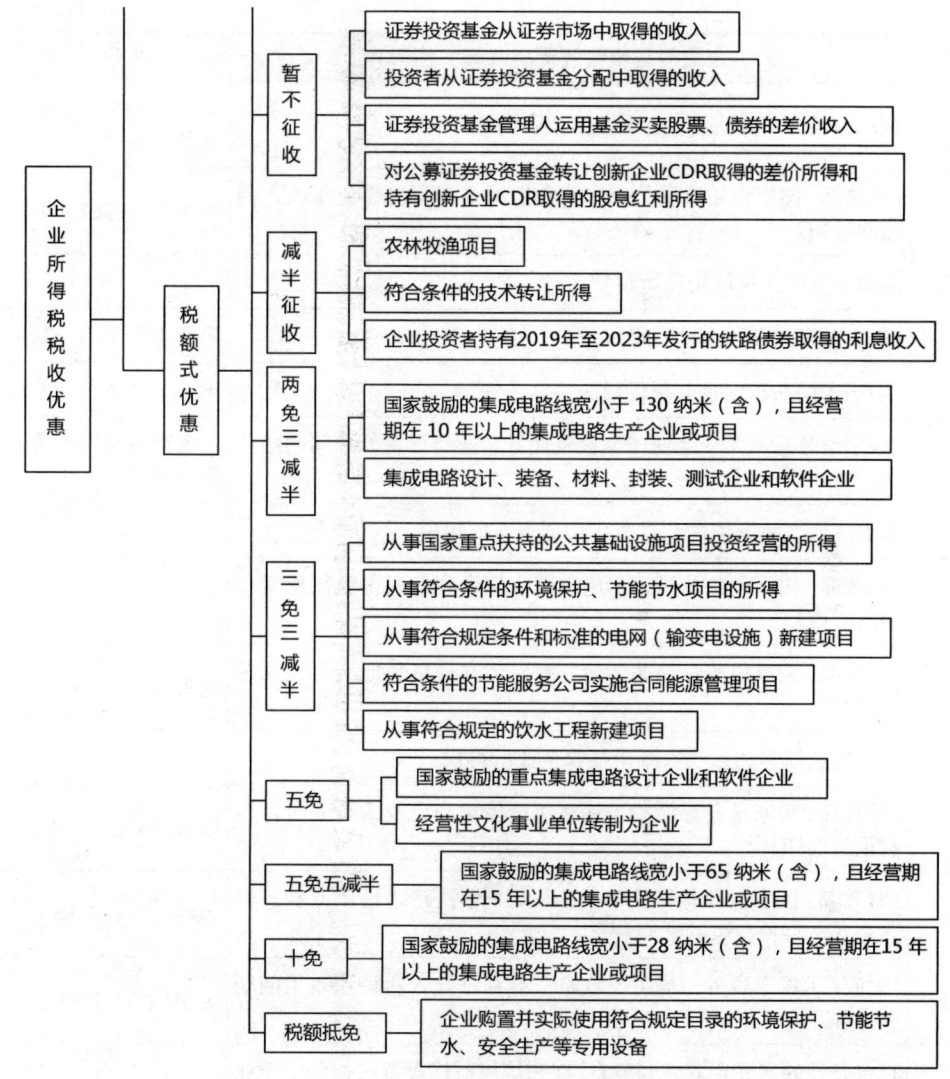

注：具体优惠内容及政策依据详见小贴士。

图 7-2 企业所得税税收优惠形式

小贴士

企业所得税税收优惠政策汇编，见表 7-2。

表 7-2 企业所得税税收优惠政策汇编

序号	企业所得税税收优惠政策文件	文号/条款
一	符合条件的非盈利性组织收入免征企业所得税	
1	《中华人民共和国企业所得税法》	第二十六条第四款

（续表）

序号	企业所得税税收优惠政策文件	文号/条款
2	《中华人民共和国企业所得税法实施条例》	第八十四条、第八十五条
3	《财政部 国家税务总局关于非营利组织企业所得税免税收入问题的通知》	财税〔2009〕122号
二	国债利息收入免征企业所得税	
1	《中华人民共和国企业所得税法》	第二十六条第一款
2	《中华人民共和国企业所得税法实施条例》	第八十二条
3	《国家税务总局关于企业国债投资业务企业所得税处理问题的公告》	国家税务总局公告2011年第36号
三	取得的地方政府债券利息收入免征企业所得税	
1	《财政部 国家税务总局关于地方政府债券利息所得免征所得税问题的通知》	财税〔2011〕76号
2	《财政部 国家税务总局关于地方政府债券利息免征所得税问题的通知》	财税〔2013〕5号
四	取得企业债券利息收入减半征收企业所得税	
1	《财政部 国家税务总局关于铁路建设债券利息收入企业所得税政策的通知》	财税〔2011〕99号
2	《财政部 国家税务总局关于2014 2015年铁路建设债券利息收入企业所得税政策的通知》	财税〔2014〕2号
3	《财政部 国家税务总局关于铁路债券利息收入所得税政策问题的通知》	财税〔2016〕30号
五	符合条件的居民企业之间股息、红利等权益性投资收益免征企业所得税	
1	《中华人民共和国企业所得税法》	第二十六条第二款
2	《中华人民共和国企业所得税法实施条例》	第十七条、第八十三条
3	《财政部 国家税务总局关于执行企业所得税优惠政策若干问题的通知》	财税〔2009〕69号第四条
4	《国家税务总局关于贯彻落实企业所得税法若干税收问题的通知》	国税函〔2010〕79号第四条
六	内地居民企业连续持有H股满12个月取得的股息红利所得免征企业所得税	
1	《财政部 国家税务总局 证监会关于沪港股票市场交易互联互通机制试点有关税收政策的通知》	财税〔2014〕81号

(续表)

序号	企业所得税税收优惠政策文件	文号/条款
七	投资者从证券投资基金分配中取得的收入暂不征收企业所得税	
1	《财政部 国家税务总局关于企业所得税若干优惠政策的通知》	财税〔2008〕1号第二条第二款
八	金融、保险等机构取得的涉农贷款利息收入、保费收入在计算应纳税所得额时减计收入	
1	《财政部 国家税务总局关于延续并完善支持农村金融发展有关税收政策的通知》	财税〔2014〕102号
2	《财政部 国家税务总局关于中国扶贫基金会所属小额贷款公司享受有关税收优惠政策的通知》	财税〔2012〕33号
3	《财政部 国家税务总局关于中国扶贫基金会小额信贷试点项目税收政策的通知》	财税〔2010〕35号
九	从事农、林、牧、渔业项目所得的企业所得税优惠政策	
1	《中华人民共和国企业所得税法》	第二十七条第一款
2	《中华人民共和国企业所得税法实施条例》	第八十六条
3	《财政部 国家税务总局关于发布享受企业所得税优惠政策的农产品初加工范围(试行)的通知》	财税〔2008〕149号
4	《国家税务总局关于黑龙江垦区国有农场土地承包费缴纳企业所得税问题的批复》	国税函〔2009〕779号
5	《关于享受企业所得税优惠的农产品初加工有关范围的补充通知》	财税〔2011〕26号
6	《国家税务总局关于实施农林牧渔业项目企业所得税优惠问题的公告》	国家税务总局公告2011年第48号
十	从事符合条件的环境保护、节能节水项目所得企业所得税优惠政策	
1	《中华人民共和国企业所得税法》	第二十七条第三款
2	《中华人民共和国企业所得税法实施条例》	第八十八条、八十九条
3	《财政部 国家税务总局 国家发展改革委关于公布环境保护节能节水项目企业所得税优惠目录(试行)的通知》	财税〔2009〕166号
4	《财政部 国家税务总局关于公共基础设施项目和环境保护 节能节水项目企业所得税优惠政策问题的通知》	财税〔2012〕10号
5	《关于执行环境保护专用设备企业所得税优惠目录 节能节水专用设备企业所得税优惠目录和安全生产专用设备企业所得税优惠目录有关问题的通知》	财税〔2008〕48号

(续表)

序号	企业所得税税收优惠政策文件	文号/条款
6	《财政部 税务总局 国家发展改革委 工业和信息化部 环境保护部关于印发节能节水和环境保护专用设备企业所得税优惠目录(2017年版)的通知》	财税〔2017〕71号
7	《财政部 国家税务总局 国家发展改革委关于垃圾填埋沼气发电列入〈环境保护、节能节水项目 企业所得税优惠目录(试行)〉的通知》	财税〔2016〕131号
8	《国家税务总局关于环境保护节能节水 安全生产等专用设备投资抵免企业所得税有关问题的通知》	国税函〔2010〕256号
十一	从事国家重点扶持的公共基础设施投资经营所得的企业所得税税收优惠	
1	《中华人民共和国企业所得税法》	第二十七条第二款
2	《中华人民共和国企业所得税法实施条例》	第八十七条、第八十九条
3	《关于执行公共基础设施项目企业所得税优惠目录有关问题的通知》	财税〔2008〕46号
4	《财政部 国家税务总局 国家发展改革委关于公布公共基础设施项目企业所得税优惠目录(2008年版)的通知》	财税〔2008〕116号
5	《国家税务总局关于实施国家重点扶持的公共基础设施项目企业所得税优惠问题的通知》	国税发〔2009〕80号
6	《财政部 国家税务总局关于公共基础设施项目和环境保护 节能节水项目企业所得税优惠政策问题的通知》	财税〔2012〕10号
7	《财政部 国家税务总局关于支持农村饮水安全工程建设运营税收政策的通知》	财税〔2012〕30号
8	《国家税务总局关于电网企业电网新建项目享受所得税优惠政策问题的公告》	国家税务总局公告2013年第26号
9	《财政部 国家税务总局关于公共基础设施项目享受企业所得税优惠政策问题的补充通知》	财税〔2014〕55号
十二	购置用于环境保护、节能节水、安全生产等专用设备的投资额按一定比例实行税额抵免	
1	《中华人民共和国企业所得税法》	第三十四条
2	《中华人民共和国企业所得税法实施条例》	第一百条
3	《关于执行环境保护专用设备企业所得税优惠目录 节能节水专用设备企业所得税优惠目录和安全生产专用设备企业所得税优惠目录有关问题的通知》	财税〔2008〕48号
4	《财政部 国家税务总局 国家发展改革委关于公布节能节水专用设备企业所得税优惠目录(2008年版)和环境保护专用设备企业所得税优惠目录(2008年版)的通知》	财税〔2008〕115号

(续表)

序号	企业所得税税收优惠政策文件	文号/条款
5	《财政部 国家税务总局 安全监管总局关于公布〈安全生产专用设备企业所得税优惠目录(2008年版)〉的通知》	财税〔2008〕118号
6	《财政部 国家税务总局关于执行企业所得税优惠政策若干问题的通知》	财税〔2009〕69号
7	《国家税务总局关于环境保护节能节水 安全生产等专用设备投资抵免企业所得税有关问题的通知》	国税函〔2010〕256号
十三	综合利用资源生产产品取得的收入在计算应纳税所得额时减计收入	
1	《中华人民共和国企业所得税法》	第三十三条
2	《中华人民共和国企业所得税法实施条例》	第九十九条
3	《国家发展改革委 财政部 国家税务总局关于印发〈国家鼓励的资源综合利用认定管理办法〉的通知》	发改环资〔2006〕1864号
4	《关于执行资源综合利用企业所得税优惠目录有关问题的通知》	财税〔2008〕47号
5	《财政部 国家税务总局 国家发展改革委关于公布资源综合利用企业所得税优惠目录(2008年版)的通知》	财税〔2008〕117号
十四	动漫产业自主开发、生产动漫产品的企业所得税优惠政策	
1	《文化部 财政部 国家税务总局关于印发〈动漫企业认定管理办法(试行)〉的通知》	文市发〔2008〕51号
2	《文化部 财政部 国家税务总局关于实施〈动漫企业认定管理办法(试行)〉有关问题的通知》	文产发〔2009〕18号
3	《财政部 国家税务总局关于扶持动漫产业发展有关税收政策问题的通知》	财税〔2009〕65号
十五	符合条件的节能服务公司实施合同能源管理项目所得的企业所得税优惠政策	
1	《财政部 国家税务总局关于促进节能服务产业发展增值税 营业税和企业所得税政策问题的通知》	财税〔2010〕110号
2	《国家税务总局 国家发展改革委关于落实节能服务企业合同能源管理项目企业所得税优惠政策有关征收管理问题的公告》	国家税务总局 国家发展改革委公告 2013年第77号
十六	符合条件的技术转让所得免征企业所得税	
1	《中华人民共和国企业所得税法》	第二十七条第四款
2	《中华人民共和国企业所得税法实施条例》	第九十条
3	《国家税务总局关于技术转让所得减免企业所得税有关问题的通知》	国税函〔2009〕212号

(续表)

序号	企业所得税税收优惠政策文件	文号/条款
4	《财政部 国家税务总局关于居民企业技术转让有关企业所得税政策问题的通知》	财税〔2010〕111号
5	《国家税务总局关于技术转让所得减免企业所得税有关问题的公告》	国家税务总局公告2013年第62号
6	《财政部 国家税务总局关于推广中关村国家自主创新示范区税收试点政策有关问题的通知》	财税〔2015〕62号
7	《财政部 国家税务总局关于将国家自主创新示范区有关税收试点政策推广到全国范围实施的通知》	财税〔2015〕116号
8	《关于许可使用权技术转让所得企业所得税有关问题的公告》	国家税务总局公告2015年第82号
十七	国家需要重点扶持的高新技术企业减按15%的征收率征收企业所得税	
1	《中华人民共和国企业所得税法》	第二十八条
2	《中华人民共和国企业所得税法实施条例》	第九十三条
3	《国家税务总局关于实施高新技术企业所得税优惠有关问题的通知》	
4	《财政部 国家税务总局 科学技术部关于修订印发〈高新技术企业认定管理办法〉的通知》	国科发火〔2016〕32号
5	《科技部 财政部 国家税务总局关于修订印发〈高新技术企业认定管理工作指引〉的通知》	国科发火〔2016〕195号
6	《关于在中关村国家自主创新示范区开展高新技术企业认定中文化产业支撑技术等领域范围试点的通知》	国科发高〔2013〕595号
十八	技术先进性服务企业减按15%的税率征收企业所得税	
1	《财政部 国家税务总局 商务部 科技部 国家发展改革委关于完善技术先进型服务企业有关企业所得税政策问题的通知》	财税〔2014〕59号
十九	符合条件的软件企业定期减免企业所得税	
1	《财政部 国家税务总局关于进一步鼓励软件产业和集成电路产业发展企业所得税政策的通知》	财税〔2012〕27号
2	《财政部 国家税务总局 工业和信息化部关于节约能源 使用新能源车船税政策的通知》	财税〔2012〕19号
3	《财政部 国家税务总局 发展改革委 工业和信息化部关于软件和集成电路产业企业所得税优惠政策有关问题的通知》	财税〔2016〕49号
4	《财政部 税务总局 发展改革委 工业和信息化部关于促进集成电路产业和软件产业高质量发展企业所得税政策的公告》	财政部 税务总局 发展改革委 工业和信息化部公告2020年第45号

(续表)

序号	企业所得税税收优惠政策文件	文号/条款
二十	开发新技术、新产品、新工艺发生的研究开发费用加计扣除	
1	《中华人民共和国企业所得税法》	第三十条
2	《中华人民共和国企业所得税法实施条例》	第九十五条
3	《财政部 国家税务总局 科技部关于完善研究开发费用税前加计扣除政策的通知》	财税〔2015〕119号
4	《国家税务总局关于企业研究开发费用税前加计扣除政策有关问题的公告》	国家税务总局公告2015年第97号
5	《财政部 税务总局 科技部关于提高研究开发费用税前加计扣除比例的通知》	财税〔2018〕99号
6	《财政部 税务总局 科技部关于企业委托境外研究开发费用税前加计扣除有关政策问题的通知》	财税〔2018〕64号
7	《国家税务总局关于研发费用税前加计扣除归集范围有关问题的公告》	国家税务总局公告2017年第40号
8	《国家税务总局关于提高科技型中小企业研究开发费用税前加计扣除比例有关问题的公告》	国家税务总局公告2017年第18号
9	《财政部 税务总局 科技部关于提高科技型中小企业研究开发费用税前加计扣除比例的通知》	财税〔2017〕34号
10	《财政部 税务总局关于进一步完善研发费用税前加计扣除政策的公告》	财政部 税务总局公告2023年第7号
二十一	国家规划布局内重点软件企业可减按10%的税率征收企业所得税	
1	《财政部 税务总局 发展改革委 工业和信息化部关于促进集成电路产业和软件产业高质量发展企业所得税政策的公告》	财政部 税务总局 发展改革委 工业和信息化部公告 2020年第45号
2	《国家发展和改革委员会 工业和信息化部 财政部 商务部 国家税务总局关于印发〈国家规划布局内重点软件企业和集成电路设计企业认定管理试行办法〉的通知》	发改高技〔2012〕2413号
3	《国家税务总局关于执行软件企业所得税优惠政策有关问题的公告》	国家税务总局公告2013年第43号
4	《工业和信息化部 国家发展和改革委员会 财政部 国家税务总局关于印发〈软件企业认定管理办法〉的通知》	工信部联软〔2013〕64号
5	《财政部 国家税务总局 发展改革委 工业和信息化部关于软件和集成电路产业企业所得税优惠政策有关问题的通知》	财税〔2016〕49号

(续表)

序号	企业所得税税收优惠政策文件	文号/条款
6	《国家发展和改革委员会 工业和信息化部 财政部 国家税务总局关于印发国家规划布局内重点软件和集成电路设计领域的通知》	发改高技〔2016〕1056号
7	《财政部 税务总局关于集成电路设计和软件产业企业所得税政策的公告》	财政部 税务总局公告2019年第68号
8	《财政部 税务总局关于集成电路设计企业和软件企业2019年度企业所得税汇算清缴适用政策的公告》	财政部 税务总局公告2020年第29号
二十二	国家规划布局内集成电路设计企业可减按10%的税率征收企业所得税	
1	《财政部 国家税务总局关于进一步鼓励软件产业和集成电路产业发展企业所得税政策的通知》	财税〔2012〕27号第四条
2	《国家发展和改革委员会 工业和信息化部 财政部 商务部 国家税务总局关于印发〈国家规划布局内重点软件企业和集成电路设计企业认定管理试行办法〉的通知》	发改高技〔2012〕2413号
3	《国家税务总局关于执行软件企业所得税优惠政策有关问题的公告》	国家税务总局公告2013年第43号
4	《工业和信息化部 国家发展和改革委员会 财政部 国家税务总局关于印发〈集成电路设计企业认定管理办法〉的通知》	工信部联电子〔2013〕487号
5	《财政部 国家税务总局 发展改革委 工业和信息化部关于软件和集成电路产业企业所得税优惠政策有关问题的通知》	财税〔2016〕49号
6	《国家发展和改革委员会 工业和信息化部 财政部 国家税务总局关于印发国家规划布局内重点软件和集成电路设计领域的通知》	发改高技〔2016〕1056号
7	《财政部 税务总局关于集成电路设计和软件产业企业所得税政策的公告》	财政部 税务总局公告2019年第68号
8	《财政部 税务总局关于集成电路设计企业和软件企业2019年度企业所得税汇算清缴适用政策的公告》	财政部 税务总局公告2020年第29号
二十三	线宽小于0.25微米的集成电路生产企业减按15%的税率征收企业所得税	
1	《财政部 国家税务总局关于进一步鼓励软件产业和集成电路产业发展企业所得税政策的通知》	财税〔2012〕27号第二条
2	《国家税务总局关于执行软件企业所得税优惠政策有关问题的公告》	国家税务总局公告2013年第43号
3	《财政部 国家税务总局 发展改革委 工业和信息化部关于软件和集成电路产业企业所得税优惠政策有关问题的通知》	财税〔2016〕49号

(续表)

序号	企业所得税税收优惠政策文件	文号/条款
二十四	投资额超过80亿元的集成电路生产企业减按15%的税率征收企业所得税	
1	《财政部　国家税务总局关于进一步鼓励软件产业和集成电路产业发展企业所得税政策的通知》	财税〔2012〕27号第二条
2	《国家税务总局关于执行软件企业所得税优惠政策有关问题的公告》	国家税务总局公告2013年第43号
3	《财政部　国家税务总局　发展改革委　工业和信息化部关于软件和集成电路产业企业所得税优惠政策有关问题的通知》	财税〔2016〕49号
二十五	线宽小于0.25微米的集成电路生产企业定期减免企业所得税	
1	《财政部　国家税务总局关于进一步鼓励软件产业和集成电路产业发展企业所得税政策的通知》	财税〔2012〕27号第二条
2	《国家税务总局关于执行软件企业所得税优惠政策有关问题的公告》	国家税务总局公告2013年第43号
3	《财政部　国家税务总局　发展改革委　工业和信息化部关于软件和集成电路产业企业所得税优惠政策有关问题的通知》	财税〔2016〕49号
二十六	投资额超过80亿元的集成电路生产企业定期减免企业所得税	
1	《财政部　国家税务总局关于进一步鼓励软件产业和集成电路产业发展企业所得税政策的通知》	财税〔2012〕27号第二条
2	《国家税务总局关于执行软件企业所得税优惠政策有关问题的公告》	国家税务总局公告2013年第43号
3	《财政部　国家税务总局　发展改革委　工业和信息化部关于软件和集成电路产业企业所得税优惠政策有关问题的通知》	财税〔2016〕49号
二十七	集成电路线宽小于0.8微米（含）的集成电路生产企业定期减免企业所得税	
1	《财政部　国家税务总局关于进一步鼓励软件产业和集成电路产业发展企业所得税政策的通知》	财税〔2012〕27号第一条
2	《国家税务总局关于执行软件企业所得税优惠政策有关问题的公告》	国家税务总局公告2013年第43号
3	《财政部　国家税务总局　发展改革委　工业和信息化部关于软件和集成电路产业企业所得税优惠政策有关问题的通知》	财税〔2016〕49号
二十八	新办集成电路设计企业定期减免企业所得税	
1	《财政部　国家税务总局关于进一步鼓励软件产业和集成电路产业发展企业所得税政策的通知》	财税〔2012〕27号第三条
2	《国家税务总局关于执行软件企业所得税优惠政策有关问题的公告》	国家税务总局公告2013年第43号

(续表)

序号	企业所得税税收优惠政策文件	文号/条款
3	《财政部 国家税务总局 发展改革委 工业和信息化部关于软件和集成电路产业企业所得税优惠政策有关问题的通知》	财税〔2016〕49号
4	《财政部 税务总局 国家发展改革委 工业和信息化部关于集成电路生产企业有关企业所得税政策问题的通知》	财税〔2018〕27号
5	《财政部 税务总局关于集成电路设计和软件产业企业所得税政策的公告》	财政部 税务总局公告2019年第68号
二十九	符合条件的集成电路封装、测试企业定期减免企业所得税	
1	《财政部 国家税务总局 发展改革委 工业和信息化部关于进一步鼓励集成电路产业发展企业所得税政策的通知》	财税〔2015〕6号
三十	符合条件的集成电路关键专用材料生产企业、集成电路专用设备生产企业定期减免企业所得税	
1	《财政部 国家税务总局 发展改革委 工业和信息化部关于进一步鼓励集成电路产业发展企业所得税政策的通知》	财税〔2015〕6号
三十一	经济特区和上海浦东新区新设立的高新技术企业在区内取得的所得定期减免征收企业所得税	
1	《中华人民共和国企业所得税法》	第五十七条第二款
2	《国家税务总局关于实施高新技术企业所得税优惠有关问题的通知》	国税函〔2009〕203号
3	《财政部 国家税务总局 科学技术部关于修订印发〈高新技术企业认定管理办法〉的通知》	国科发火〔2016〕32号
4	《科技部 财政部 国家税务总局关于修订印发〈高新技术企业认定管理工作指引〉的通知》	国科发火〔2016〕195号
三十二	注册在海南自由贸易港并实质性运营的鼓励类产业企业,减按15%的税率征收企业所得税	
1	《财政部 税务总局关于海南自由贸易港企业所得税优惠政策的通知》	财税〔2020〕31号第一条
三十三	对在海南自由贸易港设立的旅游业、现代服务业、高新技术产业企业新增境外直接投资取得的所得,免征企业所得税	
1	《财政部 税务总局关于海南自由贸易港企业所得税优惠政策的通知》	财税〔2020〕31号第二条
三十四	设在西部地区的鼓励类产业减按15%的税率征收企业所得税	
1	《财政部 税务总局 国家发展改革委关于延续西部大开发企业所得税政策的公告》	财政部公告2020年第23号

(续表)

序号	企业所得税税收优惠政策文件	文号/条款
2	《财政部 海关总署 国家税务总局关于深入实施西部大开发战略有关税收政策问题的通知》	财税〔2011〕58号
3	《国家税务总局关于深入实施西部大开发战略有关企业所得税问题的公告》	国家税务总局公告2012年第12号
4	《财政部 海关总署 国家税务总局关于赣州市执行西部大开发税收政策问题的通知》	财税〔2013〕4号
5	《西部地区鼓励类产业目录》	国家发展和改革委员会令第15号
6	《国家税务总局关于执行〈西部地区鼓励类产业目录〉有关企业所得税问题的公告》	国家税务总局公告2015年第14号
三十五	实施清洁发展机制项目的所得定期减免企业所得税	
1	《财政部 国家税务总局关于中国清洁发展机制基金及清洁发展机制项目实施企业有关企业所得税政策问题的通知》	财税〔2009〕30号
三十六	享受过渡期税收优惠定期减免企业所得税	
1	《国务院关于实施企业所得税过渡优惠政策的通知》	国发〔2007〕39号
三十七	有限合伙制船舶投资企业法人合伙人按投资额的一定比例抵扣应纳税所得额	
1	《国家税务总局关于实施创业投资企业所得税优惠问题的通知》	国税发〔2009〕87号
2	《财政部 国家税务总局关于推广中关村国家自主创新示范区税收试点政策有关问题的通知》	财税〔2015〕62号
3	《财政部 国家税务总局关于将国家自主创新示范区有关税收试点政策推广到全国范围实施的通知》	财税〔2015〕116号
4	《国家税务总局关于有限合伙制创业投资企业法人合伙人企业所得税有关问题的公告》	国家税务总局公告2015年第81号
三十八	扶持自主就业退役士兵创业就业企业限额减征企业所得税	
1	《财政部 国家税务总局 民政部关于调整完善扶持自主就业退役士兵创业就业有关税收政策的通知》	财税〔2014〕42号
三十九	创业投资企业按投资额的一定比例抵扣应纳税所得额	
1	《中华人民共和国企业所得税法》	第三十一条
2	《中华人民共和国企业所得税法实施条例》	第九十七条
3	《财政部 国家税务总局关于执行企业所得税优惠政策若干问题的通知》	财税〔2009〕69号

(续表)

序号	企业所得税税收优惠政策文件	文号/条款
4	《国家税务总局关于实施创业投资企业所得税优惠问题的通知》	国税发〔2009〕87号
四十	支持和促进重点群体创业就业企业限额减征企业所得税	
1	《财政部 国家税务总局 人力资源社会保障部关于继续实施支持和促进重点群体创业就业有关税收政策的通知》	财税〔2014〕39号
2	《财政部 税务总局 人力资源社会保障部 教育部关于支持和促进重点群体创业就业税收政策有关问题的补充通知》	财税〔2015〕18号
3	《财政部 国家税务总局 人力资源社会保障部关于扩大企业吸纳就业税收优惠适用人员范围的通知》	财税〔2015〕77号
四十一	符合条件的生产和装配伤残人员专门用品企业免征企业所得税	
1	《财政部 国家税务总局 民政部关于生产和装配伤残人员专门用品企业免征企业所得税的通知》	财税〔2016〕111号
四十二	安置残疾人员及国家鼓励安置的其他就业人员所支付的工资加计扣除	
1	《中华人民共和国企业所得税法》	第三十条
2	《中华人民共和国企业所得税法实施条例》	第九十六条
3	《财政部 国家税务总局关于安置残疾人员就业有关企业所得税优惠政策问题的通知》	财税〔2009〕70号
4	《国家税务总局关于促进残疾人就业税收优惠政策相关问题的公告》	国家税务总局公告2015年第55号
四十三	新冠肺炎疫情相关的企业所得税优惠政策	
1	《财政部 税务总局关于支持新型冠状病毒感染的肺炎疫情防控有关税收政策的公告》	财政部 税务总局公告2020年第8号
2	《财政部 税务总局关于支持新型冠状病毒感染的肺炎疫情防控有关捐赠税收政策的公告》	公告财政部 税务总局公告2020年第9号
四十四	小型微利企业所得税税收优惠政策	
1	《中华人民共和国企业所得税法》	第二十八条第一款
2	《中华人民共和国企业所得税法实施条例》	第九十二条
3	《国家税务总局关于小型微利企业和个体工商户延缓缴纳2020年所得税有关事项的公告》	国家税务总局公告2020年第10号
4	《国家税务总局关于实施小型微利企业普惠性所得税减免政策有关问题的公告》	国家税务总局公告2019年第2号
5	《财政部 税务总局关于实施小微企业普惠性税收减免政策的通知》	财税〔2019〕13号

(续表)

序号	企业所得税税收优惠政策文件	文号/条款
6	《财政部 税务总局关于金融机构小微企业贷款利息收入免征增值税政策的通知》	财税〔2018〕91号
7	《财政部 税务总局关于进一步实施小微企业所得税优惠政策的公告》	财政部 税务总局公告2022年第13号
8	《财政部 税务总局关于小微企业和个体工商户所得税优惠政策的公告》	财政部 税务总局公告2023年第6号
四十五	经营性文化事业单位转制为企业,自转制注册之日起五年内免征企业所得税	
1	《财政部 税务总局 中央宣传部关于继续实施文化体制改革中经营性文化事业单位转制为企业若干税收政策的通知》	财税〔2019〕16号
四十六	企业发行的永续债,可以适用股息、红利企业所得税政策	
1	《财政部 税务总局关于永续债企业所得税政策问题的公告》	财政部 税务总局公告2019年第64号
四十七	证券投资基金相关的税收优惠政策	
1	《财政部 国家税务总局关于企业所得税若干优惠政策的通知》	财税〔2008〕1号
2	《财政部 税务总局 证监会关于创新企业境内发行存托凭证试点阶段有关税收政策的公告》	财政部 税务总局 证监会公告2019年第52号
3	《财政部 税务总局关于铁路债券利息收入所得税政策的公告》	财政部 税务总局公告2019年第57号
四十八	电网项目定期减免优惠政策	
1	《关于电网企业电网新建项目享受所得税优惠政策问题的公告》	国家税务总局公告2013年第26号
四十九	农村饮水安全工程定期减免优惠政策	
1	《财政部 税务总局关于继续实行农村饮水安全工程税收优惠政策的公告》	财政部 税务总局公告2019年第67号
五十	从事污染防治的第三方企业减按15%的税率征收企业所得税	
1	《财政部 税务总局 国家发展改革委 生态环境部关于从事污染防治的第三方企业所得税政策问题的公告》	财政部公告2019年第60号

78 多多益善
——其他税种税收优惠

其他税种税收优惠主要包括消费税、个人所得税、城建税和土地增值税等,具体内容见表7-3。

表7-3 其他税种优惠

税种	优惠内容	文件
消费税	节能环保电池、节能环保涂料免税	财税〔2014〕51号
	废动植物油生产纯生物柴油免税	财税〔2010〕118号
	用废矿物油生产的工业油料免税	财税〔2018〕144号
	生产成品油过程中消耗的自产成品油部分免税	财税〔2010〕98号
	自产石脑油、燃料油生产乙烯、芳烃产品免税 外购石脑油、燃料油生产乙烯、芳烃产品退税	财税〔2011〕87号
	用已税汽油生产的乙醇汽油免税	财税〔2008〕168号
个人所得税	个人转让5年以上唯一住房免征个人所得税	国税发〔2007〕33号
	随军家属从事个体经营免征个人所得税	财税〔2000〕84号
	军转干部从事个体经营免征个人所得税	财税〔2003〕26号
	退役士兵从事个体经营减免个人所得税	财税〔2019〕21号
	残疾、孤老、烈属减征个人所得税	《中华人民共和国个人所得税法》
	建档立卡贫困人口从事个体经营扣减个人所得	2021年第18号
	登记失业半年以上人员,零就业家庭、享受城市低保登记失业人员,毕业年度内高校毕业生从事个体经营扣减个人所得税	财政部 税务总局 人力资源社会保障部 国家乡村振兴局公告2021年第18号
	海南自贸港高端和紧缺人才个人所得税优惠	财税〔2020〕32号
	个体工商户减半征收经营所得个人所得税	财政部 税务总局公告2023年第6号
	符合条件的房屋赠与免征个人所得税	财税〔2009〕78号
	内地个人投资者通过沪港通投资香港联交所上市股票取得的转让差价所得,免征收个人所得税	财税〔2014〕81号 财政部 税务总局公告2023年第2号
	个人取得的拆迁补偿款及因拆迁重新购置安置住房,可按有关规定享受个人所得税减免	财税〔2013〕101号

(续表)

税种	优惠内容	文件
个人所得税	拆迁补偿款免税	财税〔2005〕45号
	储蓄存款利息免税	财税〔2008〕132号
	地方政府债券利息免税	财税〔2013〕5号
	高级专家延长离退休期间工薪免征个人所得税	财税〔2008〕7号
	从事"四业"所得暂免征收个人所得税	财税〔2010〕96号
	发票中奖暂免征收个人所得税	财税〔2007〕34号
	转让上市公司股票免税	财税字〔1998〕61号
	股权分置改革非流通股股东向流通股股东支付对价免税	财税〔2005〕103号
	个人出租房屋减征个人所得税	财税〔2008〕24号
城市维护建设税	退役士兵从事个体经营扣减城市维护建设税优惠 企业招用退役士兵扣减城市维护建设税优惠	财税〔2019〕21号
	建档立卡贫困人口从事个体经营扣减城市维护建设税	财税〔2019〕22号
	企业招用登记失业半年以上人员就业扣减城市维护建设税	
	登记失业半年以上人员、零就业家庭、享受城市低保登记失业人员，毕业年度内高校毕业生从事个体经营扣减城市维护建设税	
	增值税小规模纳税人城市维护建设税减征	财政部 税务总局公告2022年第10号
	小型微利企业城市维护建设税减征	
	个体工商户城市维护建设税减征	
土地增值税	以继承、赠与方式无偿转让房地产的行为不征收	《中华人民共和国土地增值税暂行条例实施细则》（财税字〔1995〕48号）
	销售普通住房增值率未超过20%免征土地增值税	《中华人民共和国土地增值税暂行条例》 《中华人民共和国土地增值税暂行条例实施细则》
	个人互换住房的免税土地增值税	财税字〔1995〕48号
	个人销售住房免征土地增值税	财税〔2008〕137号
	因国家建设需要依法征用、收回的房地产免征土地增值税	《中华人民共和国土地增值税暂行条例》 《中华人民共和国土地增值税暂行条例实施细则》
	因城市实施规划、国家建设的需要而搬迁，由纳税人自行转让原房地产的，免征土地增值税	财税〔2006〕21号
	企事业单位、社会团体以及其他组织转让旧房作为公租房房源且增值率未超过20%免征土地增值税	财政部 税务总局公告2019年第61号

(续表)

税种	优惠内容	文件
土地增值税	企事业单位、社会团体以及其他组织转让旧房作为改造安置住房房源且增值额未超过扣除项目金额20%的免征土地增值税	财税〔2013〕101号
	企业改制重组暂不征收土地增值税	财政部 税务总局公告2021年第21号
	合作建房分房作为自用暂免征收土地增值税	财税字〔1995〕48号
	被撤销金融机构用来清偿债务的房地产免征土地增值税	财税〔2003〕141号
	资产管理公司处置房地产免征土地增值税	财税〔2001〕10号
房产税	自2004年7月1日起,纳税人因房屋大修导致连续停用半年以上的,在房屋大修期间免征房产税	国税函〔2004〕839号
	对房地产开发企业建造的商品房,在出售前不征收房产税,但对出售前房地产开发企业已使用或出租、出借的商品房应按规定征收房产税	国税发〔2003〕89号
	自2004年8月1日起,对军队空余房产租赁收入暂免征收房产税	财税〔2004〕第123号
	纳税单位与免税单位共同使用的房屋,按各自使用的部分划分,分别征收或免征房产税	财税第字〔1986〕8号
	自2019年1月1日至2023年12月31日对饮水工程运营管理单位自用的生产、办公用房产,免征房产税。对于既向城镇居民供水,又向农村居民供水的农村饮水安全工程运营管理单位,依据向农村居民供水量占总供水量的比例免征房产税	财政部 税务总局公告2019年第67号
	自2019年6月1日至2025年12月31日,为社区提供养老、托育、家政等服务的机构自有或其通过承租、无偿使用等方式取得并用于提供社区养老、托育、家政服务的房产,免征房产税	财政部 税务总局 发展改革委 民政部 商务部 卫生健康委公告2019年第76号
	自2018年1月1日至2023年12月31日,对纳税人及其全资子公司从事大型民用客机发动机、中大功率民用涡轴涡桨发动机研制项目自用的科研、生产、办公房产,免征房产税	财政部 税务总局公告2019年第88号
	自2019年1月1日至2023年供暖期结束,对向居民供热收取采暖费的"三北"地区供热企业,为居民供热所使用的厂房免征房产税;对供热企业其他厂房,应当按照规定征收房产税	财税〔2019〕38号
契税	已购公有住房补缴土地出让金和其他出让费用免征契税	财税〔2004〕134号
	经营管理单位回购经适房继续用于经适房房源免征契税	财税〔2008〕24号 财政部 税务总局公告2021年第29号
	军建离退休干部住房及附属用房移交地方政府管理的免征契税	财税字〔2000〕176号 财政部 税务总局公告2021年第29号

(续表)

税种	优惠内容	文件
契税	夫妻之间变更房屋、土地权属或共有份额免征契税	财税〔2014〕4号
	地方政府征收、征用土地使用权置换免征契税	《中华人民共和国契税法》
	地方政府征收、征用重新承受土地房屋超出补偿部分减半征收契税	
	公有住房补缴土地出让价款成为完全产权住房免征契税	财政部 税务总局公告2021年第29号
	青藏铁路公司承受土地、房屋权属用于办公及运输主业免征契税	财税〔2007〕11号
	企业改制后公司承受原企业土地、房屋权属免征契税	财政部 税务总局公告2021年第17号 财政部 税务总局公告2021年第29号
	事业单位改制企业承受原单位土地、房屋权属免征契税	
	公司合并后承受原公司土地、房屋权属免征契税	
	公司分立后承受原公司土地、房屋权属免征契税	
	企业破产承受破产企业抵偿债务的土地、房屋权属减征或免征契税	
	承受行政性调整、划转土地、房屋权属免征契税	
	承受同一投资主体内部划转土地、房屋权属免征契税	
	非债权人承受所购企业土地、房屋与原企业超过30%的职工签订不少于3年劳动合同的减半征收契税	

实战案例

梅松公司是业内一家大型的房地产公司,其开发的楼盘遍布A省各地市。在B市的一块地皮上,梅松公司开发了两种住宅形式:一是普通住宅,主要受众群体为工薪阶层;二是豪华住宅,主要面向B市的高收入群体进行销售。公司目前已将全部住宅销售完毕。在季度会议上,销售部汇报:普通住宅的销售额为50 000万元,豪华住宅的销售额为30 000万元,共计80 000万元。

工程已经进入验收阶段,梅松公司马上要缴纳土地增值税,关于土地增值税的缴纳方式,有以下两种方案。

备选方案:

方案一:普通住宅和豪华住宅分开核算土地增值税。

方案二:普通住宅和豪华住宅不分开核算土地增值税。

【案例分析】

假设不考虑其他因素,两种方案的土地增值税纳税情况如表7-4所示。

表 7-4 两种方案纳税情况对比表

金额单位：万元

方案	类型	增值额	增值率	适用税率	速算扣除系数	土地增值税纳税额	合计
方案一	普通住宅	50 000－42 000＝8 000	8 000÷42 000＝19.05%	免征	0	0	5 250
	豪华住宅	30 000－15 000＝15 000	15 000÷15 000＝100%	40%	5%	15 000×40%－15 000×5%＝5 250	
方案二	普通住宅＋豪华住宅	50 000＋30 000－(42 000＋15 000)＝23 000	23 000÷(42 000＋15 000)＝40.35%	30%	0	23 000×30%＝6 900	6 900

结论：

方案一比方案二少缴纳土地增值税 1 650 万元（6 900－5 250），故分别核算更节税。

小贴士

企业享受税收优惠遵循"自行判别，申报享受"的原则。因此，企业一定要熟悉税收优惠的具体适用条件，盲目适用税收优惠，很有可能给企业带来更大的风险。

第 2 节　企业类税收优惠

❼⑨ 促进民生
——小型微利企业

小型微利企业是指从事国家非限制和禁止行业,且同时符合年度应纳税所得额不超过 300 万元、从业人数不超过 300 人、资产总额不超过 5 000 万元三个条件的企业。具体优惠内容,如表 7-5 所示。

表 7-5　小微企业税收优惠

税种	优惠内容	政策依据
增值税	自 2023 年 1 月 1 日起,小规模纳税人发生增值税应税销售行为,合计月销售额未超过 10 万元(以 1 个季度为 1 个纳税期的,季度销售额未超过 30 万元),按 1% 税率缴纳增值税	财政部　国家税务总局公告 2023 年第 1 号第一条
增值税	自 2023 年 1 月 1 日起,小规模纳税人发生增值税应税销售行为,合计月销售额超过 10 万元,但扣除本期发生的销售不动产的销售额后未超过 10 万元的,其销售货物、劳务、服务、无形资产取得的销售额,按 1% 税率缴纳增值税	财政部　国家税务总局公告 2023 年第 1 号第一条
增值税	自 2023 年 1 月 1 日至 2023 年 12 月 31 日,增值税小规模纳税人适用 3% 征收率的应税销售收入,按 1% 缴纳增值税;适用 3% 预征率的预缴增值税项目,按 1% 税率预缴增值税	财政部　国家税务总局公告 2023 年第 1 号
企业所得税	不超过 100 万元的部分: 1. 2019 年 1 月 1 日至 2020 年 12 月 31 日减按 25% 计入应纳税所得额。 2. 2021 年 1 月 1 日至 2022 年 12 月 31 日减按 12.5% 计入应纳税所得额;按 20% 的税率缴纳企业所得税。 3. 2023 年 1 月 1 日至 2024 年 12 月 31 日减按 20% 计入应纳税所得额;按 20% 的税率缴纳企业所得税	财税〔2019〕13 号第二条 财政部　税务总局公告 2021 年第 12 号 财政部　税务总局公告 2023 年第 6 号
企业所得税	超过 100 万元但不超过 300 万元的部分: 1. 2019 年 1 月 1 日至 2021 年 12 月 31 日,减按 50% 计入应纳税所得额。 2. 2022 年 1 月 1 日至 2024 年 12 月 31 日,减按 25% 计入应纳税所得额,按 20% 的税率缴纳企业所得税	财税〔2019〕13 号第二条 财政部　税务总局公告 2022 年第 13 号第一条
六税两费	可以在 50% 的税额幅度内减征资源税、城市维护建设税、房产税、城镇土地使用税、印花税(不含证券交易印花税)、耕地占用税和教育费附加、地方教育附加	财政部　税务总局公告 2022 年第 10 号第一条

注:符合条件的小微企业,同时登记为小规模纳税人的可以享受上述增值税优惠。

实战案例

梅松公司是一家经营日化用品的小型公司,2023年年末资产总额2 000万元,拥有员工150人。2023年度全年应纳税所得额为300万元,无纳税调整事项。

问:梅松公司2023年度应缴纳多少企业所得税?

【案例分析】

梅松公司2023年度企业所得税缴纳情况如表7-6所示:

表7-6 梅松公司2023年度企业所得税缴纳情况

金额单位:万元

所得类型	年度应纳税所得额	计入比率	适用税率	应纳税额 分段	合计
小型微利企业	300	100	25%	20%	100×25%×20%=5	15
		200	25%		200×25%×20%=10	

政策依据

一、《财政部 税务总局关于进一步实施小微企业所得税优惠政策的公告》(财政部 税务总局公告2022年第13号)第二条

本公告所称小型微利企业,是指从事国家非限制和禁止行业,且同时符合年度应纳税所得额不超过300万元、从业人数不超过300人、资产总额不超过5 000万元等三个条件的企业。

从业人数,包括与企业建立劳动关系的职工人数和企业接受的劳务派遣用工人数。所称从业人数和资产总额指标,应按企业全年的季度平均值确定。具体计算公式如下:

季度平均值=(季初值+季末值)÷2

全年季度平均值=全年各季度平均值之和÷4

年度中间开业或者终止经营活动的,以其实际经营期作为一个纳税年度确定上述相关指标。

二、《中华人民共和国企业所得税法》第五十条第二款

居民企业在中国境内设立不具有法人资格的营业机构的,应当汇总计算并缴纳企业所得税。

国家税务总局所得税司答疑

问：小型微利企业从业人数、资产总额标准是否包括分支机构部分？

答：现行企业所得税实行法人税制，企业应以法人为主体，计算从业人数、资产总额等指标，即汇总纳税企业的从业人数、资产总额包括分支机构。

三、《国家税务总局关于落实支持小型微利企业和个体工商户发展所得税优惠政策有关事项的公告》（国家税务总局公告2021年第8号）第一条第一项、第四项

一、关于小型微利企业所得税减半政策有关事项

（一）对小型微利企业年应纳税所得额不超过100万元的部分，减按12.5%计入应纳税所得额，按20%的税率缴纳企业所得税。

四、关于执行时间和其他事项

本公告第一条和第二条自2021年1月1日起施行，2022年12月31日终止执行。

四、《财政部 税务总局关于进一步实施小微企业所得税优惠政策的公告》（财政部 税务总局公告2022年第13号）第一条、第三条

一、对小型微利企业年应纳税所得额超过100万元但不超过300万元的部分，减按25%计入应纳税所得额，按20%的税率缴纳企业所得税。

三、本公告执行期限为2022年1月1日至2024年12月31日。

五、《财政部 税务总局关于进一步实施小微企业"六税两费"减免政策的公告》（财政部 税务总局公告2022年第10号）第一条、第二条

一、由省、自治区、直辖市人民政府根据本地区实际情况，以及宏观调控需要确定，对增值税小规模纳税人、小型微利企业和个体工商户可以在50%的税额幅度内减征资源税、城市维护建设税、房产税、城镇土地使用税、印花税（不含证券交易印花税）、耕地占用税和教育费附加、地方教育附加。

二、增值税小规模纳税人、小型微利企业和个体工商户已依法享受资源税、城市维护建设税、房产税、城镇土地使用税、印花税、耕地占用税、教育费附加、地方教育附加其他优惠政策的，可叠加享受本公告第一条规定的优惠政策。

四、本公告执行期限为2022年1月1日至2024年12月31日。

五、《关于明确增值税小规模纳税人减免增值税等政策的公告》（财政部 税务总局公告2023年第1号）第一条、第二条、第三条

一、自2023年1月1日至2023年12月31日，对月销售额10万元以下（含本数）的增值税小规模纳税人，免征增值税。

二、自2023年1月1日至2023年12月31日，增值税小规模纳税人适用3%征收率的应税销售收入，减按1%征收率征收增值税；适用3%预征率的预缴增值税项目，减按1%预征率预缴增值税。

💬 小贴士

1. 小规模纳税人、小微企业、小型微利企业的区别如表7-7所示。

表 7-7 小规模纳税人、小微企业和小型微利企业的区别

事项	具体释义
小规模纳税人	年应征增值税销售额 500 万元及以下且未登记为一般纳税人的增值税纳税人
小微企业	小型企业和微型企业 【提示】根据工业和信息化部、国家统计局、发展改革委、财政部发布的《中小企业划型标准规定》的规定： 根据企业从业人员、营业收入、资产总额等指标，结合行业特点，将中小企业划分为中型、小型、微型三种类型，小微企业可以理解为其中的小型企业和微型企业，各行业划分标准不尽相同
小型微利企业	同时符合以下条件的企业： ① 从事国家非限制和禁止行业； ② 年度应纳税所得额不超过 300 万元； ③ 从业人数不超过 300 人； ④ 资产总额不超过 5 000 万元

2. 小型微利企业同时登记为小规模纳税人的，还可享受免征增值税的相关优惠，如表 7-8 所示。

表 7-8 小型微利企业可享受的优惠

序号	优惠内容
1	自 2023 年 1 月 1 日至 2023 年 12 月 31 日，小规模纳税人发生增值税应税销售行为，合计月销售额未超过 10 万元(季度销售额未超过 30 万元)免征增值税
2	自 2023 年 1 月 1 日至 2023 年 12 月 31 日，增值税小规模纳税人适用 3％征收率的应税销售收入，按 1％缴纳增值税；适用 3％预征率的预缴增值税项目，按 1％税率预缴增值税

80 重点扶持
——高新技术企业

高新技术企业的税收优惠主要包括企业所得税和个人所得税,具体优惠内容如表7-9所示。

表7-9 高新技术企业的税收优惠

税种	优惠内容	政策依据
企业所得税	企业来源于境内外所得税,减按15%的税率征收企业所得税	《企业所得税法》第二十八条
	具备资格年度之前5个年度发生的尚未弥补完的亏损,准予结转以后年度弥补,最长结转年限为10年	财税〔2018〕76号第一条 国家税务总局公告2018年第45号第一条
个人所得税	中小高新技术企业以未分配利润、盈余公积、资本公积向个人股东转增股本时,个人股东一次缴纳个人所得税确有困难的,可根据实际情况自行制定分期缴税计划,在不超过5个公历年度内(含)分期缴纳,并将有关资料报主管税务机关备案	财税〔2015〕116号第三条
	高新技术企业转化科技成果,给予本企业相关技术人员的股权奖励,个人一次缴纳税款有困难的,可根据实际情况自行制定分期缴税计划,在不超过5个公历年度内(含)分期缴纳,并将有关资料报主管税务机关备案	财税〔2015〕116号第四条

注:上述优惠高新技术企业专属优惠政策,符合其他优惠政策条件的如技术转让、加计扣除等可以按规定享受。

实战案例

2016年,南京市国税局第一稽查局历时2年,成功查处江苏省首起虚假高新技术企业享受税收优惠案,追回企业所得税款1 800余万元。

A公司是一家本地电子控制公司,作为一家生产型外资企业,2009年至2013年营业收入从5.4亿元增长到9.5亿元。5年间,销售规模日益扩大,管理费用却没有同步增长。更为奇怪的是,5年来,该企业研发费用占销售收入的比例刚刚超过3%,恰恰满足《高新技术企业认定管理办法》中"最近一年销售收入在2亿元以上的企业,比例不低于3%"的要求。

经查发现,该企业有多个项目不符合研发费用的列支口径。如果剔除这些发生额,则该企业研发费用占销售收入比例低于3%,不符合享受高新技术企业所得税税收优惠的条件。检查人员还发现,该企业研发费用加计扣除也有多个项目不符合税法相关规定,存在超范围进行研发费用加计扣除的违法行为。

最终2016年4月,税务机关依法追缴该企业多享受的2013年企业所得税税款1 842万元,追缴其超范围加计扣除的企业所得税税款75万元,并按规定加收滞纳金24万元。

【案例分析】

企业进行高新技术企业资格认定享受税收优惠,应严格按照规定进行研发费用的归集,并同时符合资格认定的其他条件,以确保顺利享受优惠。

政策依据

一、《中华人民共和国企业所得税法》第二十八条第二款

国家需要重点扶持的高新技术企业,减按15%的税率征收企业所得税。

二、《财政部 税务总局关于延长高新技术企业和科技型中小企业亏损结转年限的通知》(财税〔2018〕76号)第一条

自2018年1月1日起,当年具备高新技术企业或科技型中小企业资格(以下统称资格)的企业,其具备资格年度之前5个年度发生的尚未弥补完的亏损,准予结转以后年度弥补,最长结转年限由5年延长至10年。

三、《财政部 国家税务总局关于将国家自主创新示范区有关税收试点政策推广到全国范围实施的通知》(财税〔2015〕116号)第三条、第四条

三、关于企业转增股本个人所得税政策

1. 自2016年1月1日起,全国范围内的中小高新技术企业以未分配利润、盈余公积、资本公积向个人股东转增股本时,个人股东一次缴纳个人所得税确有困难的,可根据实际情况自行制定分期缴税计划,在不超过5个公历年度内(含)分期缴纳,并将有关资料报主管税务机关备案。

5. 本通知所称中小高新技术企业,是指注册在中国境内实行查账征收的、经认定取得高新技术企业资格,且年销售额和资产总额均不超过2亿元、从业人数不超过500人的企业。

四、关于股权奖励个人所得税政策

1. 自2016年1月1日起,全国范围内的高新技术企业转化科技成果,给予本企业相关技术人员的股权奖励,个人一次缴纳税款有困难的,可根据实际情况自行制定分期缴税计划,在不超过5个公历年度内(含)分期缴纳,并将有关资料报主管税务机关备案。

小贴士

1. 与高新技术企业相关的其他企业所得税优惠如表7-10所示。

表 7-10　与高新技术企业相关的其他企业所得税优惠

情形	具体优惠
创业投资企业采取股权投资方式投资于未上市的中小高新技术企业 2 年以上	可按对中小高新技术企业投资额的 70%，在股权持有满 2 年的当年抵扣该创业投资企业的应纳税所得额；当年不足抵扣的，可以在以后纳税年度结转抵扣
有限合伙制创业投资企业采取股权投资方式投资于未上市的中小高新技术企业满 2 年	法人合伙人可按对未上市中小高新技术企业投资额的 70% 抵扣该法人合伙人从该有限合伙制创业投资企业分得的应纳税所得额，当年不足抵扣的，可以在以后纳税年度结转抵扣

2. 高新技术企业认定与加计扣除的研发费用归集存在一定差异，企业在享受税收优惠时，应按各自的归集口径分别归集。（高企认定归集口径详见《高新技术企业认定管理办法工作指引》，加计扣除归集口径详见国家税务总局公告 2017 年第 40 号）

81 重中之重
——集成电路和软件企业

集成电路企业和软件企业的税收优惠主要包括增值税及附加、企业所得税和关税,两者具体的优惠内容如表 7-11 和表 7-12 所示。

表 7-11 集成电路企业税收优惠

税种	优惠内容	政策依据
增值税	自 2011 年 11 月 1 日起,对国家批准的集成电路重大项目企业因购进设备形成的增值税期末留抵税额准予退还	财税〔2011〕107 号
	承建集成电路重大项目的企业自 2020 年 7 月 27 日至 2030 年 12 月 31 日期间进口新设备,除《国内投资项目不予免税的进口商品目录》《外商投资项目不予免税的进口商品目录》和《进口不予免税的重大技术装备和产品目录》所列商品外,对未缴纳的税款提供海关认可的税款担保,准予在首台设备进口之后的 6 年(连续 72 个月)期限内分期缴纳进口环节增值税	财关税〔2021〕4 号第三条
附加税	自 2017 年 2 月 24 日起,享受增值税期末留抵退税政策的集成电路企业,其退还的增值税期末留抵税额,应在城市维护建设税、教育费附加和地方教育附加的计税(征)依据中予以扣除	财税〔2017〕17 号
企业所得税	2017 年 12 月 31 日前设立且在 2019 年 12 月 31 日前获利的集成电路线宽小于 0.8 微米(含)的集成电路生产企业,自获利年度起第 1 年至第 2 年免征企业所得税,第 3 年至第 5 年按照 25%的法定税率减半征收企业所得税,并享受至期满为止①	财税〔2018〕27 号第六条
	2017 年 12 月 31 日前设立且在 2019 年 12 月 31 日前获利的集成电路线宽小于 0.25 微米,且经营期在 15 年以上的集成电路生产企业,自获利年度起第 1 年至第 5 年免征企业所得税,第 6 年至第 10 年按照 25%的法定税率减半征收企业所得税,并享受至期满为止②	财税〔2018〕27 号第五条
	2017 年 12 月 31 日前设立且在 2019 年 12 月 31 日前获利的投资额超过 80 亿元,且经营期在 15 年以上的集成电路生产企业,自获利年度起第 1 年至第 5 年免征企业所得税,第六年至第十年按照 25%的法定税率减半征收企业所得税,并享受至期满为止③	财税〔2018〕27 号第五条
	2018 年 1 月 1 日后投资新设的集成电路投资额超过 150 亿元,经营期在 15 年以上且 2019 年 12 月 31 日前获利的集成电路生产企业或项目,第 1 年至第 5 年免征企业所得税,第 6 年至第 10 年按照 25%的法定税率减半征收企业所得税,并享受至期满为止④	财税〔2018〕27 号第二条

(续表)

税种	优惠内容		政策依据
企业所得税	2020年1月1日起,国家鼓励的集成电路线宽小于28纳米(含),且经营期在15年以上的集成电路生产企业或项目,第1年至第10年免征企业所得税		财政部 税务总局 发展改革委 工业和信息化部公告2020年第45号第一条
	国家鼓励的集成电路线宽小于65纳米(含),且经营期在15年以上的集成电路生产企业或项目,第1年至第5年免征企业所得税,第6年至第10年按照25%的法定税率减半征收企业所得税		财税〔2018〕27号第二条;财政部 税务总局 发展改革委 工业和信息化部公告2020年第45号第一条
	国家鼓励的集成电路线宽小于130纳米(含),且经营期在10年以上的集成电路生产企业或项目,第1年至第2年免征企业所得税,第3年至第5年按照25%的法定税率减半征收企业所得税;自2020年1月1日起,属于国家鼓励的集成电路生产企业清单年度之前5个纳税年度发生的尚未弥补完的亏损,准予向以后年度结转,总结转年限最长不得超过10年		财税〔2018〕27号第一条;财政部 税务总局 发展改革委 工业和信息化部公告2020年第45号第一条、第二条
	2020年1月1日起,国家鼓励的集成电路设计、装备、材料、封装、测试企业,自获利年度起,第1年至第2年免征企业所得税,第3年至第5年按照25%的法定税率减半征收企业所得税		财政部 税务总局 发展改革委 工业和信息化部公告2020年第45号第三条
	自2020年1月1日起,国家鼓励的重点集成电路设计企业,自获利年度起,第1年至第5年免征企业所得税,接续年度减按10%的税率征收企业所得税		财政部 税务总局 发展改革委 工业和信息化部公告2020年第45号第四条
	自2011年1月1日起,集成电路设计企业的职工培训费用,应单独进行核算并按实际发生额在计算企业所得税应纳税所得额时扣除		财税〔2012〕27号第六条
	集成电路生产企业的生产设备,其折旧年限可以适当缩短,最短可为3年(含)		财税〔2012〕27号第八条
进口关税(免征)	集成电路线宽小于65纳米(含)的逻辑电路、存储器生产企业	进口国内不能生产或性能不能满足需求的自用生产性(含研发用)原材料、消耗品,净化室专用建筑材料、配套系统和集成电路生产设备(包括进口设备和国产设备)零配件	财关税〔2021〕4号第一条
	线宽小于0.25微米的特色工艺集成电路生产企业		
	集成电路线宽小于0.5微米的化合物集成电路生产企业和先进封装测试企业	进口国内不能生产或性能不能满足需求的自用生产性原材料、消耗品	
	集成电路产业的关键原材料、零配件生产企业		
	集成电路用光刻胶、掩模版、8英寸及以上硅片生产企业	进口国内不能生产或性能不能满足需求的净化室专用建筑材料、配套系统和生产设备(包括进口设备和国产设备)零配件	

(续表)

税种	优惠内容		政策依据
进口关税（免征）	国家鼓励的重点集成电路设计企业，以及符合上述前三项条件的集成电路生产企业和先进封装测试企业	进口自用设备及按照合同随设备进口的技术（含软件）及配套件、备件	财关税〔2021〕4 号第一条

注①~④：符合本项优惠规定且在 2019 年（含）之前已经进入优惠期的企业，2020 年（含）起可按本项优惠规定继续享受至期满为止，如也符合 45 号公告规定，可按 45 号公告规定享受相关优惠，其中定期减免税优惠，可按 45 号公告规定计算优惠期，并就剩余期限享受优惠至期满为止；2019 年（含）之前尚未进入优惠期的企业，2020 年（含）起不再执行本项优惠规。

表 7-12　软件企业税收优惠

税种	优惠内容	政策依据
增值税	增值税一般纳税人销售其自行开发生产的软件产品，按 13%税率征收增值税后，对其增值税实际税负超过 3%的部分实行即征即退政策	财税〔2011〕100 号 财税〔2018〕32 号第一条 财政部　税务总局　海关总署公告 2019 年第 39 号第一条
企业所得税	符合条件的软件企业按照财税〔2011〕100 号规定，取得的即征即退增值税款，由企业专项用于软件产品研发和扩大再生产并单独进行核算，可以作为不征税收入，在计算应纳税所得额时从收入总额中减除	财税〔2012〕27 号第五条
	自 2020 年 1 月 1 日起，国家鼓励的软件企业，自获利年度起，第 1 年至第 2 年免征企业所得税，第 3 年至第 5 年按照 25%的法定税率减半征收企业所得税（2 免 3 减半）	财政部　税务总局　发展改革委　工业和信息化部公告 2020 年第 45 号第三条
	自 2020 年 1 月 1 日起，国家鼓励的重点软件企业，自获利年度起，第 1 年至第 5 年免征企业所得税，接续年度减按 10%的税率征收企业所得税（5 免＋减按 10%）	财政部　税务总局　发展改革委　工业和信息化部公告 2020 年第 45 号第四条
	自 2011 年 1 月 1 日起，符合条件的软件企业的职工培训费用，应单独进行核算并按实际发生额在计算应纳税所得额时扣除	财税〔2012〕27 号第六条
	企业外购的软件，凡符合固定资产或无形资产确认条件的，可以按照固定资产或无形资产进行核算，其折旧或摊销年限可以适当缩短，最短可为 2 年（含）	财税〔2012〕27 号第七条
关税	国家鼓励的重点软件企业，进口自用设备及按照合同随设备进口的技术（含软件）及配套件、备件，免征进口关税	财关税〔2021〕4 号

实战案例

2021 年 6 月初，一家从事软件开发业务的上市公司甲公司发布公告称，将对此前披露的 2020 年年报进行"会计差错更正"。此次"会计差错更正"的主要原因是：根据最新政策规定，甲公司 2020 年度不符合享受重点软件企业所得税优惠的条件，但是在

2020年年报中适用了该项优惠政策。

公开信息显示,甲公司在进行2019年度企业所得税汇算清缴时,根据财税〔2012〕27号、发改高技〔2016〕1056号等政策的规定,适用了重点软件企业所得税优惠政策,按10%的税率申报当期企业所得税。在编制2020年年报时,W公司继续按10%的税率计算当期的企业所得税。

但发改高技〔2021〕413号对重点软件企业的适用条件(包括重点软件领域)进行了明确和调整。根据413号文件的规定,甲公司2020年度已经不再符合享受重点软件企业10%企业所得税税收优惠政策的条件,应按15%的税率计算申报企业所得税(甲公司2020年为高新技术企业)。

但是,W公司在披露2020年年报前未能及时发现该政策适用条件的变化,导致2020年企业所得税的实际申报情况与2020年年报中所得税费用存在较大差异。因此,W公司董事会决定采用追溯调整法对此会计差错进行更正。

【案例分析】

近年来,我国十分重视重点软件企业的发展,出台了一系列税收优惠政策,同时,国家会根据产业发展、技术进步等情况,对符合享受优惠政策的企业条件或项目标准适时调整。建议享受相关税收优惠的公司,要持续关注相关税收优惠政策的变化情况,并分析判断自身是否符合新条件,以确保合规享受税收优惠,避免引发涉税风险。

政策依据

一、财政部 国家税务总局关于退还集成电路企业采购设备增值税期末留抵税额的通知(财税〔2011〕107号)第一条

对国家批准的集成电路重大项目企业(具体名单见附件)因购进设备形成的增值税期末留抵税额(以下称购进设备留抵税额)准予退还。购进的设备应属于《中华人民共和国增值税暂行条例实施细则》第二十一条第二款规定的固定资产范围。

二、《财政部 海关总署 税务总局关于支持集成电路产业和软件产业发展进口税收政策的通知》(财关税〔2021〕4号)第三条

三、承建集成电路重大项目的企业自2020年7月27日至2030年12月31日期间进口新设备,除《国内投资项目不予免税的进口商品目录》、《外商投资项目不予免税的进口商品目录》和《进口不予免税的重大技术装备和产品目录》所列商品外,对未缴纳的税款提供海关认可的税款担保,准予在首台设备进口之后的6年(连续72个月)期限内分期缴纳进口环节增值税,6年内每年(连续12个月)依次缴纳进口环节增值税总额的0%、20%、20%、20%、20%、20%,自首台设备进口之日起已经缴纳的税款不予退还。在分期纳税期间,海关对准予分期缴纳的税款不予征收滞纳金。

三、《财政部 国家税务总局关于集成电路企业增值税期末留抵退税有关城市维护建设税 教育费附加和地方教育附加政策的通知》(财税〔2017〕7号)

享受增值税期末留抵退税政策的集成电路企业,其退还的增值税期末留抵税额,应在城市维护建设税、教育费附加和地方教育附加的计税(征)依据中予以扣除。

四、《财政部 税务总局 国家发展改革委 工业和信息化部关于集成电路生产企业有关企业所得税政策问题的通知》(财税〔2018〕27号)第二条、第五条、第六条

二、2018年1月1日后投资新设的集成电路线宽小于65纳米或投资额超过150亿元,且经营期在15年以上的集成电路生产企业或项目,第一年至第五年免征企业所得税,第六年至第十年按照25%的法定税率减半征收企业所得税,并享受至期满为止。

五、2017年12月31日前设立但未获利的集成电路线宽小于0.25微米或投资额超过80亿元,且经营期在15年以上的集成电路生产企业,自获利年度起第一年至第五年免征企业所得税,第六年至第十年按照25%的法定税率减半征收企业所得税,并享受至期满为止。

六、2017年12月31日前设立但未获利的集成电路线宽小于0.8微米(含)的集成电路生产企业,自获利年度起第一年至第二年免征企业所得税,第三年至第五年按照25%的法定税率减半征收企业所得税,并享受至期满为止。

五、《财政部 税务总局 发展改革委 工业和信息化部关于促进集成电路产业和软件产业高质量发展企业所得税政策的公告》(财政部 税务总局 发展改革委 工业和信息化部公告2020年第45号)第一条至第三条

一、国家鼓励的集成电路线宽小于28纳米(含),且经营期在15年以上的集成电路生产企业或项目,第一年至第十年免征企业所得税;国家鼓励的集成电路线宽小于65纳米(含),且经营期在15年以上的集成电路生产企业或项目,第一年至第五年免征企业所得税,第六年至第十年按照25%的法定税率减半征收企业所得税;国家鼓励的集成电路线宽小于130纳米(含),且经营期在10年以上的集成电路生产企业或项目,第一年至第二年免征企业所得税,第三年至第五年按照25%的法定税率减半征收企业所得税。

国家鼓励的集成电路生产企业或项目清单由国家发展改革委、工业和信息化部会同财政部、税务总局等相关部门制定。

二、国家鼓励的线宽小于130纳米(含)的集成电路生产企业,属于国家鼓励的集成电路生产企业清单年度之前5个纳税年度发生的尚未弥补完的亏损,准予向以后年度结转,总结转年限最长不得超过10年。

三、国家鼓励的集成电路设计、装备、材料、封装、测试企业和软件企业,自获利年度起,第一年至第二年免征企业所得税,第三年至第五年按照25%的法定税率减半征收企业所得税。

国家鼓励的集成电路设计、装备、材料、封装、测试企业和软件企业条件,由工业和信息化部会同国家发展改革委、财政部、税务总局等相关部门制定。

六、《财政部 税务总局 发展改革委 工业和信息化部关于促进集成电路产业

和软件产业高质量发展企业所得税政策的公告》(财政部 税务总局 发展改革委 工业和信息化部公告2020年第45号)第四条

国家鼓励的重点集成电路设计企业和软件企业,自获利年度起,第一年至第五年免征企业所得税,接续年度减按10%的税率征收企业所得税。

国家鼓励的重点集成电路设计和软件企业清单由国家发展改革委、工业和信息化部会同财政部、税务总局等相关部门制定。

七、《财政部 国家税务总局关于进一步鼓励软件产业和集成电路产业发展企业所得税政策的通知》(财税〔2012〕27号)第六条、第八条

六、集成电路设计企业和符合条件软件企业的职工培训费用,应单独进行核算并按实际发生额在计算应纳税所得额时扣除。

八、集成电路生产企业的生产设备,其折旧年限可以适当缩短,最短可为3年(含)。

八、《财政部 海关总署 税务总局关于支持集成电路产业和软件产业发展进口税收政策的通知》(财关税〔2021〕4号)第一条

对下列情形,免征进口关税:

(一)集成电路线宽小于65纳米(含,下同)的逻辑电路、存储器生产企业,以及线宽小于0.25微米的特色工艺(即模拟、数模混合、高压、射频、功率、光电集成、图像传感、微机电系统、绝缘体上硅工艺)集成电路生产企业,进口国内不能生产或性能不能满足需求的自用生产性(含研发用,下同)原材料、消耗品,净化室专用建筑材料、配套系统和集成电路生产设备(包括进口设备和国产设备)零配件。

(二)集成电路线宽小于0.5微米的化合物集成电路生产企业和先进封装测试企业,进口国内不能生产或性能不能满足需求的自用生产性原材料、消耗品。

(三)集成电路产业的关键原材料、零配件(即靶材、光刻胶、掩模版、封装载板、抛光垫、抛光液、8英寸及以上硅单晶、8英寸及以上硅片)生产企业,进口国内不能生产或性能不能满足需求的自用生产性原材料、消耗品。

(四)集成电路用光刻胶、掩模版、8英寸及以上硅片生产企业,进口国内不能生产或性能不能满足需求的净化室专用建筑材料、配套系统和生产设备(包括进口设备和国产设备)零配件。

(五)国家鼓励的重点集成电路设计企业和软件企业,以及符合本条第(一)、(二)项的企业(集成电路生产企业和先进封装测试企业)进口自用设备,及按照合同随设备进口的技术(含软件)及配套件、备件,但《国内投资项目不予免税的进口商品目录》、《外商投资项目不予免税的进口商品目录》和《进口不予免税的重大技术装备和产品目录》所列商品除外。上述进口商品不占用投资总额,相关项目不需出具项目确认书。

九、《财政部 国家税务总局关于软件产品增值税政策的通知》(财税〔2011〕100号)第一条第一项

增值税一般纳税人销售其自行开发生产的软件产品,按17%税率征收增值税后,

对其增值税实际税负超过3%的部分实行即征即退政策。

十、《财政部 国家税务总局关于进一步鼓励软件产业和集成电路产业发展企业所得税政策的通知》(财税〔2012〕27号)第五条至第七条

五、符合条件的软件企业按照《财政部 国家税务总局关于软件产品增值税政策的通知》(财税〔2011〕100号)规定取得的即征即退增值税款,由企业专项用于软件产品研发和扩大再生产并单独进行核算,可以作为不征税收入,在计算应纳税所得额时从收入总额中减除。

六、集成电路设计企业和符合条件软件企业的职工培训费用,应单独进行核算并按实际发生额在计算应纳税所得额时扣除。

七、企业外购的软件,凡符合固定资产或无形资产确认条件的,可以按照固定资产或无形资产进行核算,其折旧或摊销年限可以适当缩短,最短可为2年(含)。

十一、《财政部 税务总局 发展改革委 工业和信息化部关于促进集成电路产业和软件产业高质量发展企业所得税政策的公告》(财政部 税务总局 发展改革委 工业和信息化部公告2020年第45号)第三条、第四条

三、国家鼓励的集成电路设计、装备、材料、封装、测试企业和软件企业,自获利年度起,第一年至第二年免征企业所得税,第三年至第五年按照25%的法定税率减半征收企业所得税。

国家鼓励的集成电路设计、装备、材料、封装、测试企业和软件企业条件,由工业和信息化部会同国家发展改革委、财政部、税务总局等相关部门制定。

四、国家鼓励的重点集成电路设计企业和软件企业,自获利年度起,第一年至第五年免征企业所得税,接续年度减按10%的税率征收企业所得税。

国家鼓励的重点集成电路设计和软件企业清单由国家发展改革委、工业和信息化部会同财政部、税务总局等相关部门制定。

小贴士

1. 同时适用45号公告所得税优惠的集成电路企业和软件企业,新旧优惠政策如何衔接如表7-13所示。

表7-13 新旧优惠政策衔接规定

情形	衔接规定
2019年(含)之前已经进入优惠期的企业或项目	可自行选择执行原有政策或45号公告政策。选择执行45号公告政策的,其中定期减免税优惠就剩余期限享受优惠至期满为止
2019年(含)之前尚未进入优惠期的企业或项目	2020年(含)起不再执行原有政策

第3节 事项类税收优惠

82 秉轴持钧
——技术转让税收优惠

技术转让税收优惠主要涉及增值税、企业所得税和个人所得税,具体内容如表 7-14 所示。

表 7-14 技术转让税收优惠

税种	优惠内容	政策依据
增值税	纳税人提供技术转让、技术开发和与之相关的技术咨询、技术服务,免征增值税	财税〔2016〕36 号附件 2 第一条第二十六项
企业所得税	一个纳税年度内,居民企业技术转让所得不超过 500 万元的部分,免征企业所得税;超过 500 万元的部分,减半征收企业所得税	《中华人民共和国企业所得税法实施条例》第九十条 国税函〔2009〕212 号
企业所得税	在中关村国家自主创新示范区特定区域内注册的居民企业,符合条件的技术转让所得,在一个纳税年度内不超过 2 000 万元的部分,免征企业所得税;超过 2 000 万元部分,减半征收企业所得税	财税〔2020〕61 号
企业所得税	企业以技术成果投资入股到境内居民企业,被投资企业支付的对价全部为股票(权)的,企业可选择继续按现行有关税收政策执行,即可在不超过 5 年期限内,分期均匀计入相应年度的应纳税所得额,按规定计算缴纳企业所得税;也可选择适用递延纳税优惠政策,投资入股当期可暂不纳税,递延至转让股权时,计算缴纳企业所得税	财税〔2016〕101 号第三条 财税〔2014〕116 号
个人所得税	个人以技术成果投资入股到境内居民企业,被投资企业支付的对价全部为股票(权)的,个人可选择继续按现行有关税收政策执行,即可合理确定分期缴纳计划并报主管税务机关备案后,自发生上述应税行为之日起不超过 5 个公历年度内(含)分期缴纳个人所得税;也可选择适用递延纳税优惠政策,投资入股当期可暂不纳税,递延至转让股权时,计算缴纳个人所得税	财税〔2016〕101 号第三条 财税〔2015〕41 号第三条

实战案例

甲公司是一家通过高新技术认证的生物技术企业,属于增值税一般纳税人。20×1 年,公司将一项专利技术以 780 万元的价格转让给乙公司。甲公司财务部门单独核算该笔技术转让所得,分摊了期间费用,并按规定扣除技术转让成本及相关税费后,确认该笔技术转让所得为人民币300万元,并向税务机关办理了减免税备案手续。

在对乙公司的税收专项检查中,检查员人发现甲公司的这笔780万无形资产中包含一套100万元的设备,乙公司称该设备是甲公司转让给他们的一项专利技术中包含的必要硬件设施。

经检查组对甲公司进行检查、取证,甲公司承认该设备系公司20×0年购入,相关成本折旧当年已入账,并已进项抵扣。20×1年转让专利技术给乙公司时考虑该设备为实现技术的必要条件,故将该设备与专利技术一起打包以780万元的价格转给了乙公司,转让时该设备账面价值为100万元。

由于该设备属于固定资产,不属于技术转让收入,不适用技术转让所得税减免政策。税务机关核定对甲公司转让给乙公司的设备按100万元的计税价格以"销售使用过的固定资产"进行处理,责成甲公司补缴增值税17万元,补缴企业所得税15万元。

【案例分析】

根据国税函〔2009〕212号、财税〔2010〕111号的规定:

(1)技术转让的范围包括居民企业转让专利技术、计算机软件著作权、集成电路布图设计权、植物新品种、生物医药新品种,以及财政部和国家税务总局确定的其他技术。

(2)技术转让收入指当事人履行技术转让合同后获得的价款,不包括销售或转让设备、仪器、零部件、原材料等非技术性收入。

因此,甲公司转让给乙公司的设备不属于技术性收入,不能列入技术转让收入享受企业所得税减免优惠。

企业享受技术转让减免优惠,应符合现行政策规定的条件及要求,企业在实操过程中应准确理解政策,避免产生涉税风险。

政策依据

一、《财政部 国家税务总局关于全面推开营业税改征增值税试点的通知》(财税〔2016〕36号)附件2《营业税改征增值税试点有关事项的规定》第一条二十六项

一、下列项目免征增值

(二十六)纳税人提供技术转让、技术开发和与之相关的技术咨询、技术服务。

二、《中华人民共和国企业所得税法实施条例》第九十条

企业所得税法第二十七条第(四)项所称符合条件的技术转让所得免征、减征企业所得税,是指一个纳税年度内,居民企业技术转让所得不超过500万元的部分,免征企业所得税;超过500万元的部分,减半征收企业所得税。

三、《财政部 税务总局 科技部 知识产权局关于中关村国家自主创新示范区特定区域技术转让企业所得税试点政策的通知》(财税〔2020〕61号) 第一条

一、在中关村国家自主创新示范区特定区域内注册的居民企业,符合条件的技术转让所得,在一个纳税年度内不超过2 000万元的部分,免征企业所得税;超过2 000万元部分,减半征收企业所得税。

四、《财政部 国家税务总局关于完善股权激励和技术入股有关所得税政策的通知》(财税〔2016〕101号)第三条第一项

三、对技术成果投资入股实施选择性税收优惠政策

(一)企业或个人以技术成果投资入股到境内居民企业,被投资企业支付的对价全部为股票(权)的,企业或个人可选择继续按现行有关税收政策执行,也可选择适用递延纳税优惠政策。

选择技术成果投资入股递延纳税政策的,经向主管税务机关备案,投资入股当期可暂不纳税,允许递延至转让股权时,按股权转让收入减去技术成果原值和合理税费后的差额计算缴纳所得税。

五、《财政部 国家税务总局关于完善股权激励和技术入股有关所得税政策的通知》(财税〔2016〕101号)第三条第一项

三、对技术成果投资入股实施选择性税收优惠政策

(一)企业或个人以技术成果投资入股到境内居民企业,被投资企业支付的对价全部为股票(权)的,企业或个人可选择继续按现行有关税收政策执行,也可选择适用递延纳税优惠政策。

选择技术成果投资入股递延纳税政策的,经向主管税务机关备案,投资入股当期可暂不纳税,允许递延至转让股权时,按股权转让收入减去技术成果原值和合理税费后的差额计算缴纳所得税。

小贴士

1. 享受技术转让所得减免企业所得税优惠的企业,应单独计算技术转让所得,并合理分摊企业的期间费用;没有单独计算的,不得享受技术转让所得企业所得税优惠。

2. 居民企业从直接或间接持有股权之和达到100%的关联方取得的技术转让所得,不享受技术转让减免企业所得税优惠政策。

注:对于中关村国家自主创新示范区特定区域内注册的居民企业,居民企业从直接或间接持有股权之和达到100%的关联方取得的技术转让所得,可享受规定的减免优惠。

3. 技术转让应签订技术转让合同,相关要求如下:
(1) 境内的技术转让须经省级以上(含省级)科技部门认定登记。
(2) 跨境的技术转让须经省级以上(含省级)商务部门认定登记。
(3) 涉及财政经费支持产生技术的转让,需省级以上(含省级)科技部门审批。

83 一搭两用
——研发费用加计扣除

研发费用加计扣除政策对不同的行业,加计扣除的比例有所不同,并且存在加计扣除的特殊事项,具体内容详如表 7-15 所示。

表 7-15 研发费用加计扣除政策

税种	企业类型	优惠内容	政策依据
企业所得税	所有企业(除 6 个不能加计扣除的行业外)	企业开展研发活动中实际发生的研发费用,未形成无形资产计入当期损益的,在按规定据实扣除的基础上,自 2023 年 1 月 1 日起,再按照实际发生额的 100%在税前加计扣除;形成无形资产的,自 2023 年 1 月 1 日起,按照无形资产成本的 200%在税前摊销	财政部 税务总局公告 2023 年第 7 号
	委托境外机构研发	委托境外进行研发活动所发生的费用,按照费用实际发生额的 80%计入委托方的委托境外研发费用;委托境外研发费用不超过境内符合条件的研发费用 2/3 的部分,可以按规定在企业所得税前加计扣除	财税〔2015〕119 号
		按照费用实际发生额的 80%计入委托方研发费用并计算加计扣除,受托方不得再进行加计扣除	财税〔2015〕119 号
	企业集团集中研发合作研发委托境内机构或个人研发	合作各方就自身实际承担的研发费用分别计算加计扣除	财税〔2015〕119 号
		合理确定研发费用的分摊方法,在受益成员企业间进行分摊,由相关成员企业分别计算加计扣除	财税〔2015〕119 号
		可按照研发费用加计扣除规定进行加计扣除	

实战案例

甲公司是一家会计核算健全的科技型中小企业,2022 年立项三个研发项目,研发投入如下:

项目一:境内自主研发项目。

2022 年甲公司实际支付费用为:研发人员工资 60 万元,直接投入费用 20 万元,用于该项目研发的研发设备折旧费用为 20 万元。

项目二:委托境内关联乙公司研发项目。

2022 年甲公司实际支付费用给乙公司合计 100 万元。

项目三:委托境外非关联丙公司研发项目。

2022年甲公司实际支付费用给丙公司合计 200 万元。

问：甲公司 2022 年研发费用加计扣除总额为多少？

【案例分析】

甲公司三个项目允许加计扣除的研发费用情况，如表 7-16 所示。

表 7-16　甲公司三个项目研发费用加计扣除情况

单位：万元

项目	允许加计扣除的研发费用	备注
项目一	60＋20＋20＝100	—
项目二	100×80％＝80	乙公司应向甲公司提供实际发生费用的明细情况
项目三	1. 甲公司委托境外研发的研发费用＝200×80％＝160 2. 境内符合条件的研发费用＝100＋80＝180 3. 委托境外研发的研发费用限额＝180×2÷3＝120 4. 项目三允许加计扣除的委托境外研发的研发费用＝120	丙公司无须向甲公司提供实际发生费用的明细情况

甲公司 2022 年研发费用加计扣除总额＝(100＋80＋120)×100％＝300(万元)。

政策依据

1、《财政部　国家税务总局　科学技术部关于完善研究开发费用税前加计扣除政策的通知》(财税〔2015〕119 号)第一条第一项

一、研发活动及研发费用归集范围

（一）允许加计扣除的研发费用

研发费用的具体范围包括：

1. 人员人工费用；

2. 直接投入费用；

3. 折旧费用；

4. 无形资产摊销；

5. 新产品设计费、新工艺规程制定费、新药研制的临床试验费、勘探开发技术的现场试验费；

6. 其他相关费用；

7. 财政部和国家税务总局规定的其他费用。

二、《财政部　国家税务总局　科学技术部关于完善研究开发费用税前加计扣除政策的通知》(财税〔2015〕119 号)第二条第一项

二、特别事项的处理

1. 企业委托外部机构或个人进行研发活动所发生的费用，按照费用实际发生额的 80％计入委托方研发费用并计算加计扣除，受托方不得再进行加计扣除。委托外

部研究开发费用实际发生额应按照独立交易原则确定。

委托方与受托方存在关联关系的,受托方应向委托方提供研发项目费用支出明细情况。

三、《财政部 税务总局 科技部关于企业委托境外研究开发费用税前加计扣除有关政策问题的通知》(财税〔2018〕64号)第一条

一、委托境外进行研发活动所发生的费用,按照费用实际发生额的80%计入委托方的委托境外研发费用。委托境外研发费用不超过境内符合条件的研发费用三分之二的部分,可以按规定在企业所得税前加计扣除。

上述费用实际发生额应按照独立交易原则确定。委托方与受托方存在关联关系的,受托方应向委托方提供研发项目费用支出明细情况。

四、《关于进一步提高科技型中小企业研发费用税前加计扣除比例的公告》(财政部 税务总局 科技部公告2022年第16号)第一条

一、科技型中小企业开展研发活动中实际发生的研发费用,未形成无形资产计入当期损益的,在按规定据实扣除的基础上,自2022年1月1日起,再按照实际发生额的100%在税前加计扣除;形成无形资产的,自2022年1月1日起,按照无形资产成本的200%在税前摊销。

小贴士

1. 若企业存在研发项目,想享受研发费用加计扣除政策,需要提前进行规划并留存相关资料备查。

2. 不得加计扣除的行业和活动如表7-17所示。

表7-17 不得加计扣除的行业和活动

项目	具体情况
不得加计扣除的行业	1. 烟草制造业 2. 住宿和餐饮业 3. 批发和零售业 4. 房地产业 5. 租赁和商务服务业 6. 娱乐业 7. 财政部和国家税务总局规定的其他行业
不得加计扣除的活动	1. 企业产品(服务)的常规性升级 2. 对某项科研成果的直接应用,如直接采用公开的新工艺、材料、装置、产品、服务或知识等 3. 企业在商品化后为顾客提供的技术支持活动 4. 对现存产品、服务、技术、材料或工艺流程进行的重复或简单改变 5. 市场调查研究、效率调查或管理研究 6. 作为工业(服务)流程环节或常规的质量控制、测试分析、维修维护 7. 社会科学、艺术或人文学方面的研究

第 4 节 地区类税收优惠

❽ 涛声犹在
——西部大开发

西部大开发税收优惠政策主要体现在企业所得税上,具体优惠内容如表 7-18 所示。

表 7-18 西部大开发税收优惠

税种	优惠内容	政策依据
企业所得税	自 2021 年 1 月 1 日至 2030 年 12 月 31 日,对设在西部地区的鼓励类产业企业减按 15% 的税率征收企业所得税	财政部 税务总局 国家发展改革委公告 2020 年第 23 号第一条

实战案例

2014 年 3 月 5 日,宁波双林汽车部件股份有限公司(简称双林股份)公告,其子公司柳州双林汽车部件科技有限公司,近日收到广西壮族自治区工业和信息化委员会下发的桂工信政法确认函《关于确认柳州双林汽车部件科技有限公司符合国家鼓励类产业产品技术项目目录的函》。

根据《中共中央国务院关于深入实施西部大开发战略的若干意见》精神,确认柳州双林生产的汽车内外饰件产品,符合国家《产业结构调整指导目录》中的第一类"鼓励类"产业。

依据规定,公司可执行西部大开发税收优惠政策,减按 15% 的税率缴纳企业所得税。

双林股份公司表示,柳州地区是中长期公司发展战略立足的重要区域,上述优惠政策的取得将对公司业绩产生积极影响,预计 2014 年所得税减免额约 400 万元。

【案例分析】

双林股份,因子公司位于西部大开发优惠区域,且业务符合鼓励类产业标准,享受到了减按 15% 的税率缴纳企业所得税的优惠,共计减免额约 400 万元,推动了公司的发展。

企业要充分使用好国家提供的优惠政策,对于在西部优惠地区内外分别设有机构的企业,应准确理解政策,按照政策规定判断是否符合优惠条件,以避免涉税风险。

政策依据

《财政部 税务总局 国家发展改革委关于延续西部大开发企业所得税政策的公告》(财政部 税务总局 国家发展改革委公告 2020 年第 23 号)第一条、第二条、第四条

一、自 2021 年 1 月 1 日至 2030 年 12 月 31 日,对设在西部地区的鼓励类产业企业减按 15% 的税率征收企业所得税。本条所称鼓励类产业企业是指以《西部地区鼓励类产业目录》中规定的产业项目为主营业务,且其主营业务收入占企业收入总额 60% 以上的企业。

二、《西部地区鼓励类产业目录》由发展改革委牵头制定。该目录在本公告执行期限内修订的,自修订版实施之日起按新版本执行。

四、本公告所称西部地区包括内蒙古自治区、广西壮族自治区、重庆市、四川省、贵州省、云南省、西藏自治区、陕西省、甘肃省、青海省、宁夏回族自治区、新疆维吾尔自治区和新疆生产建设兵团。湖南省湘西土家族苗族自治州、湖北省恩施土家族苗族自治州、吉林省延边朝鲜族自治州和江西省赣州市,可以比照西部地区的企业所得税政策执行。

小贴士

在优惠地区内外分别设有机构的企业,享受西部大开发企业所得税优惠的具体规定,如图 7-19 所示。

表 7-19 在优惠地区内外分别设有机构的企业享受优惠

情形	具体规定
总机构设在西部大开发税收优惠地区的企业	1. 仅就设在优惠地区的总机构和分支机构(不含优惠地区外设立的二级分支机构在优惠地区内设立的三级以下分支机构)所得,适用 15% 优惠税率
	2. 在确定该企业是否符合优惠条件时,以设在优惠地区的总机构和分支机构的主营业务是否符合《西部地区鼓励类产业目录》及其主营业务收入占其收入总额的比重加以确定,不考虑该企业设在优惠地区以外分支机构的因素
总机构设在西部大开发税收优惠地区外的企业	仅就在优惠地区内设立的分支机构(不含仅在优惠地区内设立的三级以下分支机构)所得适用 15% 优惠税率
	在确定该分支机构是否符合优惠条件时,仅以该分支机构的主营业务是否符合《西部地区鼓励类产业目录》及其主营业务收入占其收入总额的比重加以确定

85 别有洞天
——海南自贸港

海南自贸港税收优惠主要集中在企业所得税、个人所得税和关税政策上，具体优惠内容详如表 7-20 所示。

表 7-20 海南自贸港税收优惠

税种	优惠内容		政策依据
企业所得税	自 2020 年 1 月 1 日至 2024 年 12 月 31 日，对注册在海南自由贸易港并实质性运营的鼓励类产业企业，减按 15% 的税率征收企业所得税		财税〔2020〕31 号第一条
	自 2020 年 1 月 1 日至 2024 年 12 月 31 日，对在海南自由贸易港设立的旅游业、现代服务业、高新技术产业企业新增境外直接投资取得的所得，免征企业所得税		财税〔2020〕31 号第二条
	自 2020 年 1 月 1 日至 2024 年 12 月 31 日，对在海南自由贸易港设立的企业，新购置（含自建、自行开发）固定资产或无形资产，单位价值不超过 500 万元（含）的，允许一次性计入当期成本费用在计算应纳税所得额时扣除，不再分年度计算折旧和摊销；新购置（含自建、自行开发）固定资产或无形资产，单位价值超过 500 万元的，可以缩短折旧、摊销年限或采取加速折旧、摊销的方法		财税〔2020〕31 号第三条
个人所得税	自 2020 年 1 月 1 日起执行至 2024 年 12 月 31 日，在海南自由贸易港工作的高端人才和紧缺人才，其个人所得税实际税负超过 15% 的部分，予以免征；办理个人所得税年度汇算清缴时享受		财税〔2020〕32 号
零关税政策	在全岛封关运作前，对在海南自由贸易港注册登记并具有独立法人资格的企业	进口用于生产自用、以"两头在外"模式进行生产加工活动或以"两头在外"模式进行服务贸易过程中所消耗的原辅料，免征进口关税、进口环节增值税和消费税	财关税〔2020〕42 号 财关税〔2020〕54 号 财关税〔2021〕7 号 中共中央 国务院印发《海南自由贸易港建设总体方案》
		从事交通运输、旅游业（航空企业须以海南自由贸易港为主营运基地），进口用于交通运输、旅游业的船舶、航空器、车辆等营运用交通工具及游艇，免征进口关税、进口环节增值税和消费税	
		进口自用的生产设备，除法律法规和相关规定明确不予免税、国家规定禁止进口的商品，以及本通知所附《海南自由贸易港"零关税"自用生产设备负面清单》所列设备外，免征关税、进口环节增值税和消费税	
	全岛封关运作简并税制后	对进口征税商品目录以外、允许海南自由贸易港进口的商品，免征进口关税	

实战案例

梅松公司是一家在海南自由贸易港注册并实质性运营的大型上市公司,以年薪50万元引进高端紧缺人才梅经理(符合海南自由贸易港高端紧缺人才规定)。2021年,梅经理除取得年薪50万元外,公司还给予了全年一次性奖金20万元,在海南自由贸易港外授课取得劳务报酬10万元。(不考虑专项扣除、专项附加扣除等其他扣除项目)

问:梅经理2021年度个人所得税该如何处理?

【案例分析】

梅经理2021年度个人所得税具体处理如表7-21所示。

表7-21 梅经理2021年度个人所得税处理

单位:万元

项目	全年一次性奖金并入综合所得	全年一次性奖金单独计税
全年综合所得税应纳税所得额	$50+20+10\times(1-20\%)-6=72$	$50+10\times(1-20\%)-6=52$
海南综合所得收入额	$50+20=70$	50
综合所得收入额	$50+20+10\times(1-20\%)=78$	$50+10\times(1-20\%)=58$
减免税额	$(72\times0.35-8.592-72\times15\%)\times70\div78=5.21$	$(52\times0.3-5.292-52\times15\%)\times50\div58=2.16$
实际纳税	$72\times15\%=10.8$	$52\times15\%+3.859=11.66$ (其中,全年一次性奖金单独计税为:$20\times0.2-0.141=3.86$)

政策依据

一、《财政部 海关总署 税务总局关于海南自由贸易港原辅料"零关税"政策的通知》(财关税〔2020〕42号)第一条、第二条

一、在全岛封关运作前,对在海南自由贸易港注册登记并具有独立法人资格的企业,进口用于生产自用、以"两头在外"模式进行生产加工活动或以"两头在外"模式进行服务贸易过程中所消耗的原辅料,免征进口关税、进口环节增值税和消费税。

二、"零关税"原辅料实行正面清单管理,具体范围见附件。清单内容由财政部会同有关部门根据海南实际需要和监管条件进行动态调整。

二、《财政部 海关总署 税务总局关于海南自由贸易港交通工具及游艇"零关税"政策的通知》(财关税〔2020〕54号)第一条、第二条

一、全岛封关运作前,对海南自由贸易港注册登记并具有独立法人资格,从事交通运输、旅游业的企业(航空企业须以海南自由贸易港为主营运基地),进口用于交通运输、旅游业的船舶、航空器、车辆等营运用交通工具及游艇,免征进口关税、进口环节增值税和消费税。

二、享受"零关税"政策的交通工具及游艇实行正面清单管理,具体范围见附件。清单由财政部、海关总署、税务总局会同相关部门,根据海南实际需要和监管条件动态调整。

三、《财政部 海关总署 税务总局关于海南自由贸易港自用生产设备"零关税"政策的通知》(财关税〔2021〕7号)第一条

一、全岛封关运作前,对海南自由贸易港注册登记并具有独立法人资格的企业进口自用的生产设备,除法律法规和相关规定明确不予免税、国家规定禁止进口的商品,以及本通知所附《海南自由贸易港"零关税"自用生产设备负面清单》所列设备外,免征关税、进口环节增值税和消费税。

四、《海南自由贸易港建设总体方案》第二条第八项第二十二点

零关税。全岛封关运作前,对部分进口商品,免征进口关税、进口环节增值税和消费税。全岛封关运作、简并税制后,对进口征税商品目录以外、允许海南自由贸易港进口的商品,免征进口关税。

五、《财政部 税务总局关于海南自由贸易港企业所得税优惠政策的通知》(财税〔2020〕31号)

一、对注册在海南自由贸易港并实质性运营的鼓励类产业企业,减按15%的税率征收企业所得税。

本条所称鼓励类产业企业,是指以海南自由贸易港鼓励类产业目录中规定的产业项目为主营业务,且其主营业务收入占企业收入总额60%以上的企业。所称实质性运营,是指企业的实际管理机构设在海南自由贸易港,并对企业生产经营、人员、账务、财产等实施实质性全面管理和控制。对不符合实质性运营的企业,不得享受优惠。

二、对在海南自由贸易港设立的旅游业、现代服务业、高新技术产业企业新增境外直接投资取得的所得,免征企业所得税。

本条所称新增境外直接投资所得应当符合以下条件:

(一)从境外新设分支机构取得的营业利润;或从持股比例超过20%(含)的境外子公司分回的,与新增境外直接投资相对应的股息所得。

(二)被投资国(地区)的企业所得税法定税率不低于5%。

本条所称旅游业、现代服务业、高新技术产业,按照海南自由贸易港鼓励类产业目录执行。

三、对在海南自由贸易港设立的企业,新购置(含自建、自行开发)固定资产或无形资产,单位价值不超过500万元(含)的,允许一次性计入当期成本费用在计算应纳税所得额时扣除,不再分年度计算折旧和摊销;新购置(含自建、自行开发)固定资产或

无形资产,单位价值超过 500 万元的,可以缩短折旧、摊销年限或采取加速折旧、摊销的方法。

六、《财政部 税务总局关于海南自由贸易港高端紧缺人才个人所得税政策的通知》(财税〔2020〕32 号)

一、对在海南自由贸易港工作的高端人才和紧缺人才,其个人所得税实际税负超过 15% 的部分,予以免征。

二、享受上述优惠政策的所得包括来源于海南自由贸易港的综合所得(包括工资薪金、劳务报酬、稿酬、特许权使用费四项所得)、经营所得以及经海南省认定的人才补贴性所得。

三、纳税人在海南省办理个人所得税年度汇算清缴时享受上述优惠政策。

四、对享受上述优惠政策的高端人才和紧缺人才实行清单管理,由海南省商财政部、税务总局制定具体管理办法。

五、本通知自 2020 年 1 月 1 日起执行至 2024 年 12 月 31 日。

七、《海南省财政厅 国家税务总局海南省税务局 海南省市场监督管理局 中共海南省委人才发展局关于落实海南自由贸易港高端紧缺人才个人所得税优惠政策有关问题的通知》(琼财税〔2020〕1019 号)第二条

减免税额计算

高端紧缺人才按照以下方法计算海南个人所得税政策减免税额:

(一)居民个人综合所得减免税额计算

$$减免税额 = (综合所得应纳税额 - 综合所得应纳税所得额 \times 15\%) \times 海南综合所得收入额 \div 综合所得收入额 \quad (公式一)$$

(二)居民个人经营所得减免税额计算

$$减免税额 = (经营所得应纳税额 - 经营所得应纳税所得额 \times 15\%) \times 海南经营所得应纳税所得额 \div 经营所得应纳税所得额 \quad (公式二)$$

八、《关于印发海南自由贸易港 享受个人所得税优惠政策高端紧缺人才 清单管理暂行办法的通知》(琼府〔2020〕41 号)

第一条 根据《海南自由贸易港建设总体方案》以及《财政部 税务总局关于海南自由贸易港高端紧缺人才个人所得税政策的通知》(财税〔2020〕32 号)的规定,为落实海南自由贸易港高端人才和紧缺人才个人所得税优惠政策,制定本办法。

第二条 海南省对享受优惠政策的高端人才和紧缺人才实行清单管理。

第三条 享受个人所得税优惠政策的高端人才和紧缺人才,须在海南自由贸易港工作并一个纳税年度内在海南自由贸易港连续缴纳基本养老保险等社会保险 6 个月以上(须包含本年度 12 月当月),且与在海南自由贸易港注册并实质性运营的企业或单位签订 1 年以上的劳动合同或聘用协议等劳动关系证明材料。

无法缴纳社会保险的境外高端人才和境外紧缺人才,须提供与在海南自由贸易港

注册并实质性运营的企业或单位签订的 1 年以上劳动合同或聘用协议等劳动关系证明材料。

第四条 享受个人所得税优惠政策的高端人才,在符合第三条规定的同时,还应当符合下列条件之一:

(一)属于海南省各级人才管理部门所认定的人才。

(二)一个纳税年度内在海南自由贸易港收入达到 30 万元人民币以上(海南省根据经济社会发展状况实施动态调整)。

> **小贴士**

《海南自由贸易港建设总体方案》提出,要按照零关税、低税率、简税制、强法治、分阶段的原则,逐步建立与高水平自由贸易港相适应的税收制度。这些政策措施按照 2025 年前、2025 年至 2035 年前两个时间段分别实施,企业可持续关注相应的政策以享受更多优惠。部分优惠内容如表 7-22 所示。

表 7-22 部分优惠内容举例

项目		优惠内容
企业所得税	优惠内容	对注册在海南自由贸易港并实质性运营的企业,除负面清单行业之外减按 15% 征收企业所得税
	与 2025 年前政策区别	拓展优惠范围:前期实行正面清单,新阶段实行负面清单,享受优惠税率的企业范围更大
个人所得税	优惠内容	对一个纳税年度内在海南自由贸易港累计居住满 183 天的个人,其取得来源于海南自由贸易港范围内的综合所得和经营所得,按照 3%、10%、15% 三档超额累进税率征收个人所得税
	与 2025 年前政策区别	扩大优惠范围、增加优惠力度:前期对高端紧缺人才个人所得税实际税负超过 15% 部分予以免征,新阶段是对所有符合规定条件纳税人实行最高 15% 的三档超额累进税率,优惠范围更宽、优惠力度更大

第 8 章

纳 税 筹 划

纳税筹划是指企业或个人为减少或推迟税收负担,利用合法的税法规定和税收政策,在税收征收与税款支付之前,对财务管理和纳税决策进行的规划和调整。好的纳税筹划一般有如下特点:

(1) 降低税负:通过合法的纳税筹划手段,企业可以合理地减少应缴纳的税款数额,从而降低税负。

(2) 提高经济效益:通过纳税筹划,企业可以优化资产配置,提高经济效益。

(3) 减少涉税风险:通过合法的纳税筹划,企业可以避免涉税纠纷和风险,提高纳税筹划的合规性和稳定性。

(4) 优化企业治理结构:纳税筹划需要企业从全局角度进行考虑和规划,可以促进企业治理结构的优化和规范。

需要注意的是,纳税筹划需要遵守法律法规,不得采取非法手段避税。合法的纳税筹划需要遵循税法的规定和原则,同时需要考虑企业的长远发展和社会责任。

本章以企业的生产经营步骤为主线,阐述列举了采购环节纳税筹划(第 86 招至第 89 招)、生产环节纳税筹划(第 90 招至第 94 招)、销售环节纳税筹划(第 95 招至第 99 招)以及利润分配环节纳税筹划(第 100 招至第 103 招)。

扫码听课

第1节　采购环节纳税筹划

86 花落谁家
——巧选供应商降低税负

企业供应商选择的纳税筹划如图 8-1 所示。

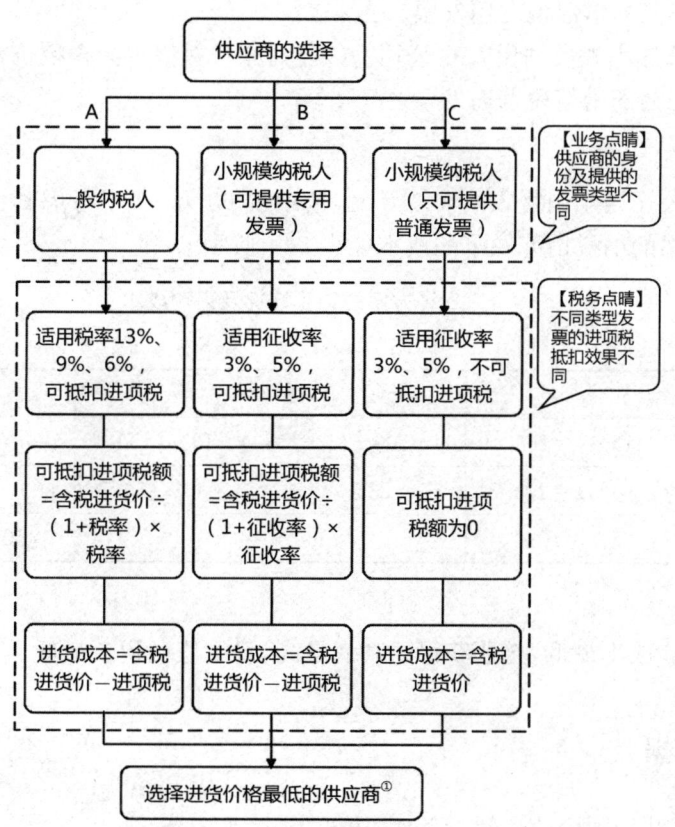

注①：企业可以借助"进货价格临界点"选择进货成本最低的供应商，详见小贴士表 8-2。

图 8-1　企业供应商选择的纳税筹划

实战案例

梅松公司是一家生产和销售各种速食品的公司，属于增值税的一般纳税人，适用

13%的增值税税率。梅松公司每年都需要采购大量食品材料用于速食品的生产与加工。临近季度末,生产部门提交了下一季度的采购指标。公司总经理赵总对指标做了审批后,采购部门准备根据指标安排采购。采购部门从公司的供应商库里锁定了3个供应商。由于3个供应商的纳税身份不同,赵总找来公司的财务部梅经理,让她分析一下不同的供应商身份是否会对公司的税负产生影响。梅经理随即出具了方案并做了分析。

备选方案:

方案一:选择一般纳税人A公司。A公司原材料报价为含税价格300万元,可以开具税率为13%的增值税专用发票。

方案二:选择小规模纳税人B公司。B公司原材料报价为含税价格285万元,可以开具税率为3%的增值税专用发票。

方案三:选择小规模纳税人C公司。C公司原材料报价为含税价格270万元,只能开具税率为3%的增值税普通发票。

【案例分析】

假设梅松公司当年销售收入500万元,销项税65万元,不考虑其他业务及税种。则上述三种方案的纳税情况及采购成本如表8-1所示。

表8-1 三种方案的纳税情况及采购成本

单位:万元

方案	进货成本	增值税	利润总额
方案一	300÷(1+13%)=265.49	65−300÷(1+13%)×13%=30.49	500−265.49=234.51
方案二	285÷(1+3%)=276.7	65−285÷(1+3%)×3%=56.7	500−276.70=223.3
方案三	270	65−0=65	500−270=230

结论:

方案一进货成本最低,企业获得的利润最高,且增值税税负最低。

政策依据

《中华人民共和国增值税暂行条例》第八条、第十一条

第八条 纳税人购进货物、劳务、服务、无形资产、不动产支付或者负担的增值税额,为进项税额。

下列进项税额准予从销项税额中抵扣:

(一)从销售方取得的增值税专用发票上注明的增值税额。

(二)从海关取得的海关进口增值税专用缴款书上注明的增值税额。

(三)购进农产品,除取得增值税专用发票或者海关进口增值税专用缴款书外,按照农产品收购发票或者销售发票上注明的农产品买价和11%的扣除率计算的进项税

额,国务院另有规定的除外。进项税额计算公式:

$$进项税额=买价×扣除率$$

(四)自境外单位或者个人购进劳务、服务、无形资产或者境内的不动产,从税务机关或者扣缴义务人取得的代扣代缴税款的完税凭证上注明的增值税额。

准予抵扣的项目和扣除率的调整,由国务院决定。

第十一条 小规模纳税人发生应税销售行为,实行按照销售额和征收率计算应纳税额的简易办法,并不得抵扣进项税额。应纳税额计算公式:

$$应纳税额=销售额×征收率$$

小规模纳税人的标准由国务院财政、税务主管部门规定。

二、《财政部 税务总局关于调整增值税税率的通知》(财税〔2018〕32号)第一条

纳税人发生增值税应税销售行为或者进口货物,原适用17%和11%税率的,税率分别调整为16%、10%。

三、《财政部 税务总局 海关总署关于深化增值税改革有关政策的公告》(财政楼税务总局 海关总署公告2019年第39号)第一条

增值税一般纳税人(以下称纳税人)发生增值税应税销售行为或者进口货物,原适用16%税率的,税率调整为13%;原适用10%税率的,税率调整为9%。

💬 小贴士

1. 风险提示:

(1)由于信息不对称,企业可能对商品的质量和底价了解不完全或存在偏差,这会导致企业做出错误抉择。

(2)低成本很可能对应着短账期,若企业当前资金紧张,则可能需要放弃低成本而选择账期长的供应商。

2. 一般纳税人和小规模纳税人在不同税率情况下的进货价格临界点如表8-2所示。

表8-2 进货价格临界点

一般纳税人税率	小规模纳税人可抵扣征收率	进货价格临界点(含税)
13%	3%	90.24%
13%	0	87.35%
9%	3%	93.93%
9%	0	90.92%
6%	3%	96.88%
6%	0	93.77%

选择依据如下：

（1）小规模纳税人的销售价格＞一般纳税人的销售价格×进货价格临界点，选择一般纳税人供应商。

（2）小规模纳税人的销售价格＜一般纳税人的销售价格×进货价格临界点，选择小规模纳税人供应商。

（3）小规模纳税人的销售价格＝一般纳税人的销售价格×进货价格临界点，无差别。

87 改头换面
——巧选宣传模式

企业广告宣传业务模式的纳税筹划如图 8-2 所示。

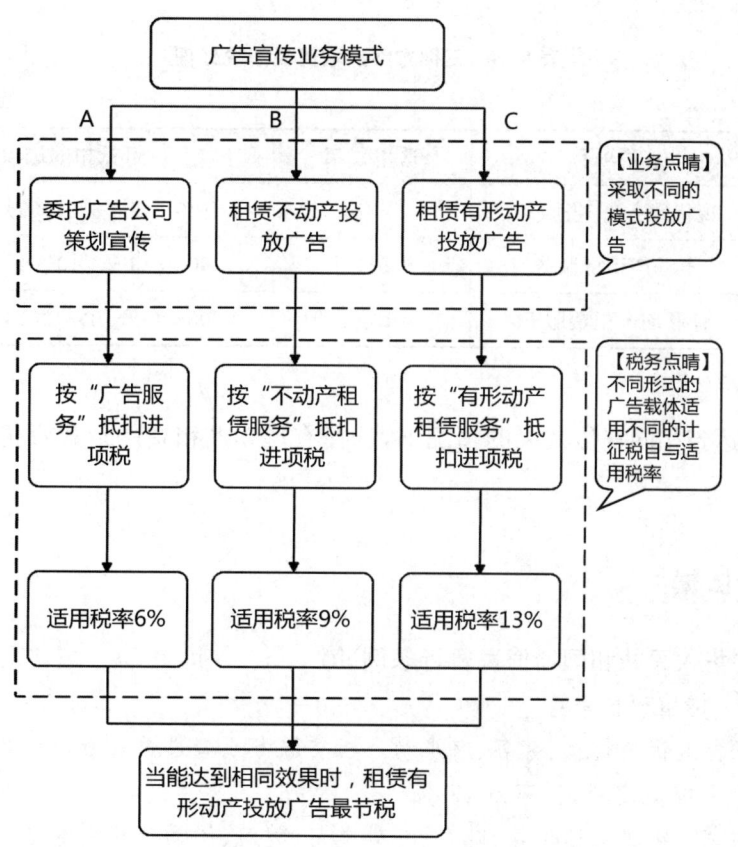

图 8-2 企业广告宣传业务模式的纳税筹划

实战案例

梅松公司为增值税一般纳税人,主营化妆品的生产销售。2021 年 12 月,梅松公司计划投资 300 万元用于广告宣传。关于采取什么方式投放广告,销售部围绕主打产品,拟订了三种方案,为了明确选择哪种方式更有利,销售部赵总请来了财务部梅经理,请她从税收角度提出建议。

梅经理结合销售部提供的数据,对不同方案的增值税纳税情况进行了分析。

备选方案：

方案一：委托广告公司策划宣传。

方案二：利用电梯、墙体等投放广告。

方案二：在公共汽车车身上投放广告。

【案例分析】

假设三种广告方案能够达到相同的宣传效果，则三种方案的增值税涉税处理如表 8-3 所示。

表 8-3　三种方案的增值税涉税处理

金额单位：万元

方案	应税项目	适用税率	可抵扣的进项税
方案一	现代服务-广告服务	6%	300÷(1+6%)×6%=16.98
方案二	不动产租赁服务	9%	300÷(1+9%)×9%=24.77
方案三	有形动产租赁服务	13%	300÷(1+13%)×13%=34.51

结论：

在能够达到相同宣传效果的情况下，选择有形动产租赁的形式宣传（方案三）最节税。

政策依据

一、《中华人民共和国增值税暂行条例》第二条

第二条　增值税税率：

（一）纳税人销售货物、劳务、有形动产租赁服务或者进口货物，除本条第二项、第四项、第五项另有规定外，税率为 17%。

（二）纳税人销售交通运输、邮政、基础电信、建筑、不动产租赁服务，销售不动产，转让土地使用权，销售或者进口下列货物，税率为 11%。

……

二、《财政部　国家税务总局关于全面推开营业税改征增值税试点的通知》（财税〔2016〕36 号）附件 1《营业税改征增值税试点实施办法》附件《销售服务、无形资产、不动产注释》第一条第六项第三点、第五点

3. 文化创意服务。

文化创意服务，包括设计服务、知识产权服务、广告服务和会议展览服务。

……

（3）广告服务，是指利用图书、报纸、杂志、广播、电视、电影、幻灯、路牌、招贴、橱窗、霓虹灯、灯箱、互联网等各种形式为客户的商品、经营服务项目、文体节目或者通

告、声明等委托事项进行宣传和提供相关服务的业务活动。包括广告代理和广告的发布、播映、宣传、展示等。

……

5. 租赁服务。

租赁服务,包括融资租赁服务和经营租赁服务。

……

(2) 经营租赁服务,是指在约定时间内将有形动产或者不动产转让他人使用且租赁物所有权不变更的业务活动。

按照标的物的不同,经营租赁服务可分为有形动产经营租赁服务和不动产经营租赁服务。

将建筑物、构筑物等不动产或者飞机、车辆等有形动产的广告位出租给其他单位或者个人用于发布广告,按照经营租赁服务缴纳增值税。

三、《财政部 税务总局关于调整增值税税率的通知》(财税〔2018〕32号)第一条

纳税人发生增值税应税销售行为或者进口货物,原适用17%和11%税率的,税率分别调整为16%、10%。

四、《财政部 税务总局 海关总署关于深化增值税改革有关政策的公告》(财政部 税务总局 海关总署公告2019年第39号)第一条

增值税一般纳税人(以下称纳税人)发生增值税应税销售行为或者进口货物,原适用16%税率的,税率调整为13%;原适用10%税率的,税率调整为9%。

小贴士

企业在选择广告宣传模式时,应当先考虑是否能达到预期的效果。当能达到相同效果时,纳税人可以选择适用税率较低的经济模式,从而降低税负。

88 因人而异
——融资性租赁方式善选择

企业融资性租赁方式的纳税筹划如图 8-3 所示。

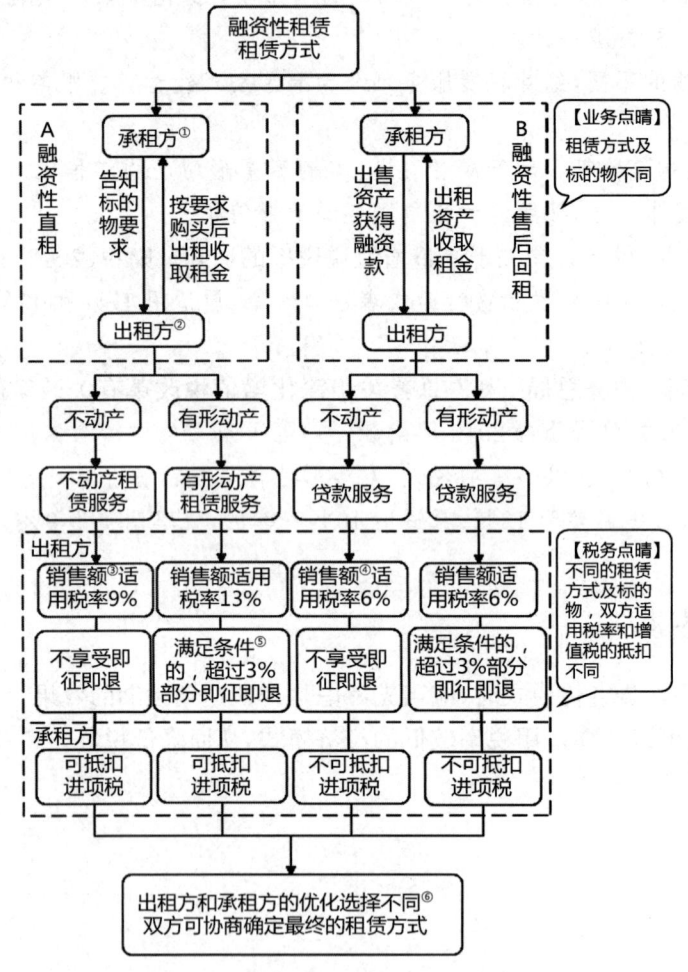

注①~⑥：详见小贴士。

图 8-3 企业融资性租赁方式的纳税筹划

实战案例

梅松公司是一家融资租赁公司,最近公司的老客户税台公司急需一台设备用于生产,但缺乏资金,欲与梅松公司签订融资租赁协议。但关于融资租赁方式的选择,两家公司暂时还未确定最终的方案。梅松公司总经理赵总找来了财务部梅经理,让她给出建议。

梅经理了解了基本情况后,随即提出了两种融资性租赁方案并做了分析。

备选方案:

方案一:融资性直租模式。由梅松公司按照税台公司要求向甲公司购买设备,设备的不含税销售价格为1 200万元,然后梅松再向税台公司出租该设备,5年后收取租金1 500万元,设备的所有权归税台公司。

方案二:融资性售后回租模式。税台公司自甲公司购买需要型号的设备,采购不含税价格为1 200万元,并采用延期付款方式。然后税台公司与梅松公司签订售后回租协议,使用梅松公司支付的融资款1 200万元归还所欠甲公司的货款。5年后梅松公司收取租金1 500万元,设备的所有权归税台公司。

【案例分析】

假设梅松公司和税台公司均为增值税一般纳税人,其中梅松公司不符合即征即退优惠条件。

两种方案的纳税情况分析如表8-4所示。

表8-4 两种方案的纳税情况分析

单位:万元

方案	增值税税务处理	梅松公司 增值税应纳税额	税台公司 可抵扣进项税
方案一	按照有形动产租赁服务计征增值税,适用13%的税率;出租方应税销售额为收取的租金,承租方根据出租方开具的增值税专用发票抵扣进项税	1 500×13%－1 200×13%=39	1 500×13%=195
方案二	按照贷款服务计税,适用6%的税率;出租方的应税销售额不含本金,承租方将设备出售给出租方时,不属于增值税应税项目,不缴纳增值税,收到承租方开具的发票,不能抵扣进项税	(1 500－1 200)×6%=18	0

结论:

(1) 对于梅松公司,采用方案二可少缴增值税21万元(39－18)。

(2) 最终方案需要双方协商后共同决定,优化方案详见小贴士表8-5。

政策依据

一、《财政部 国家税务总局关于全面推开营业税改征增值税试点的通知》(财税〔2016〕36号)附件1《营业税改征增值税试点实施办法》附件《销售服务、无形资产、不动产注释》第一条第五项第一点、第一条第六项第五点

(五) 金融服务

1. 贷款服务。

贷款,是指将资金贷与他人使用而取得利息收入的业务活动。

各种占用、拆借资金取得的收入,包括金融商品持有期间(含到期)利息(保本收益、报酬、资金占用费、补偿金等)收入、信用卡透支利息收入、买入返售金融商品利息收入、融资融券收取的利息收入,以及融资性售后回租、押汇、罚息、票据贴现、转贷等业务取得的利息及利息性质的收入,按照贷款服务缴纳增值税。

融资性售后回租,是指承租方以融资为目的,将资产出售给从事融资性售后回租业务的企业后,从事融资性售后回租业务的企业将该资产出租给承租方的业务活动。

(六) 现代服务

5. 租赁服务。

租赁服务,包括融资租赁服务和经营租赁服务。

(1) 融资租赁服务,是指具有融资性质和所有权转移特点的租赁活动。即出租人根据承租人所要求的规格、型号、性能等条件购入有形动产或者不动产租赁给承租人,合同期内租赁物所有权属于出租人,承租人只拥有使用权,合同期满付清租金后,承租人有权按照残值购入租赁物,以拥有其所有权。不论出租人是否将租赁物销售给承租人,均属于融资租赁。

按照标的物的不同,融资租赁服务可分为有形动产融资租赁服务和不动产融资租赁服务。

融资性售后回租不按照本税目缴纳增值税。

二、《财政部 国家税务总局关于全面推开营业税改征增值税试点的通知》(财税〔2016〕36号)附件2《营业税改征增值税试点有关事项的规定》第一条第三项第五点

5. 融资租赁和融资性售后回租业务。

(1) 经人民银行、银监会或者商务部批准从事融资租赁业务的试点纳税人,提供融资租赁服务,以取得的全部价款和价外费用,扣除支付的借款利息(包括外汇借款和人民币借款利息)、发行债券利息和车辆购置税后的余额为销售额。

(2) 经人民银行、银监会或者商务部批准从事融资租赁业务的试点纳税人,提供融资性售后回租服务,以取得的全部价款和价外费用(不含本金),扣除对外支付的借款利息(包括外汇借款和人民币借款利息)、发行债券利息后的余额作为销售额。

三、《财政部 国家税务总局关于全面推开营业税改征增值税试点的通知》(财税〔2016〕36号)附件3《营业税改征增值税试点过渡政策的规定》第二条第二项

二、增值税即征即退

(二) 经人民银行、银监会或者商务部批准从事融资租赁业务的试点纳税人中的一般纳税人,提供有形动产融资租赁服务和有形动产融资性售后回租服务,对其增值税实际税负超过3%的部分实行增值税即征即退政策。商务部授权的省级商务主管部门和国家经济技术开发区批准的从事融资租赁业务和融资性售后回租业务的试点

纳税人中的一般纳税人,2016年5月1日后实收资本达到1.7亿元的,从达到标准的当月起按照上述规定执行;2016年5月1日后实收资本未达到1.7亿元但注册资本达到1.7亿元的,在2016年7月31日前仍可按照上述规定执行,2016年8月1日后开展的有形动产融资租赁业务和有形动产融资性售后回租业务不得按照上述规定执行。

四、《关于融资性售后回租业务中承租方出售资产行为有关税收问题》(国家税务总局公告2010年第13号)第一条

根据现行增值税和营业税有关规定,融资性售后回租业务中承租方出售资产的行为,不属于增值税和营业税征收范围,不征收增值税和营业税。

小贴士

流程图附注:

注①:两种租赁方式中,承租方均有权按照残值购入租赁物。

注②:在融资性直租中,出租方需按照承租方要求,从其他企业购入标的物。

注③:融资性直租,以取得的全部价款和价外费用,扣除支付的借款利息(包括外汇借款和人民币借款利息)、发行债券利息和车辆购置税后的余额为销售额。

注④:融资性售后回租,以取得的全部价款和价外费用(不含本金),扣除对外支付的借款利息(包括外汇借款和人民币借款利息)、发行债券利息后的余额作为销售额。

注⑤:享受即征即退条件:

(1)属于商务部授权的省级商务主管部门和国家经济技术开发区批准的从事融资租赁业务和融资性售后回租业务的试点纳税人中的一般纳税人。

(2)租赁公司实收资本必须大于1.7亿元,2016年5月1日后实收资本达到1.7亿元的,从达到标准的当月起享受即征即退;2016年5月1日后实收资本未达到1.7亿元但注册资本达到1.7亿元的,在2016年7月31日前仍可按照即征即退执行;2016年8月1日后开展的有形动产融资租赁业务和有形动产融资性售后回租业务不得享受即征即退。

注⑥:承租方和出租方的优化选择具体如表8-5所示。

表8-5 出租方与承租方的优化选择

情形	出租方	承租方
标的物是不动产	融资性售后回租适用税率更低,更节税	融资性直租可抵扣进项税更多,更节税
标的物是有形动产,出租方不符合即征即退规定的条件		
标的物是有形动产,出租方符合即征即退规定的条件	实际税负都是3%,两种方式无差异	

89 造福于人
——兼用于集体福利全额抵扣进项税

企业不动产用于集体福利方式的纳税筹划如图 8-4 所示。

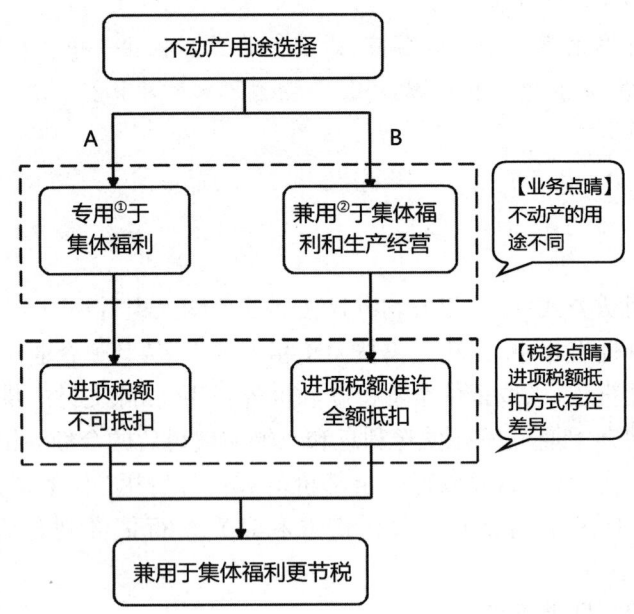

注①：专用于集体福利指企业将购入或租入的不动产专门用于集体福利，如将租入的房屋用于职工宿舍。
注②：兼用于集体福利指企业将购入或者租入的不动产部分用于集体福利，部分用于生产经营，如将租入的房尽部分用于办公，同时部分用于职工宿舍。

图 8-4　企业不动产用于集体福利方式的纳税筹划

实战案例

梅松公司是一家主营化妆品生产与销售的公司，属于增值税一般纳税人。由于公司部分员工实行早、中、晚轮班的工作班制，于是公司就为这些员工统一提供了住宿。近期，梅松公司因业务发展需要招聘了大量新员工。为解决员工住宿问题，公司专门开会研究了此事。会上，行政部提议租入一栋房屋用作员工宿舍，财务部梅经理也表示此计划可行，如果运用恰当，还可以帮助公司减轻税负。随后梅经理列了方案并做了具体分析。

备选方案：
方案一：将租入的房屋专用于员工住宿，房屋租期为 3 年。
方案二：将租入的房屋区分出一层用于办公，其他用于员工住宿。

【案例分析】

假设每月含税房租30万元,则两种方案进项税的抵扣情况如表8-6所示。

表8-6 两种方案进项税的抵扣情况

单位:万元

方案		可抵扣进项税/月
方案一	专用于集体福利	0
方案二	兼用于集体福利	30÷(1+9%)×9%=2.48

结论:

把租入的房屋兼用于集体福利(方案二),进项税额准予全额抵扣,更节税。

政策依据

一、《中华人民共和国增值税暂行条例》第二条第一项、第二项

增值税税率:

(一)纳税人销售货物、劳务、有形动产租赁服务或者进口货物,除本条第二项、第四项、第五项另有规定外,税率为17%。

(二)纳税人销售交通运输、邮政、基础电信、建筑、不动产租赁服务,销售不动产,转让土地使用权,销售或者进口下列货物,税率为11%:

1. 粮食等农产品、食用植物油、食用盐;

2. 自来水、暖气、冷气、热水、煤气、石油液化气、天然气、二甲醚、沼气、居民用煤炭制品;

3. 图书、报纸、杂志、音像制品、电子出版物;

4. 饲料、化肥、农药、农机、农膜;

5. 国务院规定的其他货物。

二、《财政部 国家税务总局关于全面推开营业税改征增值税试点的通知》(财税〔2016〕36号)附件1《营业税改征增值税试点实施办法》第二十七条第一项

下列项目的进项税额不得从销项税额中抵扣:

(1)用于简易计税方法计税项目、免征增值税项目、集体福利或者个人消费的购进货物、加工修理修配劳务、服务、无形资产和不动产。其中涉及的固定资产、无形资产、不动产,仅指专用于上述项目的固定资产、无形资产(不包括其他权益性无形资产)、不动产。

纳税人的交际应酬消费属于个人消费。

三、《财政部 税务总局关于调整增值税税率的通知》(财税〔2018〕32号)第一条

纳税人发生增值税应税销售行为或者进口货物,原适用17%和11%税率的,税率分别调整为16%、10%。

四、《财政部 税务总局 海关总署关于深化增值税改革有关政策的公告》(财政部 税务总局 海关总署公告2019年第39号)第一条、第九条

一、增值税一般纳税人(以下称纳税人)发生增值税应税销售行为或者进口货物,原适用16%税率的,税率调整为13%;原适用10%税率的,税率调整为9%。

九、本公告自2019年4月1日起执行。

五、《财政部 税务总局关于租入固定资产进项税额抵扣等增值税政策的通知》(财税〔2017〕90号)第一条

自2018年1月1日起,纳税人租入固定资产、不动产,既用于一般计税方法计税项目,又用于简易计税方法计税项目、免征增值税项目、集体福利或者个人消费的,其进项税额准予从销项税额中全额抵扣。

💬 小贴士

企业需要综合考虑购入或租入的资产性质是否适合兼用于集体福利。符合条件兼用于集体福利的,应当是真实发生的,不能为了抵扣进项税而弄虚作假。

第 2 节　生产环节纳税筹划

❾⓪ 异曲同工
——来料和进料加工巧选择

来料加工和进料加工选择的纳税筹划如图 8-5 所示。

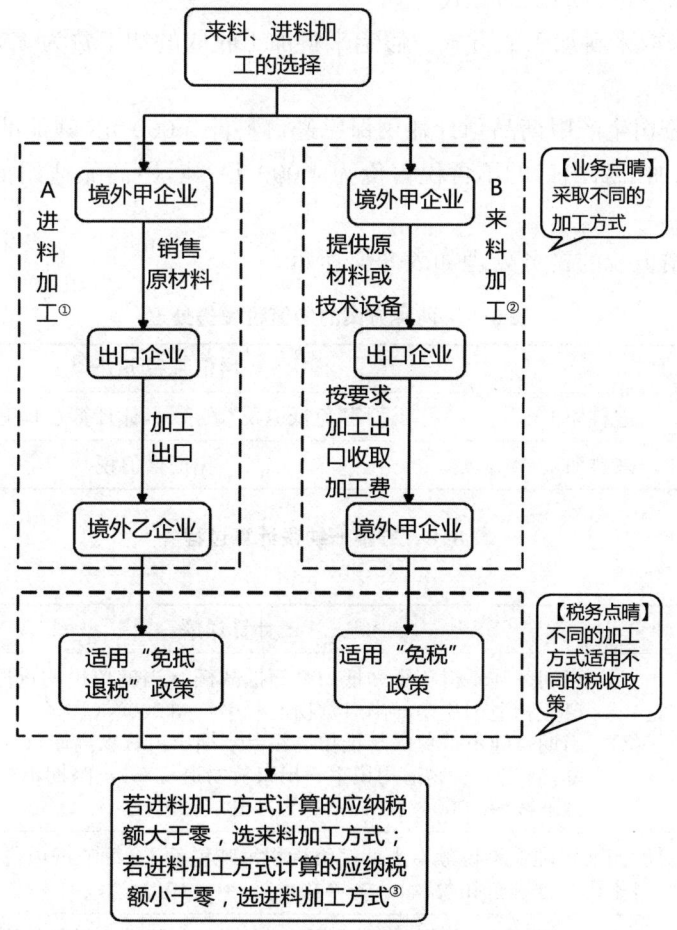

注①：进料加工指出口企业用从境外购进的原材料，经生产加工后复出口。
注②：来料加工指境外企业提供一定的原材料或技术设备，出口企业按要求加工出口并收取加工费。
注③：除税负外，还需综合考虑货物所有权、经营风险等因素进行优化选择。

图 8-5　来料加工和进料加工选择的纳税筹划

实战案例

梅松公司为赵总经营的一家生产出口公司。公司市场部经过调研,发现一款甲产品是热销商品,于是公司决定将该产品列入生产计划。市场部在调研中发现,该商品可以采取进料加工或来料加工两种方式加工出口,但对于该选择哪种方式,市场部拿不定主意,于是赵总请来了财务部梅经理来做方案分析。

梅经理查阅了出口加工两种方式相关的税收政策,对两种方式的增值税税务处理进行了详细分析。

备选方案:

方案一:采取进料加工的方式。

方案二:采取来料加工的方式。假定来料加工收取的加工费为1 000元/吨。

分析:

假设梅松公司生产甲商品预计耗用保税进口料件3 000元,其他准予抵扣的进项税为40元/吨,加工后出口的不含税售价为4 000元/吨,甲商品适用征税率13%、退税率10%。

两种方案增值税的税务处理如表8-7所示。

表8-7 两种方案的增值税税务处理

方案		增值税税务处理
方案一	进料加工	适用"免抵退税"政策(具体计算过程见表8-8)
方案二	来料加工	免征增值税

表8-8 方案一纳税计算过程

步骤	计算详解
第一步:计算不得免征和抵扣税额	(1)当期每吨不得免征和抵扣税额抵减额=当期免税购进原材料价格×(出口货物适用税率-出口货物退税率)=3 000×(13%-10%)=90(元)。 (2)当期每吨不得免征与抵扣税额=当期出口货物离岸价×外汇人民币折合率×(出口货物适用税率-出口货物退税率)-当期不得免征和抵扣税额抵减额=4 000×(13%-10%)-90=30(元)
第二步:计算当期应纳税额	当期每吨应纳税额=当期销售货物每吨税额-(每吨进项税额-当期免抵退不得免征和抵扣税额)=0-(40-30)=-10(元)
第三步:计算当期免抵退税额	(1)当期每吨免抵退税额抵减额=当期免税购进原材料价格×当期出口货物退税率=3 000×10%=300(元)。 (2)当期每吨免抵退税额=当期出口货物离岸价×外汇人民币折合率×出口货物退税率-当期免抵退税额抵减额=4 000×10%-300=100(元)
第四步:计算应退税额和免抵税额	当期每吨留抵税额10元小于免抵退税额100元,故每吨应退税额=10,免抵税额=100-10=90(元)

结论：

方案一可收到退税款，方案二适用免税政策，收取的加工费不征税也不退税。因此，方案一优于方案二。

📄 政策依据

《财政部 国家税务总局关于出口货物劳务增值税和消费税政策的通知》（财税〔2012〕39号）第二条、第四条第一至二项、第五条第一项、第六条第一项

二、增值税退（免）税办法

适用增值税退（免）税政策的出口货物劳务，按照下列规定实行增值税免抵退税或免退税办法。

（1）免抵退税办法。生产企业出口自产货物和视同自产货物（视同自产货物的具体范围见附件4）及对外提供加工修理修配劳务，以及列名生产企业（具体范围见附件5）出口非自产货物，免征增值税，相应的进项税额抵减应纳增值税额（不包括适用增值税即征即退、先征后退政策的应纳增值税额），未抵减完的部分予以退还。

（二）免退税办法。不具有生产能力的出口企业（以下称外贸企业）或其他单位出口货物劳务，免征增值税，相应的进项税额予以退还。

四、增值税退（免）税的计税依据

出口货物劳务的增值税退（免）税的计税依据，按出口货物劳务的出口发票（外销发票）、其他普通发票或购进出口货物劳务的增值税专用发票、海关进口增值税专用缴款书确定。

（一）生产企业出口货物劳务（进料加工复出口货物除外）增值税退（免）税的计税依据，为出口货物劳务的实际离岸价（FOB）。实际离岸价应以出口发票上的离岸价为准，但如果出口发票不能反映实际离岸价，主管税务机关有权予以核定。

（二）生产企业进料加工复出口货物增值税退（免）税的计税依据，按出口货物的离岸价（FOB）扣除出口货物所含的海关保税进口料件的金额后确定。

……

五、增值税免抵退税和免退税的计算

（一）生产企业出口货物劳务增值税免抵退税，依下列公式计算：

1. 当期应纳税额的计算

当期应纳税额＝当期销项税额－（当期进项税额－当期不得免征和抵扣税额）

当期不得免征和抵扣税额＝当期出口货物离岸价×外汇人民币折合率×（出口货物适用税率－出口货物退税率）－当期不得免征和抵扣税额抵减额

当期不得免征和抵扣税额抵减额＝当期免税购进原材料价格×（出口货物适用税率－出口货物退税率）

2. 当期免抵退税额的计算

当期免抵退税额＝当期出口货物离岸价×外汇人民币折合率×出口货物退税率－当期免抵退税额抵减额

当期免抵退税额抵减额＝当期免税购进原材料价格×出口货物退税率

3. 当期应退税额和免抵税额的计算

（1）当期期末留抵税额≤当期免抵退税额，则

当期应退税额＝当期期末留抵税额

当期免抵税额＝当期免抵退税额－当期应退税额

（2）当期期末留抵税额＞当期免抵退税额，则

当期应退税额＝当期免抵退税额　　当期免抵税额＝0

当期期末留抵税额为当期增值税纳税申报表中"期末留抵税额"。

六、适用增值税免税政策的出口货物劳务

对符合下列条件的出口货物劳务，除适用本通知第七条规定外，按下列规定实行免征增值税（以下称增值税免税）政策：

（一）适用范围。

适用增值税免税政策的出口货物劳务，是指：

1. 出口企业或其他单位出口规定的货物，具体是指：

……

（12）来料加工复出口的货物。

小贴士

1. 风险提示

进料加工的货物权利归属于出口企业，同时，出口企业需要承担经营、销售风险。来料加工的货物权利归属于外商，出口企业只收取加工费，不承担经营风险、销售风险。因此，除税负外，纳税人还需要综合考虑货物所有权、经营风险等因素进行优化选择。

2. 加工方式的优化选择

加工方式的优化选择如表 8-9 所示。

表 8-9　加工方式的优化选择

适用情形	具体表现	优化选择
进料加工方式下计算出的应纳税额＞0	货物销售价格高、利润率高	来料加工
	加工货物耗用人力、物力的进项税较小	
	征退税率相差大	
进料加工方式下计算出的应纳税额＜0	销售价格低、利润率低	进料加工

91 另请高明
——巧选委托加工对象降低税负

企业选择委托加工对象的纳税筹划如图 8-6 所示。

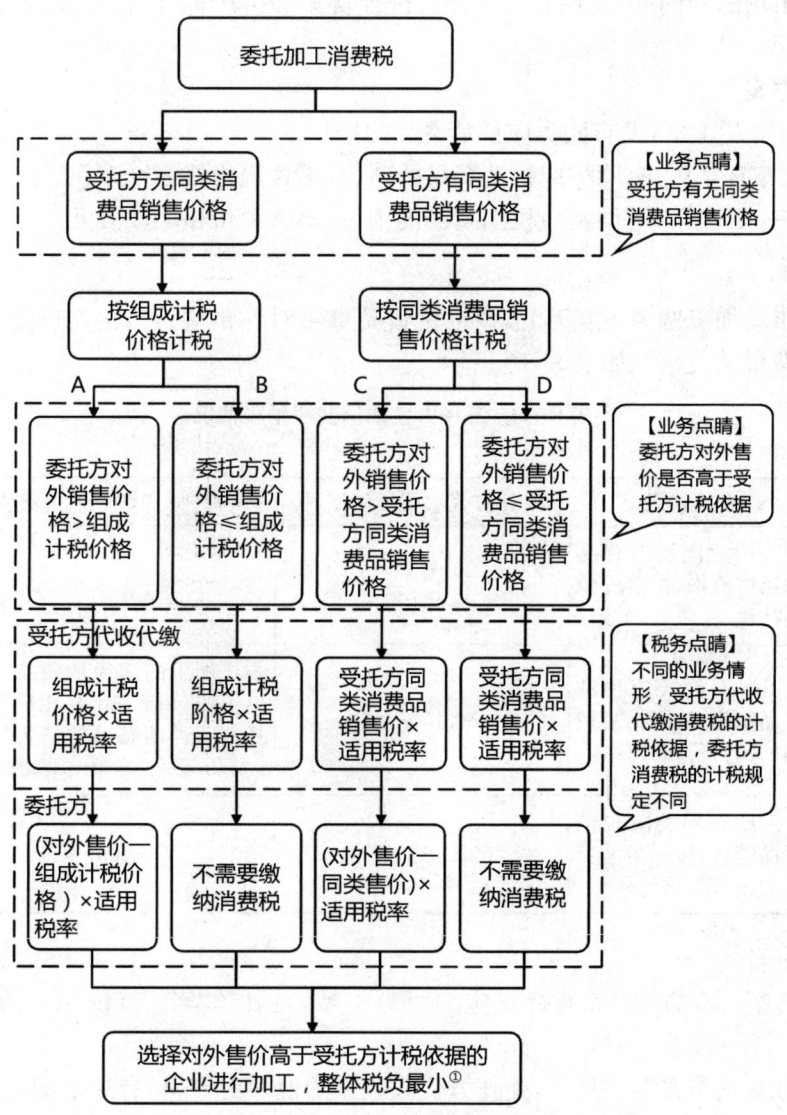

注①：对外售价高于受托方计税依据的，选择计税依据较低的企业进行加工，可减少收回时代收代缴的税款，具有递延纳税优势。

图 8-6 企业选择委托加工对象的纳税筹划

实战案例

梅松公司是当地一家化妆品生产公司,最近应客户要求,公司采购了500万元的原材料准备加工成高档化妆品销售,但由于公司生产线已经饱和,为了及时交付订单,只能找其他公司代为加工生产。

经过市场部的调查,发现有三家公司符合自家的生产标准,但三家公司的具体情况各有不同。

备选方案:

方案一:A工厂,没有同类应税消费品的销售。

方案二:B工厂,有同类应税消费品的销售,不含税价格800万元。

方案三:C工厂,有同类应税消费品的销售,不含税价格700万元。

【案例分析】

假设市场加工费为100万元,该批化妆品直接对外销售价格为750万元,则三种方案的消费税纳税情况如表8-10所示。

表8-10 三种方案的消费税纳税情况

单位:万元

方案	具体情况	受托方代收代缴消费税	对外销售时应纳消费税	合计
方案一	A工厂无同类消费品的销售价格,按组成价格计税	$(500+100)\div(1-15\%)\times 15\%=105.88$	$750\times 15\%-105.88=6.62$	112.5
方案二	B工厂有同类应税消费品销售,按同类消费品的销售价格计税	$800\times 15\%=120$	委托加工的应税消费品直接出售的价格750万元小于受托方同类消费品的销售价格800万元,不再缴纳消费税	120
方案三	C工厂有同类应税消费品销售,按同类消费品的销售价格计税	$700\times 15\%=105$	$750\times 15\%-105=7.5$	112.5

结论:

(1) 方案一和方案三,消费税应纳税额一致,均比方案二节税7.5万元(120-112.5)。

(2) 方案三与方案一相比,受托方代收代缴的税额更少,具有递延纳税的优势,故方案三是税收上的最优选择。

政策依据

一、《中华人民共和国消费税暂行条例》第四条、第八条

第四条　纳税人生产的应税消费品,于纳税人销售时纳税。纳税人自产自用的应税消费品,用于连续生产应税消费品的,不纳税;用于其他方面的,于移送使用时纳税。

委托加工的应税消费品,除受托方为个人外,由受托方在向委托方交货时代收代缴税款。委托加工的应税消费品,委托方用于连续生产应税消费品的,所纳税款准予按规定抵扣。

第八条　委托加工的应税消费品,按照受托方的同类消费品的销售价格计算纳税;没有同类消费品销售价格的,按照组成计税价格计算纳税。

实行从价定率办法计算纳税的组成计税价格计算公式:

$$组成计税价格=(材料成本+加工费)\times(1-比例税率)$$

实行复合计税办法计算纳税的组成计税价格计算公式:

$$组成计税价格=(材料成本+加工费+委托加工数量\times定额税率)\times(1-比例税率)$$

二、《中华人民共和国消费税暂行条例实施细则》第七条

条例第四条第二款所称委托加工的应税消费品,是指由委托方提供原料和主要材料,受托方只收取加工费和代垫部分辅助材料加工的应税消费品。对于由受托方提供原材料生产的应税消费品,或者受托方先将原材料卖给委托方,然后再接受加工的应税消费品,以及由受托方以委托方名义购进原材料生产的应税消费品,不论在财务上是否作销售处理,都不得作为委托加工应税消费品,而应当按照销售自制应税消费品缴纳消费税。

委托加工的应税消费品直接出售的,不再缴纳消费税。

委托个人加工的应税消费品,由委托方收回后缴纳消费税。

三、《财政部　国家税务总局关于〈中华人民共和国消费税暂行条例实施细则〉有关条款解释的通知》(财法〔2012〕8号)

委托方将收回的应税消费品,以不高于受托方的计税价格出售的,为直接出售,不再缴纳消费税;委托方以高于受托方的计税价格出售的,不属于直接出售,需按照规定申报缴纳消费税,在计税时准予扣除受托方已代收代缴的消费税。

小贴士

同类消费品销售价格:

(1) 通常为受托方当月销售的同类消费品的销售价格,如果当月同类消费品各期销售价格高低不同,应按销售数量加权平均计算。

(2) 如同类消费品当月无销售或者当月未完结,应按照同类消费品上月或者最近月份的销售价格确定。

92 转弯抹角
——巧用间接借款全额扣除利息

企业借款方式的纳税筹划如图 8-7 所示。

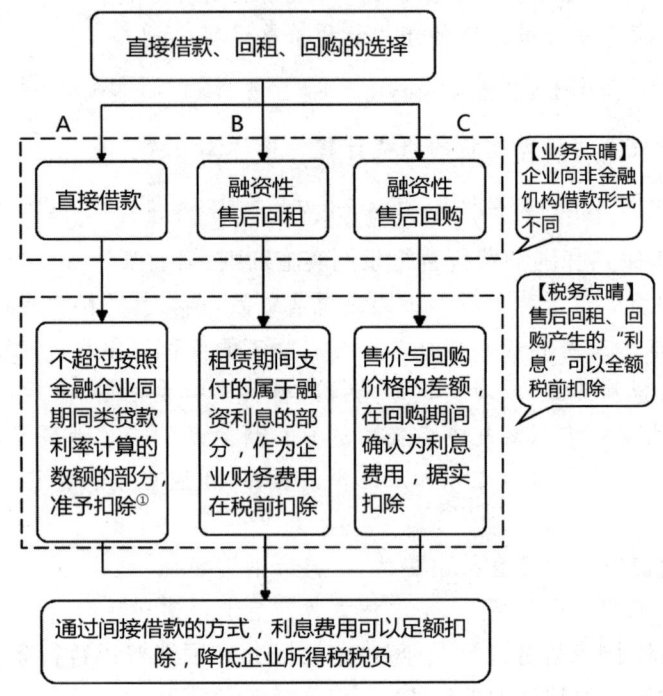

注①：向关联企业借款，不满足独立交易原则或借款方实际税负高于境内关联方的，接受关联方债权性投资与其权益性投资比例限定为：金融企业 5∶1，非金融企业 2∶1。

图 8-7　企业借款方式的纳税筹划

实战案例

在同学聚会上，赵总看见自己的校友老钱愁眉不展，便上前询问原因。原来，自 2020 年起，老钱的公司受疫情影响严重，企业资金周转困难，需对外借款 2 000 万元，可是已经无法再从银行取得借款。前几次，他向其他企业直接借款，最终都被税务机关被要求补税和罚款，这可愁坏了他。

赵总听后微微一笑，"这事儿就包在我身上啦，我找人帮你出出主意"，说完当即给公司的梅经理打了电话，梅经理在得知基本情况后，提出了以下两种方案并进行了分析。

备选方案：

方案一：直接借款 2 000 万元，年利率 12%。

方案二：以融资性售后回购的形式，将公司的生产线以 2 000 万元价格销售给债权方，并约定 1 年后以 2 240 万元的价格回购。

【案例分析】

假设公司当年不考虑该笔借款预计的应纳税所得额 600 万元，同期同类银行贷款利率为 7%。则两种方案的企业所得税纳税情况如表 8-11 所示。

表 8-11　两种方案的企业所得税纳税情况

单位：万元

方案	允许税前扣除的利息费用	应纳税所得额	应纳税额
方案一	2 000×7%=140	600−140=460	115
方案二	2 240−2 000=240	600−240=360	90
税收差异	—	—	25

结论：

采用融资性售后回购的形式（方案二），企业所得税可以减少 25 万元。

政策依据

一、《财政部　国家税务总局关于企业关联方利息支出税前扣除标准有关税收政策问题的通知》(财税〔2008〕121 号)第一条至第四条

一、在计算应纳税所得额时，企业实际支付给关联方的利息支出，不超过以下规定比例和税法及其实施条例有关规定计算的部分，准予扣除，超过的部分不得在发生当期和以后年度扣除。

企业实际支付给关联方的利息支出，除符合本通知第二条规定外，其接受关联方债权性投资与其权益性投资比例为：

（一）金融企业，为 5∶1；

（二）其他企业，为 2∶1；

二、企业如果能够按照税法及其实施条例的有关规定提供相关资料，并证明相关交易活动符合独立交易原则的；或者该企业的实际税负不高于境内关联方的，其实际支付给境内关联方的利息支出，在计算应纳税所得额时准予扣除。

三、企业同时从事金融业务和非金融业务，其实际支付给关联方的利息支出，应按照合理方法分开计算；没有按照合理方法分开计算的，一律按本通知第一条有关其他企业的比例计算准予税前扣除的利息支出。

四、企业自关联方取得的不符合规定的利息收入应按照有关规定缴纳企业所得税。

二、《国家税务总局关于融资性售后回租业务中承租方出售资产行为有关税收问题的公告》(国家税务总局公告 2010 年第 13 号)第二条

根据现行中华人民共和国企业所得税法及有关收入确定规定,融资性售后回租业务中,承租人出售资产的行为,不确认为销售收入,对融资性租赁的资产,仍按承租人出售前原账面价值作为计税基础计提折旧。租赁期间,承租人支付的属于融资利息的部分,作为企业财务费用在税前扣除。

三、《国家税务总局关于确认企业所得税收入若干问题的通知》(国税函〔2008〕875 号)第一条第三项

(三)采用售后回购方式销售商品的,销售的商品按售价确认收入,回购的商品作为购进商品处理。有证据表明不符合销售收入确认条件的,如以销售商品方式进行融资,收到的款项应确认为负债,回购价格大于原售价的,差额应在回购期间确认为利息费用。

小贴士

1. 其他税收提示

(1)企业采用该业务模式借款,须满足税法上关于融资性售后回租、回购的相关规定及要求。

(2)若融资性售后回购业务对应的标的物属于增值税的应税货物,应当缴纳增值税。

2. 会计处理

融资性售后回购业务属于一种担保借款行为,因此,不确认收入,也不结转相应的成本,在业务发生时,将发生的款项记入"其他应付款"科目。

93 通力合作
——"公司+农户"模式享受减免

企业种植销售农产品经营模式的纳税筹划如图 8-8 所示。

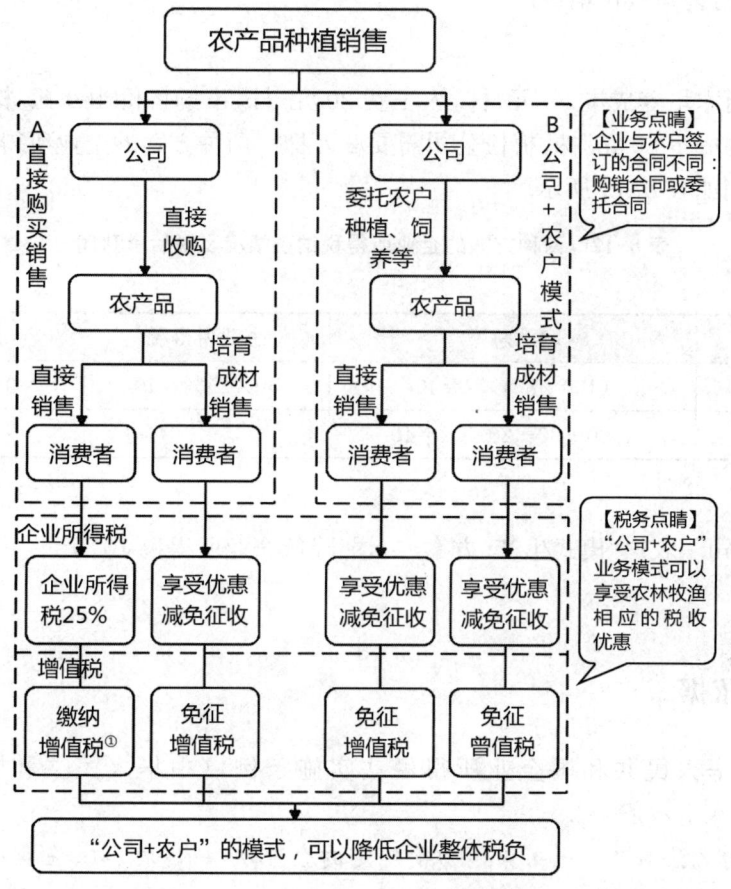

注①：对从事蔬菜批发、零售的纳税人销售的蔬菜免征增值税，详见财税〔2011〕137 号；对从事农产品批发、零售的纳税人销售的部分鲜活肉蛋产品免征增值税，详见财税〔2012〕75 号。

图 8-8 企业种植销售农产品经营模式的筹划

实战案例

梅松公司是当地一家较大的苗木公司，除了自种自产苗木，还与当地的农户建立了合作关系，每年定期向农户们采购指定苗木。通过几年的经营，总经理赵总发现公司从农户购买苗木再销售的业务模式面临着较大的税负。

最近刚好有人组织了一个税务学习班,于是赵总带着疑惑报了名。课间休息时,赵总立即向讲课的梅经理咨询了如何能够降低企业的企业所得税税负的问题。梅经理听了赵总详细的介绍后,向赵总提出了两种方案并进行了分析。

备选方案:

方案一:与农户签订采购合同,直接采购成品进行销售。

方案二:与农户签订委托合同,同时向农户提供幼苗、疫苗等,农户将幼苗养大成为成品后,交付公司进行销售。

【案例分析】

假设该苗木培养成本 60 元/株,人工费 20 元/株,市场售价 100 元/株,从农户手中取得苗木的成本 80 元/株,梅松公司需要 2 万株。两种方案的企业所得税纳税情况及税后净利润如表 8-12 所示。

表 8-12 两种方案的企业所得税纳税情况及税后净利润

单位:万元

方案	利润总额	企业所得税	净利润
方案一	(100−80)×2=40	40×25%=10	40−10=30
方案二	(100−60−20)×2=40	—	40

结论:

采用"公司+农户"模式生产(方案二),能降低企业所得税 10 万元,并增加相应的净利润。

政策依据

一、《中华人民共和国企业所得税法实施条例》(中华人民共和国国务院令第 512 号)第八十六条

企业所得税法第二十七条第(一)项规定的企业从事农、林、牧、渔业项目的所得,可以免征、减征企业所得税,是指:

(一)企业从事下列项目的所得,免征企业所得税:

1. 蔬菜、谷物、薯类、油料、豆类、棉花、麻类、糖料、水果、坚果的种植;
2. 农作物新品种的选育;
3. 中药材的种植;
4. 林木的培育和种植;
5. 牲畜、家禽的饲养;
6. 林产品的采集;
7. 灌溉、农产品初加工、兽医、农技推广、农机作业和维修等农、林、牧、渔服务业项目;

8. 远洋捕捞。

(二) 企业从事下列项目的所得,减半征收企业所得税:

1. 花卉、茶以及其他饮料作物和香料作物的种植;

2. 海水养殖、内陆养殖。

企业从事国家限制和禁止发展的项目,不得享受本条规定的企业所得税优惠。

二、《国家税务总局关于"公司+农户"经营模式企业所得税优惠问题的公告》(国家税务总局公告2010年第2号)

现就有关"公司+农户"模式企业所得税优惠问题通知如下:

目前,一些企业采取"公司+农户"经营模式从事牲畜、家禽的饲养,即公司与农户签订委托养殖合同,向农户提供畜禽苗、饲料、兽药及疫苗等(所有权〈产权〉仍属于公司),农户将畜禽养大成为成品后交付公司回收。鉴于采取"公司+农户"经营模式的企业,虽不直接从事畜禽的养殖,但系委托农户饲养,并承担诸如市场、管理、采购、销售等经营职责及绝大部分经营管理风险,公司和农户是劳务外包关系。为此,对此类以"公司+农户"经营模式从事农、林、牧、渔业项目生产的企业,可以按照《中华人民共和国企业所得税法实施条例》第八十六条的有关规定,享受减免企业所得税优惠政策。

本公告自2010年1月1日起施行。

小贴士

1. 企业满足《中华人民共和国企业所得税法实施条例》第八十六条中规定的情形,才能享受对应的优惠。

2. 企业需要关注农户所处的地理环境以及诚信等问题。

94 自力更生
——自行加工应税消费品减轻税负

企业消费品加工方式的纳税筹划如图 8-9 所示。

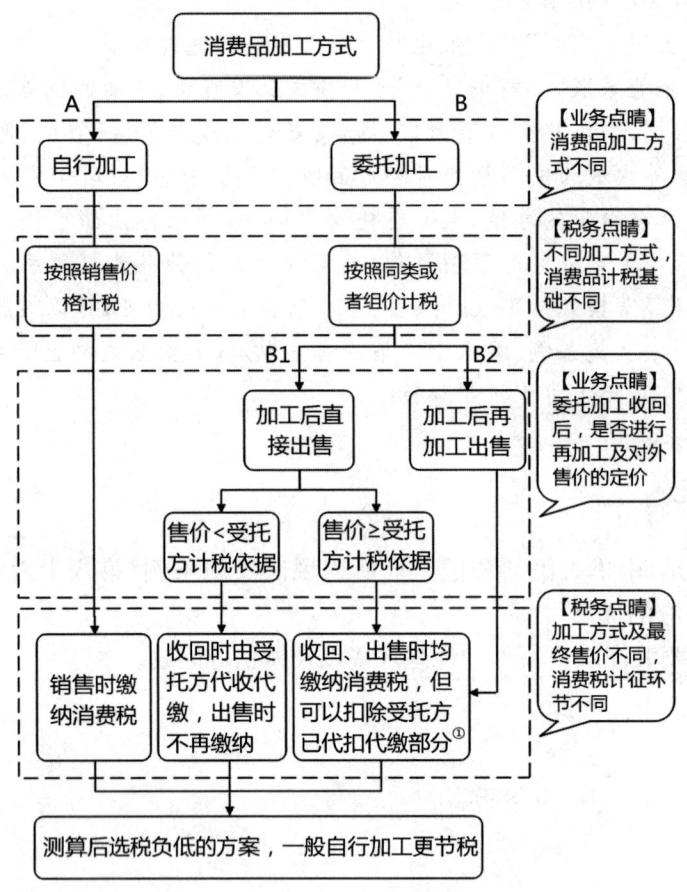

注①：准予从消费税应纳税额中扣除原料已纳消费税税款的应税消费品范围，详见财税〔2006〕33 号。

图 8-9 企业消费品加工方式的纳税筹划

实战案例

梅松公司是当地一家卷烟厂，具备加工烟丝的能力。2018 年的雨水较为充沛，烟叶价格较往年都要低，于是公司准备大量采购烟叶，预计采购烟叶成本 500 万元，主要用于加工甲类卷烟进行销售。

假设从烟叶到烟丝到卷烟加工费共计 60 万元，则针对该业务有以下三种方案。

备选方案：

方案一：自行加工成甲类卷烟，发生加工费 60 万元。

方案二：委托其他公司加工成烟丝，支付加工费 40 万元，收回后继续加工成甲类卷烟，发生加工费用 20 万元。

方案三：委托其他公司直接加工成甲类卷烟，支付加工费 60 万元。

【案例分析】

假设梅松公司该批烟叶可加工成甲类卷烟 10 万条，对外售价预计为 800 万元（不含税），被委托公司无同类应税消费品销售。则三种方案的消费税纳税情况如表 8-13 所示。

表 8-13 三种方案的消费税纳税情况

单位：万元

方案	应纳消费税			纳税时间
	委托加工代收代缴	对外销售	合计	
方案一	—	800×56%+10×0.6=454	454	对外销售时纳税
方案二	(500＋40)÷(1－30%)×30%=231.43	800×56%+10×0.6－231.43=222.57	454	231.43 万在收回委托加工应税消费品时缴纳，其余对外销售时纳税
方案三	(500＋60＋10×0.6)÷(1－56%)×56%+10×0.6=726.36	售价小于委托方组成计税价格，无需纳税	726.36	收回委托加工应税消费品时纳税

结论：

（1）方案一和方案二缴纳的消费税一致，均比方案三节税 272.36 万元（726.36－454）。

（2）方案一与方案二相比可递延纳税，故选择自行加工更有利。

> **政策依据**

一、《中华人民共和国消费税暂行条例》第四条、第八条

第四条 纳税人生产的应税消费品，于纳税人销售时纳税。纳税人自产自用的应税消费品，用于连续生产应税消费品的，不纳税；用于其他方面的，于移送使用时纳税。

委托加工的应税消费品，除受托方为个人外，由受托方在向委托方交货时代收代缴税款。委托加工的应税消费品，委托方用于连续生产应税消费品的，所纳税款准予按规定抵扣。

第八条 委托加工的应税消费品，按照受托方的同类消费品的销售价格计算纳税；没有同类消费品销售价格的，按照组成计税价格计算纳税。

实行从价定率办法计算纳税的组成计税价格计算公式：

组成计税价格＝（材料成本＋加工费）÷（1－比例税率）

实行复合计税办法计算纳税的组成计税价格计算公式：

组成计税价格＝（材料成本＋加工费＋委托加工数量×定额税率）÷（1－比例税率）

二、《中华人民共和国消费税暂行条例实施细则》第七条第二款、第三款

委托加工的应税消费品直接出售的，不再缴纳消费税。

委托个人加工的应税消费品，由委托方收回后缴纳消费税。

三、《财政部 国家税务总局关于调整和完善消费税政策的通知》（财税〔2006〕33号）第七条

下列应税消费品准予从消费税应纳税额中扣除原料已纳的消费税税款：

（一）以外购或委托加工收回的已税杆头、杆身和握把为原料生产的高尔夫球杆。

（二）以外购或委托加工收回的已税木制一次性筷子为原料生产的木制一次性筷子。

（三）以外购或委托加工收回的已税实木地板为原料生产的实木地板。

（四）以外购或委托加工收回的已税石脑油为原料生产的应税消费品。

（五）以外购或委托加工收回的已税润滑油为原料生产的润滑油。

已纳消费税税款抵扣的管理办法由国家税务总局另行制定。

四、《财政部 国家税务总局关于〈中华人民共和国消费税暂行条例实施细则〉有关条款解释的通知》（财法〔2012〕8号）

委托方将收回的应税消费品，以不高于受托方的计税价格出售的，为直接出售，不再缴纳消费税；委托方以高于受托方的计税价格出售的，不属于直接出售，需按照规定申报缴纳消费税，在计税时准予扣除受托方已代收代缴的消费税。

小贴士

企业选择自行加工时，往往需要增加厂房、设备、聘请专业的技术人员等，其加工成本可能高于委托加工，引发经营风险。

第3节 销售环节纳税筹划

95 田忌赛马
——先销后包降低成套销售税负

企业销售成套商品的纳税筹划如图 8-10 所示。

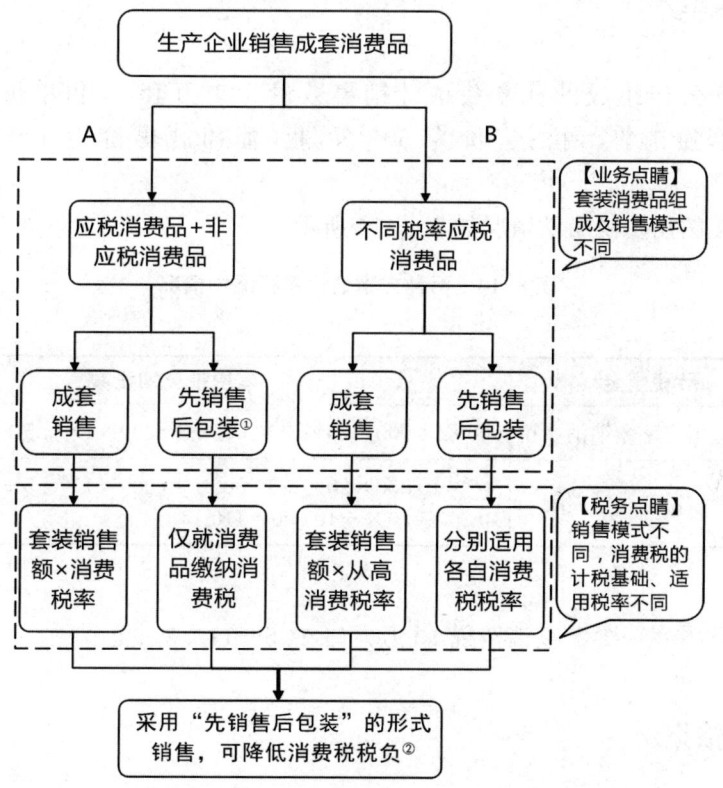

注①：先将应税消费品销售给批发商等下游企业，再由批发商等下游企业包装成成套消费品对外销售。
注②：销售给批发商等下游企业的定价要在合理范围内，否则有被税务机关核定的风险。

图 8-10　企业销售成套商品的纳税筹划

实战案例

最近几天梅松公司的赵总有些犯愁，客户订好的葡萄酒突然取消了订单，让他有点措手不及,并且也没有找到合适的买家。这天陪孩子逛超市,看见超市卖的海鲜大礼包,突然他灵机一动,"能不能把这批葡萄酒和白酒打包做成礼盒销售呢"?过了几周,终于找到了相应的客户,愿意采购一批葡萄酒和白酒的礼盒。

在某天管理层会议上,财务部门的梅经理说道:"葡萄酒和白酒打包成礼盒销售,可是要从高税率缴纳消费税的呀"。赵总听了,连忙说,"那可有什么办法能够解决这个问题?"梅经理缓缓说道,"想解决很简单,只要'先销售后包装'就可以节省一部分消费税了"。

备选方案:

方案一:将1瓶白酒和1瓶葡萄酒组成礼品套装销售,从高适用消费税税率。

方案二:将白酒和葡萄酒分开单独销售给批发商,由批发商包装成套再销售,各自适用不同税率。

分析:

假设梅松公司组成的礼盒装预计销售数量为1万套,销售单价不含增值税600元/套。单独销售,白酒售价为500元/瓶,葡萄酒售价为100元/瓶,均为500克装。

两种方案的消费税缴纳情况如表8-14所示。

表8-14 两种方案的消费税缴纳情况

单位:万元

方案	计税规定	消费税应纳税额
方案一	从高适用税率缴纳消费税	600×10 000×20%÷10 000+10 000×1×0.5÷10 000=120.5
方案二	分别核算缴纳消费税	500×10 000×20%÷10 000+10 000×1×0.5÷10 000+100×10 000×10%÷10 000=110.5

结论:

方案二比方案一少缴纳消费税10万元(120.5-110.5),更节税。

政策依据

一、《中华人民共和国消费税暂行条例》第三条、第六条

第三条 纳税人兼营不同税率的应当缴纳消费税的消费品(以下简称应税消费品),应当分别核算不同税率应税消费品的销售额、销售数量;未分别核算销售额、销售数量,或者将不同税率的应税消费品组成成套消费品销售的,从高适用税率。

第六条 销售额为纳税人销售应税消费品向购买方收取的全部价款和价外费用。

二、《中华人民共和国消费税暂行条例实施细则》第十四条

条例第六条所称价外费用,是指价外向购买方收取的手续费、补贴、基金、集资费、返还利润、奖励费、违约金、滞纳金、延期付款利息、赔偿金、代收款项、代垫款项、包装

费、包装物租金、储备费、优质费、运输装卸费以及其他各种性质的价外收费。但下列项目不包括在内：

（一）同时符合以下条件的代垫运输费用：

1. 承运部门的运输费用发票开具给购买方的；

2. 纳税人将该项发票转交给购买方的。

（二）同时符合以下条件代为收取的政府性基金或者行政事业性收费：

1. 由国务院或者财政部批准设立的政府性基金，由国务院或者省级人民政府及其财政、价格主管部门批准设立的行政事业性收费；

2. 收取时开具省级以上财政部门印制的财政票据；

3. 所收款项全额上缴财政。

三、《财政部 国家税务总局关于调整和完善消费税政策的通知》（财税〔2006〕33号）第五条

关于组成套装销售的计税依据

纳税人将自产的应税消费品与外购或自产的非应税消费品组成套装销售的，以套装产品的销售额（不含增值税）为计税依据。

四、《国家税务总局关于加强白酒消费税征收管理的通知》（国税函〔2009〕380号）附件第二条

白酒生产企业销售给销售单位的白酒，生产企业消费税计税价格低于销售单位对外销售价格（不含增值税，下同）70％以下的，税务机关应核定消费税最低计税价格。

小贴士

采用"先销售后包装"的模式销售给批发商的价格过低，有被税务机关核定的风险。比如，白酒生产企业销售给销售单位的白酒，生产企业消费税计税价格低于销售单位对外销售价格70％以下的，税务机关需要核定消费税最低计税价格。

96 标新立异
——租赁变仓储服务降税负

企业闲置房产对外出租的纳税筹划如图 8-11 所示。

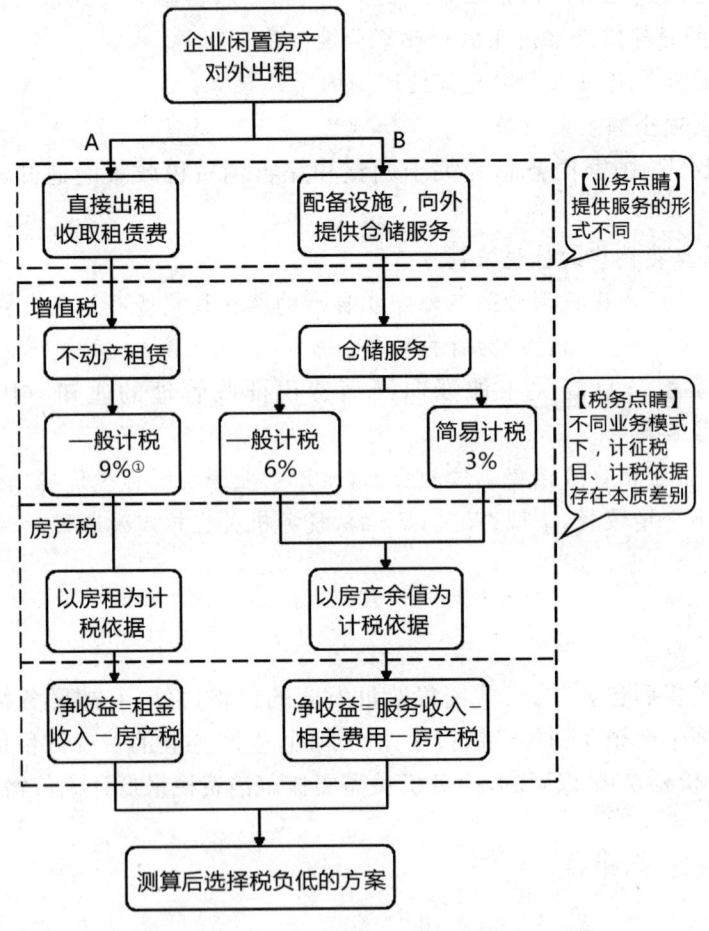

注①：若属于在 2016 年 4 月 30 日以前取得的房产，可选择简易计税，适用征收率 5%。

图 8-11 企业闲置房产对外出租的纳税筹划

实战案例

梅松公司地处相对偏僻的郊区，拥有大量车间、厂房及库房，形成了一片工业园，其账面价值为 2 000 万元。由于园区周围目前配套设施不完善，暂时无法引进工业生产企业。于是公司负责人赵总召开了管理层会议，研究如何利用园区内空置的厂房来增加公司的收益。会上,业务部门提出,可以出租该厂房,也可以将厂房改为仓库,同时配备保管人员,为客户提供仓储服务。赵总觉得两种方案都可行,于是想让财务部梅经理针对其中的税务事项发表意见。

梅经理根据业务部门提供的资料,指出两种方案在增值税和房产税的缴纳上都有所不同,并做了具体分析。

备选方案:

方案一:将闲置库房出租,收取租赁费假设年含税租金收入为 300 万元。

方案二:将库房改为仓库,配备保管人员,为客户提供仓储服务,收取仓储费。假设年含税仓储收入为 300 万元,保管人员工资 15 万/年。

【案例分析】

假设梅松公司为增值税一般纳税人,当地房产税按照原值的 70% 计征,则两种方案的增值税和房产税的纳税情况如表 8-15 所示。

表 8-15 两种方案的增值税和房产税的纳税情况

单位:万元

税负	方案一	方案二
增值税	$300 \div (1+9\%) \times 9\% = 24.77$	$300 \div (1+6\%) \times 6\% = 16.98$
房产税	$300 \div (1+9\%) \times 12\% = 33.03$	$2\,000 \times 70\% \times 1.2\% = 16.8$
合计	57.8	33.78

结论:

方案二虽然比方案一增加了保管人员工资 15 万元,但比方案一少缴纳税款 24.02 万元(57.8−33.78),总计为企业节省资金 9.02 万元(24.02−15)。

政策依据

一、《中华人民共和国房产税暂行条例》第三条、第四条

第三条 房产税依照房产原值一次减除 10% 至 30% 后的余值计算缴纳。具体减除幅度,由省、自治区、直辖市人民政府规定。

没有房产原值作为依据的,由房产所在地税务机关参考同类房产核定。

房产出租的,以房产租金收入为房产税的计税依据。

第四条 房产税的税率,依照房产余值计算缴纳的,税率为 1.2%;依照房产租金收入计算缴纳的,税率为 12%。

二、《财政部 国家税务总局关于全面推开营业税改征增值税试点的通知》(财税〔2016〕36 号)附件 1《营业税改征增值税试点实施办法》第十五条、第十六条

第十五条 增值税税率:

(一)纳税人发生应税行为,除本条第(二)项、第(三)项、第(四)项规定外,税率

为6%。

（二）提供交通运输、邮政、基础电信、建筑、不动产租赁服务,销售不动产,转让土地使用权,税率为11%。

（三）提供有形动产租赁服务,税率为17%。

（四）境内单位和个人发生的跨境应税行为,税率为零。具体范围由财政部和国家税务总局另行规定。

第十六条　增值税征收率为3%,财政部和国家税务总局另有规定的除外。

三、《财政部　税务总局关于调整增值税税率的通知》(财税〔2018〕32号)第一条

纳税人发生增值税应税销售行为或者进口货物,原适用17%和11%税率的,税率分别调整为16%、10%。

四、《财政部　税务总局　海关总署关于深化增值税改革有关政策的公告》(财政部　税务总局　海关总署公告2019年第39号)第一条

增值税一般纳税人(以下称纳税人)发生增值税应税销售行为或者进口货物,原适用16%税率的,税率调整为13%；原适用10%税率的,税率调整为9%。

小贴士

1. 企业提供仓储业务必须具备相应的资质,须取得专门从事或者兼营仓储业务的营业许可证。

2. 企业提供仓储业务需对储存货物承担责任,一旦发生毁损,则需要承担相应的赔偿责任。

3. 企业提供仓储业务需考虑必要的人力、物力成本,若所需成本过大,则会导致纳税筹划失败。

97 改弦更张
——优选盈利方式降低税负

电商平台盈利模式的纳税筹划如图 8-12 所示。

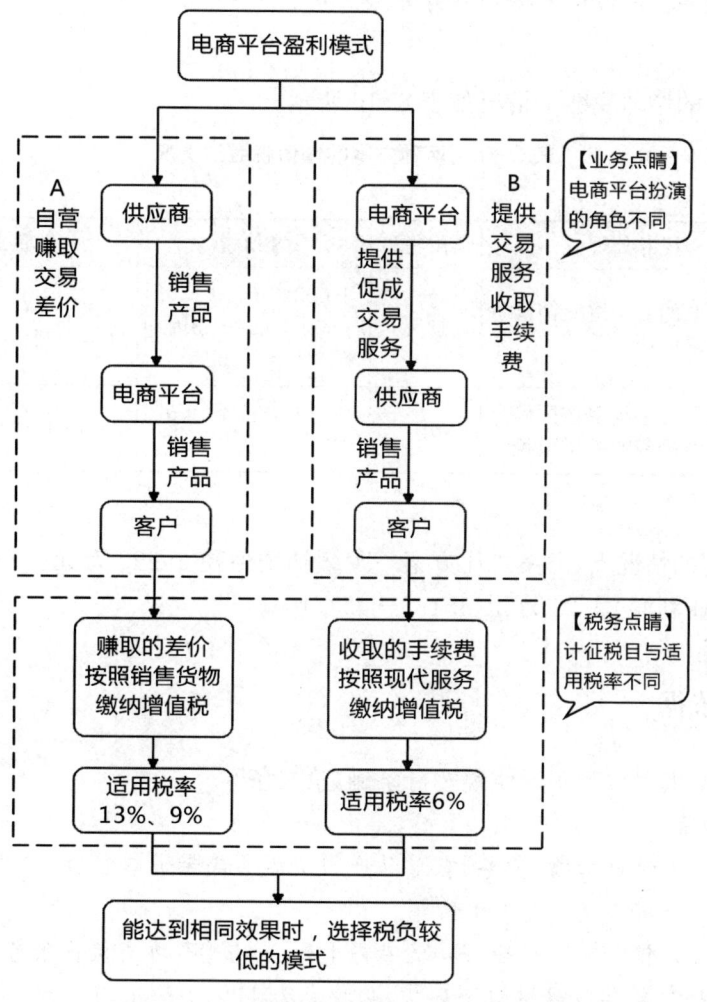

图 8-12 电商平台盈利模式的纳税筹划

实战案例

梅松公司是一家新成立的电商企业,由于市场上电商企业数量较多,竞争比较激烈,赵总及其他几个股东暂时还没有确定以何种形式经营业务。

赵总查阅资料后发现电商企业有不同的盈利模式。于是他找来财务部的梅经理商量经营模式。梅经理针对不同的经营模式,从税收的角度进行了纳税情况测算及分析。

备选方案:

方案一:从上游供应商买入产品后再卖给下游的客户,整个交易在平台上完成。假设年进销差价为 500 万元。

方案二:供应商在平台上展示销售产品,消费者在平台上寻找供应商,平台提供促成交易的服务。假设可取得 500 万元服务费。

【案例分析】

两种方案的增值税缴纳情况如表 8-16 所示。

表 8-16 两种方案的增值税缴纳情况

金额单位:万元

方案	税务处理	适用税率	增值税	企业利润
方案一	平台赚取的差价按照销售货物缴纳增值税	13%	[1 000÷(1+13%)−500÷(1+13%)]×13%=57.52	1 000÷(1+13%)−500÷(1+13%)−20=422.48
方案二	平台收取的手续费按照信息系统增值服务缴纳增值税	6%	500÷(1+6%)×6%=28.3	500÷(1+6%)−20=451.7

结论:

收益相同的情况下,方案二比方案一少缴纳增值税 29.22 万元(57.52−28.30),同时,增加企业利润 29.22 万元(451.7−422.48)。

📄 政策依据

一、《中华人民共和国增值税暂行条例》第二条

增值税税率

(一)纳税人销售货物、劳务、有形动产租赁服务或者进口货物,除本条第二项、第四项、第五项另有规定外,税率为 17%。

(二)纳税人销售交通运输、邮政、基础电信、建筑、不动产租赁服务,销售不动产,转让土地使用权,销售或者进口下列货物,税率为 11%……

(三)纳税人销售服务、无形资产,除本条第一项、第二项、第五项另有规定外,税率为 6%。

(四)纳税人出口货物,税率为零;但是,国务院另有规定的除外。

(五)境内单位和个人跨境销售国务院规定范围内的服务、无形资产,税率为零。

二、《财政部 国家税务总局关于全面推开营业税改征增值税试点的通知》(财税〔2016〕36 号)附件 1《营业税改征增值税试点实施办法》附件《销售服务、无形资产、不动产注释》第一条第六项第二点

2. 信息技术服务。

信息技术服务,是指利用计算机、通信网络等技术对信息进行生产、收集、处理、加工、存储、运输、检索和利用,并提供信息服务的业务活动。包括软件服务、电路设计及测试服务、信息系统服务、业务流程管理服务和信息系统增值服务。

……

(5) 信息系统增值服务,是指利用信息系统资源为用户附加提供的信息技术服务。包括数据处理、分析和整合、数据库管理、数据备份、数据存储、容灾服务、电子商务平台等。

三、《财政部 税务总局关于调整增值税税率的通知》(财税〔2018〕32号)第一条

纳税人发生增值税应税销售行为或者进口货物,原适用17%和11%税率的,税率分别调整为16%、10%。

四、《财政部 税务总局 海关总署关于深化增值税改革有关政策的公告》(财政部 税务总局 海关总署公告2019年第39号)第一条

增值税一般纳税人(以下称纳税人)发生增值税应税销售行为或者进口货物,原适用16%税率的,税率调整为13%;原适用10%税率的,税率调整为9%。

小贴士

企业利用电商平台盈利模式的转变来降低税负,一定要从源头上改变盈利模式,而不能仅停留在发票的开具形式和会计核算层面,后者存在涉税风险。

98 多此一举
——残值资产直接销售

企业处置残值资产的纳税筹划如图8-13所示。

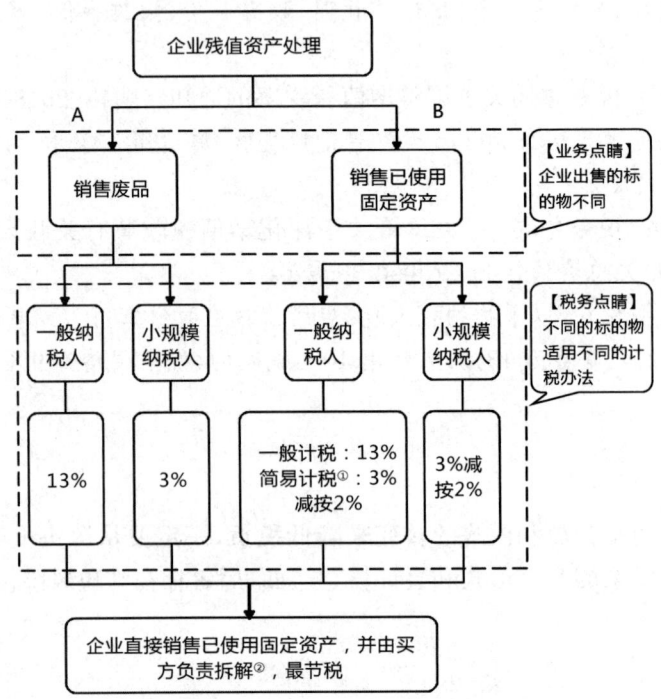

注①：2008年12月31日以前未纳入扩大增值税抵扣范围试点的纳税人，销售自己使用过的2008年12月31日以前购进或者自制的固定资产以及2008年12月31日以前已纳入扩大增值税抵扣范围试点的纳税人，销售自己使用过的在本地区扩大增值税抵扣范围试点以前购进或者自制的固定资产，可选择简易计税的办法。

注②：一般来说，企业自行拆解固定资产会将人工费计入废品销售额中，从而增大增值税计税基数，因此，直接由买方拆解固定资产更节税。

图8-13 企业处置残值资产的纳税筹划

实战案例

梅松公司是当地一家大型的化工企业。近几年，企业面临着升级转型，企业的很多大型生产线都面临着更新换代。管理层会议上，公司的负责人赵总提议将企业的固定资产做一次全面清理，并由财务部梅经理全权负责此事。

梅经理接到任务后，一刻也不敢松懈，马上对企业的固定资产进行盘点。经过两天的盘点，最终确定了公司需要清理的生产线的公允价值共计1 500万元，其中包括2019年1月1日之前购进的固定资产1 000万元。

梅经理针对上述情况提出了四种方案,并进行了分析。

备选方案:

方案一:直接拆除生产线,销售废品1 500万元,并收取拆解劳务费100万元。

方案二:由买方派人直接拆除生产线,销售废品1 500万元。

方案三:先销售固定资产,售价1 500万元,然后再自行拆除,并收取拆解劳务费100万元。

方案四:先销售固定资产,售价1 500万元,由买方负责拆除。

分析:

假设梅松公司为增值税一般纳税人,开具劳务费发票适用税率6%。

四种方案的增值税纳税情况如表8-17所示。

表8-17 四种方案的增值税纳税情况

单位:万元

方案	2009年1月1日以前购入的固定资产	2009年1月1日以后购入的固定资产	劳务费用增值税	增值税合计	对企业利润的影响
方案一	1 000÷(1+13%)×13%=115.04	500÷(1+13%)×13%=57.52	100÷(1+6%)×6%=5.66	115.04+57.52+5.66=178.22	1 500+100−178.22−100=1 321.78
方案二	1 000÷(1+13%)×13%=115.04	500÷(1+13%)×13%=57.52	0	115.04+57.52=172.56	1 500−172.56=1 327.44
方案三	1 000÷(1+3%)×2%=19.42	500÷(1+13%)×13%=57.52	100÷(1+6%)×6%=5.66	19.42+57.52+5.66=82.6	1 500+100−82.6−100=1 417.4
方案四	1 000÷(1+3%)×2%=19.42	500÷(1+13%)×13%=57.52	0	19.42+57.52=76.94	1 500−76.94=1 423.06

结论:

采用方案四的方式,先销售再拆除,并由买方负责拆解,税负最低,同时,企业利润最大。

政策依据

一、《财政部 国家税务总局关于部分货物适用增值税低税率和简易办法征收增值税政策的通知》(财税〔2009〕9号)第二条第一项

(一)纳税人销售自己使用过的物品,按下列政策执行:

1. 一般纳税人销售自己使用过的属于条例第十条规定不得抵扣且未抵扣进项税

额的固定资产,按简易办法依4%征收率减半征收增值税。

一般纳税人销售自己使用过的其他固定资产,按照《财政部 国家税务总局关于全国实施增值税转型改革若干问题的通知》(财税〔2008〕170号)第四条的规定执行。

一般纳税人销售自己使用过的除固定资产以外的物品,应当按照适用税率征收增值税。

2. 小规模纳税人(除其他个人外,下同)销售自己使用过的固定资产,减按2%征收率征收增值税。

小规模纳税人销售自己使用过的除固定资产以外的物品,应按3%的征收率征收增值税。

二、《财政部 国家税务总局关于全国实施增值税转型改革若干问题的通知》(财税〔2008〕170号)第四条

自2009年1月1日起,纳税人销售自己使用过的固定资产(以下简称已使用过的固定资产),应区分不同情形征收增值税:

(一)销售自己使用过的2009年1月1日以后购进或者自制的固定资产,按照适用税率征收增值税;

(二)2008年12月31日以前未纳入扩大增值税抵扣范围试点的纳税人,销售自己使用过的2008年12月31日以前购进或者自制的固定资产,按照4%征收率减半征收增值税;

(三)2008年12月31日以前已纳入扩大增值税抵扣范围试点的纳税人,销售自己使用过的在本地区扩大增值税抵扣范围试点以前购进或者自制的固定资产,按照4%征收率减半征收增值税;销售自己使用过的在本地区扩大增值税抵扣范围试点以后购进或者自制的固定资产,按照适用税率征收增值税。

本通知所称已使用过的固定资产,是指纳税人根据财务会计制度已经计提折旧的固定资产。

三、《财政部 国家税务总局关于简并增值税征收率政策的通知》(财税〔2014〕57号)第一条、第四条

一、《财政部 国家税务总局关于部分货物适用增值税低税率和简易办法征收增值税政策的通知》(财税〔2009〕9号)第二条第(一)项和第(二)项中"按照简易办法依照4%征收率减半征收增值税"调整为"按照简易办法依照3%征收率减按2%征收增值税"。

《财政部 国家税务总局关于全国实施增值税转型改革若干问题的通知》(财税〔2008〕170号)第四条第(二)项和第(三)项中"按照4%征收率减半征收增值税"调整为"按照简易办法依照3%征收率减按2%征收增值税"。

四、本通知自2014年7月1日起执行。

小贴士

企业销售2009年1月1日以前取得的固定资产,才可以适用简易计税办法。

99 与众不同
——巧用会员制更节税

企业利用会员制销售货物的纳税筹划如图 8-14 所示。

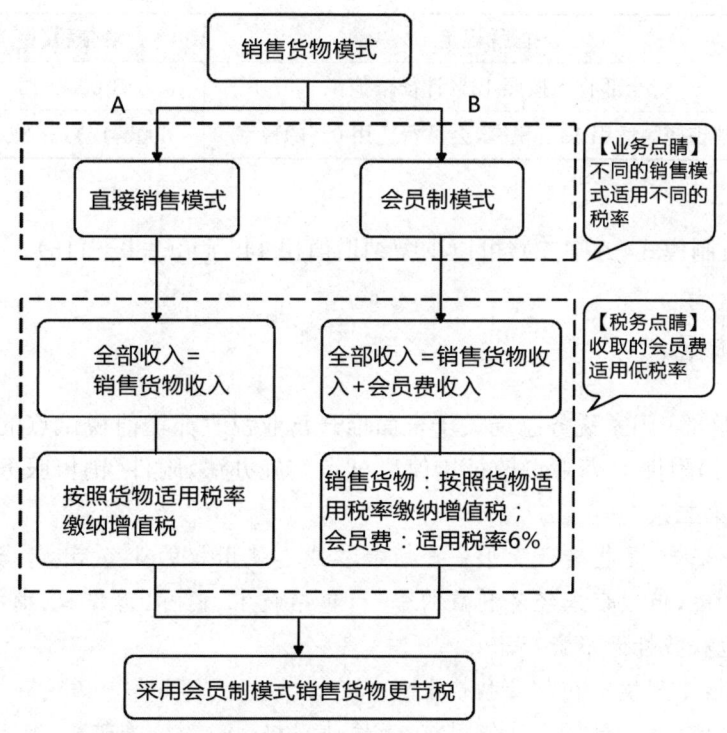

图 8-14 企业利用会员制销售货物的纳税筹划

实战案例

梅松公司是业内知名的服装公司,主要从事名牌服装的生产和销售。在 2020 年度总结大会上,董事长提出在 2021 年大力发展公司的明星产品——"逐梦",预计销售指标为 1 000 万元。为了更好地完成指标,营销推广该品牌,销售部对"逐梦"的销售模式进行了讨论,制定了两种方案。

备选方案:

方案一:按照原价直接销售。

方案二:采用会员制模式销售,对客户每年收取一定会员费,并对购买商品的会员给予一定折扣。

【案例分析】

假设两种方案均可实现销售收入 1 000 万元。其中,在方案二下,公司可收取会员费 200 万元,销售货物取得收入 800 万元。则两种方案的增值税税务处理如表 8-18 所示。

表 8-18 两种方案的增值税税务处理

单位:万元

方案	征税规定	增值税(销项税额)
方案一	全部收入按照 13% 计征增值税	$1\,000 \times 13\% = 130$
方案二	销售商品适用 13% 税率,会员费适用 6% 的税率	$800 \times 13\% + 200 \times 6\% = 116$

结论:
采用会员制模式(方案二),可以少缴纳增值税 14 万元(130−116)。

政策依据

一、《财政部 国家税务总局关于全面推开营业税改征增值税试点的通知法》(财税〔2016〕36 号)附件 1《营业税改征增值税试点实施办法》附件《销售服务、无形资产、不动产注释》第二条

销售无形资产,是指转让无形资产所有权或者使用权的业务活动。无形资产,是指不具实物形态,但能带来经济利益的资产,包括技术、商标、著作权、商誉、自然资源使用权和其他权益性无形资产。

技术,包括专利技术和非专利技术。

自然资源使用权,包括土地使用权、海域使用权、探矿权、采矿权、取水权和其他自然资源使用权。

其他权益性无形资产,包括基础设施资产经营权、公共事业特许权、配额、经营权(包括特许经营权、连锁经营权、其他经营权)、经销权、分销权、代理权、会员权、席位权、网络游戏虚拟道具、域名、名称权、肖像权、冠名权、转会费等。

二、《财政部 国家税务总局关于全面推开营业税改征增值税试点的通知》(财税〔2016〕36 号)附件 1《营业税改征增值税试点实施办法》第十五条

增值税税率:

(一)纳税人发生应税行为,除本条第(二)项、第(三)项、第(四)项规定外,税率为 6%。

(二)提供交通运输、邮政、基础电信、建筑、不动产租赁服务,销售不动产,转让土地使用权,税率为 11%。

(三)提供有形动产租赁服务,税率为 17%。

(四)境内单位和个人发生的跨境应税行为,税率为零。具体范围由财政部和国

家税务总局另行规定。

三、《财政部 税务总局关于调整增值税税率的通知》(财税〔2018〕32号)第一条

纳税人发生增值税应税销售行为或者进口货物,原适用17%和11%税率的,税率分别调整为16%、10%。

四、《财政部 税务总局 海关总署关于深化增值税改革有关政策的公告》(财政部 税务总局 海关总署公告2019年第39号)第一条

增值税一般纳税人(以下称纳税人)发生增值税应税销售行为或者进口货物,原适用16%税率的,税率调整为13%;原适用10%税率的,税率调整为9%。

> 💬 **小贴士**

1. 设置过高的会员费会影响销售额,企业应该根据自己销售货物的特点和市场情况选择是否采用会员制模式,切勿影响销售状况而因小失大。

2. 企业采用会员制模式,若不能做好后续的会员服务,很可能会对企业品牌造成不利的影响。

第4节 利润分配环节纳税筹划

100 按部就班
——先分股息后转让

企业股权转让相关的纳税筹划如图 8-15 所示。

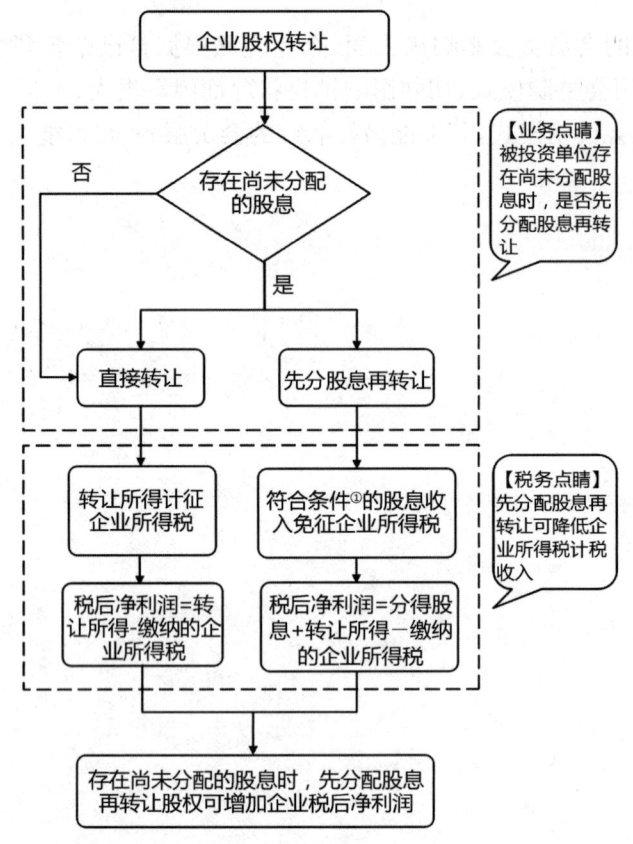

注①：具体条件详见《企业所得税法》第二十六条、《企业所得税法实施条例》第八十三条。

图 8-15 企业股权转让相关的纳税筹划

实战案例

梅松公司是资本市场上一家集商贸、旅游、投资于一体的大型上市集团公司。近几年,集团在投融资方面交易频繁。2017年2月1日,集团以银行存款1 000万元投资了一家以批发零售为主营业务的非上市公司税台公司,占该公司股本总额的70%。

近几年,税台公司一直保留盈余不分配,截至2021年5月,税台公司账面的未分配利润为400万元。

2021年5月,梅松公司打算将其拥有的税台公司70%的股权全部转让给另一家上市公司财春公司。为此,梅松公司召开管理层会议,讨论该股权转让方案的相关事宜。财务经理梅经理从税收的角度提出了以下两种方案,并进行了分析。

备选方案:

方案一:直接以1 300万元的价格转让股权,转让过程中发生相关税费1万元。

方案二:先取得税台公司分配的30%的股息,再以1 216万元的价格转让股权,转让过程中发生相关税费1万元。

分析:

针对上述两种方案,梅松公司企业所得税纳税情况如表8-19所示。

表8-19 两种方案的企业所得税纳税情况

单位:万元

方案	利润分配	股权转让所得	应纳税额	税后净利润
方案一	—	1 300−1 000−1=299	299×25%=74.75	299−74.75=224.25
方案二	400×70%×30%=84	1 216−1 000−1=215	215×25%=53.75	84+215−53.75=245.25

结论:

先取得分红再转让股权,可以减少企业所得税21万元(74.75−53.75),并增加相应的税后净利润21万元(245.25−224.25)。

政策依据

一、《中华人民共和国企业所得税法》第十四条、第十六条、第二十六条

第十四条 企业对外投资期间,投资资产的成本在计算应纳税所得额时不得扣除。

第十六条 企业转让资产,该项资产的净值,准予在计算应纳税所得额时扣除。

第二十六条 企业的下列收入为免税收入:

(1) 国债利息收入;

(2) 符合条件的居民企业之间的股息、红利等权益性投资收益;

(3) 在中国境内设立机构、场所的非居民企业从居民企业取得与该机构、场所有实际联系的股息、红利等权益性投资收益;

(4) 符合条件的非营利组织的收入。

二、《中华人民共和国企业所得税法实施条例》第八十三条

企业所得税法第二十六条第(二)项所称符合条件的居民企业之间的股息、红利等权益性投资收益,是指居民企业直接投资于其他居民企业取得的投资收益。企业所得税法第二十六条第(二)项和第(三)项所称股息、红利等权益性投资收益,不包括连续持有居民企业公开发行并上市流通的股票不足12个月取得的投资收益。

三、《国家税务总局关于贯彻落实中华人民共和国企业所得税法若干税收问题的通知》(国税函〔2010〕79号)第三条

企业转让股权收入,应于转让协议生效、且完成股权变更手续时,确认收入的实现。转让股权收入扣除为取得该股权所发生的成本后,为股权转让所得。企业在计算股权转让所得时,不得扣除被投资企业未分配利润等股东留存收益中按该项股权所可能分配的金额。

小贴士

1. 风险提示:

若被投资单位不配合公司提出的先分配利润的要求,则会导致纳税筹划失败。

2. 会计提示:

(1) 按税法规定企业对外投资期间,投资资产的成本在计算应纳税所得额时不得扣除。企业在转让或处置投资资产时,投资资产的成本准予扣除。

(2) 企业在计算股权转让所得时,不得扣除被投资企业未分配利润等股东留存收益中按该项股权所可能分配的金额。

101 相得益彰
——巧用"工资薪金+股息红利"降税负

企业对个人股东分红形式的纳税筹划如图 8-16 所示。

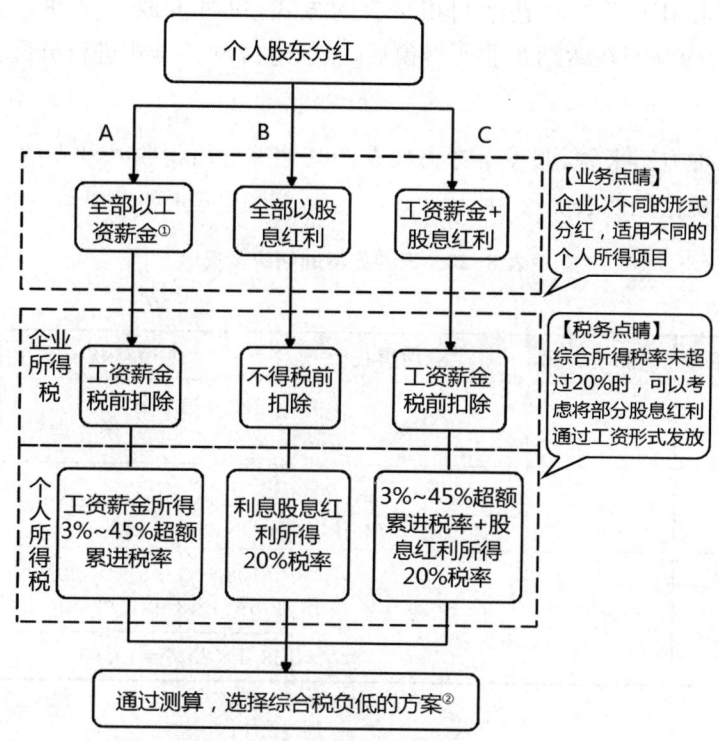

注①：工资薪金的发放需要有完整的薪酬制度作为支撑。
注②：符合小型微利企业的，企业所得税税率更低。

图 8-16　企业对个人股东分红形式的纳税筹划

实战案例

深夜小巷里，有三个人坐在小摊的角落里，愁眉不展。原来，赵总、钱总和孙总在 2018 年成立了一家旅游公司——梅松旅游服务有限公司（以下简称梅松公司）。公司成立之初，收获颇丰，每年净利润均用于三人的分红。但一场突如其来的疫情，使旅游公司业绩急剧下滑。2022 年，预计全年利润总额只有 180 万元。经济不景气，三个人便想通过一些合理的方式节税，以降低企业和个人的整体负担。

过了几天，经人介绍，赵总结识了税台公司的梅经理。赵总立即准备好礼物前去拜访，请她帮忙出出主意。在得知具体情况后，梅经理针对梅松公司的情况提出了以下三种方案,并进行了分析。

备选方案：

方案一：每月给股东发放工资共计15万元,全年共计180万元,达到实现利润分配的目的。

方案二：采用净利润分红,180万元在缴纳企业所得税后,剩余利润以股息红利的方式进行分配。

方案三：采用工资与股息红利相结合的方式,每月发放工资9万元,共计发放108万元,企业净利润在缴纳企业所得税后,以股息红利的方式进行分配。

【案例分析】

对于这三种方案来说,假设不考虑股东的其他综合所得收入及专项、附加扣除,则三种方案的纳税情况如表8-20所示。

表8-20 三种方案的纳税情况

单位：万元

方案	工资薪金	税前净利润	企业所得税	个人所得税	纳税总额
方案一	180	0	0	$[(180÷3-6)×30\%-5.292]×3=32.72$	32.72
方案二	0	180	$180×25\%×20\%=9$	$(180-9)×20\%=34.2$	43.2
方案三	108	72	$72×25\%×20\%=3.6$	$[(108÷3-6)×20\%-1.692]×3=12.92$ $68.4×20\%=13.68$	30.2

结论：

考虑小型微利企业优惠政策的情形下,方案三整体税负最低。

政策依据

一、《关于进一步实施小微企业所得税优惠政策的公告》(财政部 税务总局公告2022年第13号)第一条、第三条

一、对小型微利企业年应纳税所得额超过100万元但不超过300万元的部分,减按25%计入应纳税所得额,按20%的税率缴纳企业所得税。

三、本公告执行期限为2022年1月1日至2024年12月31日。

二、《国家税务总局关于企业工资薪金及职工福利费扣除问题的通知》(国税函〔2009〕3号)第一条

一、关于合理工资薪金问题

《实施条例》第三十四条所称的"合理工资薪金",是指企业按照股东大会、董事会、

薪酬委员会或相关管理机构制订的工资薪金制度规定实际发放给员工的工资薪金。税务机关在对工资薪金进行合理性确认时,可按以下原则掌握:

(一)企业制订了较为规范的员工工资薪金制度;

(二)企业所制订的工资薪金制度符合行业及地区水平;

(三)企业在一定时期所发放的工资薪金是相对固定的,工资薪金的调整是有序进行的;

(四)企业对实际发放的工资薪金,已依法履行了代扣代缴个人所得税义务。

(五)有关工资薪金的安排,不以减少或逃避税款为目的。

三、《财政部 税务总局关于小微企业和个体工商户所得税优惠政策的公告》(财政部 税务总局公告2023年第6号)第一条、第三条、第四条

为支持小微企业和个体工商户发展,现将有关税收政策公告如下:

一、对小型微利企业年应纳税所得额不超过100万元的部分,减按25%计入应纳税所得额,按20%的税率缴纳企业所得税。

三、本公告所称小型微利企业,是指从事国家非限制和禁止行业,且同时符合年度应纳税所得额不超过300万元、从业人数不超过300人、资产总额不超过5 000万元等三个条件的企业。

从业人数,包括与企业建立劳动关系的职工人数和企业接受的劳务派遣用工人数。所称从业人数和资产总额指标,应按企业全年的季度平均值确定。具体计算公式如下:

季度平均值=(季初值+季末值)÷2

全年季度平均值=全年各季度平均值之和÷4

年度中间开业或者终止经营活动的,以其实际经营期作为一个纳税年度确定上述相关指标。

四、本公告执行期限为2023年1月1日至2024年12月31日。

小贴士

在进行筹划时,企业需要注意制订完整的公司薪酬体系与相关制度,考虑当地和行业的薪资水平,以防止涉税风险。

102 公私兼顾
——实物分配股利省个税

企业发放股息红利方式的纳税筹划如图 8-17 所示。

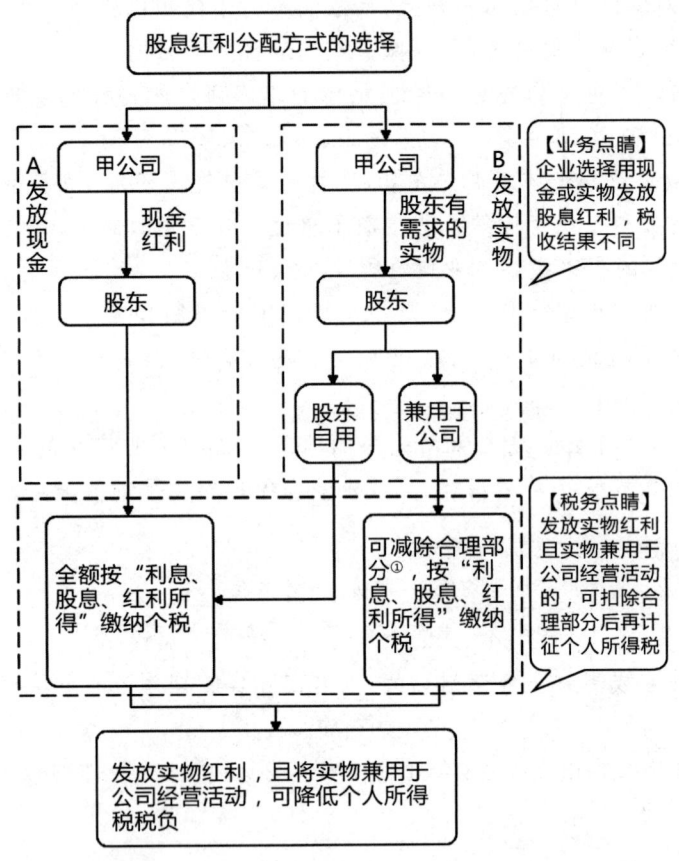

注①：减除的具体数额由主管税务机关根据实际使用情况合理确定。

图 8-17 企业发放股息红利方式的纳税筹划

实战案例

小松是一名自由职业者，他的好友梅经理是梅松公司的税务经理。两人于 1 年前合伙成立了一家公司，最近公司正在研究分红的问题。通过计算，两人今年每人可分红 20 万元。但他们也知道，20 万元的分红也意味着承担较多的个人所得税。

恰巧小松最近有购车的计划。梅经理得知后，给小松提供了分红方案并做了分析。

备选方案：

方案一：直接发放 20 万元的股利。

方案二：公司购买一辆 20 万元的汽车登记在小松的名下，这辆汽车同时也会用于公司的生产经营，主管税务机关允许从所得中减除的合理部分的比例是 20%。

【案例分析】

以上两种方案的纳税情况如表 8-21 所示。

表 8-21　两种方案的纳税情况

单位：万元

项目	应纳税额	税后总收益
方案一	20×20%=4	20-4=16
方案二	20×(1-20%)×20%=3.2	20-3.2=16.8

结论：

方案二比方案一少缴个人所得税 0.8 万元（16.8-16），为最佳方案。

政策依据

一、《中华人民共和国个人所得税法》第二条

下列各项个人所得，应当缴纳个人所得税：

（一）工资、薪金所得；

（二）劳务报酬所得；

（三）稿酬所得；

（四）特许权使用费所得；

（五）经营所得；

（六）利息、股息、红利所得；

（七）财产租赁所得；

（八）财产转让所得；

（九）偶然所得。

二、《中华人民共和国个人所得税法》第三条第三项、第六条第六项

第三条　个人所得税的税率：

……

（三）利息、股息、红利所得，适用比例税率，税率为百分之二十。

第六条　应纳税所得额的计算：

……

（六）利息、股息、红利所得，以每次收入额为应纳税所得额。

三、《中华人民共和国个人所得税法实施条例》第六条第六项

第六条 个人所得税法规定的各项个人所得的范围：

（六）利息、股息、红利所得，是指个人拥有债权、股权等而取得的利息、股息、红利所得。

四、《国家税务总局关于企业为股东个人购买汽车征收个人所得税的批复》（国税函〔2005〕364号）第一条

依据《中华人民共和国个人所得税法》以及有关规定，企业购买车辆并将车辆所有权办到股东个人名下，其实质为企业对股东进行了红利性质的实物分配，应按照"利息、股息、红利所得"项目征收个人所得税。考虑到该股东个人名下的车辆同时也为企业经营使用的实际情况，允许合理减除部分所得；减除的具体数额由主管税务机关根据车辆的实际使用情况合理确定。

小贴士

1. 如果实物分红不能用于企业的经营，税务机关可能无法核定费用扣除比例，从而无法达到节税效果。

2. 若股东分红时并无购物计划，则会导致纳税筹划失败。

103 锦上添花

——年终奖计税方法要选好

年终奖计征方式的纳税筹划如图 8-18 所示。

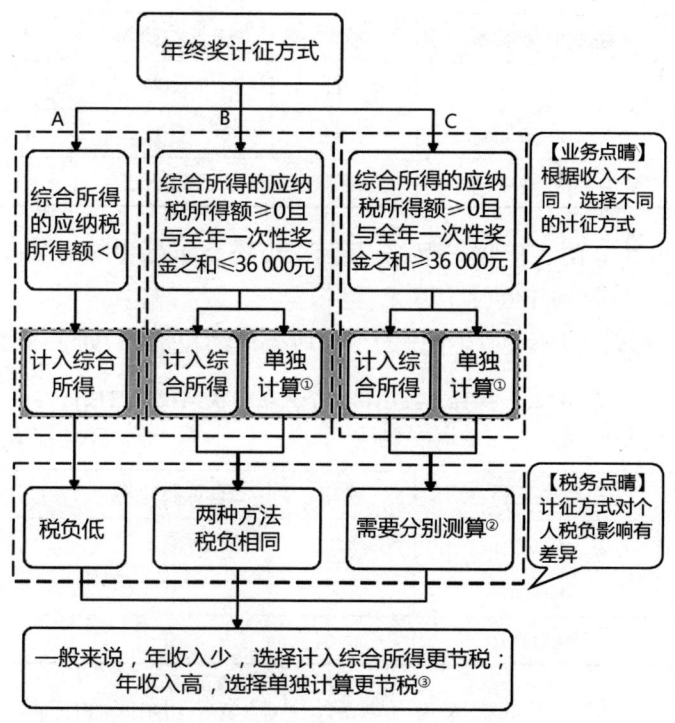

注①：依据现行法律法规，单独计算政策截至 2023 年 12 月 31 日。
注②：若未提前规划，此处无法定量。可以通过个人所得税 App，查看两种方式的应纳税额，选择缴税最低的方法。
注③：单独计算年终奖存在雷区，需提前规划，规划内容详见小贴士。

图 8-18 年终奖计征方式的筹划

实战案例

居民个人小松是梅松公司的员工，临近 2021 年年底，公司开始派发个人的年终奖。在进行年终奖的纳税申报时，小松却犯了难，不知道怎样申报更节税。公司的税务经理梅经理知道了他的难处，提出了两种方案并帮他做了分析。

备选方案：

方案一：全年一次性奖金单独计税。

方案二：全年一次性奖金并入全年综合所得，合并计税。

【案例分析】

假设小松2021年工资收入为36万元。小松全年可扣除的三险一金及专项附加扣除是6万元,12月收到年终奖6万元。

针对上述两种方案,小松的个人所得税纳税情况如表8-22所示。

表8-22 两种方案小松的个人所得税纳税情况(1)

金额单位:元

项目		应纳税所得额	税率	速算扣除数	应纳税额	
方案一	工资	240 000	20%	16 920	31 080	36 870
	年终奖	60 000	10%	210	5 790	
方案二		300 000	20%	16 920	43 080	

假设小松2021年的工资收入为12万元。小松全年可扣除的三险一金及专项附加扣除4万元,12月收到年终奖1万元。

针对上述情形,方案不变,则小松的个人所得税纳税情况,如表8-23所示。

表8-23 两种方案小松的个人所得税纳税情况(2)

金额单位:元

项目		应纳税所得额	税率	速算扣除数	应纳税额	
方案一	工资	20 000	3%	0	600	900
	年终奖	10 000	3%	0	300	
方案二		30 000	3%	0	900	

假设小松2021年的工资收入为8万元。小松全年可扣除的三险一金及专项附加扣除为4万元,12月收到年终奖1万元。

针对上述情形,方案不变,则小松的个人所得税纳税情况如表8-24所示。

表8-24 两种方案小松的个人所得税纳税情况(3)

金额单位:元

项目		应纳税所得额	税率	速算扣除数	应纳税额	
方案一	工资	−20 000	—	—	0	300
	年终奖	10 000	3%	0	300	
方案二		−10 000			0	

结论:

由表8-22可知,方案一比方案二少缴个人所得税6 210元(43 080−36 870)。

由表8-23可知,两个方案没有差别。

由表8-24可知,方案二比方案一少缴个人所得税300元。

政策依据

一、《财政部 税务总局关于中华人民共和国个人所得税法修改后有关优惠政策衔接问题的通知》(财税〔2018〕164号)第一条第一项

居民个人取得全年一次性奖金,符合《国家税务总局关于调整个人取得全年一次性奖金等计算征收个人所得税方法问题的通知》(国税发〔2005〕9号)规定的,在2022年12月31日前,不并入当年综合所得,以全年一次性奖金收入除以12个月得到的数额,按照本通知所附按月换算后的综合所得税率表(以下简称月度税率表),确定适用税率和速算扣除数,单独计算纳税。计算公式为:

$$应纳税额=全年一次性奖金收入×适用税率-速算扣除数$$

居民个人取得全年一次性奖金,也可以选择并入当年综合所得计算纳税。

自2022年1月1日起,居民个人取得全年一次性奖金,应并入当年综合所得计算缴纳个人所得税。

二、《关于延续实施全年一次性奖金等个人所得税优惠政策的公告》(财政部 税务总局公告2021年第42号)第一条

一、《财政部 税务总局关于中华人民共和国个人所得税法修改后有关优惠政策衔接问题的通知》(财税〔2018〕164号)规定的全年一次性奖金单独计税优惠政策,执行期限延长至2023年12月31日;上市公司股权激励单独计税优惠政策,执行期限延长至2022年12月31日。

小贴士

1. 年终奖发放雷区:全年应纳税额(含年终奖)在不同的水平下适用不同的申报方式。

(1) 当全年应纳税所得额小于等于36 000元时,适用的申报方式如表8-25所示。

表8-25 年终奖适用申报方式

序号	全年应纳税所得额的区间(X)	情形	适用的申报方式
1	$X \leqslant 0$	年终奖与综合所得合并计算,可以分摊一部分费用,减少总应纳税额	合并计算
2	$0 < X \leqslant 36\,000$	综合所得和年终奖都适用3%税率	单独申报和合并计算无差异

(2) 当含年终奖的全年应纳税所得额大于36 000元时,出于年终奖单独申报存在雷区等原因,为使税负最低,可在年终奖和工资之间进行分配,分配的年终奖按照全年

一次性奖金单独申报。工资和年终奖的分配如表 8-26 所示。

表 8-26　工资和年终奖的分配

单位：元

序号	全年应纳税额的区间(X)	分配年终奖(Y)	分配工资应纳税所得额
1	36 000＜X＜72 000	X－36 000	X－Y
2	72 000	36 000	
3	72 000＜X＜203 100	36 000	
4	203 100	36 000 或 X－144 000	
5	203 100＜X＜288 000	X－144 000 到 144 000 之间	
6	288 000	144 000	
7	288 000＜X＜672 000	144 000	
8	672 000	144 000 或 300 000	
9	672 000＜X＜1 277 500	300 000	
10	1 277 500	300 000 或 420 000	
11	1 277 500＜X＜1 452 500	420 000	
12	1 452 500	420 000 或 660 000	
13	1 452 500＜X	660 000	

2. 申报提示：个人年终汇算清缴时，纳税人可在个人所得税 App 尝试用两种方案分别申报，选择税负低的方案进行申报。

第 9 章

税务团队与税事沟通

企业税务团队建设是规范纳税管理的重要保障。企业税务团队通常由税务经理、税务专员和会计师等专业人员组成,他们负责管理企业的纳税事务,确保企业遵守税收法规并最大程度上节税降赋,同时保证企业涉税风险的可控。此外,涉税事项沟通同样重要。良好的内外部沟通可以加强企业内部协作,帮助企业规避涉税风险,维护企业利益。

本章围绕企业税务团队和税事沟通两个部分展开。第一部分主要包括税务团队建设(第 104 招)、与上级的沟通(第 105 招)以及与企业内部其他部门的沟通(第 106 招)。第二部分主要包括与税务部门的沟通(第 107 招)和与中介机构的沟通(第 108 招)。

扫码听课

第1节　税务团队建设与内部沟通

104　实事求是
——税务团队建设

企业建设税务团队需要有明确的目标和计划,招聘专业人才,提供培训和教育,建立税务流程,与其他团队合作,关注税收政策,并建立良好的沟通机制。

下面是一些建议:

(1) 确定税务团队的职责和目标:企业应该先明确税务团队的职责和目标。这有助于确定需要什么样的人才和技能。

(2) 招聘有经验的税务专家:企业应该寻找有经验的税务专家,他们可以为企业提供专业的税务建议和战略。

(3) 提供培训和教育:企业应该提供培训和教育机会,帮助税务团队不断提升技能和知识。相关知识包括法规变化、纳税筹划、税收优惠政策等方面的知识。

(4) 建立税务流程:企业应该建立税务流程,确保税务合规性和高效性。税务团队应该了解企业的财务和业务流程,并提供相应的税务建议。

(5) 与其他团队合作:税务团队应该与其他团队合作,包括财务、法律和人力资源团队。这有助于确保税务合规和财务透明度。

(6) 关注税收政策:税务团队应该关注税收政策和法规的变化。他们应该及时地向企业提供相应的建议和应对措施。

(7) 建立沟通机制:税务团队应该与企业高层管理层建立良好的沟通机制,以确保税务战略与企业战略相一致。

图 9-1 列示了集团公司税务部团队人员的构成,供大家参考。

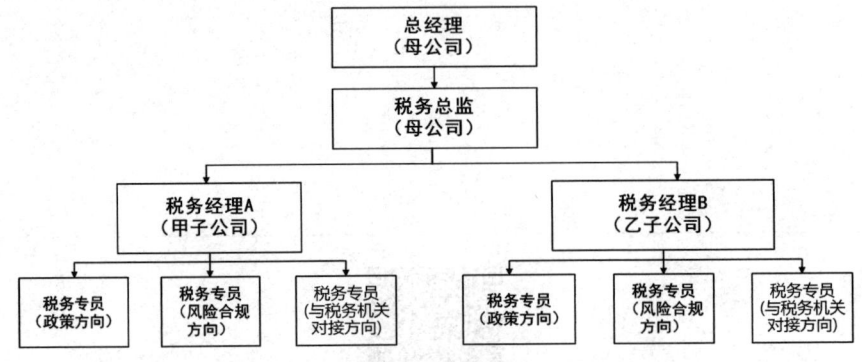

图 9-1　集团公司税务部团队的构成

实战案例

梅松公司是一家大型的集团公司,由于业务量庞大,集团专门组建了税务团队。表 9-1 是梅松公司税务团队的构成及相应的岗位职责。

表 9-1　梅松集团税务团队的构成及相应的岗位职责

职能	相关人员	职责描述
管理层	总经理	审核、批准公司税务计划
母公司税务部	税务总监	1. 进行国家有关税收政策的调研。 2. 与区域、各级公司税务相关人员进行沟通,了解公司的业务对税收的影响。 ……
母公司税务部	税务经理	1. 及时、准确计算应交税额。 2. 及时填制税务申报表、附表和其他要求的材料。 3. 组织企业所得税的汇算清缴工作。 ……
子公司税务部	税务主管	1. 及时、准确计算应交税额。 2. 及时填制税务申报表、附表和其他要求的材料。 3. 积极协助企业所得税的汇算清缴工作 ……
子公司税务部	税务专员	1. 积极填制税务申报表、附表和其他要求的材料。 2. 及时缴纳公司的应付税金、取得完税凭证。 ……

小贴士

1. 公司应该结合实际情况,按需设置税务部。通常情况下,税务部隶属于财务部门管理。

2. 税务团队需要具备专业知识和实践经验。企业应该针对具体的岗位需求,招聘合适的人才;同时,也要注意人才的稳定性和发展潜力,确保团队长期稳定发展。

105 以事为先
—— 与上级的沟通

税务经理在工作中需要为上级部门提供有效的数据,并能够为上级部门的决策提供意见,如开展项目前进行税负测算,提供筹划方案。有时开展具体工作还需要向上级申请工作资源和支持,并定期汇报工作进展。因此,做到与上级尤其是非财务人员上级进行有效的沟通对企业发展格外重要。具体的沟通事项如表 9-2 所示。

表 9-2 与上级沟通有关事项

事项	具体内容
沟通内容	纳税申报与筹划等纳税管理工作;预算与资金管理;税务分析与风险预警等
沟通工具	1. 企业财税相关管理制度与流程。 2. 财务报表、纳税申报表、税负测算表、预算表等报表。 3. 财务分析报告、投融资报告等报告
沟通技巧	1. 注意了解上级的性格类型、沟通风格,选对时机与方式进行沟通。 2. 要善用沟通工具,沟通前准备好相关资料和信息。 3. 注意表达的逻辑清晰、语言的通俗易懂,并站在对方角度阐明利害。 4. 要做到善于倾听,理解上级的想法,注意不同意见表达方式。 5. 要注意及时定期反馈,有始有终。 6. 注意建立稳健交流机制,如月度、年度交流调和双方信息的不对称

实战案例

梅松公司是一家大型机械生产企业,因业务发展需要,公司总经理赵总决定成立一家子公司税台公司,计划以梅松公司闲置的厂房与设备出资。在公司高管例会上,赵总将自己的计划和想法与各部门进行沟通。

在沟通中,公司税务经理梅经理了解到赵总的困惑之一是实物出资设立公司的税负问题。于是她在会后查阅了业务相关政策法规,提出了几种方案,并制作了详细的税负测算表。

在和赵总约好沟通时间后,梅经理带着业务相关资料与赵总就此项工作进行了面对面沟通,沟通中,梅经理站在公司角度结合政策与业务,简单清晰地为赵总阐明不同方案的税负差异与风险事项,并注意倾听赵总的疑惑和想法,及时给予反馈和交流,最终帮助赵总结合业务实际做出了方案选择,减轻了企业的税负。

【案例分析】

实务中,很多税务经理与公司领导相互存在怨言,如税务经理评价领导不懂财税不支持纳税工作,领导评价税务经理专业协调能力不强。两者之间的关系不仅影响到与其他部门的沟通,还会引发财税风险。因此,企业税务经理不仅要懂财税还需要了解公司、领导发展战略、思考角度,积极主动与上级领导做好沟通交流,配合开展工作。

> **小贴士**
>
> 1. 税务经理与上级的沟通应该做到以事为先。沟通前税务经理要充分了解需求和目标,做好相应的准备工作。
> 2. 沟通前税务经理应充分了解上级的困难和需求,以事为导向。

106 专业成熟
——与其他部门的沟通

税务经理与其他部门之间的顺畅有效的沟通是协调高效完成工作的前提。税务经理需要以专业的技能和工作态度进行沟通。本部分以采购部门、销售部门、研发部门为例对税务经理的跨部门沟通进行了介绍以供思考,相关沟通的形式以及沟通工具等如图9-2所示。

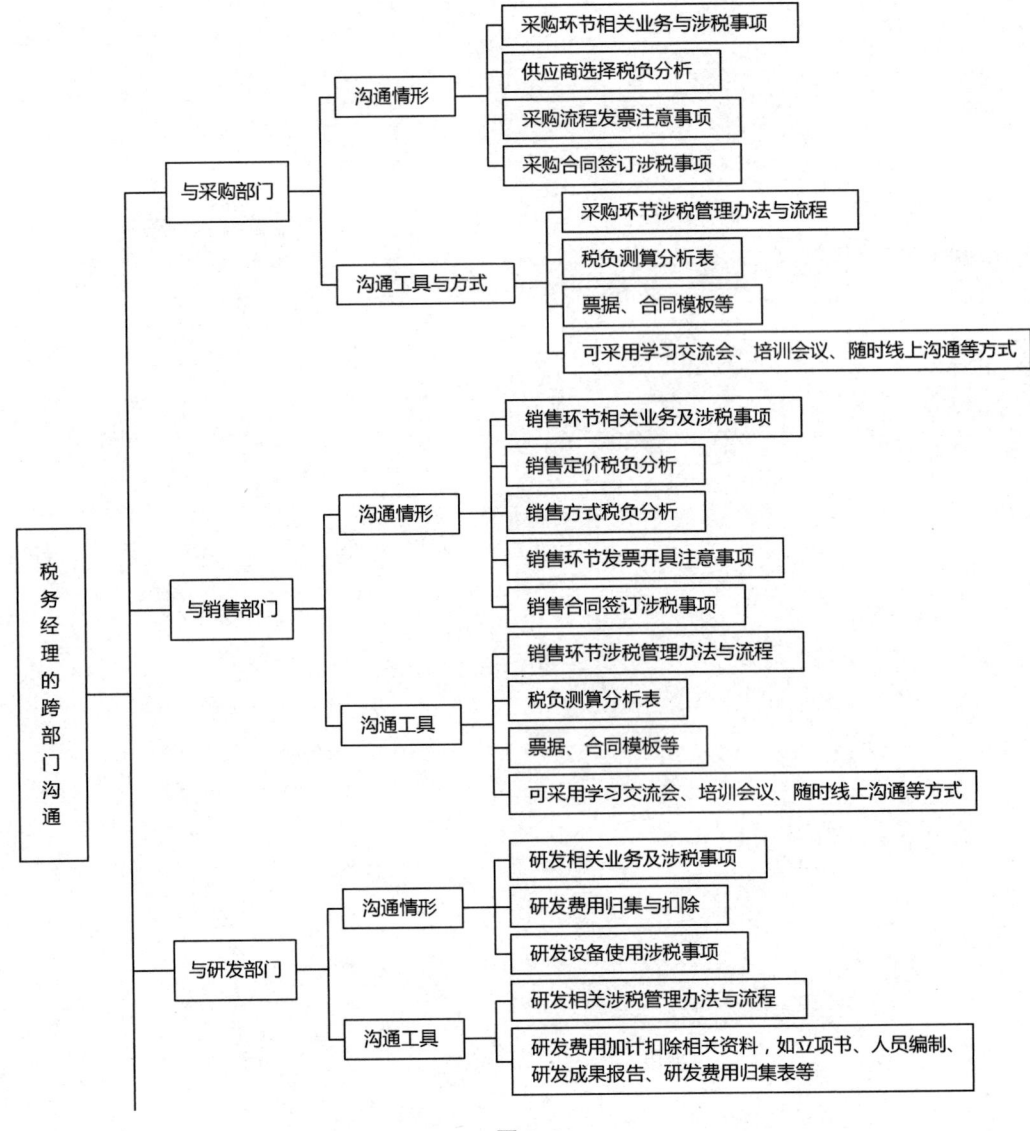

图 9-2

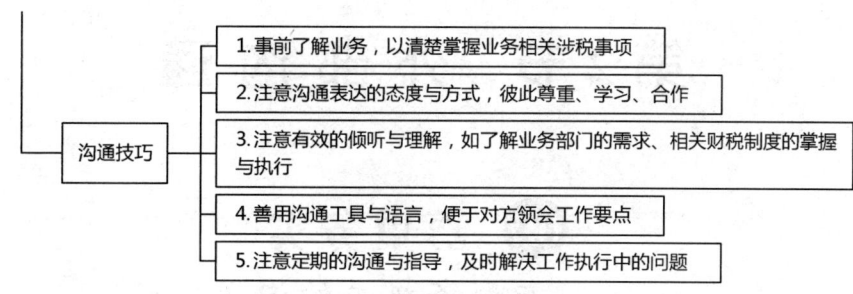

图 9-2 税务经理的跨部门沟通

实战案例

梅松公司主要从事服装的生产与销售。为扩大销量,提高市场占有率,销售部门决定在春节来临之际开展促销活动,如采取价格折扣、买赠实物折扣等方式进行促销。

销售部门钱总针对营销方案向公司负责人赵总进行汇报,因赵总与税务部梅经理一直保持定期有效的沟通,赵总希望梅经理针对此营销活动给予一定建议,以降低企业的税负。钱总表面上答应,内心里却对税务部有一定的偏见。

原来事出有因,上一任税务经理因资金安全问题与钱总曾发生过冲突,导致钱总认为税务部总是在他带领销售团队冲销量的时候,左阻右拦,从中作梗。梅经理了解到情况后,对公司销售部业务运作进行了解和学习,并借此机会与钱总进行了沟通,他对销售部的工作给予赞赏和肯定,同时诚恳地就销售相关财税事项与风险利害与钱总进行了交流,最终化解了双方的沟通危机。钱总也借此邀请梅经理对销售部进行相关财税培训。会上,梅经理对此次营销活动发票开具事宜进行了全面指导,并定期对营销中遇到的问题进行耐心指导。

【案例分析】

企业的税务部和财务部一贯给人以"按规章说话、难合作、难配合"的刻板影响,这给税务部门和其他业务部的跨部门沟通带来了阻碍,影响了公司整体协调运作。因此,企业的税务经理应重视与其他业务部的沟通协作,并注意掌握一定的沟通技巧,从而推动企业的高效发展。

小贴士

1. 税务部门与其他业务部的沟通应该做到以事为先。
2. 税务经理应站在职业角度,以专业的技能和工作态度与其他部门协同配合。
3. 其他部门应当以公司利益为目标,以解决问题为导向。对公司有利,解决问题是站在公司的角度,以解决问题为导向。

第 2 节 外部沟通

107 尊重务实
——与税务机关的沟通

企业在生产经营中,与税务机关的沟通是一项非常重要的工作,应当认真对待。本部分从沟通情形、工具、方式与技巧等方法进行了分析。税企沟通有关事项如表 9-3 所示。

表 9-3 税企沟通有关事项

事项	具体内容
沟通情形	税务登记;发票申领;纳税申报;涉税咨询;社会保险费及非税收入业务办理;信用评价与检查
沟通工具	包括业务相关税收政策法规、会计账簿、发票、报表、合同等资料或企业实地考察
沟通方式	1. 通过办税服务厅(场所)、税企座谈会、培训会面对面沟通。 2. 通过税务机关对外公开的门户网站、电子税务局、咨询电话、微信等电话网络沟通
沟通技巧	1. 注意沟通的态度,表达对对方的尊重。 2. 要熟悉税务机关办事流程,选对时机和方式,提高沟通效率。 3. 沟通前要熟悉国家有关的税收政策和法规,准备好相关资料,特别对于复杂业务涉外事项尤其重要。 4. 沟通中要清楚明确表达沟通的重点,客观反映企业真实情况,切忌答非所问。 5. 要注意倾听,明白税务机关沟通结果,并根据业务实际做出决策,如是否需要就存在争议的涉税事件据理力争。 6. 对相关工作要及时落实,按时提交要求的申报表和其他资料,配合好税务机关的工作。 7. 可建立与税务机关的长效沟通机制,如于日常工作中遇到的涉税问题,要注重事前主动沟通,以免因政策理解偏差引发涉税风险,注意相关工作的后续跟进与沟通

实战案例

某公司未解决转让定价如何适用企业所得税政策,与税务机关进行了多轮协商会议。

在协商会议召开前,企业做好充足的预先准备,不仅包括对财务信息和相关单据的收集和整理,还包括业务运营情况如销售人员信息和相关销售工作流程等资料,以便税务机关更全面地了解企业销售情况。

除了预先准备资料，企业非常注意一些细节如主动发起会议日程，与主要联络人事先确认；做好会议协商的记录，以此复盘协商会议中的焦点问题，以提供更具针对性的资料。尽管涉税事项比较复杂，但是经过多次正式的税企会谈、数十次非正式沟通（包括邮件、电话、微信等方式），最终双方达成了一致意见。

在沟通过程中，税企双方始终以解决问题为导向，相向而行，共享政策依据、国际经验做法等信息，及时交换最新的处理意见和业务变化情况，极大地提高了此次税收事先裁定的效率。

【案例分析】

随着沟通方式的多元化，企业针对不同的涉税事项可选择不同的途径进行税企沟通，从而高效解决生产经营相关涉税事项。但沟通人员应注意资料的准备、表达的逻辑与诚恳的态度，并重视事前沟通，以便税务机关了解企业实际情况，作出合理处理。

小贴士

1. 与税务机关的沟通要遵循务实原则，切忌虚头巴脑、答非所问、画蛇添足。
2. 与税务机关沟通前需要做好充分的准备，如对相关人员的了解、对沟通内容的了解等。

108 他山之石
——与中介机构的沟通

企业财税工作的开展,必要时需要借助相关中介机构来完成。因此,企业应做好中介机构选择与沟通以确保业务顺利开展并防范风险。本部分从沟通的内容、沟通工具与方式、沟通技巧等方面对财务人员与中介机构的沟通进行了分析。与中介机构沟通的具体内容,如表9-4所示。

表9-4 与中介机构沟通的具体内容

事项	具体内容
沟通内容	会计核算代理服务;纳税申报代理服务;审计服务;涉税鉴证服务;税务咨询服务;纳税筹划服务等
沟通工具与方式	沟通工具: 1. 业务相关凭证、账簿、报表、证件等资料 2. 业务相关审、鉴证、评估等报告 3. 业务相关政策、方案 沟通方式:可通过面对面交流、实习线上交流或实地考察等方式进行
沟通技巧	1. 沟通前全面了解对方信息以选择合规、专业的中介机构(选择注意事项见小贴士) 2. 沟通中自身业务需求的清楚表达,以形成最佳方案 3. 沟通中做到彼此尊重,合作解决冲突 4. 注意善选沟通方式与工具,提高效率 5. 注意提前了解相关业务的办理,准备好相关资料 6. 做好后续沟通交流,确保业务顺利进展

实战案例

近期,新疆维吾尔自治区乌鲁木齐市税务机关在查处一起虚开发票案件过程中发现,当地一家财务咨询有限公司及数名独立从事涉税服务人员帮助犯罪团伙虚开增值税发票,牟取非法利益,遂依法对其进行税务稽查。

经查,该咨询公司与数名独立从事涉税服务人员与虚开团伙相勾结,以税务代理为掩护,虚假注册空壳公司,违规办理实名认证、变更登记、领用发票、代理记账,违法套用疫情防控税收优惠政策并对外虚开发票,虚开发票1.7万份,价税合计金额15.94亿元。

最终人民法院已依法对18名被告人以虚开增值税发票罪分别判处8个月至15年不等有期徒刑,没收全部违法所得并处以相应罚金。

【案例分析】

近年来,一些涉税中介机构利用自身专业特长,以所谓"税收筹划"的名义帮助不法分子偷逃税款。在进行咨询服务机构选择时,企业需全面了解企业的状况,以确保选择合法专业的服务机构,并建立好良好的沟通机制,以确保项目的顺利完成。

小贴士

1. 财税中介机构选择注意事项:
(1) 注意中介机构是否有正规经营资质和营业执照。
(2) 税务经理应辩证分析中介机构提出的建议,坚决拒绝"歪点子"。
(3) 要注重事前沟通,专业胜任能力、口碑、资源等都将作为选择中介机构的考虑因素。

2. 税务经理与其他外部相关部门的沟通如表9-5所示。

表9-5　税务经理与其他外部相关部门的沟通

部门	沟通情形	沟通工具与方式
市场监督管理部门	企业设立、变更登记与注销;工商年报申报;产品质量与安全;知识产权维护	沟通工具:业务相关资料、证件;沟通方式:面对面或公开网站业务办理渠道线上沟通
银行	账户与资金管理;支付结算业务;划缴税款;贷款业务;投资理财服务	沟通工具:业务相关资料、回单、协议等;沟通方式:银行柜台面对面或门户网站、App等线上沟通
开票软件服务机构	开票软件的开发与应用;开票操作事项等	沟通工具:服务系统软件及相关说明;沟通方式:技术培训、实地指导等面对面交流或线上沟通